# 中国核能年鉴

## 2017年卷

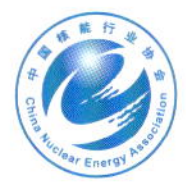

中国核能行业协会 编

CHINA
NUCLEAR
ENERGY
YEARBOOK

中国原子能出版社

# 编辑说明

一、《中国核能年鉴》是由中国核能行业协会组织编纂的综合性资料年刊，于2009年创刊。创办此刊旨在如实记载我国核能行业各个领域改革发展的历程和情况，力求全面、系统、详实、准确、权威。《中国核能年鉴》的出版发行，可以为政府有关部门和各级领导科学决策提供支持，为广大会员单位提供丰富的行业信息资源，也为国内外各界人士了解、认识我国核能行业开启一扇窗口。经过多年的探索和实践，年鉴的编辑质量和水平正在不断提高，其史料价值和作用也在不断提升。

二、《中国核能年鉴》2017年卷采用分类编辑法，主体内容分为栏目、分目、条目3个层次，少数条目下设子目。全书除了“编辑说明”“《中国核能年鉴》编委会、编辑部组成人员名单”之外，共设特载、核能行业概况、核能骨干企业、行业协会与学会、企业风采、大事记、附录等7个栏目。

三、本卷为《中国核能年鉴》2017年卷。文中记述时间，原则上截至2016年12月31日。年鉴资料均取自政府有关部门、中国核能行业协会和协会会员单位提供的材料。

四、由于编辑水平有限，缺点错误在所难免，敬请广大读者批评指正。《中国核能年鉴》编辑部将坚持中国核能行业协会的宗旨，不断提高年鉴质量，更好地为政府服务，为企业服务，为我国核能事业的发展服务。

本卷年鉴在编辑出版的过程中，得到了广大会员单位和政府有关部门的大力支持。在此，谨表诚挚的谢意。

《中国核能年鉴》2017年卷 编辑部

## 《中国核能年鉴》2017 年卷编辑委员会



## 《中国核能年鉴》2017 年卷编辑部

# 目　录

## 特　载

# 核能行业概况

## 核能骨干企业



## 行业协会与学会

# 企业风采

# 大事记



# 附 录

# 特 载

# 党和国家领导人

## 对发展我国核能事业的关怀及重要指示

### 习近平出席第四届核安全峰会并发表重要讲话

2016年4月1日，第四届核安全峰会在美国首都华盛顿举行。国家主席习近平出席并发表题为《加强国际核安全体系，推进全球核安全治理》的重要讲话，围绕构建公平、合作、共赢的国际核安全体系，全面阐述中国政策主张，介绍中国在核安全领域取得的新进展，宣布中国加强本国核安全并积极推进国际合作的举措。

习近平在讲话中指出，他在海牙举行的第三届核安全峰会上主张构建公平、合作、共赢的国际核安全体系。为此，我们要强化政治投入，凝聚国际共识，构建以合作共赢为核心的新型国际关系，把握标本兼治方向，推进全球安全治理。要强化国家责任，部署实施核安全战略，构筑严密持久防线。要强化国际合作，打造核安全命运共同体，推进协调并进势头。要强化核安全文化，营造共建共享氛围。

习近平指出，海牙峰会以来，中国在核安全领域取得了新进展。中国奉行精益求精的理念，努力探索加强核安全的有效途径，已经将核安全纳入国家总体安全体系，写入国家安全法，明确了对核安全的战略定位。中国坚持言出必行的原则，忠实履行国际义务和政治承诺。中国心怀合作共赢的愿景，积极推动国际交流合作。

习近平强调，中国将继续加强本国核安全，积极推进国际合作，分享技术和经验，贡献资源和平台。中国将构建核安全能力建设网络，推广减少高浓缩铀合作模式，实施加强放射源安全行动计划，启动应对核恐怖危机技术支持倡议，推广国家核电安全监管体系。只要我们精诚合作，持续加强核安全，核能造福人类的前景必将更加光明。

## 习近平见证中沙企业签署高温气冷堆项目合作备忘录

2016 年 1 月 19 日，在国家主席习近平与沙特阿拉伯国王萨勒曼的见证下，中国核工业建设集团公司与沙特核能与可再生能源城签订《沙特高温气冷堆项目合作谅解备忘录》。

## 习近平参观中国高科技展中核展台并向埃及总理介绍“华龙一号”

2016 年 1 月 20 日，国家主席习近平在埃及总理谢里夫·伊斯梅尔陪同下参观在埃及开罗举行的中国高科技展中核集团展台，并介绍说：“华龙一号机组单台功率一百万千瓦。中国核电建造规模世界第一！”

## 习近平见证中伊两国签署和平利用核能合作备忘录

2016 年 1 月 22—26 日，在国家主席习近平和伊朗总统鲁哈尼的共同见证下，国家原子能机构主任许达哲与伊朗副总统兼原子能机构主席萨利希签署《中伊和平利用核能合作的谅解备忘录》。图为中伊代表进行会谈。

## 习近平见证中捷企业签署核能合作备忘录

2016 年 3 月 30 日（捷克当地时间）, 在国家主席习近平和捷克共和国总统米洛什·泽曼的共同见证下，中广核与捷克能源集团在布拉格签署了《关于在核能及可再生能源领域全面合作的谅解备忘录》。

## 李克强向第二十届太平洋地区核能大会致贺信

2016年 4 月 6 日，国务院总理李克强向在北京开幕的第二十届太平洋地区核能大会致贺信。

李克强在贺信中表示，核科学技术是人类 20 世纪最伟大的科技成就之一。以核电为主要标志的和平利用核能，在保障能源供应、促进经济发展、应对气候变化、造福国计民生等方面发挥了不可替代的作用。

李克强指出，中国政府高度重视核能发展，坚持安全高效发展核电。近年来设计开发了“华龙一号”等三代核电技术，建成了一批核电站，建立了较完整的核科技工业体系。中国愿在平等互利、合作共赢的基础上，同世界各国开展和平利用核能合作。

李克强希望与会代表围绕“核能助力太平洋地区和世界发展”的会议主题，深入探讨，相互借鉴，进一步加强核能的安全发展、产业合作、科技交流和人才培养，共同为人类和平利用核能事业作出新贡献。

## 李克强参观清华大学重大科技成果展

2016 年 4 月 15 日，国务院总理李克强考察清华大学，参观该校重大科技成果展时，听取了高温气冷堆发展情况的汇报，了解了关键技术的研发、核电安全性以及安全性如何验证等情况，表示支持高温气冷堆“走出去”。

## 党和国家领导人参观国家“十二五”科技创新成就展大型先进压水堆及高温气冷堆展台

2016年6月1—7日，国家“十二五”科技创新成就展在北京展览馆举行。6月3日，党和国家领导人习近平、李克强、张德江、俞正声、刘云山、王岐山、刘延东、马凯、赵乐际以及原全国政协主席贾庆林先后来到CAP1400展台、高温气冷堆展台前参观。图为刘延东、贾庆林参观国家核电技术有限公司CAP1400展台。

## 李克强见证中加企业签署关于成立中加合资经营企业的联合声明

2016 年 9 月 22 日，在国务院总理李克强和加拿大总理特鲁多的见证下，中核集团与兰万灵集团坎杜能源公司、上海电气集团正式签署《关于成立中加合资经营企业的联合声明》。

## 刘延东见证中国印尼企业签署高温气冷堆联合项目协议

2016 年 8 月 1 日，在中国—印尼副总理级人文交流机制第二次会议期间，在国务院副总理刘延东和印尼人类发展与文化统筹部长 Puan Maharani 的见证下，中国核工业建设集团公司与印尼原子能机构签署了《中国核建集团与印尼原子能机构关于印尼高温气冷堆发展计划的联合项目协议》。图为刘延东与东盟各国副总理级政要参观中国核建集团高温气冷堆产业化展台。

## 汪洋参观首届国际产能合作论坛暨第八届中国对外投资合作洽谈会中核集团展区

2016 年 10 月 20 日，国务院副总理汪洋参观首届国际产能合作论坛暨第八届中国对外投资合作洽谈会中核集团展区，并听取汇报，对中核集团“走出去”的成果表示了肯定。

## 马凯为中英核联合研发与创新中心揭牌

2016 年 11 月 9 日（伦敦当地时间），国务院副总理马凯与英国能源与知识产权大臣内维尔・罗尔夫女男爵在伦敦为中英核联合研发与创新中心揭牌。

## 马凯见证中法企业签署核能合作意向书

2016 年 11 月 14 日，国务院副总理马凯与法国经济和财政部长米歇尔・萨班在巴黎共同主持第四次中法高级别经济财金对话。活动期间，在马凯、米歇尔・萨班以及法国国务秘书西格鲁的共同见证下，中广核和法国原子能与可替代能源委员会（CEA）签署了《全面合作框架意向书》。

## 王勇考察中核集团

2016年4月8日，国务委员王勇到中核集团考察调研。

## 万钢到华能山东石岛湾核电有限公司考察调研

2016年7月15日，全国政协副主席、国家科技部部长万钢到华能山东石岛湾核电有限公司考察调研。

## 万钢考察 CAP1400 示范工程

2016 年 7 月 15 日，全国政协副主席、国家科技部部长万钢考察 CAP1400 示范工程。

## 万钢参观第 18 届中国国际高新技术成果交易会压水堆重大专项展区

2016 年 11 月 16—21 日，全国政协副主席、国家科技部部长万钢参观第 18 届中国国际高新技术成果交易会。图为万钢参观压水堆重大专项展区。

## 齐续春参观第十四届中国国际核工业展览会

2016年4月7日，全国政协副主席齐续春参观了第十四届中国国际核工业展览会。图为齐续春参观中核集团展台。

# 法律法规

## 中华人民共和国国民经济和社会发展第十三个五年规划纲要

（摘录与核能相关内容）

**第一篇　指导思想、主要目标和发展理念**

**第二篇　实施创新驱动发展战略**

**第三篇　构建发展新体制**

**第四篇　推进农业现代化**

**第五篇　优化现代产业体系**

第二十三章　支持战略性新兴产业发展

第二节　培育发展战略性产业

加强前瞻布局，在空天海洋、信息网络、生命科学、核技术等领域，培育一批战略性产业。……加速开发新一代核电装备和小型核动力系统、民用核分析与成像，打造未来发展新优势。

**第六篇　拓展网络经济空间**

**第七篇　构筑现代基础设施网络**

第三十章　建设现代能源体系

深入推进能源革命，着力推动能源生产利用方式变革，优化能源供给结构，提高能源利用效率，建设清洁低碳、安全高效的现代能源体系，维护国家能源安全。

第一节　推动能源结构优化升级统筹水电开发与生态保护，坚持生态优先，以重要流域龙头水电站建设为重点，科学开发西南水电资源。继续推进风电、光伏发电发展，积极支持光热发电。以沿海核电带为重点，安全建设自主核电示范工程和项目。加快发展生物质能、地热能，积极开发沿海潮汐能资源。完善风能、太阳能、生物质能发电扶持政策。优化建设国家综合能源基地，大力推进煤炭清洁高效利用。限制东部、控制中部和东北、优化西部地区煤炭资源开发，推进大型煤炭基地绿色化开采和改造，鼓励采用新技术发展煤电。加强陆上和海上油气勘探开发，有序开放矿业权，积极开发天然气、煤层气、页岩油（气）。推进炼油产业转型升级，开展成品油质量升级行动计划，拓展生物燃料等新的清洁油品来源。

**第八篇　推进新型城镇化**

**第九篇　推动区域协调发展**

**第十篇　加快改善生态环境**

第四十四章　加大环境综合治理力度

第三节　严密防控环境风险

实施环境风险全过程管理。加强危险废物污染防治，开展危险废物专项整治。加大重点区域、有色等重点行业重金属污染防治力度。加强有毒有害化学物质环境和健康风险评估能力建设。推进核设施安全改进和放射性污染防治，强化核与辐射安全监管体系和能力建设。

**第十一篇　构建全方位开放新格局**

**第十二篇　深化内地和港澳、大陆和台湾地区合作发展**

**第十三篇　全力实施脱贫攻坚**

**专栏 11　能源发展重大工程**

**（四）核电**

建成三门、海阳 AP1000 项目。建设福建福清、广西防城港“华龙一号”示范工程。开工建设山东荣成 CAP1400 示范工程。开工建设一批沿海新的核电项目，加快建设田湾核电三期工程。积极开展内陆核电项目前期工作。加快论证并推动大型商用后处理厂建设。核电运行装机容量达到 5 800 万千瓦，在建达到 3 000 万千瓦以上。加强核燃料保障体系建设。

**（八）能源关键技术装备**

加快推进煤炭无人开采、深井灾害防治、非常规油气勘探开发、深海和深层常规油气开发、低阶煤中低温热解分质转化、700 ℃超超临界燃煤发电、第四代核电、海上风电、光热发电、大规模储能、地热能利用、智能电网等技术研发应用。提升第三代核电、百万千瓦级水电机组、高效锅炉和高效电机等装备制造能力。突破大功率电力电子器材、高温超导材料等关键元器件和材料的制造及应用技术。

**第十四篇　提升全民教育和健康水平**

**第十五篇　提高民生保障水平**

**第十六篇　加强社会主义精神文明建设**

**第十七篇　加强和创新社会治理**

第七十二章　健全公共安全体系

第四节　强化突发事件应急体系建设

建成与公共安全风险相匹配、覆盖应急管理全过程和全社会共同参与的突发事件应急体系。加强应急基础能力建设，健全完善重大危险源、重要基础设施的风险管控体系，增强突发事件预警发布和应急响应能力，提升基层应急管理水平。加强大中城市反恐应变能力建设。强化危险化学品处置、海上溢油、水上搜救打捞、核事故应急、紧急医疗救援等领域核心能力，加强应急资源协同保障能力建设。建立应急征收征用补偿制度，完善应急志愿者管理，实施公众自救互救能力提升工程。提高境外涉我突发事件应对能力。

**第十八篇　加强社会主义民主法治建设**

**第十九篇　统筹经济建设和国防建设**

**第二十篇　强化规划实施保障**

**专栏 17　环境治理保护重点工程**

**（六）核与辐射安全保障能力提升**

建成核与辐射安全监管技术研发基地，加快建设早期核设施退役及历史遗留放射性废物处理处置工程，建设 5 座中低放射性废物处置场和 1 个高放射性废物处理地下实验室，建设高风险放射源实时监控系统，废旧放射源 100% 安全收贮。加强国家核事故应急救援队伍建设。

# 国务院关于修改部分行政法规的决定

中华人民共和国国务院令

第666号

《国务院关于修改部分行政法规的决定》已经2016年1月13日国务院第119次常务会议通过，现予公布，自公布之日起施行。

总理 李克强

2016年2月6日

# 国务院关于修改部分行政法规的决定

（摘录与核能相关内容）

五十四、将《民用核安全设备监督管理条例》第二十五条第二款修改为："民用核安全设备焊工、焊接操作工和无损检验人员由国务院核安全监管部门核准颁发资格证书。"

第五十四条修改为："民用核安全设备无损检验人员违反操作规程导致无损检验结果报告严重错误的，由国务院核安全监管部门吊销其资格证书。"

此外，对相关行政法规的条文顺序作相应调整。

本决定自公布之日起施行。

# 国务院关于印发"十三五"国家科技创新规划的通知

国发〔2016〕43号

各省、自治区、直辖市人民政府，国务院各部委、各直属机构：

现将《"十三五"国家科技创新规划》印发给你们，请认真贯彻执行。

国务院

2016年7月28日

# "十三五"国家科技创新规划

（摘录与核能相关内容）

"十三五"国家科技创新规划，依据《中华人民共和国国民经济和社会发展第十三个五年规划纲要》、《国家创新驱动发展战略纲要》和《国家中长期科学和技术发展规划纲要（2006—2020年）》编制，主要明确"十三五"时期科技创新的总体思路、发展目标、主要任务和重大举措，是国家在科技创新领域的重点专项规划，是我国迈进创新型国家行列的行动指南。

**第一篇　迈进创新型国家行列**

**第二篇　构筑国家先发优势**

第四章　实施关系国家全局和长远的重大科技项目

一、深入实施国家科技重大专项

按照聚焦目标、突出重点、加快推进的要求，加快实施已部署的国家科技重大

**专栏 2　国家科技重大专项**

……

大型先进压水堆及高温气冷堆核电站。突破 CAP1400 压水堆屏蔽主泵、控制系统、燃料组件等关键技术和试验验证，高温堆蒸汽发生器、燃料系统、核级石墨等关键技术设备材料和验证。2017 年，20 万千瓦高温气冷堆核电站示范工程实现并网发电；2020 年，CAP1400 示范工程力争建设完成。形成具有国际先进水平的核电技术研发、试验验证、关键设备设计制造、标准和自主知识产权体系，打造具有国际竞争力的核电设计、建设和服务全产业链。

……

专项，推动专项成果应用及产业化，提升专项实施成效，确保实现专项目标。持续攻克“核高基”（核心电子器件、高端通用芯片、基础软件）、集成电路装备、宽带移动通信、数控机床、油气开发、核电、水污染治理、转基因、新药创制、传染病防治等关键核心技术，着力解决制约经济社会发展和事关国家安全的重大科技问题；研发具有国际竞争力的重大战略产品，建设高水平重大示范工程，发挥对民生改善和国家支柱产业发展的辐射带动作用；凝聚和培养一批科技领军人才和高水平创新创业团队，建成一批引领性强的创新平台和具有国际影响力的产业化基地，造就一批具有较强国际竞争力的创新型领军企业，在部分领域形成世界领先的高科技产业。

第五章　构建具有国际竞争力的现代产业技术体系

五、发展清洁高效能源技术

大力发展清洁低碳、安全高效的现代能源技术，支撑能源结构优化调整和温室气体减排，保障能源安全，推进能源革命。……稳步发展核能与核安全技术及其应用，重点是核电站安全运行、大型先进压水堆、超高温气冷堆、先进快堆、小型核反应堆和后处理等技术研发及应用。实施“科技冬奥”行动计划，为奥运专区及周边提供零碳 / 低碳、经济智慧的能源解决方案。

**专栏 8　清洁高效能源技术**

……

3. 核安全和先进核能。开展先进核燃料、乏燃料后处理、放射性废物处理、严重事故、风险管理、数值反应堆、电站老化与延寿、超高温气冷堆、先进快堆、超临界水冷堆、新型模块化小堆等研究。

……

第六章　健全支撑民生改善和可持续发展的技术体系

一、发展生态环保技术

以提供重大环境问题系统性技术解决方案和发展环保高新技术产业体系为目标，形成源头控制、清洁生产、末端治理和生态环境修复的成套技术。……突破饮用水质健康风险控制、地下水污染防治、污废水资源化能源化与安全利用、垃圾处理及清洁焚烧发电、放射性废物处理处置等关键技术；……

| 专栏 12　生态环保技术 |
| --- |
| ……<br>6. 化学品环境风险防控。结合我国化学品产业结构特点及化学品安全需要，加强化学品危害识别、风险评估与管理、化学品火灾爆炸及污染事故预警与应急控制等技术研究，研发高风险化学品的环境友好替代、高放废物深地质处置、典型化学品生产过程安全保障等关键技术，构建符合我国国情的化学品整合测试策略技术框架，全面提升我国化学品环境和健康风险评估及防控技术水平。<br>…… |

第七章　发展保障国家安全和战略利益的技术体系

一、发展海洋资源高效开发、利用和保护技术

按照建设海洋强国和“21 世纪海上丝绸之路”的总体部署和要求，坚持以强化近海、拓展远海、探查深海、引领发展为原则，重点发展维护海洋主权和权益、开发海洋资源、保障海上安全、保护海洋环境的重大关键技术。开展全球海洋变化、深渊海洋科学等基础科学研究，突破深海运载作业、海洋环境监测、海洋油气资源开发、海洋生物资源开发、海水淡化与综合利用、海洋能开发利用、海上核动力平台等关键核心技术，强化海洋标准研制，集成开发海洋生态保护、防灾减灾、航运保障等应用系统。通过创新链设计和一体化组织实施，为深入认知海洋、合理开发海洋、科学管理海洋提供有力的科技支撑。加强海洋科技创新平台建设，培育一批自主海洋仪器设备企业和知名品牌，显著提升海洋产业和沿海经济可持续发展能力。

二、发展空天探测、开发和利用技术

发展新一代空天系统技术和临近空间技术，提升卫星平台和载荷能力以及临近空间持久信息保障能力，强化空天技术对国防安全、经济社会发展、全球战略力量部署的综合服务和支撑作用。增强空天综合信息应用水平与技术支撑能力，拓展我国地球信息产业链。加强空间科学新技术新理论研究，开展空间探测活动。开展新机理新体制遥感载荷与平台、空间辐射基准与传递定标、超敏捷卫星与空天地智能组网、全球空间信息精准获取与定量化应用、高精度全物理场定位与智能导航、泛在精确导航与位置服务、量子导航、多源多尺度时空大数据分析与地球系统模拟、地理信息系统在线可视化服务、空间核动力等核心关键技术研究及示范应用。全面提升航天运输系统技术能力，开展新概念运输系统技术研究。

三、发展深地极地关键核心技术

| 专栏 19　深地极地技术 |
| --- |
| 1. 深地资源勘探。揭示成矿系统的三维结构与时空展布规律，构建深部矿产预测评价体系，拓展深地矿产开采理论与技术，开发矿产资源勘探关键技术与装备，实现深部油气资源 8 000—10 000 米、矿产资源 1 000—3 000 米的勘探能力，建立 3 000 米深度矿产资源勘查实践平台、深层油气和铀矿资源勘查实践平台。<br>…… |

**第三篇　增强原始创新能力**

第八章　持续加强基础研究

二、强化目标导向的基础研究和前沿技术研究

……

面向世界科学前沿和未来科技发展趋势，选择对提升持续创新能力带动作用强、研究基础和人才储备较好的战略性前瞻性重大科学问题，强化以原始创新和系统布局为特点的大科学研究组织模式，部署基础研究重点专项，实现重大科学突破、抢占世界科学发展制高点。

| 专栏 21　战略性前瞻性重大科学问题 |
| --- |
| ……<br>13. 磁约束核聚变能发展。 |

……

三、组织实施国际大科学计划和大科学工程

面向基础研究领域和重大全球性问题，结合我国发展战略需要、现实基础和优势特色，积极参与国际大科学计划和大科学工程。加强顶层设计，长远规划，择机布局，重点在数理天文、生命科学、地球环境科学、能源以及综合交叉等我国已相对具备优势的领域，研究提出未来 5 至 10 年我国可能组织发起的国际大科学计划和大科学工程。调动国际资源和力量，在前期充分研究基础上，力争发起和组织若干新的国际大科学计划和大科学工程，为世界科学发展作出贡献。

| 专栏 22　国际大科学计划和大科学工程 |
| --- |
| 1. 国际热核聚变实验堆（ITER）计划。全面参与 ITER 计划国际组织管理，提升我国核聚变能源研发能力；以参加 ITER 计划为契机，带动更多国内相关机构参与国际研发，提升我国参与大科学工程项目管理的能力，树立我国参与国际大科学工程项目管理的典范。<br>…… |

**第四篇　拓展创新发展空间**

**第五篇　推动大众创业万众创新**

**第六篇　全面深化科技体制改革**

**第七篇　加强科普和创新文化建设**

**第八篇　强化规划实施保障**

# 国务院关于印发“十三五”控制温室气体排放工作方案的通知

国发〔2016〕61 号

各省、自治区、直辖市人民政府，国务院各部委、各直属机构：

现将《“十三五”控制温室气体排放工作方案》印发给你们，请认真贯彻执行。

国务院

2016 年 10 月 27 日

# “十三五”控制温室气体排放工作方案

（摘录与核能相关内容）

为加快推进绿色低碳发展，确保完成“十三五”规划纲要确定的低碳发展目标任务，推动我国二氧化碳排放 2030 年左右达到峰值并争取尽早达峰，特制订本工作方案。

**一、总体要求**

**二、低碳引领能源革命**

（三）加快发展非化石能源。积极有序推进水电开发，安全高效发展核电，稳步发展风电，加快发展太阳能发电，积极发展地热能、生物质能和海洋能。到 2020 年，力争常规水电装机达到 3.4 亿千瓦，风电装机达到 2 亿千瓦，光伏装机达到 1 亿千瓦，核电装机达到 5 800 万千瓦，在建容量达到 3 000 万千瓦以上。加强智慧能源体系建设，推行节能低碳电力调度，提升非化石能源电力消纳能力。

**三、打造低碳产业体系**

**四、推动城镇化低碳发展**

**五、加快区域低碳发展**

**六、建设和运行全国碳排放权交易市场**

**七、加强低碳科技创新**

**八、强化基础能力支撑**

**九、广泛开展国际合作**

**十、强化保障落实**

# 国务院关于印发“十三五”生态环境保护规划的通知

国发〔2016〕65号

各省、自治区、直辖市人民政府，国务院各部委、各直属机构：

现将《“十三五”生态环境保护规划》印发给你们，请认真贯彻实施。

国务院

2016年11月24日

（此件有删改）

# “十三五”生态环境保护规划

（摘录与核能相关内容）

**第一章　全国生态环境保护形势**

第一节　生态环境保护取得积极进展

……

环境风险防控稳步推进。到2015年，50个危险废物、273个医疗废物集中处置设施基本建成，历史遗留的670万吨铬渣全部处置完毕，铅、汞、镉、铬、砷五种重金属污染物排放量比2007年下降27.7%，涉重金属突发环境事件数量大幅减少。科学应对天津港“8·12”特别重大火灾爆炸等事故环境影响。核设施安全水平持续提高，核技术利用管理日趋规范，辐射环境质量保持良好。

生态环境法治建设不断完善。环境保护法、大气污染防治法、放射性废物安全管理条例、环境空气质量标准等完成制修订，生态环境损害责任追究办法等文件陆续出台，生态保护补偿机制进一步健全。深入开展环境保护法实施年活动和环境保护综合督察。全社会生态环境法治观念和意识不断加强。

**第二章　指导思想、基本原则与主要目标**

**第三章　强化源头防控，夯实绿色发展基础**

**第四章　深化质量管理，大力实施三大行动计划**

**第五章　实施专项治理，全面推进达标排放与污染减排**

**第六章　实行全程管控，有效防范和降低环境风险**

提升风险防控基础能力，将风险纳入常态化管理，系统构建事前严防、事中严管、事后处置的全过程、多层级风险防范体系，严密防控重金属、危险废物、有毒有害化学品、核与辐射等重点领域环境风险，强化核与辐射安全监管体系和能力建设，有效控制影响健康的生态和社会环境危险因素，守牢安全底线。

第一节　完善风险防控和应急响应体系

……

严格环境风险预警管理。强化重污染天气、饮用水水源地、有毒有害气体、核安全等预警工作，开展饮用水水源地水质生物毒性、化工园区有毒有害气体等监测预警试点。

……

第五节　加强核与辐射安全管理

我国是核能核技术利用大国。“十三五”期间，要强化核安全监管体系和监管能力建设，加快推进核安全法治进程，落实核安全规划，依法从严监管，严防发生放射性污染环境的核事故。

提高核设施、放射源安全水平。持续提高核电厂安全运行水平，加强在建核电机组质量监督，确保新建核电厂满足国际最新核安全标准。加快研究堆、核燃料循环设施安全改进。优化核安全设备许可管理，提高核安全设备质量和可靠性。实施加强放射源安全行动计划。

推进放射性污染防治。加快老旧核设施退役和放射性废物处理处置，进一步提升放射性废物处理处置能力，落实废物最小化政策。推进铀矿冶设施退役治理和环境恢复，加强铀矿冶和伴生放射性矿监督管理。

强化核与辐射安全监管体系和能力建设。加强核与辐射安全监管体制机制建设，将核安全关键技术纳入国家重点研发计划。强化国家、区域、省级核事故应急物资储备和能力建设。建成国家核与辐射安全监管技术研发基地。建立国家核安全监控预警和应急响应平台，完善全国辐射环境监测网络，加强国家、省、地市级核与辐射安全监管能力。

**第七章　加大保护力度，强化生态修复**

**第八章　加快制度创新，积极推进治理体系和治理能力现代化**

第六节　提升治理能力

加强生态环境监测网络建设。统一规划、优化环境质量监测点位，建设涵盖大气、水、土壤、噪声、辐射等要素，布局合理、功能完善的全国环境质量监测网络，实现生态环境监测信息集成共享……

……

加强生态环保信息系统建设。组织开展第二次全国污染源普查，建立完善全国污染源基本单位名录。加强环境统计能力，将小微企业纳入环境统计范围，梳理污染物排放数据，逐步实现各套数据的整合和归真。建立典型生态区基础数据库和信息管理系统。建设和完善全国统一、覆盖全面的实时在线环境监测监控系统。加快生态环境大数据平台建设，实现生态环境质量、污染源排放、环境执法、环评管理、自然生态、核与辐射等数据整合集成、动态更新，建立信息公开和共享平台，启动生态环境大数据建设试点。提高智慧环境管理技术水平，重点提升环境污染治理工艺自动化、智能化技术水平，建立环保数据共享与产品服务业务体系。

……

**第九章　实施一批国家生态环境保护重大工程**

“十三五”期间，国家组织实施工业污染源全面达标排放等25项重点工程，建立重大项目库，强化项目绩效管理。项目投入以企业和地方政府为主，中央财政予以适当支持。

| 专栏 8　环境治理保护重点工程 |
| --- |
| ……<br>**（十一）核与辐射安全保障能力提升。**<br>建成核与辐射安全监管技术研发基地，加快建设早期核设施退役及历史遗留放射性废物处理处置工程，建设 5 座中低放射性废物处置场和 1 个高放射性废物处理地下实验室，建设高风险放射源实时监控系统，废旧放射源 100% 安全收贮。加强国家核事故应急救援队伍建设。 |

……

**第十章　健全规划实施保障措施**

第三节　加强国际合作

参与国际环境治理。积极参与全球环境治理规则构建，深度参与环境国际公约、核安全国际公约和与环境相关的国际贸易投资协定谈判，承担并履行好同发展中大国相适应的国际责任，并做好履约工作。依法规范境外环保组织在华活动。加大宣传力度，对外讲好中国环保故事。根据对外援助统一部署，加大对外援助力度，创新对外援助方式。

提升国际合作水平。建立完善与相关国家、国际组织、研究机构、民间团体的交流合作机制，搭建对话交流平台，促进生态环保理念、管理制度政策、环保产业技术等方面的国际交流合作，全面提升国际化水平。组织开展一批大气、水、土壤、生物多样性等领域的国际合作项目。落实联合国 2030 年可持续发展议程。加强与世界各国、区域和国际组织在生态环保和核安全领域的对话交流与务实合作。加强南南合作，积极开展生态环保和核安全领域的对外合作。严厉打击化学品非法贸易、固体废物非法越境转移。

# 国务院关于印发“十三五”国家战略性新兴产业发展规划的通知

国发〔2016〕67号

各省、自治区、直辖市人民政府，国务院各部委、各直属机构：

现将《“十三五”国家战略性新兴产业发展规划》印发给你们，请认真贯彻执行。

国务院

2016年11月29日

# “十三五”国家战略性新兴产业发展规划

（摘录与核能相关内容）

战略性新兴产业代表新一轮科技革命和产业变革的方向，是培育发展新动能、获取未来竞争新优势的关键领域。“十三五”时期，要把战略性新兴产业摆在经济社会发展更加突出的位置，大力构建现代产业新体系，推动经济社会持续健康发展。根据“十三五”规划纲要有关部署，特编制本规划，规划期为2016—2020年。

**一、加快壮大战略性新兴产业，打造经济社会发展新引擎**

（一）现状与形势。

“十二五”期间，我国节能环保、新一代信息技术、生物、高端装备制造、新能源、新材料和新能源汽车等战略性新兴产业快速发展。2015年，战略性新兴产业增加值占国内生产总值比重达到8%左右，产业创新能力和盈利能力明显提升。新一代信息技术、生物、新能源等领域一批企业的竞争力进入国际市场第一方阵，高铁、通信、航天装备、核电设备等国际化发展实现突破，一批产值规模千亿元以上的新兴产业集群有力支撑了区域经济转型升级。大众创业、万众创新蓬勃兴起，战略性新兴产业广泛融合，加快推动了传统产业转型升级，涌现了大批新技术、新产品、新业态、新模式，创造了大量就业岗位，成为稳增长、促改革、调结构、惠民生的有力支撑。

……

（五）总体部署。

以创新、壮大、引领为核心，紧密结合“中国制造2025”战略实施，坚持走创新驱动发展道路，促进一批新兴领域发展壮大并成为支柱产业，持续引领产业中高端发展和经济社会高质量发展。立足发展需要和产业基础，大幅提升产业科技含量，加快发展壮大网络经济、高端制造、生物经济、绿色低碳和数字创意等五大领域，实现向创新经济的跨越。着眼全球新一轮科技革命和产业变革的新趋势、新方向，超前布局空天海洋、信息网络、生物技术和核技术领域一批战略性产业，打造未来发展新优势。遵循战略性新兴产业发展的基本规律，突出优势和特色，打造一批战略性新兴产业发展策源地、集聚区和特色产业集群，形成区域增长新格局。把握推进“一带一路”建设战略契机，以更开放的视野高效利用全球创新资源，提升战略性新兴产业国际化水平。加快推进重点领域和关键环节改革，持续完善有利于汇聚技术、资金、人才的政策措施，创造公平竞争的市场环境，全面营造适应新技术、新业态蓬勃涌现的生态环境，加快形成经济社会发展新动能。

**二、推动信息技术产业跨越发展，拓展网络经济新空间**

**三、促进高端装备与新材料产业突破发展，引领中国制造新跨越**

……

| **专栏 10　新材料提质和协同应用工程** |
|---|
| 加强新型绿色建材标准与公共建筑节能标准的衔接，加快制定轨道交通装备用齿轮钢、航空航天用碳 / 碳复合结构材料、高温合金、特种玻璃、宽禁带半导体以及电子信息用化学品、光学功能薄膜、人工晶体材料等标准，完善节能环保用功能性膜材料、海洋防腐材料配套标准，做好增材制造材料、稀土功能材料、石墨烯材料标准布局，促进新材料产品品质提升。加强新材料产业上下游协作配套，在航空铝材、碳纤维复合材料、核电用钢等领域开展协同应用试点示范，搭建协同应用平台。 |

**四、加快生物产业创新发展步伐，培育生物经济新动力**

**五、推动新能源汽车、新能源和节能环保产业快速壮大，构建可持续发展新模式**

（二）推动新能源产业发展。加快发展先进核电、高效光电光热、大型风电、高效储能、分布式能源等，加速提升新能源产品经济性，加快构建适应新能源高比例发展的电力体制机制、新型电网和创新支撑体系，促进多能互补和协同优化，引领能源生产与消费革命。到 2020 年，核电、风电、太阳能、生物质能等占能源消费总量比重达到 8% 以上，产业产值规模超过 1.5 万亿元，打造世界领先的新能源产业。

推动核电安全高效发展。采用国际最高安全标准，坚持合作创新，重点发展大型先进压水堆、高温气冷堆、快堆及后处理技术装备，提升关键零部件配套能力，加快示范工程建设。提升核废料回收利用和安全处置能力。整合行业资源，形成系统服务能力，推动核电加快“走出去”。到 2020 年，核电装机规模达到 5 800 万千瓦，在建规模达到 3 000 万千瓦，形成国际先进的集技术开发、设计、装备制造、运营服务于一体的核电全产业链发展能力。

……

**六、促进数字创意产业蓬勃发展，创造引领新消费**

**七、超前布局战略性产业，培育未来发展新优势**

以全球视野前瞻布局前沿技术研发，不断催生新产业，重点在空天海洋、信息网络、生命科学、核技术等核心领域取得突破，高度关注颠覆性技术和商业模式创新，在若干战略必争领域形成独特优势，掌握未来产业发展主动权，为经济社会持续发展提供战略储备、拓展战略空间。

（一）空天海洋领域。

……

发展新一代深海远海极地技术装备及系统。建立深海区域研究基地，发展海洋遥感与导航、水声探测、深海传感器、无人和载人深潜、深海空间站、深海观测系统、“空—海—底”一体化通信定位、新型海洋观测卫星等关键技术和装备。大力研发深远海油气矿产资源、可再生能源、生物资源等资源开发利用装备和系统，研究发展海上大型浮式结构物，支持海洋资源利用关键技术研发和产业化应用，培育海洋经济新增长点。大力研发极地资源开发利用装备和系统，发展极地机器人、核动力破冰船等装备。

（四）核技术领域。

加快开发新一代核能装备系统。加快推动铅冷快堆、钍基熔盐堆等新核能系统试验验证和实验堆建设。支持小型和微型核动力堆研发设计和关键设备研制，开展实验堆建设和重点领域示范应用。积极参与国际热核聚变实验堆计划，不断完善全超导托卡马克核聚变实验装置等国家重大科技基础设施，开展实验堆概念设计、关键技术和重要部件研发。

发展非动力核技术。支持发展离子、中子等新型射线源，研究开发高分辨率辐射探测器和多维动态成像装置，发展精准治疗设备、医用放射性同位素、中子探伤、辐射改性等新技术和新产品，持续推动核技术在工业、农业、医疗健康、环境保护、资源勘探、公共安全等领域应用。

**八、促进战略性新兴产业集聚发展，构建协调发展新格局**

**九、推进战略性新兴产业开放发展，拓展合作新路径**

**十、完善体制机制和政策体系，营造发展新生态**

附件：重点任务分工方案

**附件**

## 重点任务分工方案

（摘录与核能相关内容）

| 序号 | 重点工作 | 负责部门 |
| --- | --- | --- |
| 30 | 超前布局战略性产业，重点在空天海洋、信息网络、生命科学、核技术等核心领域取得突破。 | 科技部、国家发展改革委、工业和信息化部、国家国防科工局、财政部、工程院、中科院、国家能源局、国家海洋局等按职责分工负责。 |

# 国务院新闻办公室发表《中国的核应急》白皮书

（2016年1月）

## 前　言

原子的发现和核能的开发利用给人类社会发展带来新的动力，极大增强人类认识世界和改造世界的能力。核能发展伴随着核安全风险和挑战。人类要更好利用核能、实现更大发展，必须创新核技术、确保核安全、做好核应急。核安全是核能事业持续健康发展的生命线，核应急是核能事业持续健康发展的重要保障。

核应急是为了控制核事故、缓解核事故、减轻核事故后果而采取的不同于正常秩序和正常工作程序的紧急行为，是政府主导、企业配合、各方协同、统一开展的应急行动。核应急事关重大、涉及全局，对于保护公众、保护环境、保障社会稳定、维护国家安全具有重要意义。

中国始终把核安全放在和平利用核能事业首要位置，坚持总体国家安全观，倡导理性、协调、并进的核安全观，秉持为发展求安全、以安全促发展的理念，始终追求发展和安全两个目标有机融合。半个多世纪以来，中国人民奋发图强、历尽艰辛，创建发展核能事业并取得辉煌成就。同时，不断改进核安全技术，实施严格的核安全监管，加强核应急管理，核能事业始终保持良好安全记录。

核事故影响无国界，核应急管理无小事。总结三哩岛核事故、切尔诺贝利核事故、福岛核事故的教训，中国更加深刻认识到核应急的极端重要性，持续加强和改进核应急准备与响应工作，不断提升中国核安全保障水平。中国在核应急法律法规标准建设、体制机制建设、基础能力建设、专业人才培养、演习演练、公众沟通、国际合作与交流等方面取得巨大进步，既为自身核能事业发展提供坚强保障，也为推动建立公平、开放、合作、共赢的国际核安全应急体系，促进人类共享核能发展成果作出积极贡献。

## 一、核能发展与核应急基本形势

20世纪50年代中期，中国创建核工业。60多年来，中国致力于和平利用核能事业，发展推动核技术在工业、农业、医学、环境、能源等领域广泛应用。特别是改革开放以来，中国核能事业得到更大发展。

发展核电是中国核能事业的重要组成部分。核电是一种清洁、高效、优质的现代能源。中国坚持发展与安全并重原则，执行安全高效发展核电政策，采用最先进的技术、最严格的标准发展核电。1985年3月，中国大陆第一座核电站——秦山核电站破土动工。截至2015年10月底，中国大陆运行核电机组27台，总装机容量2 550万千瓦；在建核电机组25台，总装机容量2 751万千瓦。中国开发出具有自主知识产权的大型先进压水堆、高温气冷堆核电技术。“华龙一号”核电技术示范工程投入建设。中国实验快堆实现满功率稳定运行 72 小时，标志着已经掌握快堆关键技术。

伴随着核能事业的发展，核安全与核应急同步得到加强。中国的核设施、核活动始终保持安全稳定状态，特别是核电安全水平不断提高。中国大陆所有运行核电机组未发生过国际核与辐射事件分级表二级以上事件和事故，气态和液态流出物排放远低于国家标准限值。在建核电机组质量保证、安全监管、应急准备体系完整。

中国高度重视核应急，始终以对人民安全和社会安全高度负责的态度强化核应急管理。早在作出发展核电决策之时就同步部署安排核应急工作。切尔诺贝利核事故发生后，中国明确表示发展核电方针不变，强调必须做好核应急准备，1986 年即开展国家核应急工作。1991 年，成立国家核事故应急委员会，统筹协调全国核事故应急准备和救援工作。1993 年，发布《核电厂核事故应急管理条例》，对核应急作出基本规范。1997 年，发布第一部《国家核应急计划（预案）》，对核应急准备与响应作出部署，之后，为适应核能发展需要，多次进行修订形成《国家核应急预案》。目前，中国核应急管理与准备工作的体系化、专业化、规范化、科学化水平全面提升。

按照中国核电中长期发展规划目标，到 2020 年，中国大陆运行核电装机容量将达到 5 800 万千瓦，在建 3 000 万千瓦左右；到 2030 年，力争形成能够体现世界核电发展方向的科技研发体系和配套工业体系，核电技术装备在国际市场占据相当份额，全面实现建设核电强国目标。面对核能事业发展新形势新挑战，中国核应急在技术、装备、人才、能力、标准等方面还存在一定不足，这也是其他国家在开发利用核能进程中面临的共同课题。中国将通过理念创新、科技创新、管理创新，不断强化国家核应急管理，把核应急提高到新水平。

## 二、核应急方针政策

中国是发展中大国，在发展核能进程中，通过制定法律、行政法规和发布政令等方式，确定核应急基本方针政策。

中国核应急基本目标是：依法科学统一、及时有效应对处置核事故，最大程度控制、缓解或消除事故，减轻事故造成的人员伤亡和财产损失，保护公众，保护环境，维护社会秩序，保障人民安全和国家安全。

中国核应急基本方针是：常备不懈、积极兼容，统一指挥、大力协同，保护公众、保护环境。

——常备不懈、积极兼容。各级核应急组织以“养兵千日，用兵一时”的态度，充分准备，随时应对可能发生的核事故。建立健全专兼配合、资源整合、平战结合、军民融合的核应急准备与响应体系。核应急与其他工作统筹规划、统筹部署、兼容实施。

——统一指挥、大力协同。核设施营运单位统一协调指挥场内核事故应急响应行动，各级政府统一协调指挥本级管辖区域内核事故应急响应行动。在政府统一组织指挥下，核应急组织、相关部门、相关企业、专业力量、社会组织以及军队救援力量等协同配合，共同完成核事故应急响应行动。

——保护公众、保护环境。把保护公众作为核应急的根本宗旨，以一切为了人民的态度和行动应对处置核事故。把保护环境作为核应急的根本要求，尽可能把核事故造成的放射性物质释放降到最小，最大程度控制、减轻或消除对环境的危害。

中国核应急基本原则是：统一领导、分级负责，条块结合、军地协同，快速反应、科学处置。

——统一领导、分级负责。在中央政府统一领导下，中国建立分级负责的核应急管理体系。核设施营运单位是核事故场内应急工作责任主体。省级人民政府是本行政区域核事故场外应急工作责任主体。

——条块结合、军地协同。核应急涉及中央与地方、军队与政府、场内与场外、专业技术与社会管理等方面，必须坚持统筹兼顾、相互配合、大力协同、综合施救。

——快速反应、科学处置。核事故发生后，各级核应急组织及早介入，迅速控制缓解事故，减轻对公众和环境的影响。遵循应对处置核事故特点规律，组织开展分析研判，科学决策，有效实施辐射监测、工程抢险、去污洗消、辐射防护、医学救援等响应行动。

## 三、核应急“一案三制”建设

中国高度重视核应急的预案和法制、体制、机制（简称“一案三制”）建设，通过法律制度保障、体制机制保障，建立健全国家核应急组织管理体系。

加强全国核应急预案体系建设。《国家核应急预案》是中央政府应对处置核事故预先制定的工作方案。《国家核应急预案》对核应急准备与响应的组织体系、核应急指挥与协调机制、核事故应急响应分级、核事故后恢复行动、应急准备与保障措施等作了全面规定。按照《国家核应急预案》要求，各级政府部门和核设施营运单位制定核应急预案，形成相互配套衔接的全国核应急预案体系。

加强核应急法制建设。中国基本形成国家法律、行政法规、部门规章、国家和行业标准、管理导则于一体的核应急法律法规标准体系。早在 1993 年 8 月就颁布实施《核电厂核事故应急管理条例》。进入本世纪以来，又先后颁布实施《中华人民共和国放射性污染防治法》《中华人民共和国突发事件应对法》，从法律层面对核应急作出规定和要求。2015 年 7 月，新修订的《中华人民共和国国家安全法》开始实施，进一步强调加强核事故应急体系和应急能力建设，防止、控制和消除核事故对公众生命健康和生态环境的危害。与这些法律法规相配套，政府相关部门制定相应的部门规章和管理导则，相关机构和涉核行业制定技术标准。军队制定参加核电厂核事故应急救援条例等相关法规和规章制度。目前，正积极推进原子能法、核安全法立法进程。

加强核应急管理体制建设。中国核应急实行国家统一领导、综合协调、分级负责、属地管理为主的管理体制。全国核应急管理工作由中央政府指定部门牵头负责。核设施所在地的省（区、市）人民政府指定部门负责本行政区域内的核应急管理工作。核设施营运单位及其上级主管部门（单位）负责场内核应急管理工作。必要时，由中央政府领导、组织、协调全国的核事故应急管理工作。

加强核应急机制建设。中国实行由一个部门牵头、多个部门参与的核应急组织协调机制。在国家层面，设立国家核事故应急协调委员会，由政府和军队相关部门组成，主要职责是：贯彻国家核应急工作方针，拟定国家核应急工作政策，统一协调全国核事故应急，决策、组织、指挥应急支援响应行动。同时设立国家核事故应急办公室，承担国家核事故应急协调委员会日常工作。在省（区、市）层面，设立核应急协调机构。核设施营运单位设立核应急组织。国家和各相关省（区、市）以及核设施营运单位建立专家委员会或支撑机构，为核应急准备与响应提供决策咨询和建议。

## 四、核应急能力建设与保持

中国坚持积极兼容、资源整合、专业配套、军民融合的思路，建设并保持与核能事业安全高效发展相适应的国家核应急能力，形成有效应对核事故的国家核应急能力体系。

国家建立全国统一的核应急能力体系，部署军队和地方两个工作系统，区分国家级、省级、核设施营运单位级三个能力层次，推进核应急领域的各种力量建设。

建设国家核应急专业技术支持中心。建设辐射监测、辐射防护、航空监测、医学救援、海洋辐射监测、气象监测预报、辅助决策、响应行动等8类国家级核应急专业技术支持中心以及3个国家级核应急培训基地，基本形成专业齐全、功能完备、支撑有效的核应急技术支持和培训体系。

建设国家级核应急救援力量。经过多年努力，中国形成了规模适度、功能衔接、布局合理的核应急救援专业力量体系。适应核电站建设布局需要，按照区域部署、模块设置、专业配套原则，组建30余支国家级专业救援分队，承担核事故应急处置各类专业救援任务。军队是国家级核应急救援力量的重要组成部分，担负支援地方核事故应急的职责使命，近年来核应急力量建设成效显著。为应对可能发生的严重核事故，依托现有能力基础，中国将组建一支300余人的国家核应急救援队，主要承担复杂条件下重特大核事故突击抢险和紧急处置任务，并参与国际核应急救援行动。

建设省级核应急力量。中国设立核电站的省（区、市）均建立了相应的核应急力量，包括核应急指挥中心、应急辐射监测网、医学救治网、气象监测网、洗消点、撤离道路、撤离人员安置点等，以及专业技术支持能力和救援分队，基本满足本区域核应急准备与响应需要。省（区、市）

核应急指挥中心与本级行政区域内核设施实现互联互通。

建设核设施营运单位核应急力量。按照国家要求，参照国际标准，中国各核设施营运单位均建立相关的核应急设施及力量，包括应急指挥中心、应急通讯设施、应急监测和后果评价设施；配备应对处置紧急情况的应急电源等急需装备、设备和仪器；组建辐射监测、事故控制、去污洗消等场内核应急救援队伍。核设施营运单位所属涉核集团之间建立核应急相互支援合作机制，形成核应急资源储备和调配等支援能力，实现优势互补、相互协调。

按照积极兼容原则，围绕各自职责，中国各级政府有关部门依据《国家核应急预案》明确的任务，分别建立并加强可服务保障核应急的能力体系。

按照国家、相关省（区、市）和各核设施营运单位制定的核应急预案，在国家核应急体制机制框架下，各级各类核应急力量统一调配、联动使用，共同承担核事故应急处置任务。

## 五、核事故应对处置主要措施

中国参照国际先进标准，汲取国际成熟经验，结合国情和核能发展实际，制定了控制、缓解、应对核事故的工作措施。

实施纵深防御。设置五道防线，前移核应急关口，多重屏障强化核电安全，防止事故与减轻事故后果。一是保证设计、制造、建造、运行等质量，预防偏离正常运行。二是严格执行运行规程，遵守运行技术规范，使机组运行在限定的安全区间以内，及时检测和纠正偏差，对非正常运行加以控制，防止演变为事故。三是如果偏差未能及时纠正，发生设计基准事故时，自动启用电厂安全系统和保护系统，组织应急运行，防止事故恶化。四是如果事故未能得到有效控制，启动事故处理规程，实施事故管理策略，保证安全壳不被破坏，防止放射性物质外泄。五是在极端情况下，如果以上各道防线均告失效，立即进行场外应急响应行动，努力减轻事故对公众和环境的影响。同时，设置多道实体屏障，确保层层设防，防止和控制放射性物质释入环境。

实行分级响应。参照国际原子能机构核事故事件分级表，根据核事故性质、严重程度及辐射后果影响范围，确定核事故级别。核应急状态分为应急待命、厂房应急、场区应急、场外应急，分别对应Ⅳ级响应、Ⅲ级响应、Ⅱ级响应、Ⅰ级响应。前三级响应，主要针对场区范围内的应急需要组织实施。当出现或可能出现向环境释放大量放射性物质，事故后果超越场区边界并可能严重危及公众健康和环境安全时，进入场外应急，启动Ⅰ级响应。

部署响应行动。核事故发生后，各级核应急组织根据事故性质和严重程度，实施以下全部或部分响应行动。

——迅速缓解控制事故。立即组织专业力量、装备和物资等开展工程抢险，缓解并控制事故，努力使核设施恢复到安全状态，防止或减少放射性物质向环境释放。

——开展辐射监测和后果评价。在事

故现场和受影响地区开展放射性监测以及人员受照剂量监测等。实时开展气象、水文、地质、地震等观（监）测预报。开展事故工况诊断和释放源项分析，研判事故发展趋势，评价辐射后果，判定受影响区域范围。

——组织人员实施应急防护行动。当事故已经或可能导致碘放射性同位素释放，由专业组织及时安排一定区域内公众服用稳定碘，以减少甲状腺的受照剂量。适时组织受辐射影响地区人员采取隐蔽、撤离、临时避迁或永久迁出等应急防护措施，避免或减少受到辐射损伤。及时开展心理援助，抚慰社会公众情绪，减轻社会恐慌。

——实施去污洗消和医疗救治。由专业人员去除或降低人员、设备、场所、环境等放射性污染。组织核应急医学救援力量实施医学诊断、分类，开展医疗救治，包括现场紧急救治、地方医院救治和后方专业救治等。

——控制出入通道和口岸。根据受事故影响区域具体情况，划定警戒区，设定出入通道，严格控制各类人员、车辆、设备和物资出入。对出入境人员、交通工具、集装箱、货物、行李物品、邮包快件等实施放射性污染检测与控制。

——加强市场监管与调控。针对受事故影响地区市场供应及公众心理状况，及时进行重要生活必需品的市场监管和调控。禁止或限制受污染食品和饮用水的生产、加工、流通和食用，避免或减少放射性物质摄入。

——维护社会治安。严厉打击借机传播谣言、制造恐慌等违法犯罪行为。在群众安置点、抢险救援物资存放点等重点地区，增设临时警务站，加强治安巡逻。强化核事故现场等重要场所警戒保卫，根据需要做好周边地区交通管制等工作。

——发布权威准确信息。参照国际原子能机构做法，根据中国法律法规，由国家、省（区、市）和核设施营运单位适时向社会发布准确、权威信息，及时将核事故状态、影响和社会公众应注意的事项、需要个人进行防护的措施告知公众，确保信息公开、透明。

——做好国际通报与申请援助。按照国际原子能机构《及早通报核事故公约》要求，做好向国际社会的通报。按照国际原子能机构《核事故或辐射紧急情况援助公约》要求，视情向国际原子能机构和国际社会申请核应急救援。

建立健全国家核应急技术标准体系。建立包括设置核电厂应急计划区、核事故分级、应急状态分级、开展应急防护行动、实施应急干预原则与干预水平等完整系统的国家核应急技术标准体系，为组织实施核应急准备与响应提供基本技术指南。

加强应急值班。建立核应急值班体系，各级核应急组织保持24小时值班备勤。在国家核事故应急办公室设立核应急国家联络点，负责核应急值班，及时掌握国内核设施情况，保持与国际原子能机构信息畅通。

## 六、核应急演习演练、培训与公

## 众沟通

中国高度重视核应急演习演练，切实加强专业培训，注重公众沟通，不断提高各级核应急组织应对处置严重核事故的能力水平，普及社会公众核安全应急知识，营造促进核能发展良好环境，树立全社会对发展核能事业信心。

组织实施核应急演习。发布《核电厂核事故应急管理条例》《突发事件应急预案管理办法》《突发事件应急演练指南》《核应急演习管理规定》等规章，明确规定国家核应急演习方针原则、组织机构、内容形式、分类频次、保障准备、实施程序等。适应核能发展需要，定期举行全国性核应急联合演习；相关省（区、市）每 2 年至 4 年举行一次本级场内场外核应急联合演习；核设施营运单位每 2 年组织一次综合演习，每年组织多种专项演习，拥有 3 台以上运行机组的演习频度适当增加；核电站首次装投料前，所在地省级核应急管理机构组织场内场外联合演习。近年来，先后组织代号为“神盾—2009”“神盾—2015”的国家核应急联合演习，参演规模近 6 000 人，日本、韩国、法国、巴基斯坦、国际原子能机构等派出官员、专家观摩。

建立三级核应急培训制度。国家核应急管理机构负责全国核应急管理人员培训，省（区、市）核应急管理机构负责本行政区域内核应急人员培训，核设施营运单位负责本单位核应急工作人员专业技术培训。福岛核事故以来，中国各级举办培训班 110 多期，培训近万人次。目前，中国核应急管理人员、专业技术人员均参加过不同级别、专业的培训。

加强核应急公众沟通与信息发布。中国高度重视核应急公众沟通和信息发布，制定相关规定，明确公开透明、客观真实、权威可信、科学通俗的工作原则。各级核应急组织建立专门的核应急宣传队伍，适时向全社会宣传国家核能政策、核安全政策、核应急政策，增加核能发展透明度，确保公众享有核安全监督权、核应急准备与响应知情权。2013 年以来，以“共筑核应急核安全防线、共促核能事业科学发展”为主题，多次组织全国范围核应急宣传活动，国内外受众面达到 10 亿人次。2015 年 1 月，利用中国核工业创建 60 周年契机，开展一系列面向国内外的宣传活动。2015 年 12 月，组织媒体走进中国核电企业，开展“助推核能发展、助力‘一带一路’”采访活动，向国内外集中展示中国核电技术先进性、核电安全可靠性、核电管理规范性、核应急准备充分性，产生了积极社会反响。各涉核企业、大专院校和有关团体还以各种形式开展涉核科普宣传活动，努力营造安全高效发展核能的良好氛围。

香港特别行政区、澳门特别行政区毗邻广东省，特区公众和舆论关注内地核能发展。1992 年以来，粤港双方针对广东大亚湾和岭澳核电站核应急事宜达成多项共识。国家核应急管理机构多次与广东省、香港特别行政区政府组织宣介会，不断充实粤港核应急合作机制内容，完善粤港核应急交流平台，及时回应公众关切，消除疑虑。中央政府有关部门还有针对性地与港澳地区相关部门联合开展各领域专业培训，提高当地人员专业水平，为保持香港、澳门繁荣稳定作出积极贡献。

核能安全利用是关系台湾海峡两岸人民生命财产安全的大事，两岸双方对此高度重视。2011 年 10 月，海协会与台湾海基会签署《海峡两岸核电安全合作协议》。在该协议框架下，两岸建立核应急事务联系机制，在核电安全法规与标准、核电厂事故紧急通报、核电厂环境辐射监测、核电厂事故紧急应变及准备等领域不断拓展交流与合作，取得积极成效。

## 七、核应急科技创新

中国制定国家核应急工作规划，明确核应急领域科技创新目标要求、体制机制、人才建设、主要任务、保障措施等，取得一批科技创新成果，部分成果达到国际先进水平。

核事故后果评价与决策支持系统开发。坚持技术引进与自主创新相结合，中国有关院校和科研院所，在事故源项估算、风场诊断与预报、气载放射性扩散、水体放射性扩散、核辐射医学应急分类及救援、放射性剂量估算等技术领域取得成果，为国家核应急决策提供了技术支持。

核应急基础技术研究。开展“华龙一号”反应堆、AP1000 反应堆（美国先进压水堆）、EPR 反应堆（欧洲压水堆）、高温气冷堆、快堆等三代、四代核电技术反应堆核应急技术与管理研究。针对多机组同时出现共模事故、内陆核电站严重事故源项分析、跨地区核应急准备、核燃料循环设施应急准备、核与辐射恐怖袭击事件应急处置等重大课题，持续开展研究，取得一批成果，促进了中国核应急基础技术水平的整体增强。

核应急专用装备研发。重点推进核应急辐射监测、辐射防护、医学救援、去污洗消等装备研发和系统集成。自主研制车（船）载巡测设备、航空辐射监测系统、辐射监测与事故响应机器人等装备设备，以及车（船）载核应急指挥系统、核应急医学分类及监测平台、医疗支援系统等，并已装备各级核应急救援队。中国海关使用的门户式辐射探测设备全部由国内企业自主研发制造。

核应急信息化技术研究。开展核应急数据采集和传输标准化研究，建立健全全国核应急资源管理系统。研发核应急指挥信息化系统，创新核应急预案模块化、响应流程智能化、组织指挥可视化、辅助决策科学化等技术，实现日常管理与应急响应一体化，提高了核应急响应能力和组织指挥效率。

核应急医疗救治技术研究。开展急性放射损伤诊治等技术研究，制定急性放射损伤诊断与治疗方案和救治指南。开展核辐射突发事件医学应急关键技术研究及其推广应用研究，研制适用于广大人群的核辐射事故生物剂量快速估算方法，优化重度、极重度急性骨髓型放射病患者的非清髓造血干细胞、间充质干细胞（MSC）联合移植救治模式，在放射病治疗中实现多项突破，以最大程度减少核辐射事故引起的人员伤亡。持续开展系统的间充质干细胞治疗核辐射损伤的基础与临床研究，创建了 MSC 联合造血干细胞治疗重度放射病的治疗新方案，其研究成果“成体干细胞救治放射损伤新技术的建立与应用”项目获得该领域首个国家科技进步一等奖。军队医疗机构研究创建了“三级处置、四级救治”体系化核应急医学应急救援能力建设模式。

公众风险沟通和心理援助研究。开展核突发事件（事故）情况下大范围公众群体危机心理援助技术研究，构建相关心理干预模型，提出应对预案、标准和实施指南。针对核辐射特点，研究编制核事故公众防护问与答、核与辐射事故医学应急等面向社会公众的应用丛书。

核应急环境气象创新性研究。持续研发并建设完善中国气象环境应急响应数值预报业务系统。通过技术引进和自主研发，改进升级核及危险化学品泄漏气象服务系统，完成大气扩散模式的精细化改进，全球模式分辨率由原来的 85 千米左右提高到 30 千米，中尺度区域模式分辨率由 15 千米提高到 10 千米，实现了对污染物扩散更加精细化模拟和预报。

## 八、核应急国际合作与交流

中国是国际原子能机构成员国，始终致力于同各国一道推动建立国际核安全应急体系，促进各国共享和平利用核能事业成果，坚定不移支持和推进核应急领域国际合作与交流。中国与国际原子能机构等国际组织在核应急领域开展多层次、全方位合作，与世界有关国家核应急领域合作与交流不断拓展。

积极加入相关国际公约。中国作为联合国常任理事国、国际原子能机构理事国，高度重视融入国际核安全应急体系。自 1984 年加入国际原子能机构以来，先后加入《核事故或辐射紧急情况援助公约》《及早通报核事故公约》《核材料实物保护公约》《不扩散核武器条约》《核安全公约》《制止核恐怖主义行为国际公约》等国际公约。在这些公约机制内，中国始终致力于同各国一道推动建立和平、合作、共赢的国际核安全应急体系，充分发挥建设性作用。

积极履行核应急国际义务。中国支持国际原子能机构在促进核能与核技术应用、加强核安全、加强核应急、实施保障监督等领域发挥主导作用。中国积极履行有关国际公约规定的国际义务，响应国际原子能机构理事会、大会提出的各项倡议。中国代表团出席了历次国际原子能机构组织的核应急主管当局会议和核安全公约履约大会，负责任地提交核应急、核安全履约国家报告。多次参加国际原子能机构组织的公约演习活动。推荐中国核应急领域的专家学者数百人次参加国际原子能机构开展的工作，为全球核应急领域合作献计献策。2014 年 5 月，中国加入“国际核应急响应与援助网络”，为国际社会核应急体系建设提供支持。

积极开展双边交流。1984 年以来，中国先后与巴西、阿根廷、英国、美国、韩国、俄罗斯、法国等 30 个国家签订双边核能合作协定，开展包括核应急在内的合作与交流。中国同美国合作在华建设核安保示范中心，为地区乃至国际核安保技术交流合作提供平台。在中美和平利用核能协定框架下，中国国家原子能机构与美国能源部联合举办核应急医学救援培训班、核应急后果评价研讨班等多种培训活动。在中俄总理定期会晤框架内设立中俄核问题分委会机制，定期研讨交流核应急领域合作与交流事宜。中国与法国建立中法核能合作协调委员会机制，与韩国建立中韩核能合作联委会机制，定期开展相关活动。中国援助巴基斯坦建设核电站，在核应急领域开展广泛深入的合作交流。

积极拓展多边合作。中国坚持合作共赢原则，与各国开展核应急领域合作与交流。中国国家领导人先后出席 2010 年华盛顿核安全峰会、2012 年首尔核安全峰会、2014 年海牙核安全峰会，呼吁国际社会加强核安全应急管理、提升核安全应急能力、增强各国人民对实现持久核安全、对核能事业造福人类的信心。中国国家原子能机构以各种形式与国际原子能机构开展交流与合作，2014 年 7 月，在福建举办“严重核事故下核应急准备与响应”亚太地区培训班，为 11 个国家和地区的专家提供交流平台；2015 年 10 月，在首次全球核应急准备与响应大会上，中国与 90 多个与会国家和 10 多个国际组织共同分享核应急准备与响应的成就，介绍中国核应急方针政策。中国通过亚洲核安全网络、亚洲核合作论坛、亚太地区核技术合作协定等机制，在地区合作交流中积极发挥作用。中国于 2004 年 1 月正式加入世界卫生组织辐射应急医学准备与救援网络。中国持续举办核应急领域国际学术交流活动。中日韩建立核事故及早通报框架和专家交流机制，定期开展相关领域合作与交流。

积极开展应对福岛核事故合作交流。中国是日本的近邻，对福岛核事故尤为关切。在第一时间启动核应急响应机制、开展本国应对工作的同时，积极履行《核事故或辐射紧急情况援助公约》国际义务，向日本政府表明提供辐射监测、医疗救护等援助的意愿。2011 年 5 月，应日本政府邀请，中国组织专家代表团赴日本，就福岛核事故进行交流，提出处置意见建议。中国还选派权威专家参加国际原子能机构福岛核事故评估团，开展福岛核事故影响评估。福岛核事故发生后四年多来，中国政府机关、企事业单位、大专院校、科研院所，以各种形式与国际组织合作，总结探讨后福岛时代核应急领域重大问题。这些合作交流活动，既促进了中国核应急的改进提高，也促进了国际社会对福岛核事故的经验反馈。

积极响应国际原子能机构核安全行动计划。福岛核事故后，国际原子能机构发布《核安全行动计划》，为国际社会改进核应急工作提供借鉴。中国参考新的标准和理念，全面改进国家核应急准备与响应工作；充实增加国家核安全核应急监管力量和技术支持力量；全面检查所有核设施营运单位核应急工作，按照新的标准完善应急措施；加强顶层设计，进行统筹规划，建立健全核应急能力体系。中国坚持采用最先进的技术、执行最严格的标准，全面提升核应急管理，努力把核应急提高到新水平。

## 结束语

贯彻创新、协调、绿色、开放、共享发展理念，坚定不移推进核能事业发展，是中国的重要战略选择。发展核能事业的步伐不停止，加强核应急的步伐就不会停止。中国将不断加强和改进核应急工作，为核能事业安全高效、持续健康发展提供坚强保障。

在未来，中国将坚持总体国家安全观和理性、协调、并进的核安全观，多措并举，综合施策，不断增强核安全应急能力，扎实做好核应急工作。坚持发展与安全并重，以安全为前提发展核能事业，使核应急与核能发展协调并进；坚持能力与需求匹配，适应核能事业发展要求，不断提升核应急能力，确保核应急响应及时有效；坚持国内与国际交流，继续深化核应急领域国际合作，推进建立面向未来的国际核安全应急体系，国际社会共享和平利用核能事业成果；坚持当前与长远兼顾，着眼中国和世界核能事业发展大势，前瞻谋划核应急工作，确保筹划在先、准备在先、预防在先，增强主动性、掌握主动权。

中国的发展离不开世界，世界的发展也离不开中国。中国将积极参与构建国际核安全应急体系，与国际社会一道，共同解决核应急领域面临的重大课题。中国有信心、有能力不断提升核应急准备与响应水平，为实现持久核安全、实现核能事业造福人类作出贡献。

# 国家发展改革委 工业和信息化部 国家能源局 关于印发《中国制造2025—能源装备实施方案》的通知

发改能源〔2016〕1274号

各省、自治区、直辖市及计划单列市、新疆生产建设兵团发展改革委、工业和信息化主管部门、能源局、各有关中央企业：

为深入贯彻落实党的十八届五中全会、中央财经领导小组第六次会议、新一届国家能源委员会首次会议精神和《中国制造2025》，推动能源装备自主创新和产业升级，充分发挥能源装备自主创新在能源技术革命和装备制造业升级中的支撑和引领作用，国家发展改革委、工业和信息化部、国家能源局组织编制了《中国制造2025—能源装备实施方案》。现印发你们，请认真组织实施。

附件：中国制造2025—能源装备实施方案

国家发展改革委
工业和信息化部
国家能源局
2016年6月12日

**附件**

## 中国制造2025—能源装备实施方案

（摘录与核能相关内容）

### 一、前言

### 二、指导思想和基本原则

### 三、行动目标

### 四、主要任务

**（五）先进核电装备**

**1. 先进大型压水堆**

（1）技术攻关：

核岛设备：压力容器（C型环等关键部件）、控制棒驱动机构（驱动杆、钩爪、密封壳、行程套管、棒控棒位连接器、线圈组件、棒位探测器）、堆内构件（全焊式堆芯围筒、流量分配组件、堆芯测量仪表格架组件）、蒸汽发生器（汽水分离器、换热单元）、稳压器（喷嘴、加热器）、主泵（核级密封、主泵监测系统、泵壳、飞轮、泵端液压联轴器、轴承、屏蔽套、热屏、湿绕组电机）、主管道、燃料装卸与贮存设备（关键部件），安全级数字化仪控系统，核电站高放环境修护专用工具（核电服务机器人等），熔融物滞留系统，整体螺栓拉伸机。

常规岛设备：汽轮发电机组及辅助设备（低压转子、焊接/整锻转子、2米等级长叶片、汽水分离再热器、抽汽逆止阀、低（中）压进汽蝶阀、控制保护系统、调节系统、发电机转子护环、励磁电压调节器、凝汽器钛管等）、大型发电机断路器、柴油发电机组、电控系统设备、主给水泵组（液力耦合器、芯包等）及其它设备设计制造技术。

关键泵阀：关键核级泵（轴承、核级密封）、关键阀门（核岛主泵/化学和容积控制系统高磅级大口径闸阀、主蒸汽安全阀、主蒸汽隔离阀、主泵严重事故卸压阀、主泵稳压器喷淋阀、主泵稳压器先导式安全阀、主蒸汽释放系统主蒸汽释放隔离阀、蒸汽排大气调节阀、汽机旁路调节阀、常规岛重要系统（给水除氧器/高压给水加热器/凝结水/主给水流量调节系统等）调节阀和隔离阀等）、爆破阀。

关键核级材料：开发先进核电主设备用新型合金材料和替代材料，进一步提高核电主设备大型铸锻件(蒸发器上下封头、锥形筒等）加工制造技术水平，掌握关键设备焊接工艺技术。突破蒸汽发生器、堆内构件等设备关键板材等材料设计制造技术。推进耐辐照包壳材料、汽水分离再热器换热管、核燃料锆管、核级海绵锆等合金材料、核级碳钢、低合金钢、不锈钢和镍基合金等焊材技术攻关。

关键仪表和系统：核岛三废处理系统、堆芯冷却监视系统、堆芯核测测量系统、堆芯温度监测系统、堆外核测系统、超声波流量计、导波雷达液位计、堆芯液位监测系统、事故后安全壳高量程区域监测仪、安全壳氢分析处理系统、乏燃料池水位监测系统、分体式压力/压差变送器、反应堆堆外核测量系统、反应堆棒控棒位系统、核测量探测器、核级压力/差压变送器、核级温度开关/压力开关。

智能化核电装备：组织开展核电装备智能制造技术攻关，采用互联网+等先进信息技术实现设计、制造、工程全过程数据的数字化共享与关联，结合数字样机、增材制造等新型智能化生产技术和设备应用。研制核电运营智能装置/装备及智能机器人，突破感知及监测装置、智能工具及装置、个人作业智能装备应用、各类智能化机器人等。

（2）试验示范：依托后续所有核电项目，推动所有完成技术攻关的设备以及包括核岛设备、常规岛设备以及配套辅助设备在内的核电装备和关键核级材料的试验示范。

（3）应用推广：鼓励后续所有核电项目采用自主研制设备、完成试验示范的关键设备和材料。

**2. 高温气冷堆**

（1）技术攻关：

核岛设备：改进型核芯制备设备、改进型燃料颗粒包覆设备、改进型燃料元件压制设备、核级结构石墨、核级氦气阀门、高温气冷堆主蒸汽隔离阀、高温气冷堆电气贯穿件等。

常规岛及其他配套设备：氦气透平压缩机组(压气机2级动叶轮+3级静叶轮、配套电磁轴承、电磁轴承、回热器、电气贯穿件、旁路阀）、超高温气冷堆制氢机组等。

（2）试验示范：

依托石岛湾高温气冷堆示范工程、福建霞浦60万千瓦高温气冷堆商业示范工程及后续项目，推动高温气冷堆关键装备的试验示范和产业化：

20吨/年燃料元件生产线、优化的蒸汽发生器及在役检查设备、优化的控制棒驱动机构及检修专用设备、优化的吸收球停堆装置、优化的金属堆内构件、优化的堆芯卸料装置、优化的燃料装卸系统输送转换装置、优化的电磁轴承氦风机（含高效叶轮、国产化电磁轴承）、多模块机组主控室、配套超高压汽轮发电机组、10MW氦气透平压缩机组等。

（3）应用推广：

后续高温气冷堆项目承担推广应用任务。

**3. 快中子反应堆**

（1）技术攻关：

600 MW级快堆关键设备：

堆芯组件及堆本体：硼屏蔽组件、一回路主循环泵、热交换器、安全棒驱动机构、补偿—调节棒驱动机构、堆容器及堆内构件、非能动停堆机构、堆芯支撑等。

二回路系统：二回路主循环泵、蒸汽发生器、大口径钠阀、回路钠流量计、大口径钠管道、钠分配器及配套设备以及先进高效汽轮发电机组等常规岛主设备及其他配套设备等。

燃料操作设备：旋塞、换料机、装卸料提升机、转运机、乏燃料转换桶、新组件装载机、乏燃料水下检测工具、乏燃料贮存水池自动操作机、气闸、堆顶密封塞、全自动换料监控系统、全自动乏/新燃料转运监控系统、乏/新燃料运输容器等。

安全专设与核岛辅助系统：空冷器、高性能冷阱、电磁泵、阻塞计、钠流量计、气体加热风机、氢、氧、碳测量装置。

（2）试验示范：

依托福建霞浦60万千瓦快中子堆示范工程项目及后续项目，推动快堆关键装备的试验示范和产业化。

（3）应用推广：

后续快中子堆项目承担推广应用任务。

**4. 模块化小型堆**

（1）技术攻关：

研制压力容器、螺旋管直流蒸汽发生器、双层短套管、核反应堆堆内构件、一体化整体支承、蒸汽发生器、一体化内置式稳压器、一体化内置式控制棒驱动机构、换料设备、反应堆堆外核测量系统、反应堆堆芯测量系统、反应堆棒控棒位系统、单点系泊系统、数字化控制系统、主泵、主蒸汽隔离阀、主给水隔离阀、非能动热交换器、启动分离器、爆破阀、扩散器、地坑过滤器、喷洒器、关键核级阀门、装卸料机、小型堆汽轮机数字电液调节装备、在运核电机组模拟仪控系统全数字化升级技术改造成套验证装备、以及小型堆专用工具等。

（2）试验示范：

依托各小型堆示范工程项目及后续项目，推动小型堆关键装备的试验示范和产业化。

（3）应用推广：

后续所有小型堆项目承担推广应用任务。

**5. 核燃料及循环利用**

（1）技术攻关：

高安全性先进核燃料元件：研发CF/STEP系列燃料元件、模块化小堆燃料元件、高性能事故容错（ATF）燃料元件、环形元件、超临界压水堆燃料元件等新一代压水堆燃料元件，掌握快堆MOX燃料组件设计、制造技术，开发高温气冷堆球形燃料元件、快堆金属燃料元件等第四代反应堆燃料元件，突破锆合金材料，自主掌握燃料元件生产、检测、核燃料组件检测及修复设备等设计制造技术。

乏燃料后处理工艺和关键设备：自主掌握大型核燃料后处理厂关键设备设计制造技术，包括卧式剪切机、连续溶解器、沉降式离心机、萃取分离柱、离心萃取器、泵轮式混合澄清槽、流体输送设备、专用泵阀、专用检修机器人、乏燃料/新燃料贮存/运输容器、固体废物和包壳处理设备及专用操作设备与工具等。

三废处理装备：研制高放废液锕系元素高效萃取分离装置、高放射性的锶、铯有效去除装置以及锕系与镧系元素的高效萃取分离装置以及锝锝高效吸附分离装置，开发高效降解设备、混合固化设备、超级压缩机、等离子体熔融设备、蒸汽重整设备、无机吸附和反渗透设备、干法后处理技术和设备、高放废液玻璃固化技术与设备等。

（2）试验示范：

依托相关核电工程项目及乏燃料处理示范工程项目，推动燃料元件、乏燃料处理（乏燃料贮运用关键材料等）和废物处理设备的试验示范和产业化。

（3）应用推广：

后续所有相关项目承担推广应用任务。

# 能源装备自主创新指导目录

（摘录与核能行业相关内容）

| 序号 | 技术领域 | 产品类别 | 需突破的关键设备 | | | 发展目标 | | 示范工程和承担单位 |
|---|---|---|---|---|---|---|---|---|
| | | | 技术攻关 | 示范试验 | 推广应用 | 2020年 | 2025年 | |
| 7 | 先进大型压水堆 | 核岛设备 | 压力容器（C型环等关键部件） | 自主研制的核岛设备、常规岛设备以及配套辅助设备、关键核级材料 | 核岛设备、常规岛设备以及配套辅助设备、关键核级材料 | 完成各种关键核电设备和零部件自主研制，开展试验示范，进一步提升自主装备技术水平 | 技术水平达到世界先进，全面掌握关键零部件和材料，具备较强国际竞争力 | 中核、中广核、国家电投等，后续三代核电项目 |
| | | | 控制棒驱动机构（驱动杆、钩爪、密封壳、行程套管、棒位棒控连接器、线圈组件、棒位探测器） | | | | | |
| | | | 堆内构件（全焊式堆芯围筒、流量分配组件、堆芯测量仪表格架组件） | | | | | |
| | | | 蒸汽发生器（汽水分离器、换热单元） | | | | | |
| | | | 稳压器（喷嘴、加热器） | | | | | |
| | | | 主泵（核级密封、主泵监测系统、泵壳、飞轮、泵端液压联轴器、轴承、屏蔽套、热屏、湿绕组电机） | | | | | |
| | | | 主管道 | | | | | |
| | | | 燃料装卸与贮存设备 | | | | | |

续表

<table>
<tr><th rowspan="2">序号</th><th rowspan="2">技术领域</th><th rowspan="2">产品类别</th><th colspan="3">需突破的关键设备</th><th colspan="2">发展目标</th><th rowspan="2">示范工程和承担单位</th></tr>
<tr><th>技术攻关</th><th>示范试验</th><th>推广应用</th><th>2020年</th><th>2025年</th></tr>
<tr><td rowspan="9">7</td><td rowspan="9">先进大型压水堆</td><td rowspan="4">核岛设备</td><td>安全级DCS系统</td><td rowspan="9">自主研制的核岛设备、常规岛设备以及配套辅助设备、关键核级材料</td><td rowspan="9">核岛设备、常规岛设备以及配套辅助设备、关键核级材料</td><td rowspan="9">完成各种关键核电设备和零部件自主研制，开展试验示范，进一步提升自主装备技术水平</td><td rowspan="9">技术水平达到世界先进，全面掌握关键零部件和材料，具备较强国际竞争力</td><td rowspan="9">中核、中广核、国家电投等，后续三代核电项目</td></tr>
<tr><td>核电站高放环境修护专用工具</td></tr>
<tr><td>熔融物滞留系统</td></tr>
<tr><td>整体螺栓拉伸机</td></tr>
<tr><td rowspan="5">常规岛设备</td><td>汽轮发电机组及辅助设备（低压转子、焊接/整锻转子、2 m等级长叶片、汽水分离再热器、抽汽逆止阀、低（中）压进汽蝶阀、控制保护系统、调节系统、发电机转子护环、励磁电压调节器/凝汽器钛管等）</td></tr>
<tr><td>柴油发电机组</td></tr>
<tr><td>大型发电机断路器</td></tr>
<tr><td>电控系统设备</td></tr>
<tr><td>主给水泵组（液力耦合器、芯包等）</td></tr>
</table>

续表

| 序号 | 技术领域 | 产品类别 | 需突破的关键设备 | | | 发展目标 | | 示范工程和承担单位 |
|---|---|---|---|---|---|---|---|---|
| | | | 技术攻关 | 示范试验 | 推广应用 | 2020年 | 2025年 | |
| 7 | 先进大型压水堆 | 关键泵阀 | 关键核级泵(轴承、核级密封) | 自主研制的核岛设备、常规岛设备以及配套辅助设备、关键核级材料 | 核岛设备、常规岛设备以及配套辅助设备、关键核级材料 | 完成各种关键核电设备和零部件自主研制，开展试验示范 | 技术水平达到世界先进，全面掌握关键零部件和材料，具备较强国际竞争力 | 中核、中广核、国家电投等，后续三代核电项目 |
| | | | 关键阀门(核岛RCP/RCV系统高磅级大口径闸阀、主蒸汽安全阀、主蒸汽隔离阀、RCP严重事故卸压阀、RCP稳压器喷淋阀、RCP稳压器先导式安全阀、VDA主蒸汽释放隔离阀、VDA蒸汽排大气调节阀、汽机旁路调节阀、常规岛重要系统(ADG/AHP/CEX/ARE等)调节阀和隔离阀等)爆破阀 | | | | | |
| | | 关键核级材料 | 新型合金材料和替代材料 | | | | | |
| | | | 耐辐照包壳材料 | | | | | |
| | | | MSR换热管、燃料锆管、核级海绵锆等 | | | | | |
| | | | 核级碳钢、低合金钢、不锈钢和镍基合金等焊材 | | | | | |
| | | 关键仪表和系统 | 堆芯冷却监视、核测测量、温度监测系统 | | | | | |
| | | | 堆外核测系统 | | | | | |
| | | | 超声波流量计、导波雷达液位计 | | | | | |

续表

| 序号 | 技术领域 | 产品类别 | 需突破的关键设备 | | | 发展目标 | | 示范工程和承担单位 |
|---|---|---|---|---|---|---|---|---|
| | | | 技术攻关 | 示范试验 | 推广应用 | 2020 年 | 2025 年 | |
| 7 | 先进大型压水堆 | 关键仪表和系统 | 堆芯液位监测系统 | 自主研制的核岛设备、常规岛设备以及配套辅助设备、关键核级材料 | 核岛设备、常规岛设备以及配套辅助设备、关键核级材料 | 完成各种关键核电设备和零部件自主研制，开展试验示范 | 技术水平达到世界先进，全面掌握关键零部件和材料，具备较强国际竞争力 | 中核、中广核、国家电投等，后续三代核电项目 |
| | | | 事故后安全壳高量程区域监测仪 | | | | | |
| | | | 安全壳氢分析处理系统 | | | | | |
| | | | 乏燃料池水位监测系统 | | | | | |
| | | | 反应堆堆外核测量系统 | | | | | |
| | | | 反应堆棒控棒位系统 | | | | | |
| | | | 核测量探测器、分体式压力/压差变送器、核级压力/差压变送器、核级温度开关/压力开关 | | | | | |
| | | 智能化核电装备 | 核电装备智能制造技术 | | | | | |
| | | | 核电运营智能装置/装备及智能机器人 | | | | | |

续表

| 序号 | 技术领域 | 产品类别 | 需突破的关键设备 | | | 发展目标 | | 示范工程和承担单位 |
|---|---|---|---|---|---|---|---|---|
| | | | 技术攻关 | 示范试验 | 推广应用 | 2020 年 | 2025 年 | |
| 8 | 高温气冷堆 | 核岛设备 | 改进型核芯制备设备 | 20 t/a 燃料元件生产线 | 20 万千瓦高温气冷堆核电机组 | 突破高温气冷堆关键技术装备，逐步推进设计技术和制造技术融合，完成样机研制，自主制造各种关键设备 | 初步形成高温气冷堆成套技术装备能力 | 华能，石岛湾高温气冷堆示范工程、福建霞浦 60 万千瓦高温气冷堆商业示范工程 |
| | | | 改进型燃料颗粒包覆设备 | 优化的蒸汽发生器及在役检查设备 | | | | |
| | | | 改进型燃料元件压制设备 | 优化的控制棒驱动机构及检修专用设备 | | | | |
| | | | 核级结构石墨 | 优化的吸收球停堆装置 | | | | |
| | | | 核级氦气阀门 | 优化的金属堆内构件 | | | | |
| | | | 高温气冷堆主蒸汽隔离阀 | 优化的堆芯卸料装置 | | | | |
| | | | 高温气冷堆电气贯穿件 | 优化的燃料装卸系统输送转换装置 | | | | |

续表

| 序号 | 技术领域 | 产品类别 | 需突破的关键设备 | | | 发展目标 | | 示范工程和承担单位 |
|---|---|---|---|---|---|---|---|---|
| | | | 技术攻关 | 示范试验 | 推广应用 | 2020 年 | 2025 年 | |
| 8 | 高温气冷堆 | 常规岛及其他配套设备 | 氦气透平压缩机组（压气机 2 级动叶轮 +3 级静叶轮、配套电磁轴承、电磁轴承、回热器、电气贯穿件、旁路阀） | 优化的电磁轴承氦风机（含高效叶轮、国产化电磁轴承） | 20 万千瓦高温气冷堆核电机组 | 突破高温气冷堆关键技术装备，逐步推进设计技术和制造技术融合，完成样机研制，自主制造各种关键设备 | 初步形成高温气冷堆成套技术装备能力 | 华能，石岛湾高温气冷堆示范工程、福建霞浦 60 万千瓦高温气冷堆商业示范工程 |
| | | | 超高温气冷堆制氢机组 | 多模块机组主控室 | | | | |
| | | | | 配套超高压汽轮发电机组 | | | | |
| | | | | 10 MW 氦气透平压缩机组 | | | | |
| 9 | 600 MW 级快中子反应堆 | 一回路系统 | 硼屏蔽组件 | 完成技术攻关后开展试验示范 | | 完成 600 MW 级示范快堆的技术、装备攻关和快堆电站设计 | 初步形成快堆成套技术装备能力 | 中核，福建霞浦 60 万千瓦快堆商业示范工程及后续项目 |
| | | | 一回路主循环泵 | | | | | |
| | | | 热交换器 | | | | | |
| | | | 安全棒驱动机构 | | | | | |
| | | | 补偿—调节棒驱动机构 | | | | | |
| | | | 堆容器及堆内构件 | | | | | |
| | | | 非能动停堆机构 | | | | | |
| | | | 堆芯支撑 | | | | | |

续表

| 序号 | 技术领域 | 产品类别 | 需突破的关键设备 | | | 发展目标 | | 示范工程和承担单位 |
|---|---|---|---|---|---|---|---|---|
| | | | 技术攻关 | 示范试验 | 推广应用 | 2020 年 | 2025 年 | |
| 9 | 600 MW 级快中子反应堆 | 二回路系统 | 二回路主循环泵 | 完成技术攻关后开展试验示范 | | 完成 600 MW 级示范快堆的技术、装备攻关和快堆电站设计 | 初步形成快堆成套技术装备能力 | 中核，福建霞浦 60 万千瓦快堆商业示范工程及后续项目 |
| | | | 蒸汽发生器 | | | | | |
| | | | 大口径钠阀 | | | | | |
| | | | 回路钠流量计 | | | | | |
| | | | 大口径钠管道 | | | | | |
| | | | 钠分配器及配套设备 | | | | | |
| | | | 先进高效汽轮发电机组等常规岛主设备及其它配套设备 | | | | | |
| | | 燃料操作设备 | 换料机 | | | | | |
| | | | 装卸料提升机 | | | | | |
| | | | 转运机 | | | | | |
| | | | 乏燃料转换桶 | | | | | |
| | | | 新组件装载机 | | | | | |
| | | | 乏燃料水下检测工具 | | | | | |
| | | | 乏燃料贮存水池自动操作机 | | | | | |
| | | | 全自动换料监控系统 | | | | | |
| | | | 全自动乏 / 新燃料转运监控系统 | | | | | |
| | | | 乏 / 新燃料运输容器 | | | | | |

续表

| 序号 | 技术领域 | 产品类别 | 需突破的关键设备 | | | 发展目标 | | 示范工程和承担单位 |
|---|---|---|---|---|---|---|---|---|
| | | | 技术攻关 | 示范试验 | 推广应用 | 2020年 | 2025年 | |
| 9 | 600 MW级快中子反应堆 | 安全专设与核岛辅助系统 | 空冷器 | 完成技术攻关后开展试验示范 | | 完成600 MW级示范快堆的技术、装备攻关和快堆电站设计 | 初步形成快堆成套技术装备能力 | 中核，福建霞浦60万千瓦快堆商业示范工程及后续项目 |
| | | | 高性能冷阱 | | | | | |
| | | | 电磁泵 | | | | | |
| | | | 阻塞计 | | | | | |
| | | | 钠流量计 | | | | | |
| | | | 气体加热风机 | | | | | |
| | | | 氢、氧、碳测量装置 | | | | | |
| 10 | 模块化小型堆 | | 压力容器 | 完成技术攻关后开展试验示范 | | 小型堆关键设备实现自主化，完成安全智能模块化小型堆示范工程建设，初步形成小型堆品牌，并初步具备批量化建设能力 | 完善小型堆设备成套制造能力 | 中核、中广核等，小型堆示范工程 |
| | | | 螺旋管直流蒸汽发生器 | | | | | |
| | | | 双层短套管 | | | | | |
| | | | 核反应堆堆内构件 | | | | | |
| | | | 一体化整体支承 | | | | | |
| | | | 蒸汽发生器 | | | | | |
| | | | 一体化内置式稳压器 | | | | | |
| | | | 一体化内置式控制棒驱动机构 | | | | | |
| | | | 换料设备 | | | | | |
| | | | 反应堆堆外核测量系统 | | | | | |
| | | | 反应堆堆芯测量系统 | | | | | |
| | | | 反应堆棒控棒位系统 | | | | | |
| | | | 单点系泊系统 | | | | | |
| | | | 数字化控制系统 | | | | | |

续表

| 序号 | 技术领域 | 产品类别 | 需突破的关键设备 | | | 发展目标 | | 示范工程和承担单位 |
|---|---|---|---|---|---|---|---|---|
| | | | 技术攻关 | 示范试验 | 推广应用 | 2020年 | 2025年 | |
| 10 | 模块化小型堆 | | 主泵 | 完成技术攻关后开展试验示范 | | 小型堆关键设备实现自主化，完成安全智能模块化小型堆示范工程建设，初步形成小型堆品牌，并初步具备批量化建设能力 | 完善小型堆设备成套制造能力 | 中核、中广核等，小型堆示范工程 |
| | | | 主蒸汽隔离阀 | | | | | |
| | | | 主给水隔离阀 | | | | | |
| | | | 非能动热交换器 | | | | | |
| | | | 启动分离器 | | | | | |
| | | | 爆破阀 | | | | | |
| | | | 扩散器 | | | | | |
| | | | 地坑过滤器 | | | | | |
| | | | 喷洒器 | | | | | |
| | | | 关键核级阀门 | | | | | |
| | | | 装卸料机 | | | | | |
| | | | 小型堆汽轮机数字电液调节装备 | | | | | |
| | | | 在运核电机组模拟仪控系统全数字化升级技术改造成套验证装备 | | | | | |
| | | | 小型堆专用工具 | | | | | |

续表

| 序号 | 技术领域 | 产品类别 | 需突破的关键设备 | | | 发展目标 | | 示范工程和承担单位 |
|---|---|---|---|---|---|---|---|---|
| | | | 技术攻关 | 示范试验 | 推广应用 | 2020 年 | 2025 年 | |
| 11 | 核燃料及循环利用 | 高安全性先进核燃料元件 | CF/STEP 系列燃料元件 | 完成技术攻关后开展试验示范 | | 完成各种先进核燃料元件研制，推进试验示范 | 形成先进核燃料元件批量生产能力 | 中核、中广核等，相关核电项目 |
| | | | 模块化小堆燃料元件 | | | | | |
| | | | 高性能事故容错（ATF）燃料元件 | | | | | |
| | | | 环形元件 | | | | | |
| | | | 超临界压水堆燃料元件 | | | | | |
| | | | 快堆 MOX 燃料组件 | | | | | |
| | | | 高温气冷堆球形燃料元件 | | | | | |
| | | | 快堆金属燃料元件 | | | | | |
| | | | 锆合金材料 | | | | | |
| | | | 核燃料组件检测及修复设备 | | | | | |
| | | 乏燃料后处理工艺和关键设备 | 卧式剪切机 | 乏燃料贮运用关键材料（中子吸收材料等），及其他设备完成技术攻关后开展试验示范 | | 掌握乏燃料处理关键设备设计直走技术，初步形成“压水堆—后处理厂—MOX燃料—快堆”的工业规模核燃料循环体系 | 形成乏燃料处理成套技术装备能力 | 中核、中广核，乏燃料后处理示范项目 |
| | | | 连续溶解器 | | | | | |
| | | | 沉降式离心机 | | | | | |
| | | | 萃取分离柱 | | | | | |
| | | | 离心萃取器 | | | | | |
| | | | 泵轮式混合澄清槽 | | | | | |
| | | | 流体输送设备 | | | | | |
| | | | 专用泵阀 | | | | | |
| | | | 专用检修机器人 | | | | | |
| | | | 乏燃料 / 新燃料贮存 / 运输容器 | | | | | |
| | | | 固体废物和包壳处理设备 | | | | | |
| | | | 专用操作设备与工具 | | | | | |

续表

| 序号 | 技术领域 | 产品类别 | 需突破的关键设备 | | | 发展目标 | | 示范工程和承担单位 |
|---|---|---|---|---|---|---|---|---|
| | | | 技术攻关 | 示范试验 | 推广应用 | 2020 年 | 2025 年 | |
| 11 | 核燃料及循环利用 | 三废处理装备 | 高放废液锕系元素高效萃取分离装置 | 完成技术攻关后开展试验示范 | | 完成各种核废料/液处理技术装备研制，开展示范 | 形成批量生产能力，推进核废料/液无害化处理 | 中核、中广核、国家电投等，相关示范项目 |
| | | | 高放射性的锶、铯有效去除装置 | | | | | |
| | | | 锕系与镧系元素的高效萃取分离装置以及锝锝高效吸附分离装置 | | | | | |
| | | | 各种三废处理设备 | | | | | |

# 电力发展“十三五”规划 （2016-2020年）

（摘录与核能行业相关内容）

一、发展基础

（一）取得的成绩

电力工业发展规模迈上新台阶。“十二五”期间，我国电力建设步伐不断加快，多项指标居世界首位。截至2015年底，全社会用电量达到5.69万亿千瓦时，全国发电装机达15.3亿千瓦，其中……核电0.27亿千瓦……结构调整取得新成就。“十二五”时期，我国非化石电源发展明显加快……核电在运装机规模居世界第四，在建3 054万千瓦，居世界第一。

……

装备技术创新取得新突破……

……

核电技术步入世界先进行列。完成三代AP1000技术引进消化吸收，形成自主品牌的CAP1400和“华龙一号”三代压水堆技术，开工建设具有第四代特征的高温气冷堆示范工程，建成实验快堆并成功并网发电。

……

电力国际合作拓展新局面。对外核电、火电、水电、新能源发电及输变电合作不断加强，投资形式日趋多样。带动了我国标准、技术、装备、金融走出去。与8个周边国家和地区开展电力贸易，投资巴西、葡萄牙等国电网。

……

**专栏1“十二五”电力工业发展情况**

| 类别 | 指标 | 2010年 | 2015年 | 年均增速 |
|---|---|---|---|---|
| 用电量 | 全社会用电量（亿千瓦时） | 41 999 | 56 933 | 6.27% |
| | 人均用电量（千瓦时） | 3 132 | 4 142 | 5.75% |
| 电源规模 | 总装机规模（亿千瓦） | 9.7 | 15.3 | 9.54% |
| | 人均装机（千瓦/人） | 0.7 | 1.11 | 9.66% |
| | 水电（亿千瓦） | 2.16 | 3.2 | 8.15% |
| | 核电（亿千瓦） | 0.11 | 0.27 | 19.67% |
| | 风电（亿千瓦） | 0.3 | 1.31 | 34.29% |
| | 光伏（亿千瓦） | 0.003 | 0.42 | 168.67% |
| | 火电（亿千瓦） | 7.1 | 9.93 | 6.94% |
| | 生物质能发电（亿千瓦） | — | 0.13 | — |
| 电网规模 | 220千伏及以上线路（万公里） | 44.6 | 60.9 | 6.4% |
| | 变电容量（亿千伏安） | 19.90 | 33.7 | 11.11% |
| 电力流 | 西电东送规模（亿千瓦） | 1 | 1.4 | 6.96% |
| 能耗 | 火电机组平均供电煤耗（克标煤/千瓦时） | 333 | 315 | [–18] |
| | 线路损失率 | 6.53% | 6.64% | [0.11%] |
| 主要大气污染物排放量 | 二氧化硫（万吨） | 956 | 528.1 | |
| | 氮氧化物（万吨） | 1 055 | 551.9 | |

注：1.[ ]为五年累计值。

2.2015年二氧化硫、氮氧化物排放量以环境统计年鉴公布数据为准。

（二）机遇与挑战

……

电力系统智能化。推进电力工业供给侧改革，客观上要求改善供应方式，提高供给效率，增强系统运行灵活性和智能化水平。风电、光伏发电大规模并网消纳，核电安全运行对电力系统灵活性和调节能力提出了新的要求。为全面增强电源与用户双向互动，提升电网互济能力，实现集中和分布式供应并举，传统能源和新能源发电协同，增强调峰能力建设，提升负荷侧响应水平，建设高效智能电力系统成为必然选择。

……

二、指导思想、原则和目标

（三）发展目标

……

**专栏 2“十三五”电力工业发展主要目标**

| 类别 | 指标 | 2015年 | 2020年 | 年均增速 | 属性 |
|---|---|---|---|---|---|
| 电力总量 | 总装机（亿千瓦） | 15.3 | 20 | 5.5% | 预期性 |
| | 西电东送（亿千瓦） | 1.4 | 2.7 | 14.04% | 预期性 |
| | 全社会用电量（万亿千瓦时） | 5.69 | 6.8—7.2 | （3.6—4.8）% | 预期性 |
| | 电能占终端能源消费比重 | 25.8% | 27% | [1.2%] | 预期性 |
| | 人均装机（千瓦/人） | 1.11 | 1.4 | 4.75% | 预期性 |
| | 人均用电量（千瓦时/人） | 4 142 | 4 860—5 140 | （3.2—4.4）% | 预期性 |
| 电力结构 | 非化石能源消费比重 | 12% | 15% | [3%] | 约束性 |
| | 非化石能源发电装机比重 | 35% | 39% | [4%] | 预期性 |
| | 常规水电（亿千瓦） | 2.97 | 3.4 | 2.8% | 预期性 |
| | 抽蓄装机（万千瓦） | 2 303 | 4 000 | 11.7% | 预期性 |
| | 核电（亿千瓦） | 0.27 | 0.58 | 16.5% | 预期性 |
| | 风电（亿千瓦） | 1.31 | 2.1 | 9.9% | 预期性 |
| | 太阳能发电（亿千瓦） | 0.42 | 1.1 | 21.2% | 预期性 |
| | 化石能源发电装机比重 | 65% | 61% | [–4%] | 预期性 |
| | 煤电装机比重 | 59% | 55% | [–4%] | 预期性 |
| | 煤电（亿千瓦） | 9 | ＜ 11 | 4.1% | 预期性 |
| | 气电（亿千瓦） | 0.66 | 1.1 | 10.8% | 预期性 |
| 节能减排 | 新建煤电机组平均供电煤耗（克标煤/千瓦时） | — | 300 | — | 约束性 |
| | 现役煤电机组平均供电煤耗（克标煤/千瓦时） | 318 | ＜ 310 | [–8] | 约束性 |
| | 线路损失率 | 6.64% | ＜ 6.50% | | 预期性 |
| 民生保障 | 充电设施建设 | 满足 500 万辆电动车充电 | | | 预期性 |
| | 电能替代用电量（亿千瓦时） | — | 4 500 | | 预期性 |

注：1. [ ] 为五年累计值。

2.2015 年煤电平均供电煤耗根据中电联公布的火电平均供电煤耗估算。

**三、重点任务**

（四）安全发展核电，推进沿海核电建设

坚持安全发展核电的原则，加大自主核电示范工程建设力度，着力打造核心竞争力，加快推进沿海核电项目建设。

建成三门、海阳 AP1000 自主化依托项目，建设福建福清、广西防城港“华龙一号”示范工程。开工建设 CAP1400 示范工程等一批新的沿海核电工程。深入开展内陆核电研究论证和前期准备工作，认真做好核电厂址资源保护工作。

“十三五”期间，全国核电投产约 3 000 万千瓦、开工 3 000 万千瓦以上，2020 年装机达到 5 800 万千瓦。

（九）优化电网结构，提高系统安全水平

……

南方地区……

……海南电网重点结合昌江核电及联网Ⅱ回的建设，进一步优化现有 220 千伏电网结构，提高电网抗灾能力。

（十六）加大攻关力度，强化自主创新

……

清洁高效发电技术……发展智能发电技术，开展发电过程智能化检测、控制技术研究与智能仪表控制系统装备研发，攻关高效燃煤发电机组、大型风力发电机组、重型燃气机组、核电机组等领域先进运行控制技术与示范应用。

……

电力领域其他重点自主创新……提高大型先进压水堆核电技术自主化程度，推动高温气冷堆技术优化升级，开展小型智能堆、商用快堆、熔盐堆等先进核能技术研发……

（十七）落实“一带一路”倡议，加强电力国际合作

……

积极开展对外业务。拓展电力装备出口，积极推进高效清洁火电、水电、核电、输变电等大型成套设备出口。积极推动对外电力服务，开展电力升级改造合作，带动电力设计、标准等技术服务国际合作。在控制财务风险的基础上，稳妥推进对外电力投资。

**四、规划实施**

（五）健全法律法规和标准体系

修订颁布《电力法》，完善《电网调度管理条例》、《电力供应与使用条例》、《电力设施保护条例》等及其配套管理办法，出台《核电管理条例》，建立规范政府行为和市场行为的电力法制体系。

……

（七）健全产业政策

研究制订覆盖规划建设、投资运营、信贷金融、装备制造的电力全产业链预警机制。研究燃煤与光热、生物质耦合，风光抽蓄耦合等可再生能源利用方式补助方法。结合电力体制改革进程，有序放开上网电价和公益性以外的用电价格。在放开上网电价之前，研究完善燃煤、天然气、水力、核电等上网电价机制，增强弹性，更好反映市场供求关系。完善输配电成本监审和核算制度。探索风（光）电专用电力外送通道运营模式。

……

# 国家发展改革委 国家能源局 关于印发能源发展“十三五”规划的通知

发改能源〔2016〕2744 号

各省、自治区、直辖市发展改革委（能源局），新疆生产建设兵团发展改革委（能源局），各有关中央企业，有关行业协会、学会：

经国务院同意，现将《能源发展“十三五”规划》印发给你们，请认真贯彻执行。

附件：能源发展“十三五”规划

国家发展改革委

国家能源局

2016 年 12 月 26 日

**附件**

## 能源发展“十三五”规划

（摘录与核能相关内容）

**前言**

**第一章　发展基础与形势**

一、发展基础

“十二五”时期我国能源较快发展，供给保障能力不断增强，发展质量逐步提高，创新能力迈上新台阶，新技术、新产业、新业态和新模式开始涌现，能源发展站到转型变革的新起点。

……

结构调整步伐加快。非化石能源和天然气消费比重分别提高 2.6 和 1.9 个百分点，煤炭消费比重下降 5.2 个百分点，清洁化步伐不断加快。水电、风电、光伏发电装机规模和核电在建规模均居世界第一。非化石能源发电装机比例达到 35%，新增非化石能源发电装机规模占世界的 40% 左右。

……

科技创新迈上新台阶……自主创新取得重大进展，三代核电“华龙一号”、四代安全特征高温气冷堆示范工程开工建设……

……

国际合作不断深化……电力、油气、可再生能源和煤炭等领域技术、装备和服务合作成效显著，核电国际合作迈开新步伐……

| 专栏 1“十二五”时期能源发展主要成就 | | | | |
|---|---|---|---|---|
| 指标 | 单位 | 2010 年 | 2015 年 | 年均增长 |
| 一次能源生产量 | 亿吨标准煤 | 31.2 | 36.2 | 3% |
| 其中：煤炭 | 亿吨 | 34.3 | 37.5 | 1.8% |
| 原油 | 亿吨 | 2 | 2.15 | 1.1% |
| 天然气 | 亿立方米 | 957.9 | 1 346 | 7.0% |
| 非化石能源 | 亿吨标准煤 | 3.2 | 5.2 | 10.2% |

| 专栏 1“十二五”时期能源发展主要成就 | | | | |
|---|---|---|---|---|
| 指标 | 单位 | 2010 年 | 2015 年 | 年均增长 |
| 电力装机规模 | 亿千瓦 | 9.7 | 15.3 | 9.5% |
| 其中：水电 | 亿千瓦 | 2.2 | 3.2 | 8.1% |
| 煤电 | 亿千瓦 | 6.6 | 9.0 | 6.4% |
| 气电 | 万千瓦 | 2 642 | 6 603 | 20.1% |
| 核电 | 万千瓦 | 1 082 | 2 717 | 20.2% |
| 风电 | 万千瓦 | 2 958 | 13 075 | 34.6% |
| 太阳能发电 | 万千瓦 | 26 | 4 318 | 177% |
| 能源消费总量 | 亿吨标准煤 | 36.1 | 43 | 3.6% |
| 能源消费结构<br>其中：煤炭 | % | 69.2 | 64 | 〔–5.2〕 |
| 石油 | % | 17.4 | 18.1 | 〔0.7〕 |
| 天然气 | % | 4 | 5.9 | 〔1.9〕 |
| 非化石能源 | % | 9.4 | 12 | 〔2.6〕 |

注：〔 〕内为五年累计值。

二、发展趋势

……

能源结构低碳化……日本福岛核事故影响了世界核电发展进程，但在确保安全的前提下，主要核电大国和一些新兴国家仍将核电作为低碳能源发展的方向。

……

**第二章　指导方针和目标**

三、政策取向

……

更加注重结构调整，加快双重更替，推进能源绿色低碳发展。抓住能源供需宽松的有利时机，加快能源结构双重更替步伐。着力降低煤炭消费比重，加快散煤综合治理，大力推进煤炭分质梯级利用。鼓励天然气勘探开发投资多元化，实现储运接收设施公平接入，加快价格改革，降低利用成本，扩大天然气消费。超前谋划水电、核电发展，适度加大开工规模，稳步推进风电、太阳能等可再生能源发展，为实现 2030 年非化石能源发展目标奠定基础。

……

**第三章　主要任务**

三、多元发展，推动能源供给革命

……

推进非化石能源可持续发展。统筹资源、环境和市场条件，超前布局、积极稳妥推进建设周期长、配套要求高的水电和核电项目，实现接续滚动发展。坚持集中开发与分散利用并举，调整优化开发布局，全面协调推进风电开发，推动太阳能多元化利用，因地制宜发展生物质能、地热能、海洋能等新能源，提高可再生能源发展质量和在全社会总发电量中的比重。

……

——核电。安全高效发展核电，在采用我国和国际最新核安全标准、确保万无一失的前提下，在沿海地区开工建设一批先进三代压水堆核电项目。加快堆型整合步伐，稳妥解决堆型多、堆型杂的问题，逐步向自主三代主力堆型集中。积极开展内陆核电项目前期论证工作，加强厂址保护。深入实施核电重大科技专项，开工建设CAP1400示范工程，建成高温气冷堆示范工程。加快论证并推动大型商用乏燃料后处理厂建设。适时启动智能小型堆、商业快堆、60万千瓦级高温气冷堆等自主创新示范项目，推进核能综合利用。实施核电专业人才队伍建设行动，加强核安全监督、核电操作人员及设计、建造、工程管理等关键岗位人才培养，完善专业人才梯队建设，建立多元化人才培养渠道。2020年运行核电装机力争达到5 800万千瓦，在建核电装机达到3 000万千瓦以上。

……

四、创新驱动，推动能源技术革命

……

推进重点技术与装备研发。坚持战略导向，以增强自主创新能力为着力点，围绕油气资源勘探开发、化石能源清洁高效转化、可再生能源高效开发利用、核能安全利用、智慧能源、先进高效节能等领域，应用推广一批技术成熟、市场有需求、经济合理的技术，示范试验一批有一定技术积累但工艺和市场有待验证的技术，集中攻关一批前景广阔的技术，加速科技创新成果转化应用。加强重点领域能源装备自主创新，重点突破能源装备制造关键技术、材料和零部件等瓶颈，加快形成重大装备自主成套能力，推动可再生能源上游制造业加快智能制造升级，提升全产业链发展质量和效益。

实施科技创新示范工程。发挥我国能源市场空间大、工程实践机会多的优势，加大资金、政策扶持力度，重点在油气勘探开发、煤炭加工转化、高效清洁发电、新能源开发利用、智能电网、先进核电、大规模储能、柔性直流输电、制氢等领域，建设一批创新示范工程，推动先进产能建设，提高能源科技自主创新能力和装备制造国产化水平。

| 专栏10 能源科技创新重点任务 | |
| --- | --- |
| 关键技术 | 推广应用：页岩气水平井分段压裂、蒸汽辅助重力泄油、煤层气井高效排水降压、百万吨级煤炭间接液化、生物柴油、高效低成本晶体硅电池、大容量特高压直流输电、智能电网、第三代核电技术、能源装备耐热耐腐蚀材料、新型高效储能材料。<br>示范试验：非常规油气评价、干热岩资源勘查与开发利用、新一代煤炭气化、规模化煤炭分质利用、非粮燃料乙醇、生物质集中高效热电联产、柔性直流输电、先进超超临界火电机组高温金属材料研制与部件制造、大功率电力电子器件制造及应用、精细陶瓷、石墨烯储能器件、光伏电池材料。<br>集中攻关：煤炭绿色无人开采、深井灾害防治、非常规油气精确勘探和高效开发、深海和深层常规油气开发、新型低阶煤热解分质转化、绿色煤电、生物航空燃油、核电乏燃料后处理、新型高效低成本光伏发电、光热发电、超导直流输电、基于云技术的电网调度控制系统、新能源并网技术、微网技术、新型高效电池储能、氢能和燃料电池。 |

| 重大装备 | ……<br>电力：节能/超低排放型超临界循环流化床锅炉、燃气轮机、百万千瓦级水电机组、核电主泵和爆破阀等关键设备、低速及7~10兆瓦级风电机组、光热发电核心设备、高效锅炉、高效电机、超大规模可再生能源集成装备、大规模储能电池。 |
|---|---|
| 重大示范工程 | ……<br>电力：清洁高效燃煤发电、自主知识产权重型F级燃气轮机发电、"华龙一号"、CAP1400、60万千瓦高温气冷堆、CFR600快堆、模块化小型堆、智能电网、大规模先进储能。<br>…… |

**第四章　保障措施**

## 环境保护部关于印发《核与辐射建设项目环境影响评价机构监督检查实施办法》的通知

环办辐射函〔2016〕469号

各有关单位，机关相关部门，环境保护部华北、华东、华南、西南、东北、西北核与辐射安全监督站：

为加强核与辐射类建设项目环境影响评价工作，提高环境影响报告书（表）的编制质量，根据《建设项目环境影响评价资质管理办法》（环境保护部令第36号），我部制定了《核与辐射建设项目环境影响评价机构监督检查实施办法》及其配套文件《核与辐射建设项目环境影响报告书（表）质量评估技术指南（试行）》，现印发给你们，请遵照执行。

附件：

1. 核与辐射建设项目环境影响评价机构监督检查实施办法（略）

2. 核与辐射建设项目环境影响报告书（表）质量评估技术指南（试行）（略）

环境保护部办公厅

2016年3月11日

## 环境保护部令

部令 第38号

《放射性物品运输安全监督管理办法》已于2016年1月29日由环境保护部部务会议审议通过，现予公布，自2016年5月1日起施行。

附件：放射性物品运输安全监督管理办法

部长 陈吉宁

2016年3月14日

**附件**

### 放射性物品运输安全监督管理办法

#### 第一章 总 则

第一条 为加强对放射性物品运输安全的监督管理，依据《放射性物品运输安全管理条例》，制定本办法。

第二条 本办法适用于对放射性物品运输和放射性物品运输容器的设计、制造和使用过程的监督管理。

第三条 国务院核安全监管部门负责对全国放射性物品运输的核与辐射安全实施监督管理，具体职责为：

（一）负责对放射性物品运输容器的设计、制造和使用等进行监督检查；

（二）负责对放射性物品运输过程中的核与辐射事故应急给予支持和指导；

（三）负责对放射性物品运输安全监督管理人员进行辐射防护与安全防护知识培训。

第四条　省、自治区、直辖市环境保护主管部门负责对本行政区域内放射性物品运输的核与辐射安全实施监督管理，具体职责为：

（一）负责对本行政区域内放射性物品运输活动的监督检查；

（二）负责在本行政区域内放射性物品运输过程中的核与辐射事故的应急准备和应急响应工作；

（三）负责对本行政区域内放射性物品运输安全监督管理人员进行辐射防护与安全防护知识培训。

第五条　放射性物品运输单位和放射性物品运输容器的设计、制造和使用单位，应当对其活动负责，并配合国务院核安全监管部门和省、自治区、直辖市环境保护主管部门进行监督检查，如实反映情况，提供必要的资料。

第六条　监督检查人员应当依法实施监督检查，并为被检查者保守商业秘密。

## 第二章　放射性物品运输容器设计活动的监督管理

第七条　放射性物品运输容器设计单位应当具备与设计工作相适应的设计人员、工作场所和设计手段，按照放射性物品运输容器设计的相关规范和标准从事设计活动，并为其设计的放射性物品运输容器的制造和使用单位提供必要的技术支持。从事一类放射性物品运输容器设计的单位应当依法取得设计批准书。

放射性物品运输容器设计单位应当在设计阶段明确首次使用前对运输容器的结构、包容、屏蔽、传热和核临界安全功能进行检查的方法和要求。

第八条　放射性物品运输容器设计单位应当加强质量管理，建立健全质量保证体系，编制质量保证大纲并有效实施。

放射性物品运输容器设计单位对其所从事的放射性物品运输容器设计活动负责。

第九条　放射性物品运输容器设计单位应当通过试验验证或者分析论证等方式，对其设计的放射性物品运输容器的安全性能进行评价。

安全性能评价应当贯穿整个设计过程，保证放射性物品运输容器的设计满足所有的安全要求。

第十条　放射性物品运输容器设计单位应当按照国务院核安全监管部门规定的格式和内容编制设计安全评价文件。

设计安全评价文件应当包括结构评价、热评价、包容评价、屏蔽评价、临界评价、货包（放射性物品运输容器与其放射性内容物）操作规程、验收试验和维修大纲，以及运输容器的工程图纸等内容。

第十一条　放射性物品运输容器设计单位对其设计的放射性物品运输容器进行试验验证的，应当在验证开始前至少二十个工作日提请国务院核安全监管部门进行试验见证，并提交下列文件：

（一）初步设计说明书和计算报告；

（二）试验验证方式和试验大纲；

（三）试验验证计划。

国务院核安全监管部门应当及时组织对设计单位的试验验证过程进行见证，并做好相应的记录。

开展特殊形式和低弥散放射性物品设计试验验证的单位，应当依照本条第一款的规定提请试验见证。

第十二条　国务院核安全监管部门应当对放射性物品运输容器设计活动进行监督检查。

申请批准一类放射性物品运输容器的设计，国务院核安全监管部门原则上应当对该设计活动进行一次现场检查；对于二类、三类放射性物品运输容器的设计，国务院核安全监管部门应当结合试验见证情况进行现场抽查。

国务院核安全监管部门可以结合放射性物品运输容器的制造和使用情况，对放射性物品运输容器设计单位进行监督检查。

第十三条　国务院核安全监管部门对放射性物品运输容器设计单位进行监督检查时，应当检查质量保证大纲和试验验证的实施情况、人员配备、设计装备、设计文件、安全性能评价过程记录、以往监督检查发现问题的整改落实情况等。

第十四条　一类放射性物品运输容器设计批准书颁发前的监督检查中，发现放射性物品运输容器设计单位的设计活动不符合法律法规要求的，国务院核安全监管部门应当暂缓或者不予颁发设计批准书。

监督检查中发现经批准的一类放射性物品运输容器设计确有重大设计安全缺陷的，国务院核安全监管部门应当责令停止该型号运输容器的制造或者使用，撤销一类放射性物品运输容器设计批准书。

## 第三章　放射性物品运输容器制造活动的监督管理

第十五条　放射性物品运输容器制造单位应当具备与制造活动相适应的专业技术人员、生产条件和检测手段，采用经设计单位确认的设计图纸和文件。一类放射性物品运输容器制造单位应当依法取得一类放射性物品运输容器制造许可证后，方可开展制造活动。

放射性物品运输容器制造单位应当在制造活动开始前，依据设计提出的技术要求编制制造过程工艺文件，并严格执行；采用特种工艺的，应当进行必要的工艺试验或者工艺评定。

第十六条　放射性物品运输容器制造单位应当加强质量管理，建立健全质量保证体系，编制质量保证大纲并有效实施。

放射性物品运输容器制造单位对其所从事的放射性物品运输容器制造质量负责。

第十七条　放射性物品运输容器制造单位应当按照设计要求和有关标准，对放射性物品运输容器的零部件和整体容器进行质量检验，编制质量检验报告。未经质量检验或者经检验不合格的放射性物品运输容器，不得交付使用。

第十八条　一类、二类放射性物品运

输容器制造单位，应当按照本办法规定的编码规则，对其制造的一类、二类放射性物品运输容器进行统一编码。

一类、二类放射性物品运输容器制造单位，应当于每年 1 月 31 日前将上一年度制造的运输容器的编码清单报国务院核安全监管部门备案。

三类放射性物品运输容器制造单位，应当于每年 1 月 31 日前将上一年度制造的运输容器的型号及其数量、设计总图报国务院核安全监管部门备案。

第十九条　一类放射性物品运输容器制造单位应当在每次制造活动开始前至少三十日，向国务院核安全监管部门提交制造质量计划。国务院核安全监管部门应当根据制造活动的特点选取检查点并通知制造单位。

一类放射性物品运输容器制造单位应当根据制造活动的实际进度，在国务院核安全监管部门选取的检查点制造活动开始前，至少提前十个工作日书面报告国务院核安全监管部门。

第二十条　国务院核安全监管部门应当对放射性物品运输容器的制造过程进行监督检查。

对一类放射性物品运输容器的制造活动应当至少组织一次现场检查；对二类放射性物品运输容器的制造，应当对制造过程进行不定期抽查；对三类放射性物品运输容器的制造，应当根据每年的备案情况进行不定期抽查。

第二十一条　国务院核安全监管部门对放射性物品运输容器制造单位进行现场监督检查时，应当检查以下内容：

（一）一类放射性物品运输容器制造单位遵守制造许可证的情况；

（二）质量保证体系的运行情况；

（三）人员资格情况；

（四）生产条件和检测手段与所从事制造活动的适应情况；

（五）编制的工艺文件与采用的技术标准以及有关技术文件的符合情况；

（六）工艺过程的实施情况以及零部件采购过程中的质量保证情况；

（七）制造过程记录；

（八）重大质量问题的调查和处理，以及整改要求的落实情况等。

第二十二条　国务院核安全监管部门在监督检查中，发现一类放射性物品运输容器制造单位有不符合制造许可证规定情形的，由国务院核安全监管部门责令限期整改。

监督检查中发现放射性物品运输容器制造确有重大质量问题或者违背设计要求的，由国务院核安全监管部门责令停止该型号运输容器的制造或者使用。

第二十三条　一类放射性物品运输容器的使用单位在采购境外单位制造的运输容器时，应当在对外贸易合同中明确运输容器的设计、制造符合我国放射性物品运输安全法律法规要求，以及境外单位配合国务院核安全监管部门监督检查的义务。

采购境外单位制造的一类放射性物品运输容器的使用单位，应当在相应制造活动开始前至少三个月通知国务院核安全监管部门，并配合国务院核安全监管部门对境外单位一类放射性物品运输容器制造活动实施监督检查。

采购境外单位制造的一类放射性物品运输容器成品的使用单位，应当在使用批准书申请时提交相应的文件，证明该容器质量满足设计要求。

## 第四章　放射性物品运输活动的监督管理

第二十四条　托运人对放射性物品运输的核与辐射安全和应急工作负责，对拟托运物品的合法性负责，并依法履行各项行政审批手续。托运一类放射性物品的托运人应当依法取得核与辐射安全分析报告批复后方可从事运输活动。托运人应当对直接从事放射性物品运输的工作人员进行运输安全和应急响应知识的培训和考核，并建立职业健康档案。

承运人应当对直接从事放射性物品运输的工作人员进行运输安全和应急响应知识的培训和考核，并建立职业健康档案。对托运人提交的有关资料，承运人应当进行查验、收存，并配合托运人做好运输过程中的安全保卫和核与辐射事故应急工作。

放射性物品运输应当有明确并且具备核与辐射安全法律法规规定条件的接收人。接收人应当对所接收的放射性物品进行核对验收，发现异常应当及时通报托运人和承运人。

第二十五条　托运人应当根据拟托运放射性物品的潜在危害建立健全应急响应体系，针对具体运输活动编制应急响应指南，并在托运前提交承运人。

托运人应当会同承运人定期开展相应的应急演习。

第二十六条　托运人应当对每个放射性物品运输容器在制造完成后、首次使用前进行详细检查，确保放射性物品运输容器的包容、屏蔽、传热、核临界安全功能符合设计要求。

第二十七条　托运人应当按照运输容器的特点，制定每次启运前检查或者试验程序，并按照程序进行检查。检查时应当核实内容物符合性，并对运输容器的吊装设备、密封性能、温度、压力等进行检测和检查，确保货包的热和压力已达到平衡、稳定状态，密闭性能完好。

对装有易裂变材料的放射性物品运输容器，还应当检查中子毒物和其他临界控制措施是否符合要求。

每次检查或者试验应当由获得托运人授权的操作人员进行，并制作书面记录。

检查不符合要求的，不得启运。

第二十八条　托运一类放射性物品的，托运人应当委托有资质的辐射监测机构在启运前对其表面污染和辐射水平实施监测，辐射监测机构应当出具辐射监测报告。

托运二类、三类放射性物品的，托运人应当对其表面污染和辐射水平实施监测，并编制辐射监测报告，存档备查。

监测结果不符合国家放射性物品运输安全标准的，不得托运。

第二十九条　托运人应当根据放射性

物品运输安全标准，限制单个运输工具上放射性物品货包的数量。

承运人应当按照托运人的要求运输货包。放射性物品运输和中途贮存期间，承运人应当妥善堆放，采取必要的隔离措施，并严格执行辐射防护和监测要求。

第三十条　托运人和承运人应当采取措施，确保货包和运输工具外表面的非固定污染不超过放射性物品运输安全标准的要求。

在运输途中货包受损、发生泄漏或者有泄漏可能的，托运人和承运人应当立即采取措施保护现场，限制非专业人员接近，并由具备辐射防护与安全防护知识的专业技术人员按放射性物品运输安全标准要求评定货包的污染程度和辐射水平，消除或者减轻货包泄漏、损坏造成的后果。

经评定，货包泄漏量超过放射性物品运输安全标准要求的，托运人和承运人应当立即报告事故发生地的县级以上环境保护主管部门，并在环境保护主管部门监督下将货包移至临时场所。货包完成修理和去污之后，方可向外发送。

第三十一条　放射性物品运输中发生核与辐射安全事故时，托运人和承运人应当根据核与辐射事故应急响应指南的要求，做好事故应急工作，并立即报告事故发生地的县级以上环境保护主管部门。相关部门应当按照应急预案做好事故应急响应工作。

第三十二条　一类放射性物品启运前，托运人应当将放射性物品运输的核与辐射安全分析报告批准书、辐射监测报告，报启运地的省、自治区、直辖市环境保护主管部门备案。

启运地的省、自治区、直辖市环境保护主管部门收到托运人的备案材料后，应当将一类放射性物品运输辐射监测备案表及时通报途经地和抵达地的省、自治区、直辖市环境保护主管部门。

第三十三条　对一类放射性物品的运输，启运地的省、自治区、直辖市环境保护主管部门应当在启运前对放射性物品运输托运人的运输准备情况进行监督检查。

对运输频次比较高、运输活动比较集中的地区，可以根据实际情况制定监督检查计划，原则上检查频次每月不少于一次；对二类放射性物品的运输，可以根据实际情况开展抽查，原则上检查频次每季度不少于一次；对三类放射性物品的运输，可以根据实际情况实施抽查，原则上检查频次每年不少于一次。

途经地和抵达地的省、自治区、直辖市环境保护主管部门不得中途拦截检查；发生特殊情况的除外。

第三十四条　省、自治区、直辖市环境保护主管部门应当根据运输货包的类别和数量，按照放射性物品运输安全标准对本行政区域内放射性物品运输货包的表面污染和辐射水平开展启运前的监督性监测。监督性监测不得收取费用。

辐射监测机构和托运人应当妥善保存原始记录和监测报告，并配合省、自治区、直辖市环境保护主管部门进行监督性监测。

第三十五条　放射性物品从境外运抵

中华人民共和国境内，或者途经中华人民共和国境内运输的，应当根据放射性物品的分类，分别按照法律法规规定的一类、二类、三类放射性物品运输的核与辐射安全监督管理要求进行运输。

第三十六条　放射性物品运输容器使用单位应当按照放射性物品运输安全标准和设计要求制定容器的维修和维护程序，严格按照程序进行维修和维护，并建立维修、维护和保养档案。放射性物品运输容器达到设计使用年限，或者发现放射性物品运输容器存在安全隐患的，应当停止使用，进行处理。

第三十七条　一类放射性物品运输容器使用单位应当对其使用的一类放射性物品运输容器每两年进行一次安全性能评价。安全性能评价应当在两年使用期届满前至少三个月进行，并在使用期届满前至少两个月编制定期安全性能评价报告。

定期安全性能评价报告，应当包括运输容器的运行历史和现状、检查和检修及发现问题的处理情况、定期检查和试验等内容。使用单位应当做好接受监督检查的准备。必要时，国务院核安全监管部门可以根据运输容器使用特点和使用情况，选取检查点并组织现场检查。

一类放射性物品运输容器使用单位应当于两年使用期届满前至少三十日，将安全性能评价结果报国务院核安全监管部门备案。

第三十八条　放射性物品启运前的监督检查包括以下内容：

（一）运输容器及放射性内容物：检查运输容器的日常维修和维护记录、定期安全性能评价记录（限一类放射性物品运输容器）、编码（限一类、二类放射性物品运输容器）等，确保运输容器及内容物均符合设计的要求；

（二）托运人启运前辐射监测情况，以及随车辐射监测设备的配备；

（三）表面污染和辐射水平；

（四）标记、标志和标牌是否符合要求；

（五）运输说明书，包括特殊的装卸作业要求、安全防护指南、放射性物品的品名、数量、物理化学形态、危害风险以及必要的运输路线的指示等；

（六）核与辐射事故应急响应指南；

（七）核与辐射安全分析报告批准书、运输容器设计批准书等相关证书的持有情况；

（八）直接从事放射性物品运输的工作人员的运输安全、辐射防护和应急响应知识的培训和考核情况；

（九）直接从事放射性物品运输的工作人员的辐射防护管理情况。

对一类、二类放射性物品运输的监督检查，还应当包括卫星定位系统的配备情况。

对重要敏感的放射性物品运输活动，国务院核安全监管部门应当根据核与辐射安全分析报告及其批复的要求加强监督检查。

第三十九条　国务院核安全监管部门和省、自治区、直辖市环境保护主管部门在监督检查中发现放射性物品运输活动有不符合国家放射性物品运输安全标准情形的，应当责令限期整改；发现放射性物品运输活动可能对人体健康和环境造成核与辐射危害的，应当责令停止运输。

## 第五章　附　则

第四十条　本办法自2016年5月1日起施行。

**附**

**放射性物品运输容器统一编码规则**

1.1 一类、二类放射性物品运输容器编码规则

| C | N | / | X | X | X | / | X | - | X | X | - | （NNSA） |
|---|---|---|---|---|---|---|---|---|---|---|---|---|

其中：

第1—2位：国家或地区代码，CN代表中国。

第3位：“/”，隔离符。

第4—6位：主管部门为该设计指定的设计批准编号或备案编号。

第7位：“/”，隔离符。

第8位：批准书类型或容器类型：

一类放射性物品运输容器设计批准书类型：

AF：易裂变A型运输容器设计批准书

B（U）：B（U）型运输容器设计批准书

B（U）F：易裂变材料B（U）型运输容器设计批准书

B（M）：B（M）型运输容器设计批准书

B（M）F：易裂变材料B（M）型运输容器设计批准书

C：C型运输容器设计批准书

CF：易裂变材料C型运输容器设计批准书

IF：易裂变材料工业运输容器设计批准书

H：非易裂变物质或除六氟化铀以外的易裂变物质运输容器的设计批准书。

二类放射性物品运输容器类型有A，IP3等。

第9位：“-”。

第10—11位：依据IAEA标准的版本，用年份后两位数字表示。如1996年版本，则填写96。

第12位：“-”。

第13位：（NNSA）作为一位，代表国务院核安全监管部门批准的一类放射性物品运输容器和备案的二类放射性物品运输容器。

一类、二类运输容器编码规则，应当在国务院核安全监管部门设计批准或备案编号的基础上增加制造单位名称（用代码表示，按照申请的顺序从001开始，以此类推，100代表境外单位制造）和流水号（No.01、No.02、No.03…依次类推）。

1.2 一类、二类放射性物品运输容器编码卡格式

1. 字体均为宋体，应当为刻印，不得手写。

2. 编码卡材料要适合存档和长期保存。

3. 编码卡尺寸可根据容器大小按比例

调整尺寸，但应当以便于识别为准。

一类、二类放射性物品运输容器制造编码卡应当至少包括下列内容：

| 容器名称 | |
|---|---|
| 容器编码 | |
| 容器外形尺寸 | |
| 制造单位 | |
| 出厂日期 | |

填写说明：
1. 容器编码为按一类、二类放射性物品运输容器编码规则进行的编码。
2. 容器外形尺寸填写容器的最大形状尺寸。如：圆柱体，$\phi$4 m×10 m，长方体，2 m×3 m×5 m。
3. 本卡不能留空，不清楚的项目填“未知”。

# 环境保护部公告

2016 年第 24 号

## 关于发布《电子直线加速器工业 CT 辐射安全技术规范》等两项国家环境保护标准的公告

为贯彻《中华人民共和国环境保护法》和《中华人民共和国放射性污染防治法》，保护环境，保障人体健康，加强放射性污染防治工作，现批准《电子直线加速器工业 CT 辐射安全技术规范》等两项标准为国家环境保护标准，并予发布。

标准名称、编号如下：

一、《电子直线加速器工业 CT 辐射安全技术规范》（HJ 785–2016）；

二、《辐射环境保护管理导则 核技术利用建设项目 环境影响评价文件的内容和格式》（HJ 10.1–2016）。

以上标准自 2016 年 4 月 1 日起实施，由中国环境科学出版社出版，标准内容可在环境保护部网站（bz.mep.gov.cn）查询。

自以上标准实施之日起，《辐射环境保护管理导则 核技术应用项目环境影响报告书（表）的内容和格式》（HJ/T 10.1–1995）停止实施。

特此公告。

环境保护部

2016 年 3 月 29 日

# 环境保护部关于印发《民用核燃料循环设施分类原则与基本安全要求（试行）》的通知

国环规辐射〔2016〕1号

各有关单位：

为贯彻落实《民用核设施安全监督管理条例》，完善我国核燃料循环设施监管的法规体系，强化核燃料循环设施的分类管理，我部组织制定了《民用核燃料循环设施分类原则与基本安全要求（试行）》。现印发给你们，请遵照执行。

附件：民用核燃料循环设施分类原则与基本安全要求（试行）（略）

环境保护部

2016年6月13日

# 环境保护部公告

2016年第48号

**关于发布国家环境保护标准《环境影响评价技术导则　核电厂环境影响报告书的格式和内容》的公告**

为贯彻《中华人民共和国环境保护法》《中华人民共和国环境影响评价法》和《中华人民共和国放射性污染防治法》，规范核电厂建设项目环境影响评价工作，现批准《环境影响评价技术导则　核电厂环境影响报告书的格式和内容》为国家环境保护标准，并予发布。

标准名称、编号如下：

《环境影响评价技术导则　核电厂环境影响报告书的格式和内容》（HJ 808-2016）。

该标准自2016年10月1日起实施，由中国环境出版社出版，标准内容可在环境保护部网站（kjs.mep.gov.cn/hjbhbz/）查询。

自该标准实施之日起，《核设施环境保护管理导则——核电厂环境影响报告书的内容和格式》（NEPA-RG1，1988）停止实施。

特此公告。

环境保护部

2016年6月24日

# 环境保护部关于磁约束聚变实验装置辐射安全管理有关事项的通知

环办辐射函〔2016〕1670 号

各省、自治区、直辖市环境保护厅（局），环境保护部各地区核与辐射安全监督站：

目前，我国已建成若干座磁约束聚变实验装置，该类装置属于大型核技术利用科研设备，技术复杂，种类多样。为进一步规范磁约束聚变实验装置辐射安全监管，现将有关事项通知如下：

一、本通知所指磁约束聚变实验装置，是指利用磁场约束等离子体，开展受控核聚变和等离子体物理研究的科研实验装置，现有装置类型包括托卡马克装置、反场箍缩装置和仿星器等。

二、磁约束核聚变实验装置的辐射安全，由我部参照核技术利用设施中的射线装置实施监督管理，并颁发辐射安全许可证，日常监督检查由我部地区核与辐射安全监督站负责。如需使用氚作为工作介质，还应满足放射性同位素安全和防护的有关要求。

三、磁约束聚变实验装置在建设前，应根据具体的设计参数和运行模式，分析装置的辐射安全风险，同时考虑事故工况等极端情况的影响，确定具体参照的射线装置的类别，并由所在地省级环境保护部门办理环境影响评价手续。

四、在本通知印发之日前已取得省级环境保护部门颁发的磁约束聚变实验装置辐射安全许可证仍然有效，在有效期届满时可向我部申请换发；尚未取得辐射安全许可证的，应当向我部申请领取许可证。

环境保护部办公厅

2016 年 9 月 20 日

# 环境保护部<br>科学技术部<br>关于印发<br>《国家环境保护“十三五”科技发展规划纲要》<br>的通知

环科技〔2016〕160 号

各省、自治区、直辖市环境保护厅（局）、科技厅（科委），新疆生产建设兵团环境保护局、科技局，环境保护部、科技部各直属单位：

为贯彻落实《关于加快推进生态文明建设的意见》和《国家创新驱动发展战略纲要》，提升环境科技创新能力，我们组织编制了《国家环境保护“十三五”科技发展规划纲要》（见附件）。现印发给你们，请参照执行。

附件：国家环境保护“十三五”科技发展规划纲要

环境保护部

科技部

2016 年 11 月 9 日

**附件**

## 国家环境保护“十三五”科技发展规划纲要

（摘录与核能相关内容）

**一、“十三五”环保科技发展的形势与需求**

（一）《国家环境保护“十二五”科技发展规划》执行情况

党中央、国务院高度重视环境保护和环保科技工作。“十二五”期间，国家继续实施水体污染控制与治理科技重大专项（以下简称水专项），不断加大公益性行业科研专项、国家科技支撑计划等国家科技计划对环保科技的支持力度，《国家环境保护“十二五”科技发展规划》布局的重点领域有序推进，取得了显著进展。

在水污染防治领域……在大气污染防治领域……在土壤污染防治领域……在生态保护与建设领域……在核与辐射安全领域，开展了大型先进压水堆审评关键技术、环境中低水平放射性气溶胶与碘监测、核电厂安全监督运行执照文件规范化、核与辐射数据交换标准及其应用、福岛核事故后核电厂改进措施等研究。

此外，在固体废物污染防治及化学品管理、环境与健康、环境监管技术、全球环境问题研究，以及绿色经济、清洁生产和循环经济等领域也部署了一批科研项目。通过上述研究，产出了一批环境保护急需的科研成果，有力支撑了污染防治、生态保护和核与辐射安全管理工作，较好地完成了《国家环境保护“十二五”科技发展规划》提出的主要目标和任务。

（二）“十二五”环保科技取得的主要成就

一是基础研究与创新研究成果丰硕。围绕水、大气、土壤、生态、核与辐射安全、环境健康等领域积极开展应用基础研究，加强技术创新，科技成果丰硕……

……

二是科技成果有效支撑了环境管理……完成了核电厂安全监管运行执照文件规范化研究，依托国家科技重大专项，形成一系列国际先进压水堆安全审评技术，并应用于自主设计的中国先进压水堆核电站（CAP1000）和“华龙一号”的核安全审评工作。

三是环保科研能力得到明显提升……发展改革委批复了国家核与辐射安全监管技术研发基地建设，建成核电厂全范围验证模拟机平台，提高了核与辐射安全监管技术支撑能力。环境保护部与科技部联合批准建设了22个国家环保科普基地。

……

（四）环保科技发展趋势与需求

2.“十三五”我国环境保护科技需求

当前，我国经济社会呈现出从高速增长转为中高速增长，经济结构优化升级，从要素驱动、投资驱动转向创新驱动，环境承载能力已达到或接近上限，环境保护面临着诸多挑战。在面临世界经济深度调整、保护主义抬头、国际绿色贸易壁垒增大、国际履约任务繁重等形势下，国内高污染、高消耗、低附加值产业仍占很大比重，发展模式粗放等问题仍然在一些地区具有“锁定效应”，传统发展模式和路径转型难度大。另一方面，我国已进入环境高风险期，区域性、布局性、结构性环境风险更加突出，环境事故呈高发频发态势，核能核技术利用快速发展，中西部地区部分生态系统稳定性与生态服务功能呈下降趋势，守住环境安全底线的任务尤为艰巨。

……

一是识别环境演变成因，引领国家环境保护方向……

二是攻克污染治理和生态保护技术，支撑环境质量改善。按照水体、大气、土壤污染治理三大战役要求，为实现环境质量改善的目标，需要突破以环境质量为约束的污染负荷削减、环境修复以及区域联防联控技术。针对生态保护、固体废物和化学品污染防治、核与辐射安全监管，需突破生态系统和生物多样性恢复与重建、综合评估与可持续管理技术方法，建立固体废物和化学品污染的控制与管理技术体系，突破一批核设施安全运行、放射源安全使用、核废物处理处置、辐射与核事故应急等监管技术。面向我国推进“一带一路”、京津冀协同发展和长江经济带战略，需要不断依靠科学技术发展，解决国家相关战略过程中面临的区域环境问题。

三是推进环保科技体制改革，提升环保科技创新能力……

**二、指导思想和工作原则**

（二）工作原则

1. 理论创新与技术支撑相结合

……

2. 目标导向与问题导向相结合

面向国家环境保护目标，围绕污染防治、生态保护和核与辐射安全监管中可能遇到的重大热点、难点问题，加强环境保护和监管体系关键技术研发，促进发展方式的转变，支撑环境质量改善，保障生态安全和公众健康。

3. 科技创新与体制创新相结合

……

**三、规划目标**

满足经济社会可持续发展的环境保护要求，围绕重大区域、流域的环境、生态及核设施安全问题，面向改善环境质量、防范环境风险和保护公众健康目标，深化对典型环境过程的认识，形成针对多污染物及多介质的污染减排、质量改善、风险防范、监督执法、环保产业等科技支撑体系，实现环保科技全方位的跨越发展以及部分领域的赶超引领。

……

**四、主要任务**

（一）强化环保应用基础研究，促进环保科学决策

4. 核与辐射安全基础研究

针对我国核与辐射安全研究基础薄弱的问题，研究核电厂严重事故下安全壳内热工水力现象与气体行为等严重事故机理，研发破前漏（LBB）泄漏率测量及其计算模型，研究基于先进压水堆型的整体热工水力性能。研究异种金属焊接工艺、接头性能及断裂力学模型以及核设施重要材料特性及失效机理，研发核电厂可靠性数据库及数据收集分析体系，建立核设施老化安全评价方法。研究核设施数字化仪控系统失效机理、故障模式。研究核电厂液态放射性流出物排放及其对海洋生态系统的长期效应、周边辐射环境水平与核电厂排放源相关性，以及放射性核素在介质中迁移规律等。针对低放射性近地表处置环境评价，开展放射性物质在包气带中迁移模式的研究。针对内陆可能核电厂址开展放射性物质在水体中转移、沉积的研究。

（二）强化关键技术创新研发，支撑环保高效治理

6. 核与辐射安全监测监管关键技术

核与辐射安全监测技术。加强放射性核素监测分析的研究，突破放射性惰性气体采样及测量技术，建立铀、钍等核素的监测分析方法，研究各介质中钚–239、钚–238、浓缩铀、铅–210、钋–210 等监测分析方法以及极低本底辐射监测方法，研究辐射环境监测技术标准体系、核与辐射突发事件应急预警监测及响应、航空应急监测、机器人搜寻和应急监测方法体系。建立直流输电工程电磁环境控制限值及监测方法。

核与辐射安全监管关键技术。集中力量突破一批核与辐射安全关键技术，破解当前制约监管水平和能力提升的瓶颈问题。系统开展核设施老化及运行许可证延续（延寿）研究，突破核设施退役场址清污、环境整治等关键技术，逐步建立我国核设施退役管理及相关技术要求。开展高放废物处理处置源项调查和预测研究，研究高放废液玻璃固化处理和固化体性能，突破后处理厂燃耗信任机制应用技术、乏燃料干式安全贮存评价技术。研究近地表、中等深度和深地层放射性废物处置技术安全全过程系统分析技术，确定需要评价的场景及其评价方法。研究放射性废物处置对环境的影响，建立生态补偿机制。突破核事故状况诊断、事故现场快速重构、辐射环境下长距离无线通讯、辐射后果评价

技术，完善核事故应急监测与评价管理体系。研究铀矿冶工艺废水及渗水处理、地浸采铀深井处置和地下水修复治理、铀煤压覆矿区污染防治、矿产资源开发利用产生的放射性水平较高废渣处理等技术。

（三）支撑环境管理改革，创新环境管理方法

6. 核与辐射安全监管支撑技术

核与辐射安全监管工具和方法。针对提升我国核实施运行和核技术利用安全水平的需求，有针对性地开展核与辐射安全监管方法和工具研发，提升监管的有效性。研发核电厂堆芯物理分析、热工水力、事故分析、屏蔽和源项分析等模型，建立适用于核安全审评的具有自主知识产权的安全分析软件。研发运行核电厂温排水环境影响评价方法，突破中国实验快堆工程（CEFR）、中国先进研究堆（CARR）等大型研究堆的运行以及微堆低浓化条件下的安全技术，研发后处理设施的临界安全技术规范和环境生态风险评价方法，不断完善核设施核与辐射安全监管体系。研发贫化六氟化铀安全管理与处理处置、铀煤等资源共采环境影响等的评价方法，突破铀矿地勘坑井水处理、铀矿地勘及采冶设施退役治理环境保护技术，建立铀矿地勘及采冶退役设施长期监护机制。研究制定广电类建设项目环境影响评价技术规范。研究高风险放射源及射线装置在线监控及放射源快速搜寻、定位和回收技术。

新建核设施核与辐射安全监管技术。针对新建核设施，推进核与辐射安全监管相关技术研究。研发“从设计上实际消除大量放射性物质释放可能性”的安全要求和评价准则，完善新建核设施核与辐射安全目标。研发新建核电厂概率安全评价（PSA）独立审核计算标准模型，研究三代核电厂性能指标（SPI），建立基于绩效的核安全监管体系。研究示范钠冷快堆、加速器驱动次临界洁净核能系统（ADS）和熔盐堆等新型核能系统，以及海上小型堆核动力平台等新型小型模块化反应堆的核安全监管技术要求，突破高温气冷堆核安全及审评技术，建立相应新堆型的审评技术要求。研究核与辐射事故社会问题和公众心理社会效应。围绕发展我国核燃料循环产业，研究先进燃料和相关组件安全技术、先进乏燃料后处理安全技术，为完善相应监管体系提供支撑。

（五）开展创新平台建设，提升环保科技创新能力

1. 国家环境保护重点实验室能力建设

以服务国家环境保护决策和监督管理为宗旨，建设一批突破型、引领型、平台型一体的国家环境保护重点实验室，开展环境保护基础研究和应用基础研究，培育优秀科研团队，提升环境基础科研能力。主要建设方向：

……

核与辐射安全领域：核电厂热工水力及严重事故、核设施环境安全、核应急与技术、核与辐射健康防护等方向。

……

4. 科研数据共享平台建设

针对环境科研数据缺乏共享和数据资源挖掘能力不足，难以适应环境管理需要

问题，研究建立生态环境数据资源目录体系，开展数据资源统一管理与共享平台建设。建立数据汇交、共享、质控管理机制，推动部门、地方之间环境科研项目数据资源的互联互通。针对核与辐射安全，研究建立核设施设备可靠性数据、辐射监测数据体系和共享平台。

**五、重点行动**

（一）继续实施水专项等国家科技重大专项

……

……参与实施大型先进压水堆及高温气冷堆核电站科技重大专项，不断提升核设施、核活动安全水平，提升核与辐射安全监管技术能力，为我国核与辐射安全提供有力保障。

（二）实施一批重点研发计划项目

实施大气污染防治、土壤污染防治、生态治理、废物资源化、化学品风险控制、核与辐射安全等领域一批国家重点研发计划重点专项。集中解决一批重大区域生态环境科学理论问题，突破一批关键技术与装备，示范应用一批先进适用技术，形成一批解决区域环境问题的系统性技术解决方案。

**六、保障措施**

（五）加强环保科学普及

以改善环境质量、保障公众健康为切入点，加强污染防治、生态保护、核与辐射安全、绿色消费科学知识的普及力度。不断增强环境保护和生态文明建设的内在动力和良好氛围，形成联合、联动、共享的环保科普工作格局。加大科技成果科普化力度，创作一批公众喜闻乐见的环保科普作品，创建一批国家和地方环保科普基地，构建多层次、多形式的全媒体科普传播模式。积极开展环保科普信息化建设，推动公众的环保科学素质显著提升。

# 质检总局 国家标准委 工业和信息化部 关于印发《装备制造业标准化和质量提升规划》的通知

国质检标联〔2016〕396号

各省、自治区、直辖市人民政府，国务院各部门、各直属机构：

为落实《中国制造2025》的部署和要求，切实发挥标准化和质量工作对装备制造业的引领和支撑作用，推进结构性改革尤其是供给侧结构性改革，促进产品产业迈向中高端，建设制造强国、质量强国，质检总局、国家标准委、工业和信息化部会同有关部门共同编制了《装备制造业标准化和质量提升规划》，经国务院同意，现印发给你们，请认真贯彻执行。

质检总局
国家标准委
工业和信息化部
2016年8月1日

## 装备制造业标准化和质量提升规划

（摘录与核能相关内容）

装备制造业是经济社会发展的支柱性、基础性产业，是提升我国综合国力的基石。标准是产业发展和质量技术基础的核心要素，是装备制造业行业管理的重要手段。标准是装备设计、制造、采购、检测、使用和维护的依据，标准的先进性、协调性和系统性决定了装备质量的整体水平和竞争力。坚持标准引领，用先进标准倒逼装备制造业转型和质量升级，建设制造强国、质量强国，是结构性改革的重要内容，有利于改善供给、扩大需求，促进产品产业迈向中高端。经过多年发展，我国装备制造业标准化和质量取得了长足进步。我国现行国家标准和行业标准中，装备制造业标准占总数的50%以上，基本形成了适应产业发展的标准体系。装备制造业标准水平不断提升，与国际接轨程度进一步提高，国际标准转化率达到70%以上，重大装备国产化程度大幅提高，产品整机质量与可靠性水平明显提升。装备制造业标准化在提升产品质量、扩大国际贸易、促进技术进步和创新等方面发挥了积极作用，产生了显著的经济和社会效益，有力支撑了装备制造业的发展。但是，随着新一代信息技术和装备制造业深度融合，标准体系存在系统性和协同性不强、服务产业跨界融合的适应性较差等问题，智能制造、绿色制造等高端装备制造业相关标准缺失，标准国际化水平不高，装备制造业质量发展的基础相对薄弱，造成装备在质量一致性、稳定性、可靠性、安全性和耐久性等方面差距较大，质量品牌竞争力不强，装备制造业标准和质量的整体水平亟待提升，迫切需要组织实施装备制造业标准化和质量提升规划，重点推进工业基础、智能制造、绿色制造等标准化和质量提升工程，充分发挥标准对制造业发展的支撑和引领作用，推进装备制造业转型和质量升级。为落实国务院有关《中国制造2025》和《深化标准化工作改革方案》的部署和要求，制定本规划。

**一、总体要求**

**二、提升装备制造业标准化和质量管理创新能力**

**三、实施工业基础标准化和质量提升工程**

**四、实施智能制造标准化和质量提升工程**

**五、实施绿色制造标准化和质量提升工程**

**六、发展服务型制造和生产性服务业标准化**

**七、推动重点领域标准化突破，提升装备制造业质量竞争力**

（七）电力装备……建成全面覆盖二代改进型核电机组及三代压水堆核电机组的标准体系，加强高温气冷堆、快中子增殖堆、超临界压水堆机组等四代核电技术标准体系研究……开展核电用锆合金材料……标准研究……

**八、加快推进装备制造业标准国际化**

**九、保障措施**

# 国家能源局公告

2016年第1号

依据《国家能源局关于印发<能源领域行业标准化管理办法（试行）>及实施细则的通知》（国能局科技[2009]52号）有关规定，经审查，国家能源局批准《核电厂常规岛及辅助配套设施建设施工技术规范 第5部分：水处理及制氢系统》等345项行业标准，其中能源标准（NB）54项、电力标准（DL）125项和石油天然气标准（SY）166项，现予以发布。

附件：行业标准目录

国家能源局

2016年1月7日

**附件**

## 行业标准目录

（节选，与核能行业相关标准）

| 序号 | 标准编号 | 标准名称 | 代替标准 | 采标号 | 批准日期 | 实施日期 |
|---|---|---|---|---|---|---|
| 1 | NB/T 25043.5–2016 | 核电厂常规岛及辅助配套设施建设施工技术规范 第5部分：水处理及制氢系统 | | | 2016–1–7 | 2016–6–1 |
| 2 | NB/T 25043.7–2016 | 核电厂常规岛及辅助配套设施建设施工技术规范 第7部分：采暖通风与空气调节 | | | 2016–1–7 | 2016–6–1 |
| 3 | NB/T 25044.5–2016 | 核电厂常规岛及辅助配套设施建设施工质量验收规程 第5部分：水处理及制氢系统 | | | 2016–1–7 | 2016–6–1 |
| 4 | NB/T 25044.7–2016 | 核电厂常规岛及辅助配套设施建设施工质量验收规程 第7部分：采暖通风与空气调节 | | | 2016–1–7 | 2016–6–1 |
| 5 | NB/T 25047–2016 | 核电厂发电机运行维护导则 | | | 2016–1–7 | 2016–6–1 |
| 6 | NB/T 25048–2016 | 核电厂汽轮机仿真调试技术导则 | | | 2016–1–7 | 2016–6–1 |
| 7 | NB/T 25049–2016 | 压水堆核电厂凝结水泵选型技术条件 | | | 2016–1–7 | 2016–6–1 |
| 8 | NB/T 25050–2016 | 压水堆核电厂给水泵选型技术条件 | | | 2016–1–7 | 2016–6–1 |
| 9 | NB/T 25051–2016 | 压水堆核电厂常规岛疏水泵选型技术条件 | | | 2016–1–7 | 2016–6–1 |
| 10 | NB/T 25052–2016 | 核电厂常规岛热力性能试验导则 | | | 2016–1–7 | 2016–6–1 |

# 国家能源局综合司关于印发《大型先进压水堆及高温气冷堆核电站重大专项资金管理实施细则（试行）》的通知

国能综核电〔2016〕47 号

各有关单位：

为进一步规范核电重大专项管理，根据《国务院关于改进加强中央财政科研项目和资金管理的若干意见》（国发〔2014〕11 号）及国家科技重大专项相关规定，我们制定了《大型先进压水堆及高温气冷堆核电站重大专项资金管理实施细则（试行）》，现印发你们，请遵照执行。

附件：大型先进压水堆及高温气冷堆核电站重大专项资金管理实施细则（试行）（略）

国家能源局综合司

2016 年 1 月 22 日

## 国家能源局公告

2016 年第 2 号

依据《国家能源局关于印发 <能源领域行业标准化管理办法（试行）> 及实施细则的通知》（国能局科技 [2009]52 号）有关规定，经审查，国家能源局批准《压水堆核电厂用合金钢第 32 部分：安全壳机械贯穿件用 15Cr1Mo 锻件》等 99 项行业标准，其中能源标准（NB）48 项和电力标准（DL）51 项，现予以发布。

附件：行业标准目录

国家能源局

2016 年 2 月 5 日

**附件**

## 行业标准目录

（节选，与核能行业相关标准）

| 序号 | 标准编号 | 标准名称 | 代替标准 | 采标号 | 批准日期 | 实施日期 |
|---|---|---|---|---|---|---|
| 1 | NB/T 20006.32–2016 | 压水堆核电厂用合金钢第 32 部分：安全壳机械贯穿件用 15Cr1Mo 锻件 | | | 2016–2–5 | 2016–7–1 |
| 2 | NB/T 20006.33–2016 | 压水堆核电厂用合金钢第 33 部分：蒸汽发生器用 10Cr1Mo 钢管 | | | 2016–2–5 | 2016–7–1 |
| 3 | NB/T 20006.34–2016 | 压水堆核电厂用合金钢第 34 部分：蒸汽发生器用 10Cr1Mo 管配件 | | | 2016–2–5 | 2016–7–1 |
| 4 | NB/T 20006.35–2016 | 压水堆核电厂用合金钢第 35 部分：蒸汽发生器用 10Cr2Mo1 钢棒 | | | 2016–2–5 | 2016–7–1 |
| 5 | NB/T 20007.43–2016 | 压水堆核电厂用不锈钢第 43 部分：反应堆冷却剂管道接管座用 022Cr17Ni12Mo2N 奥氏体不锈钢锻件 | | | 2016–2–5 | 2016–7–1 |
| 6 | NB/T 20007.44–2016 | 压水堆核电厂用不锈钢 第 44 部分：反应堆冷却剂波动管用 015Cr17Ni12Mo2N 奥氏体不锈钢管 | | | 2016–2–5 | 2016–7–1 |

**续表**

| 序号 | 标准编号 | 标准名称 | 代替标准 | 采标号 | 批准日期 | 实施日期 |
|---|---|---|---|---|---|---|
| 7 | NB/T 20100–2016RK | 压水堆核电厂反应堆冷却剂系统和主蒸汽系统超压分析要求 | NB/T 20100–2012 | | 2016–2–5 | 2016–7–1 |
| 8 | NB/T 20368–2016 | 核电厂变更管理 | | | 2016–2–5 | 2016–7–1 |
| 9 | NB/T 20369–2016 | 核电厂严重事故管理导则的编制和实施 | | | 2016–2–5 | 2016–7–1 |
| 10 | NB/T 20370–2016 | 非能动压水堆核电厂核岛主要系统布置准则 | | | 2016–2–5 | 2016–7–1 |
| 11 | NB/T 20371–2016 | 压水堆核电厂稳压器安装技术规程 | | | 2016–2–5 | 2016–7–1 |
| 12 | NB/T 20372–2016 | 压水堆核电厂反应堆控制棒驱动机构安装技术规程 | | | 2016–2–5 | 2016–7–1 |
| 13 | NB/T 20373–2016 | 非能动压水堆核电厂工程设计图形符号和文字代号 | | | 2016–2–5 | 2016–7–1 |
| 14 | NB/T 20374–2016 | 核电厂烟囱的气载放射性物质取样 | | | 2016–2–5 | 2016–7–1 |
| 15 | NB/T 20375–2016 | 核电厂安全重要热电偶温度计 | EJ/T 660–1992 | IEC 62651:2013，MOD | 2016–2–5 | 2016–7–1 |
| 16 | NB/T 20376–2016 | 压水堆核电厂核岛超级管道安装及验收技术规程 | | | 2016–2–5 | 2016–7–1 |
| 17 | NB/T 20377–2016 | 非能动压水堆核电厂蒸汽发生器安装技术规程 | | | 2016–2–5 | 2016–7–1 |
| 18 | NB/T 20378–2016 | 核电厂屏蔽混凝土配合比设计规程 | | | 2016–2–5 | 2016–7–1 |
| 19 | NB/T 20379–2016 | 核电厂安全相关的操纵员动作时间响应设计准则 | EJ/T 562–2005 | | 2016–2–5 | 2016–7–1 |

续表

| 序号 | 标准编号 | 标准名称 | 代替标准 | 采标号 | 批准日期 | 实施日期 |
|---|---|---|---|---|---|---|
| 20 | NB/T 20380–2016 | 压水堆核电厂核蒸汽供应系统补给水要求 | EJ/T 341–1998 | | 2016–2–5 | 2016–7–1 |
| 21 | NB/T 20381–2016 | 压水堆核电厂化学和容积控制系统设计准则 | EJ/T 669–2005 | | 2016–2–5 | 2016–7–1 |
| 22 | NB/T 20382–2016 | 压水堆核电厂堆内构件的振动监测 | EJ/T 1188–2005 | | 2016–2–5 | 2016–7–1 |
| 23 | NB/T 20383–2016 | 核电厂高和超高辐射区的进入控制 | EJ/T 1172–2004 | | 2016–2–5 | 2016–7–1 |
| 24 | NB/T 20384–2016 | 便于核电厂退役的设计和建造要求 | | | 2016–2–5 | 2016–7–1 |
| 25 | NB/T 20385–2016 | 核电厂大件吊装通用技术要求 | | | 2016–2–5 | 2016–7–1 |
| 26 | NB/T 20386–2016 | 核电厂现场大件运输通用技术要求 | | | 2016–2–5 | 2016–7–1 |
| 27 | NB/T 20387–2016 | 核电工程混凝土冬期施工规程 | | | 2016–2–5 | 2016–7–1 |
| 28 | NB/T 20388–2016 | 压水堆核电厂核岛孔洞封堵施工及验收规范 | | | 2016–2–5 | 2016–7–1 |
| 29 | NB/T 20389–2016 | 核电厂取排水隧洞结构设计规范 | | | 2016–2–5 | 2016–7–1 |
| 30 | NB/T 20390–2016 | 压水堆核电厂机械模块安装及验收技术规程 | | | 2016–2–5 | 2016–7–1 |
| 31 | NB/T 20391–2016 | 压水堆核电厂钢制安全壳组装、安装及验收技术规程 | | | 2016–2–5 | 2016–7–1 |
| 32 | NB/T 20392–2016 | 非能动压水堆核电厂反应堆压力容器安装及验收技术规程 | | | 2016–2–5 | 2016–7–1 |

**续表**

| 序号 | 标准编号 | 标准名称 | 代替标准 | 采标号 | 批准日期 | 实施日期 |
|---|---|---|---|---|---|---|
| 33 | NB/T 20393–2016 | 压水堆核电厂稳压器电加热器技术条件 | EJ/T 398–1989 | | 2016–2–5 | 2016–7–1 |
| 34 | NB/T 20394–2016 | 核电厂安全级控制盘、屏和机架的设计与鉴定 | EJ/T 574–2006 | | 2016–2–5 | 2016–7–1 |
| 35 | NB/T 25016.13–2016 | 核电厂常规岛设备监造技术导则第 13 部分：高压电动机 | | | 2016–2–5 | 2016–7–1 |
| 36 | NB/T 25053–2016 | 核电厂发电机出口断路器技术条件 | | | 2016–2–5 | 2016–7–1 |
| 37 | NB/T 25054–2016 | 压水堆核电厂高压电动机技术条件 | | | 2016–2–5 | 2016–7–1 |
| 38 | NB/T 25055–2016 | 核电厂汽轮机焊接转子检验规程 | | | 2016–2–5 | 2016–7–1 |

# 国家能源局公告

2016 年第 6 号

依据《国家能源局关于印发〈能源领域行业标准化管理办法（试行）〉及实施细则的通知》（国能局科技〔2009〕52 号）有关规定，经审查，国家能源局批准《核电厂常规岛及辅助配套设施建设施工质量验收规程 第 8 部分：保温及油漆》等 144 项行业标准，其中能源标准（NB）75 项和电力标准（DL）69 项，现予以发布。

附件：行业标准目录

国家能源局

2016 年 8 月 16 日

**附件**

## 行业标准目录

（节选，与核能行业相关标准）

| 序号 | 标准编号 | 标准名称 | 代替标准 | 采标号 | 批准日期 | 实施日期 |
|---|---|---|---|---|---|---|
| 1. | NB/T 25044.8–2016 | 核电厂常规岛及辅助配套设施建设施工质量验收规程 第 8 部分：保温及油漆 | | | 2016–8–16 | 2016–12–1 |
| 2. | NB/T 25056–2016 | 核电厂常规压力容器焊接修复技术规程 | | | 2016–8–16 | 2016–12–1 |
| 3. | NB/T 25057–2016 | 核电厂常规岛有色金属焊接工艺规程 | | | 2016–8–16 | 2016–12–1 |
| 4. | NB/T 25058–2016 | 核电厂常规岛阀门焊接修复技术规程 | | | 2016–8–16 | 2016–12–1 |
| 5. | NB/T 25059–2016 | 核电厂常规岛焊接热处理技术规程 | | | 2016–8–16 | 2016–12–1 |
| 6. | NB/T 25060–2016 | 压水堆核电厂冷机修厂房技术要求 | | | 2016–8–16 | 2016–12–1 |
| 7. | NB/T 25061–2016 | 压水堆核电厂汽轮机技术条件 | | | 2016–8–16 | 2016–12–1 |
| 8. | NB/T 25062–2016 | 核电厂除氧器技术条件 | | | 2016–8–16 | 2016–12–1 |

# 国家能源局公告

2016 年第 9 号

依据《国家能源局关于印发〈能源领域行业标准化管理办法（试行）〉及实施细则的通知》（国能局科技〔2009〕52 号）有关规定，经审查，国家能源局批准《煤层气集输设计规范》等 373 项行业标准，其中能源标准（NB）66 项、能源 / 石化标准（NB/SH）29 项、电力标准（DL）111 项、石油标准（SY）167 项，现予以发布。

上述标准中煤层气、生物液体燃料、电力、电器装备领域标准由中国电力出版社出版发行，煤制燃料领域标准由化学工业出版社出版发行，煤炭领域标准由煤炭工业出版社出版发行，石油天然气领域标准由石油工业出版社出版发行，石化领域标准由中国石化出版社出版发行，锅炉压力容器标准由新华出版社出版发行。

附件：行业标准目录

国家能源局

2016 年 12 月 5 日

**附件**

## 行业标准目录

（节选，与核能行业相关标准）

| 序号 | 标准编号 | 标准名称 | 代替标准 | 采标号 | 批准日期 | 实施日期 |
|---|---|---|---|---|---|---|
| 26 | NB/T 25043.4–2016 | 核电厂常规岛及辅助配套设施施工技术规范 第 4 部分：热工仪表及控制装置 | | | 2016–12–5 | 2017–5–1 |
| 27. | NB/T 25043.6–2016 | 核电厂常规岛及辅助配套设施建设施工技术规范 第 6 部分：管道 | | | 2016–12–5 | 2017–5–1 |
| 28. | NB/T 25043.8–2016 | 核电厂常规岛及辅助配套设施建设施工技术规范 第 8 部分：保温及油漆 | | | 2016–12–5 | 2017–5–1 |
| 29. | NB/T 25044.4–2016 | 核电厂常规岛及辅助配套设施建设施工质量验收规程 第 4 部分：热工仪表及控制装置 | | | 2016–12–5 | 2017–5–1 |
| 30. | NB/T 25044.6–2016 | 核电厂常规岛及辅助配套设施建设施工质量验收规程 第 6 部分：管道 | | | 2016–12–5 | 2017–5–1 |
| 31. | NB/T 25063–2016 | 核电厂安全防范工程安装技术规范 | | | 2016–12–5 | 2017–5–1 |
| 32. | NB/T 25064–2016 | 核电厂常规岛及辅助配套设施建设施工质量评价导则 | | | 2016–12–5 | 2017–5–1 |
| 33. | NB/T 25065–2016 | 核电厂地质钻探岩芯保管技术规程 | | | 2016–12–5 | 2017–5–1 |

# 国家能源局关于印发《能源技术创新“十三五”规划》的通知

国能科技〔2016〕397号

各省、自治区、直辖市及计划单列市、新疆生产建设兵团发展改革委（能源局）、各有关中央企业：

为践行能源“四个革命、一个合作”的战略思想，贯彻能源发展规划总体要求，进一步推进能源技术革命，发挥科技创新在全面创新中的引领作用，国家能源局组织编制了《能源技术创新“十三五”规划》，现印发你们，请认真组织实施。

附件：能源技术创新“十三五”规划

国家能源局

2016年12月30日

**附件**

# 能源技术创新“十三五”规划

（摘录与核能相关内容）

## 前　言

《能源技术创新“十三五”规划》（以下简称《规划》）按照《国民经济和社会发展第十三个五年规划纲要》、《能源发展“十三五”规划》要求，旨在发挥科技创新的引领作用，增强能源自主保障能力，提升能源利用效率，优化能源结构，推进能源技术革命。《规划》分析了能源科技发展趋势，以深入推进能源技术革命为宗旨，明确了2016年至2020年能源新技术研究及应用的发展目标。按照当前世界能源前沿技术的发展方向以及我国能源发展需求，聚焦于清洁高效化石能源、新能源电力系统、安全先进核能、战略性能源技术以及能源基础材料五个重点研究任务，推动能源生产利用方式变革，为建设清洁低碳、安全高效的现代能源体系提供技术支撑。

本《规划》是《能源技术革命创新行动计划（2016—2030年）》在“十三五”期间的阶段性目标，是未来五年推进能源技术革命的重要指南，按照应用推广一批、示范试验一批、集中攻关一批的要求，针对能源技术创新中亟需突破的前沿技术规划了重点任务。

## 一、能源科技发展形势

随着新一轮工业革命兴起，应对气候变化日益成为全球共识，能源技术正在成为引领能源产业变革、实现创新驱动发展的源动力。尊重能源科技创新规律，把握世界能源技术发展趋势，重视能源科技创新体系的建立和完善，提高能源技术创新能力和装备制造水平，通过能源技术革命促进能源生产和消费模式的转变已成为我国能源产业历史性选择。

### （一）世界能源科技发展现状与趋势

当前，以新兴能源技术为代表的新一轮科技革命和产业变革正在兴起，正在并将持续改变世界能源格局。非常规油气和深水油气、化石能源清洁高效利用、可再生能源、智能电网、安全先进核能等一大批新兴能源技术正在改变传统能源格局。

传统能源的清洁高效开发、转化、利用成为主要发展趋势。在勘探开发领域，页岩油气和致密油气等非常规油气资源成为油气产量的新增长点，复合开采成为整个石油开采的主要方向，深水油气勘探开发向海底化、智能化方向发展。在加工利用领域，劣质原油提质技术、清洁燃油生产技术、煤基多联产技术、煤气化技术、煤制化学品正成为能源科技主攻方向。火力发电技术正朝着清洁、高效、节能、节水的方向发展，主要国家均在开展 700℃超超临界燃煤发电技术研发，整体煤气化联合循环技术、碳捕集与封存技术、富氧燃烧技术正在快速发展。

可再生能源发电与现代电网的融合是世界能源可持续转型的核心。太阳能光伏发电技术继续沿着高效率、低成本方向持续进步，太阳能热发电技术开始规模化示范；风力发电继续向大型化、智能化和高可靠性方向发展，远海和高空风能开发开始提上日程；可再生能源综合利用技术朝着多能互补、冷热电联产综合利用方向发展。现代电网向着智能化、混合化的方向发展，呈现大电网和微型电网并行发展的格局，融合分布式可再生能源的微电网技术、直流电网模式及交直流混合电网模式成为未来电网形态的重要趋势，大容量柔性直流输电技术、直流电网技术和超导直流输电技术等均得到快速发展，先进电力电子装置在可再生能源发电和智能电网建设方面发挥关键性作用，多种储能技术已进入应用阶段但还需提升经济性。

核能利用的关键是安全。不断完善的第三代核电技术逐渐成为新建核电机组的主流，第四代核电技术、模块化小型堆技术、先进核燃料及其循环技术正在快速兴起，对在役核电机组进行延寿也是核电发展的重要环节。

能源基础材料是能源技术发展的基石。燃煤发电机组和燃气轮机对高温材料、大型构件用金属材料提出了更高要求，安全先进核电的发展需要更可靠的核级材料，对可再生能源高效利用的需求促使新型高分子材料、新型电池材料不断涌现，能源转换和传输形式的发展带动了新型储能材料、高效催化剂材料、先进电力电子器件的创新。

在战略层面，主要能源大国均制定政策措施加强技术创新，积极部署发展清洁能源技术，着力通过提升能源产业结构开辟新的经济增长点。欧盟通过制定《2050能源科技路线图》提出太阳能、风能、智能电网、生物能源、碳捕集与封存、核聚变以及能源效率等为主攻方向的发展思路，突出可再生能源在能源供应中的主体地位。日本先后出台《面向 2030 年能源环境创新战略》和《能源基本计划》，提出能源保障、环境、经济效益和安全并举的方针，继续支持发展核能，推进节能和可再生能源，发展储能技术，规划绿色能源革命的发展路径。美国发布了《全面能源战略》，并陆续出台提高能效、发展太阳能、四代和小型模块化核能等清洁电力新计划。

纵观全球能源技术发展动态和主要能源大国推动能源科技创新的举措，可以得到以下结论和启示：一是能源科技创新进入高度活跃期，新兴能源技术正以前所未有的速度加快对传统能源技术的替代，对世界能源格局和经济发展将产生重大而深远的影响。二是绿色低碳是能源科技创新的主要方向，重点集中在传统化石能源清洁高效利用、新能源大规模开发利用、核能安全利用、能源互联网和大规模储能技术、先进能源装备及关键材料等领域。三是世界主要国家均把能源技术视为新一轮科技革命和产业革命的突破口，制定各种政策措施抢占发展制高点，增强国家竞争力并保持领先地位。

（二）我国能源科技发展现状与趋势

“十二五”期间，我国能源技术自主创新能力和装备国产化水平显著提升，部分领域达到国际先进水平，但还需紧跟能源产业转型升级步伐，集中力量突破重大关键技术瓶颈，为全面构建我国安全、绿色、低碳、经济和可持续的现代能源产业体系提供技术支撑。

非常规和难开采油气勘探开发应用总体上达到国际先进水平，基本形成适合我国陆相储层的有效致密气勘探开发技术，初步掌握浅层海相页岩气成套开发技术和致密油开发关键技术，高煤阶煤层气勘探开发技术基本成熟，3 000 米深水半潜式钻井船等装备实现自主化，建立了浅层超稠油油藏经济高效开发技术体系。煤炭绿色开采和高效利用快速发展，年产千万吨级综采成套设备、年产 2 000 万吨级大型露天矿成套设备实现国产化，智能工作面技术达到国际先进水平。煤制清洁燃料和化学品技术、低阶煤分级分质利用得到快速发展，煤炭气化、液化、热解等已实现产业化。具有完全自主知识产权的千万吨级炼油技术，劣质油加工技术取得突破。生物质能源替代化石能源初见成效。超超临界机组实现自主开发，大型循环流化床发电、大型 IGCC、大型褐煤锅炉已具备自主开发能力，$CO_2$ 利用技术研发和 $CO_2$ 封存示范工程顺利推进。燃气轮机设计体系基本建立，初温和效率进一步提升，天然气分布式发电开始投入应用。

可再生能源发电技术已显著缩小了与国际先进水平的差距，光伏、风电等产业化技术和关键设备与世界发展同步。晶体硅太阳电池产业化技术取得重大突破，形成晶体硅太阳电池产业化技术体系；太阳能热发电技术取得了长足进步。建立了大功率风电机组整机设计制造技术体系，3~6 MW 的海上风电机组实现示范应用，大型风电场运行管理等关键技术开始实际应用。

电网的总体装备和运维水平处于国际前列。电网技术与信息技术的融合不断深化，特高压输电技术处于引领地位，掌握了 1 000 kV 特高压交流和 ±800 kV 特高压直流输电关键技术。已建成多个柔性直流输电工程，智能变电站全面推广，电动汽车、分布式电源的灵活接入取得重要进展，电力电子器件、储能技术、超导输电获得长足进步。

核电技术与世界先进水平保持同步。

三代核电技术研发和应用走在世界前列，四代核电技术、模块化小型堆、海洋核动力平台、先进核燃料与循环技术取得突破，可控核聚变技术得到持续发展。

“十二五”期间我国能源技术创新为打造新型能源产业奠定了坚实基础，但与新时期推动能源生产和消费方式革命的战略目标还有较大差距，突出表现为：创新模式有待升级，引进消化吸收的技术成果较多，与国情相适应的原创性成果不足；创新体系有待完善，创新投入的低收益问题仍较为突出；部分关键核心技术装备仍受制于人，重大能源工程依赖进口设备的现象仍较为普遍，技术“空心化”和技术“对外依存度”偏高的现象尚未完全解决。

“十三五”时期是我国大力推动能源产业转型升级，实现“四个革命、一个合作”的关键时期，通过不断创新发展思路，不断健全能源科技创新体系，不断夯实能源科技创新基础，集中力量突破重大关键技术瓶颈，以科技为先导，引领能源生产和消费方式的重大变革，按照应用推广一批、试验示范一批、集中攻关一批的发展路径推动能源技术革命，重点发展清洁高效化石能源技术、新能源电力系统技术、安全先进核能技术、战略性能源技术、能源基础材料技术等，是未来五年我国能源科技创新的重大使命。

**二、指导思想、基本原则和发展目标**

（三）发展目标

……

在安全先进核能技术领域，建成自主产权的先进三代压水堆示范工程，掌握大型先进压水堆、高温气冷堆、快堆、模块化小型堆关键技术，钍基熔盐堆研究取得突破，深入研发先进核燃料技术、乏燃料及放射性废物先进后处理技术，建立适合我国大型压水堆核电厂延寿论证的技术体系。

在战略性能源技术领域，掌握微型、小型燃气轮机设计、试验和制造技术，实现中型和重型燃气轮机的设计、试验和制造自主化；突破高能量密度特种清洁油品关键技术，建设煤制油、生物航空燃油等示范工程；超导输电、储能装置达到国际先进水平；实现氢能、燃料电池成套技术产业化；可控核聚变、天然气水合物（可燃冰）利用技术得到进一步发展，总体达到国际先进水平。

在能源基础材料技术领域，研制出高温金属材料及核级材料，进一步提高光伏组件用高分子材料、储能用电极材料等技术参数，大幅降低成本，实现新型节能材料走向市场应用；掌握多种高效低成本催化材料生产技术。

在能源生产、输送、消费等各环节开展先进节能技术的研究，通过技术升级和系统集成优化实现能源利用效率明显提升、单位能耗明显下降。

**三、重点任务**

围绕“十三五”期间我国能源产业发展重大需求，着眼推动能源技术革命，聚焦形成五个重大能源科技专题，每个技术领域按照应用推广一批、示范试验一批、集中攻关一批进行任务分类。本章节中，集中攻关类以 G 代表（共 70 项），示范试验类以 S 代表（共 48 项），应用推广类以 T 代表（共 31 项），重点任务共计 149 项。

（三）安全先进核电技术

加快自主知识产权先进核电堆型的持续改进创新，推广应用自主知识产权的先进三代压水堆，加快高温气冷堆、快堆、模块化小型堆的技术示范工程建设和产业化，积极开展微型堆、钍基熔盐堆等新堆型研究。开展先进核燃料元件研发，推进乏燃料处理技术，发展大型核燃料后处理厂自主技术，突破严重事故预防和缓解技术、废物最小化技术、设备管道去污技术等。积极推进在役核电机组延寿相关技术的研究开发，发展先进监 / 检测技术、关键设备时限老化评估技术和缓解 / 修复技术等。

本规划围绕安全先进民用反应堆、先进核电燃料、核电站建设、运行与延寿等技术领域部署了 8 个集中攻关项目、4 个示范试验项目、6 个应用推广项目。

1. 安全先进民用反应堆

1）集中攻关类

G40）超高温气冷堆技术研究

研究目标：通过关键技术、关键设备与材料以及性能试验的研究，论证 HTR-10 实现 950 ℃高温运行及核能制氢的可行性。

研究内容：依托 10 MW 高温气冷实验堆，开展 950 ℃下超高温运行及核能制氢技术研究，主要包括：反应堆物理热工设计、安全与事故分析、堆内构件材料及结构分析，燃料元件高温性能试验等。开展中间换热器关键技术研究与性能实验验证，开展碘硫循环分解水与高温蒸汽电解制氢技术研究等。

起止时间：2016—2022 年

G41）快中子反应堆运行和控制技术研究

研究目标：通过关键技术、关键设备的研究，提升我国快堆运行和控制能力，掌握维护、保养、大修、故障维修等方面的技术方法。

研究内容：完成中国实验快堆运行模式的优化，明确各运行模式下完整的技术条件要求和控制方法；研究钠冷快堆电站运行仿真和在线诊断技术、涉钠设备在役检查技术、关键设备老化管理技术、运维一体化管控技术。

起止时间：2016—2020 年

G42）铅基合金冷却反应堆技术研究

研究目标：完成铅基合金冷却反应堆总体设计及综合演示试验，为实现自主知识产权的铅基合金冷却反应堆的工程应用奠定基础。

研究内容：突破铅基合金冷却反应堆设计、试验、燃料材料等关键技术，掌握燃料制备工艺及堆内辐照数据等，开展铅基合金冷却反应堆总体设计及主设备研制、冷却传热和腐蚀特性、冷却系统工艺技术、系统及设备试验验证、电站仪控系统开发和运行维护等关键技术研究。

起止时间：2016—2021 年

G43）基于高度安全燃料的 5~10 MW 级制造型模块堆

研究目标：掌握全陶瓷微包覆燃料及

包壳材料技术，突破 5~10 MW 级制造型反应堆核电机组工厂化制造技术，论证制造型小微堆核电机组及其分布式应用的可行性。

研究内容：研制碳化硅基质包覆颗粒燃料芯块制造工艺、流程与设备，开展燃料与材料辐照、正常工况与严重事故下性能测试与验证，以及安全许可取证；开展 5~10 MW 级制造型模块堆设计、安全分析、许可取证、应用开发，智能化控制与安全系统设计、研制与验证，先进高效紧凑型超临界二氧化碳布雷顿循环能量转化系统研制与示范，独立运行电站系统集成与配套设备研制，数字化、智能化工厂制造与组装流程和设备设计与研制。

起止时间：2016—2021 年

G44）钍基熔盐堆核能系统关键技术研究

研究目标：掌握钍基熔盐堆关键技术，实现关键材料与设备产业化，完成世界首座钍基熔盐仿真堆与 2 MW 钍基熔盐实验堆建设，总体技术水平居国际领先。

研究内容：开展钍铀燃料循环工作模式、熔盐堆设计和安全标准、熔盐回路设计等关键科学技术问题研究；掌握镍基等高温合金、高密度石墨和燃料熔盐等关键材料的制备和加工工艺；研发熔盐回路仪器设备、熔盐堆本体设备和仪控系统等关键设备；突破锕系元素高温干法分离、轻同位素离心萃取分离、熔盐高温制氢与熔盐储能等关键技术。

起止时间：2016—2020 年

2）示范试验类

S34）CFR600 快堆示范工程

研究目标：完成示范快堆关键技术和关键设备研发，完成 CFR600 的标准设计，完成快堆 MOX 燃料的定型设计。

研究内容：开展 CFR600 示范快堆关键工艺研究，确定总体技术方案和主要工艺参数；开展机械式钠泵、蒸汽发生器、控制棒驱动机构等关键设备的样机制造，开展示范快堆的设计工作；开展 MOX 燃料芯块的研制、CN15–15 和燃料辐照样件的堆内辐照和检验，以及工业规模 MOX 生产线的技术研发和设计。

起止时间：2016—2025 年

S35）模块化小型堆示范工程

研究目标：建设模块化小型堆和低温供热堆示范工程。

研究内容：进行模块化建造技术研究、运行技术研究、模块化反应堆法规标准及安全审查技术研究，开展压力容器、蒸汽发生器、控制棒驱动机构、小型屏蔽泵 / 湿绕组泵等主设备研制，进行安装及调试技术研究。

起止时间：2016—2020 年

3）应用推广类

T23）自主三代大型先进压水堆核电技术应用推广

研究目标：开展“华龙一号”和 CAP1400 应用推广相关研究，初步形成批量化、规模化能力。

研究内容：依托示范工程，开展“华龙一号”和 CAP1400 批量化、规模化应用研究，进一步提高设备国产化率，研究设备批量化生产技术，开展核电自主化软件验证及认证标准规范体系研究，初步建立三代大型先进压水堆自主产业化体系。

起止时间：2017—2025 年

T24）600 MW 级高温气冷堆核电站

研究目标：实现商业规模的 600 MW 级高温气冷堆核电站（简称 HTR-PM600）的规模部署。

研究内容：开展 600 MW 级高温气冷堆总体设计和分析研究、球形燃料元件大规模生产关键技术研究、多模块高温气冷堆协调控制技术研究；开展高温气冷堆热电联产技术研究，包括蒸汽供应技术、热交换器技术，发电 / 蒸汽供应能量分配和平衡技术；开展核级石墨国产化研究。

起止时间：2016—2025 年

2. 先进核电燃料

1）集中攻关类

G45）新一代先进核燃料技术研究

研究目标：研制性能优于 M5、ZIRLO 合金的新锆合金包壳材料，以及长寿期、高安全性的燃料元件；研究能缓解严重事故后果的耐事故燃料元件（ATF），研发出具备入堆考验的先导棒 / 先导组件，突破具有更优良性能的环形燃料等先进核燃料关键技术。

研究内容：针对当前我国主要压水堆型，研制 CF4、第二代 STEP–14 系列等下一代压水堆先进核燃料以及自主化的 N45、优化 CZ 等先进锆合金包壳材料，开展元件和组件设计、制造工艺、堆外性能检测、堆内辐照考验和辐照后检验等关键技术研发等；积极开展 ATF 元件先进包壳和芯块材料样品的研究，完成第一代 ATF 燃料可行性验证及初步设计，适时启动材料堆外性能测试、堆内辐照考验；在第一代 ATF 燃料反馈的基础上，积极优化革新型第二代 ATF 燃料新材料选型论证及关键技术研究。

起止时间：2016—2025 年

G46）核电厂放射性废物最小化技术

研究目标：完成先进的核电厂放射性固废处理技术和废液净化技术研究，实现去污效率的量级提升。

研究内容：研究先进的核电厂放射性废物处理技术和核心装备，开展高完整性容器盛装技术、放射性废树脂湿法氧化技术、PVC 高效降解技术、低放射性废油处理技术、放射性沾污管道及容器去污技术、等离子体熔融减容技术的研究；开展废液净化和除氚技术研究，攻克核电厂放射性废液中核素、硼、弱电解质的分离技术，实现硼回收复用。开展易去污、易处置的新型辐射屏蔽材料及新型超吸附材料研发；开展核设施退役材料去污与拆除等相关技术研究。

起止时间：2016—2023 年

2）应用推广类

T25）自主 CF 及 STEP 系列先进核电燃料应用推广

研究目标：掌握自主 CF 及 STEP 系列燃料组件、N36 及 CZ 锆合金燃料包壳的批量化生产技术，建立燃料组件原材料国产化供应体系，2020 年前逐步实现自主品牌燃料在“华龙一号”出口项目、国内现役二代及二代加压水堆核电厂、在建“华龙一号”项目中批量使用；掌握自主品牌燃料组件的批量化生产技术，初步建立自主品牌燃料组件产业化体系。

研究内容：开展 CF 系列组件规模应用研究；积极开展 STEP 系列燃料组件的堆内辐照试验及应用研究；针对成熟的自主品牌燃料，对国内燃料组件批量的生产线进行适应性改造或新建燃料组件批量生产线。

起止时间：2016—2020 年

3. 建设、运行与延寿

1）集中攻关类

G47）核电站运行维护技术研究

研究目标：面向第三代、第四代、小型堆等核电技术，以保障核反应堆安全、经济、高效运行为目标，实现核电站在役检查及关键设备的在线检修与更换等技术研究。

研究内容：通过智能辐射防护监控、智能巡检、智能设备管理等技术研究，构建核电智慧运营基础架构；研究先进无损检测新方法、高精定量在役检测技术；研制核电站智能检修机器人，开展仿真技术、运行支持技术研究，开发人因数据采集与分析系统，开展核电智慧运营关键技术研究；开展辐射剂量监测定位技术、自动抄表技术等智能巡检技术研究；开展设备全生命周期资产管理技术等智能设备管理研究。

起止时间：2016—2020 年

2）示范试验类

S36）核电厂延寿关键技术示范应用

研究目标：解决我国核电厂延寿涉及的范围界定与筛选、老化管理审查、时限老化分析等关键支撑技术，完成大亚湾核电厂示范机组的延寿论证工作。

研究内容：开展长寿期下核材料服役行为与机理研究，开发新的预测模型或评估技术；开展安全壳应变监测、部件疲劳及损伤检测、反应堆压力容器检测及评估等技术应用研究；开发先进焊接、构筑物腐蚀缓解阴极保护、管道腐蚀缓解、辐射水环境下特种维修、核级电缆环境鉴定、破前漏评估、安全壳钢筋束预应力损失评价等先进技术，并进行应用验证；开发核电厂延寿管理平台；开展核电厂延寿文件体系、管理导则研究，形成我国自主的核电厂延寿技术文件体系和规范。

起止时间：2016—2020 年

S37）核电工程智能化设计建设技术示范

研究目标：推进实现核电工程的数字化、网络化与智能化，并在防城港核电站“华龙一号”中进行示范应用。

研究内容：在核电站设计建造全业务流程中建立万级业务单元之间的业务逻辑网络，建设核电工程统一业务流程平台；开发核电数据源和数据流模型，实现智能化的跨专业、跨领域、跨阶段业务协同和信息交互，设计、采购、施工、调试过程的无缝衔接，进而实现核电业务与管理的全面协同。

起止时间：2016—2020 年

3）应用推广类

T26）自主先进核电监测检测装备应用推广

研究目标：实现自主核电检测检测装备在国内外的应用推广，形成核电装备国产化体系。

研究内容：应用推广核电站安全级传感器及其在线快速故障诊断装置、报警事件远程专家分析平台、主蒸汽管道 LBB 泄漏监测系统、电流在线监测与诊断系统、燃料破损在线探测、池边检查设备、金属部件监测技术规模化应用研究；开展维修装备规模化应用研究和关键器件规模化应用研究；建立核电先进检测、维修装备以及关键设备的供货体系；开展自主三代核电堆芯测量系统信号处理设备的批量化生产技术研究。

起止时间：2016—2020 年

T27）核电站数字化仪控平台技术应用推广

研究目标：针对“华龙一号”、AP1000 等三代核电站实现安全级数字化仪控系统在国内及出口核电站中的应用推广。

研究内容：针对三代核电机型，充分验证非安全级 NicSys2000 平台和安全级 NicSys8000 平台、ACP 系统的 SpeedyHold 平台、安全级保护系统 FirmSys 平台、非安全级控制系统的 HOLLiAS-MACS 平台，以及 FirmSim 和 HOLLiAS-MACS 仿真平台等的适应性和系统通信的可行性；开展 OPS 远程布置、POP 大屏显示、弧形盘台、NC-VDU 支架显示等先进设计方案验证。

起止时间：2016—2020 年

T28）核事故应急技术与装备

研究目标：通过技术应用与推广，为核电厂应对严重事故提供技术与装备，其中，处理规模为 5 $m^3/h$ 的放射性废水应急处理装置完成标准化设计并推广应用。

研究内容：应用推广核事故放射性废水应急处理技术及工艺、核电站应急高容量蓄电池蓄能系统、核电站非能动应急高位冷却水源系统、大容量核电站 1E 级应急柴油发电机组、核电厂厂址选择阶段的应急可行性评价方法、核电厂应急指挥中心等设施的设计方法和先进核事故后果实时评价技术。

起止时间：2016—2020 年

（四）战略性能源技术

从国民经济和社会发展的战略高度有针对性的发展一批关键战略储备技术，重点加强先进高效微小型燃气轮机、重型燃气轮机、特殊领域专用燃气轮机关键技术的开发；进一步研发高能量密度特种清洁油品的制造技术，发展煤直接液化、煤衍生油等制造清洁燃料和特种油品的成套技术，攻关生物质航空燃油技术；开展海洋核动力平台示范工程建造；开展氢能利用及燃料电池发电技术研究，发展高效催化技术，研究高效低成本氢气储运技术，推动高性能低成本燃料电池发电产业化；积极开展高温超导材料基础性研究，实现超导输电、超导储能和超导电力装备的突破；持续推进可控核聚变、天然气水合物（可燃冰）利用技术的发展。

本规划围绕当前战略性的能源技术聚焦燃气轮机、高清洁高能量密度特种油品、海洋核动力平台、氢能与燃料电池、超导输电、天然气水合物、可控核聚变等技术领域部署 11 个集中攻关项目、8 个示范试验项目、1 个应用推广项目。

3. 海洋核动力平台

1）示范试验类

S42）海洋核动力平台示范工程

研究目标：研制建造 50~100 MW 级海洋核动力平台，形成具有自主知识产权的核心技术，建立健全标准规范体系。

研究内容：示范工程建设主要开展法规标准、关键技术验证、关键系统和设备研制、总体建造技术、运行和维修保障技术等相关技术研究；完成工程设计、设备制造、工厂化总体建造和运行调试、海上试运行和商业运行等相关工作。

起止时间：2016—2020 年

7. 可控核聚变

1）集中攻关类

G58）可控核聚变前沿技术研究

研究目标：掌握磁约束核聚变关键技术，初步建立核聚变工业发展体系。惯性约束聚变能方面，围绕 Z-FFR 实验堆总体技术路线获得关键技术与参数验证结果。

研究内容：开展中国聚变工程实验堆的详细工程设计，并结合已有物理设计数据库在“东方超环”（EAST）、“中国环流器 2 号改进型”（HL–2M）托卡马克装置上开展与 CFETR 物理相关的验证性实验；开展聚变堆关键技术预研，发展氚技术、聚变材料等 ITER 未涵盖的聚变堆技术。惯性约束聚变能方面，围绕 Z-FFR 实验堆总体技术路线的解决方案，获得关键技术与参数验证结果，为 Z-FFR 实验堆的方案制定、设计和研制提供核心的技术支撑，重点开展局部整体点火靶、重频驱动器、次临界包层、材料等关键技术研究。

起止时间：2016—2020 年

（五）能源基础材料技术

结合 700 ℃燃煤发电和重型燃气轮机技术发展，开展高温金属材料的研究，掌握金属材料测试能力。开展高性能核电用传热材料、绝缘材料的研发及应用，开展针对核能环境服役的复合材料探索研究。开发钙钛矿类光电材料、光伏组件用高分子材料、银电极材料和碲化镉薄膜材料，以适应高性能光伏电池发展的需要。开展新型高效储能材料研制，开展电池储能系统用聚合物薄膜材料、微纳米制电极材料的开发。发展完善各类催化剂材料。以智能电网为导向开展先进电力电子器件研究。

本规划围绕高温材料、核级材料、电池材料、催化剂材料和先进电力电子器件等技术领域部署 12 个集中攻关项目、3 个示范试验项目、2 个应用推广项目。

1. 高温材料

1）集中攻关类

……

G61）能源装备用耐腐蚀耐高温镍基焊接材料研制

研究目标：研究核用镍基耐蚀焊接材料体系，开发镍基焊接材料高效高质量制造工艺；开发 700 ℃超超临界机组用高温焊接材料，完成焊接接头性能考核。

研究内容：研制核电用镍基耐蚀焊接材料，主要包括核电镍基焊材成分设计、开发纯净化熔炼工艺和焊材制备工艺；开展熔敷金属制备及各项性能评定测试；完成熔敷金属焊接制备；开展镍基焊缝点状缺陷、DDC 裂纹形成机理分析及控制技术研究；进行工业规模焊材制造工艺开发和现场焊接及性能考核；进行 700 ℃超超临界火电机组材料焊接性研究；研究 700 ℃高温火电焊接材料合金体系，开发焊材制造工艺，研制焊材焊接熔敷金属制备；开展焊接接头高低温瞬时性能及高温组织稳定性和持久性能测试、焊接接头裂纹敏感性试验。

起止时间：2016—2020 年

2）应用推广类

T30）金属材料性能及部件测试和试验平台

研究目标：建立耐高温和抗辐射等极端服役材料关键性能（包括蠕变、腐蚀、氧化、辐射等）测试平台、近使役环境性能考核试验平台。

研究内容：完善高温力学性能测试实验室，测试高温持久蠕变、高温疲劳、蠕变疲劳交互作用、热机械疲劳性能；建设近使役条件材料和部件损伤行为实验室；建设应力、腐蚀、氧化、磨损、高温、辐射等多因素耦合材料（部件）性能试验考核试验室；具备大叶片高温疲劳性能试验考核能力、700 ℃机组部件现场高温高压验证试验能力、核电材料辐照考核试验检测能力。

起止时间：2015—2020 年

2. 核级材料

1）集中攻关类

G62）核电蒸汽发生器 690 传热管材料稳定化制备技术

研究目标：掌握 690 传热管材料制备的关键技术，实现高质量传热管稳定化生产，管材成品率逐步提高到 85% 以上。

研究内容：结合国内已经具有的 690 传热管生产线，针对批量生产成品管材存在的质量稳定性差、信噪比波动大、合格率低等问题，研究 Si、Mn 等合金微量元素对合金强化机制及腐蚀性能的影响规律、大容量 690 合金纯净均质冶炼技术研究、690 合金冷热变形与组织均匀性控制技术、690 合金传热管力学性能稳定性关键影响因素和 690 管材信噪比影响因素。

起止时间：2016—2020 年

G63）核电用绝缘材料关键技术研究

研究目标：开发包括高强度层压制品、长寿命主绝缘云母复合制品、高硬度水溶性硅钢钢片漆等系列核电大容量汽轮发电机用绝缘材料，以及抗辐射电缆关键材料，形成具有自主知识产权的系列核电用绝缘材料制造技术，实现项目产品在核电机组上应用。

研究内容：研制长期耐热指数≥180 ℃的耐高温改性环氧树脂，突破采用增强材料互补复配技术制备定子槽楔层压绝缘复合材料的方法；研制长期耐热指数≥155 ℃的高强度环氧树脂，研究采用玻璃毡预浸渍工艺技术、真空成型技术制备 F 级环氧玻璃毡层压绝缘复合材料的方法；研制具有耐电痕化、耐电弧性特点和良好应用性的过氧化双环戊二烯环氧树脂；合成同时具有高硬度（8H）、柔软性（一级）的完全水溶性树脂；配制高填料含量的硅钢片漆；研究适用于 VPI 工艺及多胶模压工艺的新型系列云母复合材料。研制开发耐辐照、长寿命交联聚烯烃、乙丙橡胶等多种核级电缆材料。

起止时间：2016—2020年

G64）核级$SiC_f$/SiC复合材料技术攻关研究

研究目标：研制核级$SiC_f$/SiC复合材料。

研究内容：研制PIP技术制备低气孔率、高强度、高热导的$SiC_f$/SiC复合材料，满足核级应用的性能要求；研究$SiC_f$/SiC复合材料的无损检测和性能评价技术、复合材料连接技术与构件制备技术和核级$SiC_f$/SiC复合材料构件制备技术；研究核级$SiC_f$/SiC复合材料制备工艺、微观组织与性能之间关系，建立复合材料性能评估方法/标准。

起止时间：2016—2020年

**四、保障措施**

……

（一）加强政策引导，推广应用先进成熟技术

……

降低能源新技术进入市场的门槛，以成品油质量升级国家专项行动为重点，在油气开采及转化、清洁燃煤发电、新能源发电及并网、第三代核电等领域应用推广一批技术成熟、有市场需求、经济合理的技术。

加强国家重点工程技术装备质量检测和评定，提升国家重点工程建设和运行质量，开展评审论证、表彰奖励等工作，提高市场主体应用新产品、新技术的积极性。建立健全能源行业技术标准体系，加快推进自主核电、成品油升级、煤炭深加工等领域标准体系建设，保证技术合理应用。

（二）依托示范工程，促进先进技术产业化

……

在煤炭深加工、清洁燃煤发电、储能、高效太阳能、海上风电、能源互联网、先进反应堆型等重点领域率先推进一批采用自主化先进能源科技和装备的示范工程，鼓励先行先试，支持技术创新，探讨应用条件，提高装备国产化水平，探索新技术带来的商业模式和价格机制问题。

（三）打造创新平台，培育前沿技术开发能力

……

在核电重大技术、新能源技术、非常规油气勘探开发技术、先进燃气轮机技术等领域设立国家科技计划重大专项，依托能源科技创新平台组织能源重大关键技术攻关。实现市场导向技术创新、研究成果快速转化、创新价值充分保护、资源配置效率大幅提高，提高人才、资本、技术和知识流动效率，构建更加高效的能源科技创新体系。

（四）加强国际交流，提升技术装备国际竞争力

在能源技术领域推进国际合作，广泛开展双多边合作与交流，加强与优势国家和地区在先进核能、高效储能、高比例可再生能源消纳、非常规油气开发、先进能源材料、碳捕集封存利用、燃气轮机等领域的合作，提高我国在相关领域的技术水平。

……

附表：

**《能源技术创新“十三五”规划》重点任务总表（摘录与核能相关内容）**

| 技术方向 | 技术领域 | 集中攻关类 | 示范试验类 | 应用推广类 |
| --- | --- | --- | --- | --- |
| 安全先进核电技术 | 安全先进民用反应堆 | 超高温气冷堆技术研究 | CFR600 快堆示范工程 | 自主三代大型先进压水堆核电技术应用推广 |
| | | 快中子反应堆运行和控制技术研究 | 模块化小型堆示范工程 | 600 MW 级高温气冷堆核电站 |
| | | 铅基合金冷却反应堆技术研究 | | |
| | | 基于高度安全燃料的 5~10 MW 级制造型模块堆 | | |
| | | 钍基熔盐堆核能系统关键技术研究 | | |
| | 先进核电燃料 | 新一代先进核燃料技术研究 | | 自主 CF 及 STEP 系列先进核电燃料应用推广 |
| | | 核电厂放射性废物最小化技术 | | |
| | 建设、运行与延寿 | 核电站运行维护技术研究 | 核电厂延寿关键技术示范应用 | 自主先进核电监测检测装备应用推广 |
| | | | 核电工程智能化设计建设技术示范 | 核电站数字化仪控平台技术应用推广 |
| | | | | 核事故应急技术与装备 |

| 技术方向 | 技术领域 | 集中攻关类 | 示范试验类 | 应用推广类 |
| --- | --- | --- | --- | --- |
| 战略性能源技术 | 海洋核动力平台 | | 海洋核动力平台示范工程 | |
| | 可控核聚变 | 可控核聚变前沿技术研究 | | |
| 能源基础材料技术 | 高温材料 | 能源装备用耐腐蚀耐高温镍基焊接材料研制 | | 金属材料性能及部件测试和试验平台 |
| | 核级材料 | 核电蒸汽发生器 690 传热管材料稳定化制备技术 | | |
| | | 核电用绝缘材料关键技术研究 | | |
| | | 核级 $SiC_f$/SiC 复合材料技术攻关研究 | | |

# 国家核安全局关于印发《小型压水堆核动力厂安全审评原则（试行）》的通知

国核安发〔2016〕1 号

各有关单位：

为在确保安全基础上，规范我国小型压水堆核动力厂安全发展，指导小型压水堆核动力厂的安全审评工作，我局组织编制了《小型压水堆核动力厂安全审评原则》（试行）。该审评原则在编制过程中广泛征求了各方意见，并通过核安全与环境专家委员会审议。现印发给你们，请遵照执行。

各单位在小型压水堆核动力厂设计过程中，应针对小型压水堆核动力厂的技术特点，对事故分析方法、事故放射性源项和释放机理、运行管理、应急策略等方面进一步研究。在审评原则使用过程中发现问题及时向我局反馈。

附件：小型压水堆核动力厂安全审评原则（试行）

国家核安全局

2016 年 1 月 4 日

**附件**

# 小型压水堆核动力厂安全审评原则

（试 行）

## 一、前言

上世纪 90 年代以来，小型模块式核动力厂在国际上开始受到关注。进入 21 世纪后，由于能比较充分的利用大型压水堆核电厂的知识和经验，技术成熟度较高的小型模块式压水堆核动力厂开发被广泛重视。目前美国、韩国等国家已开发出多个设计方案，用于取代老旧燃煤、燃油电厂，以及发电、居民供热、工业供汽等用途。为满足这些用途，有必要进一步提高小型压水堆核动力厂的安全水平以实现场外应急简化。

我国核能界对小型压水堆核动力技术的研究也高度重视，目前已有几家单位投入了相关的开发工作，小型核动力技术也被列入国家能源发展“十二五”规划的重点示范工程项目。

与传统的大型轻水堆核电厂一样，小型压水堆核动力厂的安全也依赖于控制反应性、排出堆芯和乏燃料的热量、包容放射性物质以及限制事故释放三项基本安全功能，大多数小型压水堆核动力厂还具备一些自身的特点：

（一）比较小的反应堆堆芯结构，反应堆冷却剂系统的一体化或紧凑设计，大大降低反应堆冷却剂丧失事故发生的可能性；

（二）反应堆堆芯的功率小，衰变热

低，在布置上增强了反应堆冷却剂系统的自然循环能力，便于采用非能动方式带出堆芯余热；

（三）单位功率的水装量相对较大，在事故工况下瞬态变化相对较慢；

（四）反应堆堆芯功率较低和衰变热较少，有助于在发生事故、特别是堆芯严重损坏事故后，将堆芯熔融物滞留在压力容器或安全构筑物内；

（五）较少的核燃料装载量和较低的反应堆堆芯功率也决定了较小的堆芯放射性物质总量，即使发生事故，包括严重事故的工况下，对环境和公众的影响将大大低于大型压水堆核电厂。

经过多年的发展，对于传统的大型压水堆核电厂，目前国际上已经建立了一套比较完整的核安全要求。这套核安全要求以确定论为基础，近些年来又在概率论基础上做了补充完善，其中的一些重要安全原则依然适用于小型压水堆核动力厂。但是如上所述，由于小型压水堆核动力厂存在一些自身的特点，针对传统大型压水堆核电厂所建立的，与堆型和系统设计密切相关的“处方式”确定论安全要求并不完全适合。国际上已广泛认识到这一点，并正在为建立一套适用于小型核动力厂的安全要求开展工作。例如上世纪 90 年代以来，国际原子能机构和美国核管会陆续发布了一系列的政策文件，阐明在一些重要问题上的立场，用以指导小型模块式核动力厂安全要求的建立。

国家核安全局也充分认识到了上述问题，根据安全审评的需要，针对用于发电、供热、供汽等用途的，厂址可能邻近用户的陆上小型压水堆核动力厂制订本审评原则，以明确在一些重要安全问题上的立场。同时本审评原则的制订，以及今后在小型压水堆核动力厂安全审评中的实践，也将为今后相关核安全法规和标准的制订探索经验。

本审评原则的建立参考了目前国内外对小型压水堆核动力厂安全要求研究的最新成果。应该充分认识到的是，小型压水堆核动力厂安全要求的建立，必须经过一个实践、认识、再实践、再认识的反复过程。对本审评原则的应用，也应持有这样的态度。

考虑到目前的研究现状和核安全审评需求，本审评原则仅适用于单堆热功率在数百兆瓦以下，且单个厂址机组数量较少的示范工程。对于在某一厂址存在大量模块化机组而带来的一些问题，如厂址整体风险、多机组共用控制室或辅助控制室、多机组共用仪表或控制台盘、以及与此相关的操纵人员要求等方面的问题，本审评原则暂不涉及。这些方面的要求将随着未来研究的进展和安全审评需求逐步建立。

## 二、安全目标

小型压水堆核动力厂总的核安全目标是：在小型压水堆核动力厂中建立并保持对放射性危害的有效防御，以保护人员、社会和环境免受危害。

这个总的核安全目标由辐射防护目标和技术安全目标所支持。

辐射防护目标：保证在所有运行状态下小型压水堆核动力厂内的辐射照射或由于小型压水堆核动力厂任何放射性物质计划排放引起的辐射照射保持低于规定限值并且做到合理可达到的尽量低水平，保证减轻任何事故的放射性后果。

技术安全目标：采取一切合理可行的措施预防小型压水堆核动力厂的事故，并在一旦发生事故时减轻其后果；对于在小型压水堆核动力厂设计时考虑过的所有可能事故，包括概率很低的事故，要以高可信度保证任何放射性后果尽可能小且低于规定限值；保证实际消除大量放射性物质释放的可能性。小型压水堆核动力厂在不采取场外干预措施的条件下，应该为公众提供比大型压水堆核电厂采取场外干预措施更高的保护水平。

实际消除大量放射性物质释放的可能性，意味着实际消除可能导致高辐射剂量或大量放射性释放的事故序列。如果某些工况实质上不可能出现，或者有很高的置信度极不可能出现，则可视为实际消除。这必须结合对超设计基准事故的重要序列的现象评价，与这些现象相联系的工程措施或设计措施的评价，以及事故源项确定的方式综合判断。

上述安全目标，使小型压水堆核动力厂在设计上达到一个目标："尽管管理当局仍然可以要求设置外部干预措施，然而在技术上对外部干预措施的需求可以是有限的，甚至是可免除的"（国际原子能机构在 No.SSR–2/1 "SAFETY OF NUCLEAR POWER PLANTS: DESIGN" 中的表述）。

## 三、纵深防御概念

核安全法规《核动力厂设计安全规定》（HAF102）确定了纵深防御概念，即保证安全有关的全部活动，包括与组织、人员行为或设计有关的方面，均置于重叠措施的防御之下，即使有一种故障发生，它将由适当的措施予以探测、补偿或纠正，以便对由厂内设备故障或人员活动及厂外事件等引起的各种瞬变、预计运行事件及事故提供多层次的保护。

纵深防御概念应用于小型压水堆核动力厂的设计，提供一系列多层次的防御（固有特性、设备及规程），用以防止事故并在未能防止事故时保证提供适当的保护。

在小型压水堆核动力厂总体上仍应维持五个纵深防御层次的同时，考虑到其堆型的特点，在纵深防御层次设置的重点上与传统的大型轻水堆核电厂会有所不同。例如，小型压水堆核动力厂应将前三个层次，至多第四个层次的防御作为重点，从而实现"在技术上对外部干预措施的需求可以是有限的，甚至是可免除的"。

小型压水堆核动力厂纵深防御各层次设置的合理性应该通过完整的安全评价加以证明。

## 四、总的设计基准

### （一）核动力厂状态划分

小型压水堆核动力厂的状态划分为四

类，除正常运行工况外，还包括预计运行事件、设计基准事故和超设计基准事故。这些核动力厂状态的划分主要参照各类事件发生的频率范围，并参考已有的和其他堆型的经验来确定。预计运行事件、设计基准事故频率范围划分以假设始发事件的发生频率为参照；超设计基准事故由概率论、确定论并结合工程判断所确定。

**1. 预计运行事件**

在反应堆的寿期中有可能发生的，并且可能影响反应堆安全的一类事件，该类事件的发生频率大于 $10^{-2}$ 次 / 堆・年。预计运行事件用于小型压水堆核动力厂正常运行工况下的环境评价，向环境释放的放射性物质对公众个人（成人）造成的有效剂量约束值是 0.25 mSv/ 电厂・年。

这些事件的典型例子有：

（1）一组控制棒组件从次临界、热备用或功率运行的反应堆中失控提升；

（2）外负荷完全丧失和（或）汽机事故停机；

（3）主蒸汽系统意外卸压，如一台蒸汽排放阀或卸压阀或安全阀误开启；

（4）化学和容积控制系统故障导致反应堆冷却剂装量增加等。

**2. 设计基准事故**

小型压水堆核动力厂设计基准事故划分为两类：稀有事故和极限事故。

对于稀有事故，预期在一座模块反应堆的整个寿期中不会发生，但在可能建造的这类堆型的总体中（假设数百个模块）有可能会发生，其每堆年发生概率范围为 $10^{-2}$~$10^{-4}$。

这些事故的典型例子有：

（1）反应堆冷却剂泵电机事故保护停机或失去电源，冷却剂强迫循环流量全部丧失；

（2）反应堆冷却剂压力边界相连的各种假想的管道小破口引起的冷却剂丧失事故；

（3）主给水管道、主蒸汽管道小破口；

（4）反应堆冷却剂系统意外卸压等。

对于极限事故，预期在这类堆型总体的寿期中不会发生，但出于安全的考虑，仍将它们归于设计基准事故之中，其每堆年发生概率范围为 $10^{-4}$~$10^{-6}$。

这些事故的典型例子有：

（1）设计基准反应堆冷却剂丧失；

（2）主给水管道双端断裂；

（3）主蒸汽管道双端断裂；

（4）燃料装卸事故；

（5）反应堆冷却剂泵卡轴或断轴事故等。

对于小型压水堆核动力厂的稀有事故和极限事故，其个人剂量限值分别确定为：在每发生一次稀有事故时，场址边界上公众个人（成人）在整个事故持续时间内（一般可取 30 天）可能受到的有效剂量应控制在 5 mSv 以下，甲状腺当量剂量应控制在 50 mSv 以下；在每发生一次极限事故时，场址边界上公众个人（成人）在整个事故持续时间内可能受到的有效剂量应控制在 10 mSv 以下，甲状腺当量剂量应控制在 100 mSv 以下。

正常运行、预计运行事件、设计基准事故（含稀有事故和极限事故）的核动力厂工况分类与机械设计规范中的分级限制（如美国 ASME 规范或法国 RCC-M 规范的A、B、C、D级使用限制）分别地相对应。

**3. 超设计基准事故**

这是一类发生频率极低的工况，但为了确保公众的安全与健康，仍需对这类事件加以考虑。从中选取超设计基准事故的重要事件序列，在确定事故源项和应急计划时加以考虑，并评价需要采取的应急措施。

通过概率论、确定论和工程判断相结合的方法，可以确定在小型压水堆核动力厂设计中需要加以考虑的超设计基准事故的重要事件序列，通过必要的设计修改或规程修改，考虑在超过其原来预定功能和预计运行状态下使用某些系统（安全级和非安全级系统）及使用附加的临时系统，以及制定事故管理规程等措施来对付这些重要的事件序列。对于超设计基准事故，可采用基于现实的或最佳估算的假设、方法和分析准则。

根据小型压水堆核动力厂安全目标，对于超设计基准事故的重要事件序列，场址边界上个人（成人）在整个事故持续时间内可能受到的有效剂量应小于 10 mSv。对发生频率更低的超设计基准事故的事故序列进行分析，以确定不存在"陡边"效应。

**（二）工业标准和规范**

小型压水堆核动力厂遵守我国已颁布的，并且适用的国家标准。

考虑到我国在核安全相关领域的工业标准和规范尚存在较大欠缺，在小型压水堆核动力厂的设计中还可能参照大量的国际或其它国家的标准和规范。在参照过程中，应尽量选用国际上公认的，具有良好实践和权威的标准和规范，并且这些标准和规范一般情况下应获得制订国的核安全监管当局的批准或认可。

应特别注意论证所参照标准的恰当性和适用性，并征得国家核安全局的同意。在使用不同体系的标准和规范时，应合理地处理好接口问题。

## 五、外部事件的防护

必须为小型压水堆核动力厂提供对外部自然灾害和人为事件的可靠防护，这可以通过安全壳的设计或核岛厂房与安全壳设计的结合来实现。

对外部自然灾害，应对设计基准的外部自然灾害进行防护，并保留适当的安全裕度。

对外部人为事件的防护，应满足我国现行核安全法规和标准的要求，并适当参照国际上的最新实践和相关法规标准的要求。

## 六、事故源项

对传统的大型轻水堆核电厂，美国早期的联邦法规"反应堆选址准则（10CFR100）"和 NRC 近期的监管导则"用于评价核动力厂设计基准事故的放射性源项（RG1.183）"等已经为其确定了假想的事故源项，但对于小型核动力厂，国内外尚缺乏相应的法规或标准。

如前所述，针对小型压水堆核动力厂的设计理念，为其设置了更高的安全目标，即“保证实际消除有大量放射性物质释放的可能性”，以实现“在技术上对外部干预措施的需求可以是有限的，甚至是可免除的”。换句话说，小型压水堆核动力厂在不采取场外干预措施的条件下，应该为公众提供比现有大型压水堆核电厂采取场外干预措施更高的保护水平，而事故源项的确定方式必须与这个目标相适应。

必须对小型压水堆核动力厂的设计基准事故和超设计基准事故的重要事件序列进行分析，以确定放射性物质的释放，并从中选取保守的和包络性的源项作为厂址选择和应急计划的源项，用以评价安全目标是否被满足。在分析过程中，应仔细分析模型的合理性，当对放射性物质释放机制的了解还不够清晰，或者相应的数据资料还不够充分时，则必须考虑适当的保守性。

## 七、应急计划

如前所述，对于小型压水堆核动力厂，参照国际原子能机构在“核电厂设计安全规定（No.SSR–2/1“SAFETY OF NUCLEAR POWER PLANTS: DESIGN）”中的观点以及法国和德国等对下一代压水堆的安全要求，在设计上所要达到一个基本目标是：尽管管理当局仍然可以要求设置外部干预措施，然而在技术上对外部干预措施的需求可以是有限的，甚至是可免除的。

小型压水堆核动力厂对于所有设计基准事故和超设计基准事故的重要事件序列，场外个人（成人）可能受到的有效剂量和甲状腺当量剂量分别低于隐蔽和碘防护的干预水平，在技术上应为实施场外应急简化甚至取消场外应急创造条件。

## 八、有关概率安全分析的应用

确定论安全方法在保证核动力厂安全方面的重要作用已为大量实践所证明，但如前所述，目前对于传统的大型压水堆核电厂，确定论方法的发展已比较完备，而对于其他类型的反应堆和一些革新设计的反应堆，尚未建立起比较完备的确定论安全要求。

在认识到确定论安全方法在保证核动力厂安全方面所起到的重要作用的同时，也必须认识到许多确定论的安全要求是依据早期有限的试验、知识和经验所建立的，也存在一些不足之处，如与具体堆型和具体系统设计密切相关的“处方”式安全要求、对付多重事件和多重故障的不足、在安全分级和多重性要求等方面的处理过于简单化和不平衡、以及无法定量地对核动力厂的安全水平作出评估等。

近些年来概率安全分析方法已得到了极大的发展，概率安全分析方法在加深对核安全问题的深入认识方面、在识别核动力厂设计的薄弱环节以改进安全方面、在平衡核动力厂的设计以优化核安全资源的利用方面，以及在定量地评估核动力厂的安全水平等方面都可以起到非常重要的作用。正因为如此，一些核电发达国家的核安全监管当局正在大力推进建立风险指引型和基于性能（RISK-INFORMED AND PERFOMANCE BASED）的安全要求，这对于革新设计的反应堆格外重要。

2010 年国家核安全局发布了技术政策《概率安全分析技术在核安全领域中的应用》（试行），其中提到："对于某些新型的反应堆，例如采用了非能动安全系统的反应堆，现有的某些具体安全要求可能对其并不完全适用。在满足总的安全目标的前提下，支持在确定这些新型反应堆的具体安全要求时更多地应用概率安全分析技术，必要时可对现有的某些具体安全要求进行适当调整。"

对于小型压水堆核动力厂，概率安全分析可以支持如下的工作：

（一）支持小型压水堆核动力厂满足安全目标的确认；

（二）支持小型压水堆核动力厂状态的划分；

（三）支持对小型压水堆核动力厂设计中所要考虑的超设计基准事故重要事件序列的选取；

（四）支持事故源项的选取和确定；

（五）支持小型压水堆核动力厂纵深防御层次的设置；

（六）支持小型压水堆核动力厂运行技术规格书的制定；

（七）支持某些具体安全要求的建立或调整。

在应用概率安全分析方法时，也要认识到概率安全分析方法所存在的某些局限性，因而必须注意下述问题的处理：

（一）确保概率安全分析工作达到与其所支持工作相称的分析范围和质量水平；

（二）合理地处理概率安全分析结果的不确定性；

（三）进行必要的敏感性分析，以保证不存在"陡边"效应。

## 九、安全分析软件的验证

一般来说，在小型压水堆核动力厂设计和安全评价过程中所使用的安全分析软件，包括其适用范围，应得到鉴定。

考虑到目前国际上小型压水堆核动力技术发展的现状和本审评原则所针对的示范工程性质，在小型压水堆核动力厂示范工程设计和安全评价过程中所使用的某些安全分析软件可能无法得到完整的鉴定，或者使用范围和鉴定范围有所偏差。在这种情况下，应结合实际，尽可能地对这些安全分析软件进行验证，包括必要的试验验证、不同程序的对比验证等。同时，在小型压水堆核动力厂示范工程的设计中也应适当地考虑为安全分析软件验证创造条件。

## 国家核安全局关于启用“国家核安全局进口民用核安全设备安全检验专用章”并进一步规范和优化安全检验工作流程的通知

国核安函〔2016〕14号

各有关单位：

根据《民用核安全设备监督管理条例》，国务院核安全监管部门及其所属的检验机构应当依法对进口的民用核安全设备进行安全检验。为了进一步理顺进口民用核安全设备安全检验工作职责，提高规范性、合法性和权威性，我局决定自发文之日起启用“国家核安全局民用核安全设备安全检验专用章”（印模见附件1），用于批准进口民用核安全设备的《口岸检查放行单》和《开箱文件审查单》。同时编制了《关于进一步规范和优化进口民用核安全设备安全检验工作流程的说明》（见附件2），对安全检验的工作流程进行了规范和优化，请各有关单位遵照执行。

特此通知。

附件：

1. 国家核安全局进口民用核安全设备安全检验专用章印模（略）

2. 关于进一步规范和优化进口民用核安全设备安全检验工作流程的说明（略）

国家核安全局

2016年2月5日

## 国家核安全局关于发布《民用核安全设备目录（2016年修订）》及有关解释说明的通知

国核安发〔2016〕79号

各有关单位：

根据《民用核安全设备监督管理条例》的规定，我局对2007年12月29日公布的《民用核安全设备目录（第一批）》进行了修订，现将《民用核安全设备目录（2016年修订）》（以下简称目录，见附件1）及《关于〈民用核安全设备目录（2016年修订）〉的解释和说明》（见附件2）予以发布，并就有关事项通知如下：

### 一、关于新增民用核安全设备

**（一）从事相应活动的截止日期**

截至2017年6月30日，未取得我局颁发的民用核安全设备设计、制造、安装、无损检验许可证或境外单位注册登记确认书的单位，不得继续从事相应民用核安全设备设计、制造、安装、无损检验活动。

**（二）许可证申请单位模拟件制作要求**

1. 近五年内有良好供货业绩或者正在执行供货合同的申请单位，原则上可不进行模拟件试制，但应提交业绩及样机鉴定详细资料。

2. 已通过省部级以上机构组织的样机鉴定但近五年内没有供货业绩的申请单位，原则上应进行模拟件试制，除非能证明所完成的样机鉴定过程和结果完全满足核安全法规、标准规范和技术文件要求。

3. 其他申请单位应按要求进行模拟件试制。

**（三）核燃料循环设施后处理厂专用核安全设备**

现有民用核安全设备持证单位可按照“核安全2级覆盖放化1级、核安全3级覆盖放化2级、1E级设备等效”的原则，开展相同设备类别核燃料循环设施后处理厂专用核安全设备活动，无需单独提出申请。

## 二、关于原有民用核安全设备

我局将根据修订后的目录对现有民用核安全设备持证单位许可范围进行统一调整并发布，在此期间各单位可依据原许可范围开展活动。

## 三、关于暂未纳入目录监管的核安全设备

核设施营运单位应切实加强有关核安全设备设计、制造、安装、无损检验、调试、运行等全过程质量管理和过程控制，并对其使用和运行安全承担全面责任。

附件：

1. 民用核安全设备目录（2016年修订）（略）

2. 关于《民用核安全设备目录（2016年修订）》的解释和说明（略）

国家核安全局

2016年4月7日

# 国家核安全局关于印发《民用核安全设备制造阶段不符合项监督管理要求（试行）》的通知

国核安发〔2016〕84号

各有关单位：

为了强化我局对民用核安全设备制造阶段不符合项管理活动的监督管理，指导和规范各有关单位民用核安全设备制造阶段不符合项的管理活动，明确不符合项报告要求，我局组织编制了《民用核安全设备制造阶段不符合项监督管理要求（试行）》。现印发给你们，请遵照执行。

附件：民用核安全设备制造阶段不符合项监督管理要求（试行）（略）

国家核安全局

2016年4月27日

# 国家核安全局关于进一步规范核电厂动工建造前有关施工准备活动的通知

国核安发〔2016〕105号

中国核工业集团公司、中国广核集团有限公司、国家电力投资集团公司、中国华能集团公司：

《民用核设施安全监督管理条例》（HAF001）第九条规定："核设施营运单位经过审核批准获得《核设施建造许可证》后，方可动工建造"。

由于不同核电机型在构筑物设计和施工程序等方面存在不同，特别是模块化施工和大体积混凝土浇注技术的应用，以及其他方面的原因，近年来，各核电厂营运单位对HAF001中"动工建造"的理解出现了一些差异。为进一步规范核电厂动工建造前有关施工准备活动，根据我国相关法律法规，结合核电工程和核安全监督实践，现就核电厂动工建造前有关施工准备活动明确如下：

一、营运单位获得《核电厂建造许可证》后，方可开展核电厂抗震Ⅰ类构筑物基础混凝土的浇注活动。核电厂抗震Ⅰ类构筑物一般是指其失效影响三项基本安全功能，可能导致放射性物质释放超过规定限值的，通常按照抗震Ⅰ类设计和建造的那些构筑物。不同核电机型的抗震Ⅰ类构筑物范围参见附件。

二、营运单位应及时向我局和环境保护部地区核与辐射安全监督站通报施工计划，以便我局和环境保护部地区核与辐射安全监督站对核电厂抗震Ⅰ类构筑物基础混凝土浇注前的施工准备活动进行选点监督。

三、营运单位应进一步加强与抗震Ⅰ类构筑物相关的隐蔽工程的质量管理和过程控制，确保其质量满足标准和设计要求。隐蔽工程包括厂房基岩面的填平补齐、基坑边坡防护、预应力廊道、筏基底板防水、预埋件及预埋仪表、预置模板等施工活动。

四、对其他构筑物，营运单位也应按照有关法律法规的要求开展施工准备活动。

附件：各核电机型抗震Ⅰ类构筑物参考范围（略）

国家核安全局

2016年5月19日

# 民用核安全设备设计制造安装无损检验许可证取证申请审批程序

（2016 年 7 月修订）

## 一、制定目的

为贯彻落实《民用核安全设备监督管理条例》，加强民用核安全设备监督管理，提高民用核安全设备设计、制造、安装和无损检验许可证审批规范性，明确国家核安全局和相关单位在民用核安全设备许可证审批工作中的职责、接口和工作流程，制定本程序。

## 二、适用范围

本程序适用于国家核安全局对民用核安全设备设计、制造、安装和无损检验许可证取证申请的审批工作。

## 三、制定依据

(一)《民用核安全设备监督管理条例》及其配套规章

(二)《核电厂质量保证安全规定》（HAF003）及其有关导则

(三) 国家核安全局发布的其他管理规定

## 四、职责分工

（一）国家核安全局

负责民用核安全设备设计、制造、安装和无损检验许可证取证申请的受理，组织技术审评，履行行政审批。

（二）技术审评单位

受国家核安全局委托，承担民用核安全设备设计、制造、安装和无损检验许可证取证申请的技术审评工作。

此外，环境保护部核与辐射安全中心还负责许可证证书的印制及发放。

## 五、审批流程

(一) 递交申请

申请单位递交申请可采用行政受理大厅递交和网上递交两种方式。行政受理大厅受理及咨询时间：每周二上午 8：30 至 11：30，下午 13：30 至 16：30，咨询电话 010–66556049，地点：环境保护部东门行政受理大厅；网上递交申请地址：http://123.124.220.224:8080/NNSA。

申请单位应满足附件一要求的申请条件，申请材料格式及内容应满足附件二要求。

(二) 文件初审

国家核安全局对申请材料进行初审，对不满足申请条件、格式内容不符合、材料不齐全的一次告知，退回申请材料。

(三) 正式受理

对符合条件的申请，国家核安全局在 5 个工作日内下发受理单（见附件三），明确项目官员，组织技术审评，并通知申请单位；对不符合条件的申请，按程序下发不予受理通知书（见附件四）。

（四）技术审评

国家核安全局组织2家技术审评单位对取证申请开展A/B角同步技术审评。技术审评包括文件审查、审评对话和模拟活动见证等工作，主要过程如下：

1. 制定审评计划。技术审评单位应在国家核安全局受理相关单位申请后10个工作日内制定审评计划，报送国家核安全局，由项目官员汇总、整理A/B角技术审评单位审评计划后，统一发送给申请单位。申请单位应按照审评计划安排，积极配合国家核安全局和技术审评单位做好审评工作。

2. 提出审评问题。技术审评单位按照审评计划规定的时间提出审评问题，原则上，应在审评计划下发之后20个工作日内提出第一批审评问题（Q1），报送国家核安全局，由项目官员汇总、整理A/B角技术审评单位审评问题后，统一发送给申请单位。

3. 回答审评问题。申请单位应在收到审评问题后20个工作日内将答复材料报送国家核安全局，由项目官员分别发送给A/B角技术审评单位。逾期未答复的，申请单位应在规定截止日期之后10个工作日内详细说明原因，否则，国家核安全局将终止其技术审评工作，且6个月之内不再受理相关申请。

4. 组织审评对话会。技术审评过程中，若需要召开对话会，技术审评单位或申请单位应及时通知项目官员，由国家核安全局统一组织。对于审评对话会遗留问题，申请单位应在收到问题后15个工作日内将答复材料报送国家核安全局。逾期未答复的，参照上述第3条执行。

5. 批准模拟活动方案。技术审评单位完成申请文件、模拟活动方案及质量计划审评后，应及时向国家核安全局报送模拟活动方案审评意见及见证点选点通知，国家核安全局审核同意后，将A/B角审评单位模拟活动方案审评意见及见证点选点通知正式发送申请单位。

6. 模拟活动见证。申请单位应在技术审评单位选定的每个模拟活动见证点开工前10个工作日，将开工申请报送国家核安全局（见附件五），由国家核安全局统一组织先决条件检查及见证点检查。检查结束后，技术审评单位应在5个工作日内出具检查报告或见证记录单，以便申请单位整改落实。所有模拟活动见证点结束后，国家核安全局将视情况组织最终现场检查。

7. 编制评价报告。模拟活动结束后，申请单位应在10个工作日内向国家核安全局提交最终版申请材料和模拟活动完工报告（纸质版和电子版各一份），由项目官员分别发送给A/B角技术审评单位。最终版申请材料应按照审评过程中技术审评单位提出的问题修改完善。技术审评单位应在收到相关材料且相关问题已关闭后10个工作日内编制完成技术评价报告（包括模拟活动见证检查的总结报告）。技术评价报告中的许可活动范围表应与申请单位进行书面核实确认。

8. 专家会审议。国家核安全局每季度组织召开核安全专家委员会，审议技术审评单位提交的技术评价报告，必要时，审阅申请单位的申请文件及相关材料。技术审评单位应根据核安全专家委员会咨询审议结论修改完善技术评价报告，在核安全专家委员会结束后5个工作日内报送国家核安全局。

9. 其他说明。审评过程中，可通过电子邮件同步发送电子版审评问题及问题答复等文件资料（经本单位签字批准后的）。技术审评单位如认为申请单位不具备许可证发证条件的，应及时提交技术评价意见，国家核安全局按程序终止审评工作，相关单位若要继续申请，6个月之后方可重新提交申请资料。

（五）行政决策

国家核安全局召开司务会，研究技术审评结果和核安全专家委员会意见，提出行政决策建议，首次取证申请将提请国家核安全局局长办公会审议。

（六）网上公示

国家核安全局通过环境保护部政府网站对许可证取证申请受理及拟批准情况进行公示。公示时间为一周。针对公示反映的情况，国家核安全局将在公示结束后组织技术审评单位核实。

（七）行政审批

国家核安全局根据技术评价报告、核安全专家委员会纪要、司务会纪要、局长办公会纪要及网上公示结果等做出批准与否的决定，以国家核安全局局文的形式通知申请单位。

（八）公文及证书领取

国家核安全局将通过环境保护部政府网站（http://www.mep.gov.cn/）公布和更新许可证审批信息，并将纸质文件邮寄给相关申请单位，同时，抄送核与辐射安全监督站和技术审评单位。

环境保护部核与辐射安全中心应在国家核安全局批准相关单位取证申请后3个月之内完成许可证证书的印制。申请单位可联系环境保护部核与辐射安全中心领取证书（地址：北京市海淀区西直门北大街60号首钢国际大厦12层南，电话：010–82205908）。

## 六、附件

（一）申请单位应具备的条件（略）

（二）申请材料格式及内容要求（略）

（三）受理单格式（略）

（四）不予受理通知书格式（略）

（五）模拟活动见证检查申请格式（略）

（六）取证申请审批流程图（略）

# 民用核安全设备设计制造安装无损检验许可证变更申请审批程序

（2016 年 7 月修订）

## 一、制定目的

为贯彻落实《民用核安全设备监督管理条例》，加强民用核安全设备监督管理，提高民用核安全设备设计、制造、安装和无损检验许可证审批规范性，明确国家核安全局和相关单位在民用核安全设备许可证审批工作中的职责、接口和工作流程，制定本程序。

## 二、适用范围

本程序适用于国家核安全局对民用核安全设备设计、制造、安装和无损检验许可证变更申请的审批工作。

许可证变更申请分为三类：第一类指变更许可活动范围表中活动种类、设备类别、设备品种、核安全级别及无损检验方法；第二类指变更许可活动范围表中能力特征参数及许可证条件、主要分包项目、主要采购项目等信息；第三类指变更单位名称、单位住所、活动场所、法定代表人。

## 三、制定依据

（一）《民用核安全设备监督管理条例》及其配套规章

（二）《核电厂质量保证安全规定》（HAF003）及其有关导则

（三）国家核安全局发布的其他管理规定

## 四、职责分工

（一）国家核安全局

负责民用核安全设备设计、制造、安装和无损检验许可证变更申请的受理，组织技术审评，履行行政审批。

（二）技术审评单位

受国家核安全局委托，承担民用核安全设备设计、制造、安装和无损检验许可证变更申请的技术审评工作。

（三）核与辐射安全监督站

受国家核安全局委托，环境保护部华北核与辐射安全监督站承担民用核安全设备设计、制造和无损检验许可证变更申请的技术审评工作，各地区核与辐射安全监督站承担民用核安全设备安装许可证变更申请的技术审评工作。

## 五、审批流程

（一）第一类变更申请审批流程：

参照《民用核安全设备设计制造安装无损检验许可证取证申请审批程序》进行。申请单位应满足附件一要求的申请条件，申请材料格式及内容应满足附件二要求。

国家核安全局根据技术评价报告、核安全专家委员会纪要、司务会纪要及网上公示结果等做出批准与否的决定。变更后的许可证有效期与原许可证的有效期一致。

（二）第二类变更申请审批流程：

1. 递交申请。申请单位向国家核安全局提出书面申请（申请材料内容及格式应满足附件三要求）。

2. 正式受理。符合条件的，国家核安全局在收到申请资料后 5 个工作日内下发受理单（见附件五），明确项目官员，组织一家技术审评单位开展技术审查，通知申请单位；不符合条件的，按程序下发不予受理通知书（见附件六）。

3. 技术审评。技术审评单位在收到任务后 15 个工作日内提出技术审评问题（若有），报送国家核安全局，由项目官员发送给申请单位。申请单位应在收到技术审评问题后 10 个工作日内将答复材料报送国家核安全局，由项目官员发送给技术审评单位。逾期未答复的，申请单位应在规定截止日期之后 10 个工作日内详细说明原因，否则，国家核安全局将终止其技术审评工作，且 6 个月之内不再受理相关申请。

4. 组织审评对话会。技术审评过程中，若需要召开对话会，技术审评单位或申请单位应及时通知项目官员，由国家核安全局统一组织。对于审评对话会遗留问题，申请单位应在收到问题后 10 个工作日内将答复材料报送国家核安全局，由项目官员发送给技术审评单位。逾期未答复的，参照上述第 3 条执行。

原则上，对于不需进行模拟活动的申请，技术审评单位应在收到受理单后 45 个工作日内完成审评工作，提交技术评价报告。若技术审评认为申请单位需要开展模拟活动，则后续审批工作按照第一类变更申请审批流程开展。

5. 行政审批。国家核安全局将根据技术评价报告做出批准与否的决定，符合条件的，下发国家核安全局批文，变更后的许可证有效期与原许可证有效期一致；不符合条件的，按程序通知申请单位。

（三）第三类变更申请审批流程：

申请单位应当自变更登记之日起 20 日内，向国家核安全局申请办理许可证变更手续（申请材料内容及格式应满足附件四要求），国家核安全局视情况组织一家技术审评单位开展审查，并在收到申请资料后20个工作日内做出批准与否的决定，符合条件的，下发国家核安全局批文。变更后的许可证有效期与原许可证的有效期一致；不符合条件的，按程序通知申请单位。

## 六、附件

（一）申请单位应具备的条件（略）

（二）第一类变更申请材料格式及内容要求（略）

（三）第二类变更申请材料格式及内容要求（略）

（四）第三类变更申请材料格式及内容要求（略）

（五）受理单格式（略）

（六）不予受理通知书格式（略）

（七）变更申请审批流程图（略）

# 民用核安全设备设计制造安装无损检验许可证延续申请审批程序

（2016 年 7 月修订）

## 一、制定目的

为贯彻落实《民用核安全设备监督管理条例》，加强民用核安全设备的监督管理，提高民用核安全设备设计、制造、安装和无损检验许可证审批规范性，明确国家核安全局和相关单位在民用核安全设备许可证审批工作中的职责、接口和工作流程，制定本程序。

## 二、适用范围

本程序适用于国家核安全局对民用核安全设备设计、制造、安装和无损检验许可证延续申请的审批工作。

## 三、制定依据

（一）《民用核安全设备监督管理条例》及其配套规章

（二）《核电厂质量保证安全规定》（HAF003）及其有关导则

（三）国家核安全局发布的其他管理规定

## 四、职责分工

（一）国家核安全局

负责民用核安全设备设计、制造、安装和无损检验许可证延续申请的受理，组织技术审评，履行行政审批。

（二）技术审评单位

受国家核安全局委托，承担民用核安全设备设计、制造、安装和无损检验许可证延续申请的技术审评工作。

此外，环境保护部核与辐射安全中心还负责许可证证书的印制及发放。

（三）核与辐射安全监督站

受国家核安全局委托，环境保护部华北核与辐射安全监督站对民用核安全设备设计、制造和无损检验许可证延续申请提出监督总结报告，各地区核与辐射安全监督站对民用核安全设备安装许可证延续申请提出监督总结报告。

## 五、申请条件

申请许可证延续的单位，持证期间须有原许可范围内相应的民用核安全设备活动业绩，并且质量史良好。持证期间无完工业绩但签署了正式供货合同或许可证到期时正在开展民用核安全设备活动的单位，经国家核安全局同意后，可在有效期届满后继续完成相关活动；待活动完成并验收合格之后，满足许可证延续要求的可延续相应许可证。

## 六、审批流程

（一）递交申请

申请单位应于许可证有效期届满 6 个

月前，向国家核安全局提交民用核安全设备许可证延续申请材料；未按规定时间提交延续申请的，许可证到期自动废止，若需要继续从事民用核安全设备相关活动的，应按新取证程序重新申请领取许可证。

申请单位递交申请可采用行政受理大厅递交和网上递交两种方式。行政受理大厅受理及咨询时间：每周二上午 8:30 至 11:30，下午 13:30 至 16:30，咨询电话 010–66556049，地点为环境保护部东门行政受理大厅；网上递交申请地址：http://123.124.220.224:8080/NNSA。

申请材料格式及内容应满足附件一要求。

（二）文件初审

国家核安全局对申请材料进行初审，对不满足申请条件、格式内容不符合、材料不齐全的一次告知，退回申请材料。

（三）正式受理

对符合条件的申请，国家核安全局在 5 个工作日内下发受理单（见附件二），明确项目官员，组织技术审评单位进行技术审评，委托辐射安全核与监督站提出监督总结报告，并通知申请单位；对不符合条件的申请，按程序下发不予受理通知书（见附件三）。

国家核安全局受理申请单位许可证延续申请后，若在许可证有效期到期时未作出行政许可决定，其许可证有效期自动延长，直至国家核安全局作出决定。

（四）技术审评流程

技术审评重点为申请单位持证期间的能力维持情况、核安全法规及许可证条件遵守情况、质量保证大纲运行情况、核安全文化建设情况、活动业绩情况、技术标准及规范执行情况、重大质量问题处理情况、内外部监查及整改落实情况、重要变更情况（许可范围、组织机构、厂房、设备、人员）、相关政府部门及行业对申请单位的处罚奖惩情况等。

技术审评单位应在国家核安全局受理后 4 个月之内，完成技术审评，提交技术评价报告。主要审评流程如下：

1. 提出审评问题。原则上，技术审评单位应在国家核安全局受理后 15 个工作日内提出审评问题（可不再下发审评计划），报送国家核安全局，由项目官员发送给申请单位。

2. 回答审评问题。申请单位应在收到审评问题后 15 个工作日内将答复材料报送国家核安全局，由项目官员发送给技术审评单位。逾期未答复的，申请单位应在规定截止日期之后 10 个工作日内详细说明原因，否则，国家核安全局将终止其技术审评工作，且 6 个月之内不再受理相关申请。

3. 组织审评对话会。审评过程中，若需要召开对话会，技术审评单位或申请单位应及时通知项目官员，由国家核安全局统一组织。对于审评对话会遗留问题，申请单位应在收到后 10 个工作日内将答复材料报送国家核安全局，由项目官员发送给技术审评单位。逾期未答复的，参照上述第 3 条执行。

4. 组织现场检查。文件资料审评结束后，若需要开展现场检查，技术审评单位应及时通知项目官员，由国家核安全局统一组织综合性现场检查。检查结束后，技术审评单位应在 5 个工作日内出具检查报告或见证记录单，由项目官员发送给申请单位。申请单位在10个工作日内将整改落实情况或计划提交国家核安全局。

5. 编制评价报告。审评结束后，技术审评单位应及时编制完成技术评价报告，提交国家核安全局。同时，申请单位应按照审评过程中技术审评单位提出的问题修改完善最终版申请材料，提交国家核安全局（纸质版和电子版各一份）。

6. 其他说明。审评过程中，可通过电子邮件同步发送电子版审评问题及问题答复等文件资料（经本单位签字批准后的）。技术审评单位如认为申请单位不具备许可证发证条件的，应及时提交技术评价意见，国家核安全局按程序终止审评工作，相关单位若要继续申请，6个月之后方可重新提交申请资料。

（五）编制监督检查总结报告

核与辐射安全监督站应结合申请单位持证期间日常监督检查情况编制监督总结报告，主要包括申请单位持证期间的能力维持情况、核安全法规和许可证条件遵守情况、质量保证大纲运行情况、核安全文化建设情况、活动业绩、技术标准及规范执行情况、重大质量问题处理情况、历次监督检查整改落实情况、重要变更情况（许可范围、组织机构、厂房、设备、人员）等方面。核与辐射安全监督站应在国家核安全局受理申请单位许可证延续申请后4个月之内提交监督总结报告，提出是否同意申请单位许可证延续的意见和建议。

（六）行政决策

国家核安全局召开司务会，研究技术审评结果，提出行政决策建议。

（七）网上公示

国家核安全局通过环境保护部政府网站对许可证延续申请受理及拟批准情况进行网上公示。公示时间为一周。针对公示反映的情况，国家核安全局将在公示结束后组织技术审评单位核实。

（八）行政审批

国家核安全局根据技术评价报告、司务会纪要及网上公示结果做出批准与否的决定，以国家核安全局局文的形式通知申请单位。

（九）公文及证书领取

国家核安全局将通过环境保护部政府网站（http://www.mep.gov.cn/）公布和更新许可证审批信息，并将纸质文件邮寄给相关申请单位，同时，抄送核与辐射安全监督站和技术审评单位。

环境保护部核与辐射安全中心应在国家核安全局批准相关单位取证申请后3个月之内完成许可证证书的印制。申请单位可联系环境保护部核与辐射安全中心领取证书（地址：北京市海淀区西直门北大街60号首钢国际大厦12层南，电话：010–82205908）。

## 七、附件

（一）许可证延续申请材料格式及内容要求（略）

（二）受理单格式（略）

（三）不予受理通知书格式（略）

（四）延续申请审批流程图（略）

# 国家核安全局关于发布《民用核安全机械设备设计和制造活动不能分包的关键工艺和技术（2016年修订）》的通知

国核安发〔2016〕211号

各有关单位：

根据《民用核安全设备监督管理条例》的规定，我局对2011年5月3日公布的《民用核安全机械设备设计、制造、安装和无损检验不能分包的关键工艺和技术》进行了修订。现将《民用核安全机械设备设计和制造活动不能分包的关键工艺和技术（2016年修订）》（见附件）予以发布，请严格执行，确保民用核安全机械设备设计和制造质量。

附件：民用核安全机械设备设计和制造活动不能分包的关键工艺和技术（2016年修订）

国家核安全局

2016年9月2日

**附件**

## 民用核安全机械设备设计和制造活动不能分包的关键工艺和技术

（2016年修订）

### 一、民用核安全机械设备设计活动不能分包的关键技术

| 序号 | 设备类别 | 设备名称与核安全级别 | 不能分包的设计关键技术 |
|---|---|---|---|
| 1 | 钢制安全壳、安全壳钢衬里 | 钢制安全壳、安全壳钢衬里 | 选材；<br>结构设计；<br>设计验证（仅限于设计评审和不同于设计中使用的其他计算方法）；<br>鉴定试验要求及大纲；<br>制造、检验和安装等技术要求。 |
| 2 | 压力容器、储罐 | 核安全1级压力容器 | 选材；<br>结构设计；<br>分析法设计（抗震分析、防快速断裂分析、疲劳分析）；<br>设计验证（仅限于设计评审和不同于设计中使用的其他计算方法）；<br>鉴定试验要求及大纲；<br>制造、检验和安装等技术要求。 |

续表

| 序号 | 设备类别 | 设备名称<br>与核安全级别 | 不能分包的设计关键技术 |
|---|---|---|---|
| 2 | 压力容器、储罐 | 核安全2、3级压力容器、储罐 | 选材；<br>结构设计；<br>设计验证（仅限于设计评审和不同于设计中使用的其他计算方法）；<br>鉴定试验要求及大纲；<br>制造、检验和安装等技术要求。 |
| 3 | 热交换器 | 核安全1级热交换器 | 选材；<br>结构设计；<br>分析法设计（抗震分析、防快速断裂分析、疲劳分析、热工水力分析、流致振动分析）；<br>设计验证（仅限于设计评审和不同于设计中使用的其他计算方法）；<br>鉴定试验要求及大纲；<br>制造、检验和安装等技术要求。 |
| | | 核安全2、3级热交换器 | 选材；<br>结构设计；<br>设计验证（仅限于设计评审和不同于设计中使用的其他计算方法）；<br>鉴定试验要求及大纲；<br>制造、检验和安装等技术要求。 |
| 4 | 管道（含热交换器传热管） | 核安全1级管道 | 选材；<br>结构设计；<br>分析法设计（抗震分析、防快速断裂分析、疲劳分析）；<br>设计验证（仅限于设计评审和不同于设计中使用的其他计算方法）；<br>鉴定试验要求及大纲；<br>制造、检验和安装等技术要求。 |
| | | 核安全2、3级管道 | 选材；<br>结构设计；<br>设计验证（仅限于设计评审和不同于设计中使用的其他计算方法）；<br>鉴定试验要求及大纲；<br>制造、检验和安装等技术要求。 |
| 5 | 管配件 | 弯头、三通、异径管 | 选材；<br>结构设计；<br>设计验证（仅限于设计评审和不同于设计中使用的其他计算方法）；<br>鉴定试验要求及大纲；<br>制造、检验和安装等技术要求。 |

续表

| 序号 | 设备类别 | 设备名称与核安全级别 | 不能分包的设计关键技术 |
| --- | --- | --- | --- |
| 6 | 泵 | 泵 | 选材；<br>结构设计；<br>水力设计；<br>设计验证（仅限于设计评审和不同于设计中使用的其他计算方法）；<br>鉴定试验要求及大纲；<br>制造、检验和安装等技术要求。 |
| 7 | 堆内构件 | 堆内构件 | 选材；<br>结构设计（包括机械稳定性分析）；<br>分析法设计（抗震分析、疲劳分析、热工水力分析、跌落分析、流致振动分析）；<br>设计验证（仅限于设计评审和不同于设计中使用的其他计算方法）；<br>鉴定试验要求及大纲；<br>制造、检验和安装等技术要求。 |
| 8 | 控制棒驱动机构 | 控制棒驱动机构 | 选材；<br>结构设计（包括机构承压边界的设计和运动机构的可靠性设计等）；<br>分析法设计（抗震分析、防快速断裂分析、疲劳分析）；<br>电磁式驱动机构的电磁设计；<br>设计验证（仅限于设计评审和不同于设计中使用的其他计算方法）；<br>鉴定试验要求及大纲；<br>制造、检验和安装等技术要求。 |
| 9 | 风机 | 风机 | 选材；<br>结构设计（包括强度计算、叶轮叶片设计等）；<br>设计验证（仅限于设计评审和不同于设计中使用的其他计算方法）；<br>鉴定试验要求及大纲；<br>制造、检验和安装等技术要求。 |
| 10 | 压缩机 | 压缩机 | 选材；<br>结构设计；<br>设计验证（仅限于设计评审和不同于设计中使用的其他计算方法）；<br>鉴定试验要求及大纲；<br>制造、检验和安装等技术要求。 |
| 11 | 阀门 | 阀门 | 选材；<br>结构设计；<br>设计验证（仅限于设计评审和不同于设计中使用的其他计算方法）；<br>鉴定试验要求及大纲；<br>制造、检验和安装等技术要求。 |

续表

| 序号 | 设备类别 | 设备名称<br>与核安全级别 | 不能分包的设计关键技术 |
|---|---|---|---|
| 12 | 支承件 | 设备支承件和管道支承件 | 选材；<br>结构设计；<br>应力分析；<br>设计验证（仅限于设计评审和不同于设计中使用的其他计算方法）；<br>鉴定试验要求及大纲；<br>制造、检验和安装等技术要求。 |
| | | 阻尼器 | 选材；<br>结构设计（包括阻尼器和其支承组件有效刚度计算等）；<br>设计验证（仅限于设计评审和不同于设计中使用的其他计算方法）；<br>鉴定试验要求及大纲；<br>制造、检验和安装等技术要求。 |
| 13 | 波纹管膨胀节 | 波纹管膨胀节 | 选材；<br>结构设计；<br>设计验证（仅限于设计评审和不同于设计中使用的其他计算方法）；<br>鉴定试验要求及大纲；<br>制造、检验和安装等技术要求。 |
| 14 | 闸门 | 人员/应急闸门<br>设备闸门 | 选材；<br>结构设计（包括功能设计、密封设计）；<br>设计验证（仅限于设计评审和不同于设计中使用的其他计算方法）；<br>鉴定试验要求及大纲；<br>制造、检验和安装等技术要求。 |
| 15 | 机械贯穿件 | 机械贯穿件 | 选材；<br>结构设计；<br>设计验证（仅限于设计评审和不同于设计中使用的其他计算方法）；<br>鉴定试验要求及大纲；<br>制造、检验和安装等技术要求。 |
| 16 | 法兰 | 法兰 | 选材；<br>结构设计；<br>设计验证（仅限于设计评审和不同于设计中使用的其他计算方法）；<br>制造、检验和安装等技术要求。 |

续表

## 二、民用核安全机械设备制造活动不能分包的关键工艺

| 序号 | 设备类别 | 设备名称与核安全级别 | 不能分包的制造关键工艺 |
|---|---|---|---|
| 1 | 钢制安全壳 | 钢制安全壳 | 封头板片压制、筒体板片卷制、环吊支承梁的制作、封头的预拼装 |
| 2 | 压力容器、储罐 | 核安全1、2、3级压力容器、储罐 | 最终机加工、筒体卷制、焊接、热处理、水压试验 |
| 3 | 热交换器 | 核安全1、2、3级管壳式热交换器 | 最终机加工、筒体卷制、管板钻孔、焊接、胀管、热处理、水压试验 |
| | | 核安全2、3级板式热交换器 | 板片成形、焊接、热处理、装配、水压试验 |
| 4 | 管道 | 核安全1级主管道（铸造） | 铸造、补焊、理化检验、热处理、水压试验、最终机加工 |
| | | 核安全1级主管道（锻造） | 锻造、热处理 |
| | | 核安全1级主管道（预制） | 弯制、焊接、水压试验、最终机加工 |
| | | 其他核安全1级管道 | 锻造（不包括锻坯）、轧制、拉拔、矫直、堆焊（非不锈钢管道）、热处理、水压试验 |
| | | 核安全2、3级管道 | 轧制、拉拔、矫直、锻造（不包括锻坯）、焊接、热处理、水压试验 |
| | | 核安全1、2、3级热交换器传热管 | 最终轧制、拉拔、矫直、弯制、热处理、水压试验 |
| | | 其他核安全1、2、3级管道预制 | 挤压、弯制、焊接、热处理、水压试验 |
| 5 | 管配件 | 弯头、三通、异径管 | 推制、压制、模锻、最终机加工、焊接、热处理 |
| 6 | 泵 | 核安全1级主泵 | 装配、焊接、动平衡试验、功能性试验 |
| | | 核安全2、3级泵 | 最终机加工、装配、焊接、动平衡试验、功能性试验 |
| 7 | 堆内构件 | 堆内构件 | 吊篮筒体装配对中焊接、导向筒装配焊接、摩擦力试验、最终组装及检测 |
| 8 | 控制棒驱动机构 | 控制棒驱动机构 | 线圈组件制造、密封壳装配焊接、水压试验、冷态试验、热态试验 |
| 9 | 风机 | 风机 | 最终机加工、焊接、装配、动平衡试验、功能性试验 |

续表

<table>
<tr><th>序号</th><th>设备类别</th><th>设备名称<br>与核安全级别</th><th>不能分包的制造关键工艺</th></tr>
<tr><td>10</td><td>压缩机</td><td>压缩机</td><td>最终机加工、焊接、装配、动平衡试验、功能性试验</td></tr>
<tr><td>11</td><td>阀门</td><td>阀门</td><td>最终机加工、装配、焊接、功能性试验</td></tr>
<tr><td rowspan="3">12</td><td rowspan="3">支承件</td><td>设备支承件</td><td>成形、焊接、热处理</td></tr>
<tr><td>管道支承件</td><td>成形、焊接、功能性试验</td></tr>
<tr><td>阻尼器</td><td>装配、焊接、功能性试验</td></tr>
<tr><td>13</td><td>波纹管膨胀节</td><td>波纹管膨胀节</td><td>波纹管成形、膨胀节装配、焊接、热处理、气密性试验、水压试验</td></tr>
<tr><td>14</td><td>闸门</td><td>人员/应急闸门<br>设备闸门</td><td>最终机加工、筒体卷制、焊接、热处理、气密性试验、功能性试验</td></tr>
<tr><td>15</td><td>机械贯穿件</td><td>机械贯穿件</td><td>焊接、水压试验</td></tr>
<tr><td>16</td><td>法兰</td><td>法兰</td><td>锻造、热处理、最终机加工</td></tr>
<tr><td rowspan="2">17</td><td rowspan="2">铸锻件</td><td>核安全1级铸件</td><td>铸造、补焊、热处理、理化检验、水压试验（针对主泵泵壳铸件）</td></tr>
<tr><td>核安全1级锻件</td><td>冶炼、锻造、热处理、理化检验</td></tr>
<tr><td>18</td><td>设备模块</td><td>设备模块</td><td>焊接、热处理、功能性试验</td></tr>
</table>

备注：

1.本表中“最终机加工”指组装后进行的最终机加工和主要承压部件的最终机加工。

2.核安全1级主管道（预制）中，“焊接”包括对接焊接、小接管焊接、堆焊（非不锈钢管道）。

3.核安全1级热交换器传热管制造过程中，若需要采购传热管荒管，则必须从民用核安全设备制造许可证持证单位或境外注册登记单位采购。

4.核安全1级主泵泵壳的内部堆焊及安全端焊接，应由核安全1级压力容器制造许可证持证单位承担。

5.控制棒驱动机构中，“线圈组件制造”主要指线圈制造、线圈组件的装配和出厂试验。

6. 核安全 1 级锻件中，仅核安全 1 级压力容器和蒸汽发生器的封头、筒体、管板等大型锻件及主泵泵壳锻件的冶炼不允许分包。

# 国家核安全局关于发布核安全导则《核设施放射性废物最小化》的通知

国核安发〔2016〕273号

各有关单位：

为进一步完善我国核与辐射安全法规体系，提高我国核安全监管水平，我局组织制定了核安全导则《核设施放射性废物最小化》（HAD401/08–2016），现予以发布。该导则自发布之日起实施。

附件：核设施放射性废物最小化（HAD401/08–2016）

国家核安全局

2016年10月21日

**附件**

核安全导则 HAD 401/08–2016

# 核设施放射性废物最小化

（2016年10月21日

国家核安全局批准发布）

本导则自发布之日起实施

本导则由国家核安全局负责解释

本导则是指导性文件。在实际工作中可以采用不同于本导则的方法和方案，但必须证明所采用的方法和方案至少具有与本导则相同的安全水平。

## 1 引言

**1.1 目的**

本导则为核设施设计、建造、运行和退役单位开展放射性废物最小化（以下简称废物最小化）工作提供指导，也为监管部门进行核安全审评和监督管理提供参考。

附件Ⅰ、Ⅱ、Ⅲ与正文具有同等效力。

附录A、B、C为参考性文件。

**1.2 范围**

本导则主要适用于压水堆核电厂设计、建造、运行和退役阶段的废物最小化，其他堆型核电厂、核燃料循环设施、研究堆等核设施也可参考使用。

## 2 目标和原则

**2.1 总体目标**

在核设施设计、建造、运行和退役过程中，通过废物的源头控制、再循环与再利用、清洁解控、优化废物处理和强化管理等措施，经过代价利益分析，使最终放射性固体废物产生量（体积和活度）可合理达到尽量低。

**2.2 基本原则**

核设施废物最小化应以确保安全为前提，以废物处置为核心，通过技术和管理措施实现废物最小化，遵循源头控制优先、全过程管理、全员责任和持续优化的原则。

**2.3 废物最小化目标值**

应通过采取切实可行的设计和管理措施，并与国际最佳实践相比对，使得核设施放射性固体废物年产生量可合理达到尽量低。

附录A给出了世界主要核能国家压水堆核电厂单机组废物包年产生量及美国和欧洲核电厂用户要求文件对新建压水堆核电机组废物包年产生量要求。

## 3 设计和建造阶段废物最小化

**3.1 一般要求**

3.1.1 应通过合适的设计措施，从源头减少放射性废物的产生，使放射性废物产生量可合理达到尽量低。

3.1.2 应采取切实可行的方法，防止放射性污染扩散和材料的活化。

3.1.3 应优先选用有毒有害成分少便于后续处理的材料，为废物的最小化创造条件。对可复用的物料应提供再循环的技术手段。

3.1.4 应结合厂址核设施建设规划，以废物安全处理和处置为目标，统筹考虑放射性废物处理和贮存设施，选择安全可靠的最小化先进工艺技术和设备，制定本阶段废物最小化目标值。

3.1.5 应提出便于设施退役、实现退役废物最小化的技术措施。

3.1.6 核设施安全分析报告中应包括废物最小化相关内容。附件Ⅰ给出了压水堆核电厂初步和最终安全分析报告中废物最小化相关内容，其他核设施可参考。

3.1.7 核设施设计、建设单位及各级建造承包商应积极开展废物最小化知识和技能培训，提高核设施设计、建造、安装及调试的质量，为运行阶段设备安全运行及废物最小化奠定基础。

3.1.8 核设施设计单位应结合废物最小化技术发展及国内外运行经验反馈，优化设计方案，推进废物最小化持续改进。

**3.2 从源头减少放射性废物的产生**

以下以压水堆核电厂为例，给出从源头减少放射性废物产生的方法，其他核设施可供参考。

3.2.1 系统设计

3.2.1.1 通过采用长周期燃料循环、提高核电厂可用率（负荷因子）等措施，减少放射性废物产生量。

3.2.1.2 通过优化设计（如用控制棒替代通过反应堆冷却剂硼浓度变化调节反应性），减少反应堆冷却剂的上充和下泄，减少需后续处理的废液量。

3.2.1.3 通过合理设置辐射分区、合理组织气流、物流方向、设置放射性污染监测装置等措施，防止放射性污染扩散。

3.2.1.4 通过优化设计，合理确定设备、管道和阀门的数量。

3.2.1.5 提高盛装放射性物料系统的密封性能，减少放射性物质的泄漏。

3.2.1.6 对于可能被放射性污染的混凝土和其他材质的表面采用耐腐蚀、耐辐照涂层或钢覆面。

3.2.1.7 对于蒸汽发生器排污水、核岛通风系统凝结水及常规岛液态流出物，需经收集后监测排放，若经分析放射性活度浓度超过排放控制值，送往废液处理系统进行处理。

3.2.2 设备选择

3.2.2.1 采用高可靠性的燃料组件，改进燃料包壳性能，减少燃料元件破损。

3.2.2.2 采用高可靠性、长寿命、便于维护和维修的设备，减少设备泄漏及维修产生的废物。

3.2.2.3 采用先进的制造工艺（如对不锈钢表面进行酸洗钝化处理，碳钢设备涂耐腐蚀涂层等），减少材料的腐蚀。

3.2.3 材料选择

3.2.3.1 与放射性介质接触的设备、管道和阀门，应采用适当的不锈钢材料。严格限制与一回路反应堆冷却剂接触的设备、阀门、管道和垫圈密封材料中钴、镍、银等元素的含量，主泵轴承材料中锑的含量，以及堆腔辐射漏束中子可达区域部件和结构材料中钴、镍等元素的含量，以减少活化腐蚀产物的产生。

3.2.3.2 与放射性介质接触的快速接头和阀门，应采用能够在特定的介质环境条件下长期使用的密封材料，以降低腐蚀、泄漏和维修频率。

3.2.3.3 在处理放射性液体的系统中，采用高交换容量的树脂，以减少废树脂的产生量。

3.2.4 水化学控制

3.2.4.1 优化一回路水化学控制，如通过一回路加氢、注锌、停堆前加双氧水等，采用有效的过滤、离子交换和膜技术的净化技术等措施，提高一回路反应堆冷却剂水质，降低一回路设备的腐蚀和侵蚀速率。

3.2.4.2 提高一回路补给水水质，减少进入堆芯活性区的杂质含量。

**3.3 放射性废物处理系统设计**

以下以压水堆核电厂为例，为放射性废物处理系统设计环节开展废物最小化提供指导，其他核设施可供参考。

3.3.1 工艺设计

3.3.1.1 应根据放射性废气的特性对其分类收集和处理。

3.3.1.2 当含氢放射性废气采用贮存衰变处理工艺时，根据废气产生量（含大修工况）合理设置衰变箱个数和容积。

3.3.1.3 当含氢放射性废气采用活性炭延迟处理工艺时，合理确定延迟床的台数和活性炭装量。应设置活性炭保护床或其他干燥措施，避免活性炭因受潮而降低处理效率或过早失效。

3.3.1.4 根据放射性废液的物理、化学及放射性特性，分类收集各类放射性废液，尤其要将含油废水、有机溶剂、含洗涤剂的洗衣水和淋浴水与其他废液分开收集。

3.3.1.5 完善放射性废液相关系统的泄漏探测措施，及早发现和排除泄漏。

3.3.1.6 根据各类废液的特性选择净化效率高、二次废物少的处理工艺。

3.3.1.7 应严格评估和控制向核电厂各系统添加化学品的种类和数量。

3.3.1.8 系统、设备、部件、器具、辐射防护用品、墙壁和地面的清洗去污，应选择去污效率高、二次废物少的去污工艺和去污剂。

3.3.1.9 当采用离子交换除盐工艺处理可能含有胶体的工艺废液时，宜对废液先进行预处理（如采用絮凝剂注入和深床过滤、超滤等技术）。在离子交换除盐床前和最后一级离子交换除盐床后应设置过滤器，以截留上游废水中的固体悬浮物及除盐床漏出的树脂碎屑。

3.3.1.10 为提高超滤、反渗透膜的寿命，在超滤、反渗透装置前应设置预过滤装置。

3.3.1.11 内陆核电厂氚浓度较低废液，经处理后，水质若满足复用要求，宜尽可能复用。

3.3.1.12 应采取措施，防止地下水、外部洪水、雨水或海水进入厂房的控制区。

3.3.1.13 应注重在固体废物产生地对其分类收集，设置必要的分拣装置并配备精度适用的辐射监测仪表，以便于对不同放射性活度的废物进行分类，特别是将非放射性废物和被放射性核素轻微污染经过贮存衰变后可清洁解控的废物从放射性废物中分拣出来，以减少放射性废物产生量。

3.3.1.14 应结合本厂址或区域核电机组分布、废物源项和处置场废物接收要求，统筹考虑放射性固体废物处理工艺，通过比选，在成熟可靠的前提下，选择最佳可用的固体废物处理技术。常用的放射性固体废物处理技术参见附录 B。

3.3.1.15 对于低放射性可燃废物的处理，宜优先采用焚烧等无机化、稳定化处理技术；对于尺寸较大固体废物的处理，可先进行必要的去污和剪切。

3.3.1.16 选用放射性废物的处理工艺时应确保形成的废物体和废物包性能满足处置要求。

3.3.2 设备、阀门和管道的选型和设计

3.3.2.1 应根据物料的特性，选择质量可靠的设备、管道和阀门。

3.3.2.2 在设计文件中应对设备、管道和阀门内部的光洁度提出要求，减少设备不规则内表面的数量，减少放射性腐蚀产物的沉积，以便于进行去污，减少去污二次废物产生量。

3.3.2.3 除了泵、压缩机进出口、设备人孔、管道孔板等采用法兰连接外，设备、管道和阀门应尽量采用焊接连接，并保证焊缝质量，以减少潜在的泄漏。

3.3.2.4 应根据贮存介质的物理、化学和放射性特性，将设备溢流水分别引入相应的收集槽或地坑，收集槽和地坑应设置液位报警仪表和废液排出泵。

3.3.2.5 贮存放射性废液、浓缩液、废树脂、泥浆的贮槽应尽量采用锥底或椭圆形底结构，以便能完全排空所装的物料。

3.3.2.6 放射性物料贮槽应设置液位（料位）测量仪表和报警装置，防止发生溢出。

3.3.2.7 在满足贮存、运输和处置要求的前提下，应优先选用容积利用率高、增容少的废物包装容器。

3.3.3 布置设计

3.3.3.1 在厂房和设备布置时，应考虑将装有较高放射性水平物料的设备（如浓缩液贮槽、废树脂贮槽等）布置在专门的设备间内，设备间宜根据实际情况设置钢托盘或钢覆面，钢托盘或钢覆面的高度应足够容纳设备泄漏溢出的液体量，使物料泄漏时的污染限制在最小范围内。设备间内应设置收集泄漏液体的地漏、排水沟或地坑，地面应坡向地漏或地坑。

3.3.3.2 应设置必要的吊装和转运设备及运输通道，以利于将污染区的设备或部件拆卸、转运到维修区进行维修。

3.3.3.3 盛装和输运放射性介质（如废树脂、放射性废液等）的设备和管道应配置相应的疏水和排气点，输送管道应尽可能短，并有适当的坡度和弯曲半径，以减少物料和放射性核素的沉积。

3.3.3.4 室内输送放射性液体的管道穿墙或楼板时宜设置套管，应尽量避免将工艺管道直埋在混凝土结构内。

3.3.3.5 室外输送放射性废液的管道宜布置在管沟内或设置双套管，并应考虑相应的泄漏监测手段，避免直埋地下。

## 4 运行阶段废物最小化

### 4.1 一般要求

4.1.1 核设施营运单位应根据国家相关法规的要求以及本厂的实际情况，明确本厂废物最小化的组织机构和职责，充分发挥该机构的策划、组织、协调、实施和监督作用，制订废物最小化目标和改进计划，解决和处理核设施放射性废物管理的相关问题。

4.1.2 应将废物最小化纳入核设施的质量保证体系，编制并严格执行放射性废物管理大纲和管理程序。

4.1.3 建立完善的放射性废物管理信息系统，做好放射性废物信息的管理。

4.1.4 加强废物最小化知识和技能培训，使核设施所有员工（包括承包商员工）都能够熟悉废物最小化的要求和目标，并在本部门或个人的工作实践中贯彻落实。

4.1.5 应按时提交核设施运行年报中废物最小化的相关内容。附件Ⅱ给出了压水堆核电厂运行年报中废物最小化内容，其他核设施可供参考。

4.1.6 应及时总结废物最小化的管理经验，学习和借鉴国内外废物最小化的良好实践，改进相关工作。我国核电厂废物最小化的良好实践参见附录 C。

4.1.7 应重视风险分析和评估，针对废物处理系统可能发生的运行事件（事故），制定相应的应急预案，做好应急准备，预防和减少事件（事故）的发生，减轻事件（事故）对废物产生量的影响。

4.1.8 通过分类收集、贮存衰变、清洁解控、再循环 / 再利用等运行管理措施减少放射性废物产生量。

4.1.9 应及时将废物包送往处置场处置，以减少暂存废物包锈蚀、开裂导致放射性核素包容性下降的风险。

### 4.2 废物最小化管理措施

4.2.1 在核设施运行阶段应制定切实可行的废物管理计划，积极推进废物最小化，加强核设施污染控制区的管理，防止污染扩散，做好废物的测量、分类收集和处理。

4.2.2 加强日常运行计划、大修计划管理和设备管理，通过预防性维修和纠正性维修等有效的维修策略以及工艺改进和设备升级来提高设备的可靠性，确保废物管理相关系统安全运行。

4.2.3 减少和避免非计划停机、停堆；合理安排设备大修工序，减少系统和设备的疏水次数，减少跑冒滴漏，减少废水产生量。

4.2.4 加强污染控制区防护用品和消耗材料管理，制定材料消耗计划和控制指标，减少控制区维修和维护活动的材料消耗，从源头减少放射性固体废物的产生。

4.2.5 采购耐用的个人防护用品，通过清洗、去污，多次重复使用等措施，减少消耗量，减少放射性废物的产生。

4.2.6 及时清除废水收集罐、废水收集地坑的淤泥，以减少废液处理系统滤芯的使用量。

4.2.7 采用钢制脚手架，减少木板用量；采用铝合金等金属工具箱，便于去污，重复使用；对污染的工具采取去污，贮存衰变等措施，减少报废量；放射性污染物品在厂内不同厂房之间的运输，宜采用便于去污、经久耐用的金属箱或其他包装容器包装，减少包装皮和塑料布的使用，防止污染扩散，减少废物产生。

4.2.8 综合考虑安全性、技术可行性、公众可接受性，并在代价 - 利益分析的基础上，努力实现物料的再循环与再利用，如硼的回收利用，废水、废酸、废碱等的再利用，劳动保护用品、污染的零部件和工具清洗去污和修复后重复使用，污染的废钢铁去污后熔炼减容、回收利用等。

4.2.9 编制废物管理统计报表，通过统计数据分析和查找管理上的薄弱环节，持续改进，不断提高管理水平。

4.2.10 加强同国内外同行的技术交流，学习同行的管理经验。

**4.3 废物最小化持续改进**

4.3.1 核设施营运单位

每年应对废物最小化效果进行评价，并制定相应的改进措施。

4.3.2 运行核设施新建或改建废物处理设施应遵循本导则第 3 章的相关要求，统筹考虑全厂或区域放射性废物处理，选择最佳的废物最小化先进工艺技术和设备。

4.3.3 对核设施放射性相关系统进行技术改进应遵循以下原则：

（1）选择去污因子高、减容效果好、二次废物少且经过充分工程验证的先进工艺和设备，并对二次废物进行有效处理；

（2）应考虑原有厂房的布置空间、供电、通风、辅助介质的供应等，选择最佳的时机进行技术改造，避免对设施的安全运行产生影响；

（3）应制订详细的改造方案和改造计划，在改造过程中落实废物最小化和应急措施；

（4）对于检修报废的设备、管道等部件，应尽可能地切割成易于装入标准容器的小部件。对于难以切割减容的大型设备（如蒸汽发生器、大尺寸热交换器等），应进行封闭和去除外表面污染，暂存衰变，降低辐射水平后送处置场进行处置。

**4.4 核设施安全关闭期间废物最小化相关要求**

4.4.1 在核设施安全关闭期间，污染控制区的通风系统需要不间断运行，保持厂房处于负压状态，防止污染扩散。

4.4.2 定期对放射性废物处理系统的转动设备进行保养和试运转，确保放射性废物处理设施可用，及时处理安全关闭期间产生的废物，并为退役做好准备。

4.4.3 应定期对厂房和设备进行巡视，防止雨水或地下水进入厂房，以减少废物产生量。

## 5 退役阶段废物最小化

**5.1 一般要求**

5.1.1 应综合考虑国家法规、政策、标准、厂址环境条件、可用关键技术、配套设施、废物去向及处置措施等因素，选择退役策略和确定终态目标。

5.1.2 在制定退役计划时应对退役废物的处理和处置做出科学、合理的安排，制订废物最小化目标和具体措施。

5.1.3 在制定退役技术方案时应综合考虑废物最小化要求。根据退役过程产生的废物类型、核素种类、放射性水平、废物形态和数量等，采用最佳的废物减容技术，减少需要贮存和最终处置的废物体积和活度。

5.1.4 核设施退役安全分析报告应包括废物最小化篇章，压水堆核电厂退役安全分析报告废物最小化篇章其主要内容见附件Ⅲ，其他核设施可供参考。

**5.2 废物最小化管理措施**

5.2.1 核设施退役单位应明确废物最小化的组织机构及其职责、分工和接口，该机构负责废物最小化的策划、组织、协调、实施和监督，解决和处理退役过程中放射性废物最小化的相关问题。

5.2.2 应加强退役工作人员的废物最小化知识和技能培训，并实行绩效考核与效果评估制度。

5.2.3 应加强对参与退役的承包商的管理，签订废物最小化责任书。

5.2.4 应开展退役安全风险分析，制订应急计划，减少和防止污染扩散。

5.2.5 对经处理后达到清洁解控水平的废物，应及时解控。

5.2.6 为便于退役期间的废物管理，应建立退役废物管理数据库。

5.2.7 在退役过程中应定期进行废物最小化考核和评价，并进行持续改进。

**5.3 退役阶段废物最小化技术**

5.3.1 源项调查与监测

5.3.1.1 应根据调查对象的特点选择适当的源项调查方法，确定设施内积存的放射性污染核素及分布、废物类型、废物数量和放射性水平，为实现退役阶段废物最小化奠定基础。

5.3.1.2 应根据源项调查的要求，选择量程、精度满足要求的监测仪表，获取准确、可靠的源项数据。

5.3.1.3 在退役过程中，为防止放射性污染扩散，应加强工作场所气溶胶污染监测，设备、墙面和地面放射性表面污染监测及人体放射性污染监测。做好废物特性监测，为鉴别出大量可清洁解控的固体废物、极低放废物和非放射性废物奠定基础。

5.3.2 去污

5.3.2.1 应结合设施调查和监测情况，制订去污方案，明确去污目标，优化去污技术路线，实现安全、经济和有效的去污。

5.3.2.2 应根据物项放射性污染水平、核素种类及其形态、物理化学特性、温度、

pH 值和被污染物项的尺寸、材料、表面状况等因素，采用成熟、可靠、去污效率高、二次废物少、二次废物易于处理和操作人员受照剂量低的先进去污技术。

5.3.2.3 去污过程中尽量减少使用大量水或去污溶液进行冲洗去污。对于人员或机械手容易抵达的地方，应尽量使用擦拭去污。去污废液应尽可能由污染水平低的系统向污染水平高的系统复用，净化后循环使用。

5.3.3 切割解体和拆除

5.3.3.1 在设备切割、解体和拆除之前，应明确废物去向，作出预先安排。

5.3.3.2 应在综合考虑技术可行性、人员受照、费用和进度等因素的情况下，首选成熟、可靠以及二次废物少的切割和拆除技术，充分考虑放射性物质的包容，并确保其合理性和有效性。

5.3.3.3 通过附加通风和过滤、搭建临时气帐、采用冷切割、使用机械手和机械人操作、加强监测等措施，尽量减少切割解体和拆除操作时放射性物质的扩散，避免交叉污染，减少二次废物的产生。

5.3.3.4 应加强对拆卸废物的分类管理，选用适当的包装容器和安全的吊运工具。

5.3.4 放射性废物管理

5.3.4.1 应根据低、中水平放射性废物和极低放废物的管理要求，严格执行放射性废物的分类管理。

5.3.4.2 应尽量利用原有可用的废物处理设施，建设新的废物处理设施应经过严格论证，以减少新建设施退役产生的放射性废物量。

5.3.4.3 所采用放射性废物的处理工艺应确保废物体和废物包满足处置场的废物接收准则。

5.3.4.4 应尽可能地对退役产生的有使用价值的物料进行再循环与再利用，包括废金属去污、熔炼后的再利用，废混凝土再利用等。

5.3.4.5 应设置必要的分拣装置并配备精度适用的辐射监测仪表，以便将非放射性废物分拣出来，以减少放射性废物产生量。

5.3.4.6 应采取有效检测手段鉴别和分拣出可清洁解控的固体废物，并及时对其进行解控。

5.3.4.7 应分拣出极低放废物，并对其进行妥善处置。

## 名词解释

**核设施废物最小化**

核设施从设计到其退役的所有阶段，在统筹考虑一次废物和二次废物的情况下，通过减少废物产生、再循环再利用、优化处理工艺和管理措施，把放射性废物量（体积和活度）减小至可合理达到的尽量低的过程。

**清洁解控**

监管部门按规定解除对已批准进行的实践中的放射性材料或物品的管理控制。

**减容**

减小废物体积的处理方法。典型的减容方法有机械压实、焚烧和蒸发等，减容也包括通过去污（达到豁免）或避免废物的产生来减少废物的总体积。

**再循环**

将达到国家现行标准规定水平的物料

返回生产流程中使用。

**再利用**

将放射性活度浓度或表面污染水平达到国家现行标准规定水平的工具、设备、建筑物和场地等进行再使用。

**附件Ⅰ**

## 压水堆核电厂初步和最终安全分析报告中废物最小化相关内容

压水堆核电厂初步安全分析报告（PSAR）和最终安全分析报告（FSAR）废物最小化的内容如下：

**Ⅰ.1 废物最小化原则（PSAR、FSAR）**

描述废物最小化的基本原则和要求。

说明废物最小化和废物管理大纲之间的关系。

**Ⅰ.2 废物最小化的组织机构（FSAR）**

描述废物最小化的组织机构，给出该机构的组织框架图。

描述各组织机构的主要责任人，明确有关活动中的具体职责和分工。

**Ⅰ.3 设计阶段的废物最小化（PSAR、FSAR）**

描述控制放射性废物产生的设计措施，包括材料选择、活化和污染扩散控制、废物分类收集、清洁解控、再循环与再利用等。说明废物处理工艺中实现废物最小化的措施。

在PSAR阶段，根据核电厂初步设计文件给出废物最小化预期目标值。在FSAR阶段，根据核电厂最终确定处理工艺，结合核电厂相应的管理措施，提出废物最小化目标值。

**Ⅰ.4 运行阶段的废物最小化（FSAR）**

描述减少放射性废物产生量的运行管理措施，说明废物最小化评价和绩效考核方法。

描述废物管理大纲的主要内容，给出废物最小化相关的程序清单。

提出废物最小化的运行管理目标。

描述对人员（包括管理人员和工作人员）进行废物最小化方面的培训。

**Ⅰ.5 结论（PSAR、FSAR）**

给出废物最小化的结论。

**附件Ⅱ**

## 压水堆核电厂运行阶段年报废物最小化相关内容

压水堆核电厂运行阶段年报废物最小化相关内容如下：

**Ⅱ.1 放射性废物处理和贮存设施运行总体状况简介**

简要介绍放射性废物管理设施的构成，说明废物处理设施的运行状况，如各废物处理设施的运行时间、处理各类废物量和废物最小化管理的情况（包括源头控制措施、废物最小化培训和交流、承包商管理、绩效考核措施及奖惩管理）、与废物最小化相关的运行事件和经验反馈以及废物处理设施的技术改造情况等。

**Ⅱ.2 本年度废物产生量**

按月份给出各机组各类放射性废物产生量，按年度给出各类废物包年度产生量、处置及库存统计表（包括包装容器型号、废物包数量、废物包体积、废物包外表面剂量率范围、主要核素活度范围），废物解控年度统计表（包括解控废物类型、体积、重量）。

表Ⅱ.1为《放射性废物月度产生量统计表》示例。

表Ⅱ.2为《放射性废物包年度产生、处置及库存信息统计表》示例。

表Ⅱ.3为《废物年度解控信息统计表》示例。

为从废物产生的源头进行控制，各核电厂还可以针对不同废物，如过滤器、废树脂等，进行更详细的统计，包括源于某个设备、产生日期、剂量率、更换原因、数量以及其他对管理有用的信息。

**Ⅱ.3 本年度废物最小化自我评价及下一年度目标**

应从源头减少、减容处理、再循环与再利用和废物管理的持续改进等四个方面进行评价，并说明本年度废物最小化目标的完成情况。

总结本年度值得推广的废物最小化良好实践，同时结合本年度管理情况，与国内外核电厂废物最小化良好实践对比，分析本年度废物最小化存在的不足。

提出下一年度废物最小化目标，包括年度废物产生量指标、大修期间废物产生量指标，针对本年度存在的问题提出下一年度的改进措施（包括计划开展的与废物最小化相关的技术改造项目）。

表Ⅱ.1　放射性废物月度产生量统计表（XXX核电厂X台机组）

| 项目 | | | 月份 | | | | | | | | | | | | |
|---|---|---|---|---|---|---|---|---|---|---|---|---|---|---|---|
| | | | 1 | 2 | 3 | 4 | 5 | 6 | 7 | 8 | 9 | 10 | 11 | 12 | 合计 |
| 放射性废液产生量[注1] | 工艺废水 | $m^3$ | | | | | | | | | | | | | |
| | | Bq | | | | | | | | | | | | | |
| | 化学废水 | $m^3$ | | | | | | | | | | | | | |
| | | Bq | | | | | | | | | | | | | |
| | 地面废水 | $m^3$ | | | | | | | | | | | | | |
| | | Bq | | | | | | | | | | | | | |
| | 服务排水 | $m^3$ | | | | | | | | | | | | | |
| | | Bq | | | | | | | | | | | | | |
| 放射性固体废物产生量 | 废树脂 | $m^3$ | | | | | | | | | | | | | |
| | 废液处理活性炭 | $m^3$ | | | | | | | | | | | | | |
| | 浓缩液 | $m^3$ | | | | | | | | | | | | | |
| | 水过滤器芯 | 个 | | | | | | | | | | | | | |
| | 淤泥 | $m^3$ | | | | | | | | | | | | | |

续表

| 项目 | | | 月份 | | | | | | | | | | | | |
|---|---|---|---|---|---|---|---|---|---|---|---|---|---|---|---|
| | | | 1 | 2 | 3 | 4 | 5 | 6 | 7 | 8 | 9 | 10 | 11 | 12 | 合计 |
| 放射性固体废物产生量 | 膜元件 | 个 | | | | | | | | | | | | | |
| | 可燃干废物 | $m^3$ | | | | | | | | | | | | | |
| | 不可燃、可压干废物 | $m^3$ | | | | | | | | | | | | | |
| | 废金属（不含大尺寸废物） | t | | | | | | | | | | | | | |
| | 大尺寸废物（如压力容器顶盖等） | 个/t | | | | | | | | | | | | | |
| | 通风预过滤器 | 个 | | | | | | | | | | | | | |
| | | $m^3$ | | | | | | | | | | | | | |
| | 通风高效过滤器 | 个 | | | | | | | | | | | | | |
| | | $m^3$ | | | | | | | | | | | | | |
| | 碘吸附器（活性炭过滤器） | 个 | | | | | | | | | | | | | |
| | | $m^3$ | | | | | | | | | | | | | |
| | 润滑油及有机溶剂 | $m^3$ | | | | | | | | | | | | | |

注1：若废水分类不同，可按实际情况进行统计；如果二回路废水被放射性污染，也应进行统计。

**表Ⅱ.2　放射性废物包年度产生、处置及库存信息统计表（XXX 核电厂 X 台机组）**

| 项目 | 处理前废物类型 | 废物包信息 | | | | |
|---|---|---|---|---|---|---|
| | | 包装容器型号 | 废物包数量（个） | 废物包体积（$m^3$） | 废物包表面剂量率范围（mSv/h） | 主要核素活度范围 |
| 年度产生废物包 | 废树脂 | | | | | |
| | 浓缩液 | | | | | |
| | 泥浆 | | | | | |
| | 过滤器芯 | | | | | |
| | 膜元件 | | | | | |
| | 干废物 | | | | | |
| 年度送交处置废物包 | 废树脂 | | | | | |
| | 浓缩液 | | | | | |
| | 泥浆 | | | | | |
| | 过滤器芯 | | | | | |
| | 膜元件 | | | | | |
| | 干废物 | | | | | |
| 年末废物贮存库积存废物包 | 废树脂 | | | | | |
| | 浓缩液 | | | | | |
| | 泥浆 | | | | | |
| | 过滤器芯 | | | | | |
| | 膜元件 | | | | | |
| | 干废物 | | | | | |

**表Ⅱ.3 废物年度解控废物信息统计表（XXX 核电厂 X 台机组）**

| 废物类型 | 数量 | | 备注 |
|---|---|---|---|
| | 体积（$m^3$） | 重量（t） | |
| 不锈钢 | | | |
| 碳钢 | | | |
| 蒸汽发生器排污系统废树脂 | | | |
| 其他废物[注] | | | |

注：若有其他解控废物，应给出废物的具体类型，如铜、铝、活性炭、劳保用品等。

附件Ⅲ

## 压水堆核电厂退役安全分析报告中废物最小化相关内容

压水堆核电厂退役申请文件中废物最小化篇章的主要内容如下：

**Ⅲ.1 废物最小化原则**

描述退役阶段废物最小化的基本原则和要求。

**Ⅲ.2 废物最小化组织机构**

描述废物最小化的组织机构，给出该机构的组织框架图。

描述各组织机构的主要责任人，明确有关活动中的具体职责和分工。

**Ⅲ.3 废物最小化措施**

描述防止放射性污染扩散、从源头减少放射性废物的手段以及设施去污、切割、拆除和废物处理工艺中实现废物最小化的措施。

描述减少放射性废物产生量的管理措施，说明废物最小化评价和绩效考核方法。

据源项调查和采用的优化退役工艺技术给出各类废物的预期产生量，以及废物包的预期值。

**Ⅲ.4 给出落实废物最小化措施的结论**

附录 A

## 世界主要核能国家压水堆核电厂单机组废物包年产生量及美国和欧洲核电厂用户要求文件对新建压水堆核电机组废物包年产生量要求

核电厂废物包产生量取决于其废物管理政策、固体废物处理工艺、机组大修策略、液态流出物排放控制值以及核电厂管理水平。

附录 A.1 给出世界主要核能国家压水堆核电厂单机组废物包年产生量中位值及最优水平，附录 A.2 给出美国和欧洲核电厂用户要求文件对新建单台百万千瓦压水堆核电机组固体废物包年产生量目标值。

**附录 A.1 世界主要核能国家压水堆核电厂单机组废物包年产生量[(1)]中位值[(2)]及最优水平**

| 国　　家 | 美国 | 法国 | 日本 | 西班牙 | 比利时 | 韩国 |
|---|---|---|---|---|---|---|
| 单机组废物包年产生量中位值，$m^3$ | 20 | 84 | 8 | 46 | 23 | 52 |
| 单机组废物包年产生量最优水平，$m^3$ | 7 | 45 | 6 | 30 | 21 | 11 |

注：
（1）相关数据引自 WANO performance indicator report，2000。
（2）中位值（median）：又称中位数，代表一个样本、种群和概率分布中的一个数值，其可将该数值集合分为相等的上下两部分。对于有限的数集，可以通过将所有观察值按从高到低排序，找出中间的一个作为中位值；如果统计数有偶数个，通常取中间的两个数值的平均数作为中位值。

**附录 A.2 美国和欧洲核电厂用户要求文件规定单台新建百万千瓦压水堆核电机组固体废物包年产生量要求**

| 文件名称 | 单台百万千瓦压水堆核电机组废物包年产生量目标值，$m^3$ |
|---|---|
| 《美国核电厂用户要求文件》（URD） | ≤ 50 |
| 《欧洲核电厂用户要求文件》（EUR） | ≤ 50 |

**附录 B**

## 常用的放射性固体废物处理技术

表 B.1 给出了常用的放射性固体废物处理技术。

**表 B.1　常用的放射性固体废物处理技术**

| 序号 | 技术名称 | 适用处理的废物 | 技术特点 | 推荐建造方式 |
|---|---|---|---|---|
| 1 | 干废物分拣 | 抹布、废纸、塑料布、棉织品、废弃零部件等。 | 通过检测设备快速确定放射性废物与非放射性废物。 | 废物产生地和废物处理设施。 |
| 2 | 焚烧 | 可燃干废物（包括 PE 制品、废纸、木头、棉织品、PVC 制品、低放废树脂）、废油、废有机溶剂等。 | 减容、减重比高，废物无机化，处置安全性好。 | 多堆厂址及核电厂集中区域，推荐在废物处理中心设置焚烧设施。 |

续表

| 序号 | 技术名称 | 适用处理的废物 | 技术特点 | 推荐建造方式 |
|---|---|---|---|---|
| 3 | 超级压实 | 适用于干废物、低活度的废过滤器芯、焚烧灰、干燥的废树脂等。超级压实可对桶装废物与桶一起压实，还可直接对一些薄壁的小型金属箱体和管道进行压实。 | 处理工艺简单，减容比随废物特性不同有差别。 | 废物处理中心、废物处置场。 |
| 4 | 浓缩液再浓缩及高效固化 | 含硼浓缩液。 | 浓缩液经进一步浓缩减容后再与固化剂进行固化，该工艺增容比小。 | 废物处理中心。 |
| 5 | 废物固定 | 污染金属、废过滤器芯、废液处理产生的废膜、超级压实产生的废物饼块。 | 工艺简单，使废物固定在混凝土胶结材料中，废物固定后有不同程度的增容。 | 废物处理中心。 |
| 6 | 干燥 | 废树脂、浓缩液、泥浆、废过滤器芯、湿抹布、吸水材料，被水浸湿的其他干废物。 | 使废物含水率满足处置要求，可直接装入包装容器或高完整性容器中送处置场进行处置。 | 废物处理中心。 |
| 7 | 高完整性容器（也称高整体器） | 废树脂、浓缩液干燥后形成的盐、废过滤器芯、焚烧灰、蒸汽重整的残渣及其他经论证可以适用处理的其他废物。 | 废物增容小、处理工艺简单，废物包满足处置要求。可直接装入高完整性容器中送处置场处置。 | 废物处理中心。 |
| 8 | 湿法氧化 | 废树脂、废油。 | 实现废物无机化，残渣经高效固化后形成稳定的废物体。废物减容比较高，尾气处理较简单。 | 废物处理中心。 |
| 9 | 蒸汽重整 | 废树脂、活性炭、有机干废物等。 | 废物减容比高，实现废物无机化，处理后产物可直接装入高完整性容器。 | 废物处理中心。 |
| 10 | 去污 | 污染设备、管道、工具、地面、墙面。 | 防止污染扩散，可回收利用被放射性污染的工具和材料（包括零部件），实现废物污染水平的降级或清洁解控。 | 污染设施现场或核电厂内专设去污设施。 |

续表

| 序号 | 技术名称 | 适用处理的废物 | 技术特点 | 推荐建造方式 |
| --- | --- | --- | --- | --- |
| 11 | 金属熔炼 | 低水平放射性污染金属。 | 可实现无条件或有条件的再利用。 | 区域金属熔炼设施。 |
| 12 | 清洁解控 | 轻微污染的金属、保温材料、混凝土等。 | 可大幅减少需处置的放射性废物量。 | 废物收集点或废物贮存设施。 |
| 13 | 辐射防护用品降解技术 | 用降解材料制成的连体服、内衣、鞋套、手套、袜子、薄膜、拖布、抹布、废物袋等。 | 减少需作为放射性废物处理的干废物量。 | 废物处理中心。 |

**附录 C**

## 我国核电厂废物最小化良好实践

我国核电厂在设计、建造和运行过程中积累了大量的废物最小化方面的良好实践，可供相互学习和借鉴，详见表 C.1。

**表 C.1　我国核电厂废物最小化良好实践**

| 序号 | 良　好　实　践 |
| --- | --- |
| 1 | 建立核电厂放射性废物管理机构，制定废物管理政策和目标，协调全厂放射性废物产生、处理与管理工作，强化废物最小化管理。 |
| 2 | 建设放射性固体废物集中处理设施。 |
| 3 | 将多个废液过滤器芯装入一个包装容器，用水泥浆固定，提高了包装容器的容积利用率。 |
| 4 | 废弃的通风过滤器芯经贮存衰变后，拆除金属框架回收利用，仅将过滤材料作为放射性废物压实处理；轻微污染的废通风过滤器芯经贮存衰变后，做解控处理。 |
| 5 | 改进浓缩液、废树脂水泥固化配方，提高浓缩液和废树脂的体积包容率。 |
| 6 | 采用先进的湿废物固化搅拌工艺，提高废物桶填充率；采用钢桶作为固化物包装容器，提高包装容器的体积利用率。 |
| 7 | 设置干废物超级压实装置，对初级压实废物进一步压实减容。 |
| 8 | 开展 $^{110m}Ag$ 污染治理，将设备、管道法兰垫片替换为不含银的垫片，将含 $^{110m}Ag$ 的废液由离子交换处理改用蒸发或其他处理技术。 |
| 9 | 建设焚烧装置，实现废弃工作服、抹布、废油等可燃废物的减容处理。 |

续表

| 序号 | 良 好 实 践 |
|---|---|
| 10 | 含硼浓缩液采用再浓缩固化技术，实现含硼废液高效减容固化。 |
| 11 | 加强大修期间控制区物料管理，避免或减少包装材料进入控制区。 |
| 12 | 使用过滤孔径更小的水过滤器，提高一回路水水质，减少废树脂产生量。 |
| 13 | 设置大修废物管理工程师，专门负责工作许可文件中隔离措施的审查和优化，预防跑、冒事故，减少废水产生。 |
| 14 | 定期清理废水收集坑和废水收集箱的淤泥，以减少下游过滤器的堵塞。 |
| 15 | 污染废钢铁冶炼去污减容后浇注成高辐射废水过滤器芯的屏蔽材料，减少铅屏蔽材料的使用量。 |
| 16 | 将控制区报废的棉质工作服、T 恤衫用来作为去污的擦拭布，减少白棉布的使用量，减少废物产量。 |
| 17 | 制作放射性固体废物最小化的视频教材，培训新员工，并上传到公司网络系统中，加强了培训和宣传，使电厂员工和承包商增强废物最小化意识，节约控制区消耗材料。 |
| 18 | 将表面剂量率大于 2 mSv/h 的干废物先暂存衰变，并定期进行测量和分拣，当衰变到 2 mSv/h 以下时再装入金属桶进行压实减容处理。 |
| 19 | 将轻微污染的蒸汽发生器排污系统废树脂贮存衰变，经监测后，若符合清洁解控要求，实施清洁解控。 |
| 20 | 建立废物管理信息数据库，做好废物的年度盘点统计，做到账物相符。 |

# 国家核安全局关于发布《核动力厂设计安全规定》的通知

国核安发〔2016〕265号

各有关部门和单位：

为进一步提高我国核动力厂安全水平，充分吸收福岛核事故经验反馈，在研究国际核安全标准、福岛核事故后核动力厂改进行动以及我国现行标准和综合技术能力的基础上，经广泛征求国内有关部门、单位及专家意见，我局重新修订了《核动力厂设计安全规定》（HAF102）。现予以发布并自发布之日起施行。

为指导HAF102的贯彻执行，我局将陆续修订有关核安全导则。在新修订的导则发布前，各有关单位可根据具体情况，经我局同意后，参照我国已发布的核安全导则或者国际原子能机构的相关导则执行。

附件：核动力厂设计安全规定

国家核安全局

2016年10月26日

**附件**

HAF102–2016

# 核动力厂设计安全规定

（2016年修订，2016年10月26日国家核安全局批准发布）

## 1 引言

**1.1 目的**

为实现核动力厂的安全运行，防止或减轻可能危及安全的事件后果，本规定提出了核动力厂安全重要的构筑物、系统和部件的设计，以及规程和组织流程所必须满足的要求。

本规定适用于核动力厂设计、建造、运行和退役阶段的分析、验证和审查，技术支持以及核安全监督。

**1.2 范围**

1.2.1 本规定提出了进行全面安全评价的要求，以确定核动力厂在各种运行状态和事故工况下可能产生的潜在危险。安全评价过程涉及确定论安全分析和概率论安全分析这两种互为补充的技术，分析中必须考虑各种假设始发事件，包括可能单独地或组合地影响安全的诸多因素。这些事件有如下几种类型：

（1）源自核动力厂运行本身；

（2）由人员行为引起；

（3）与核动力厂及厂址环境直接相关。

1.2.2 本规定不涉及极不可能影响核安全的一般工业安全和由核动力厂运行所引起的非放射性影响。

1.2.3 本规定中的核动力厂主要是指为发电或其他供热应用（诸如集中供热或海水淡化）而设计的，采用水冷反应堆的陆上固定式核动力厂。

1.2.4 其他类型或采用革新技术的反应堆设计可参照本规定，但应经过细致的评价和判断。

## 2 安全目标和纵深防御概念

**2.1 安全目标**

2.1.1 基本安全目标：在核动力厂中建立并保持对放射性危害的有效防御，以保护人与环境免受放射性危害。

2.1.2 为了实现基本安全目标，必须采取以下措施：

（1）控制在运行状态下对人员的辐射照射和放射性物质向环境的释放；

（2）限制导致核动力厂反应堆堆芯、乏燃料、放射性废物或任何其他辐射源失控事件发生的可能性；

（3）如果上述事件发生，减轻这些事件产生的后果。

2.1.3 基本安全目标适用于核动力厂的所有活动，包括规划、选址、设计、制造、建造、调试、运行和退役，以及有关放射性物质的运输、乏燃料和放射性废物的管理等。

**2.2 辐射防护设计**

2.2.1 为了实现基本安全目标，辐射防护设计必须保证在所有运行状态下核动力厂内的辐射照射或由于该核动力厂任何计划排放放射性物质引起的辐射照射低于规定限值，且可合理达到的尽量低。同时，还应采取措施减轻任何事故的放射性后果。

2.2.2 为了实现基本安全目标，辐射防护设计必须使得核动力厂所有辐射照射的来源都处在严格的技术和管理措施控制之下。但不排除人员受到有限的照射，也不排除法规许可数量的放射性物质从处于运行状态的核动力厂向环境的排放。此种照射和排放必须受到严格控制，并符合运行限值和辐射防护标准，且可合理达到的尽量低。

**2.3 安全设计**

2.3.1 安全设计必须：

（1）防止由于反应堆堆芯或其他辐射源失控所引起有害后果的事故，并在一旦发生事故时减轻其后果；

（2）保证在设计中考虑的所有事故的放射性后果都低于相关限值，并保持在可合理达到的尽量低的水平；

（3）保证有严重放射性后果的事故发生的可能性极低，并尽最大可能减轻这种事故的放射性后果。

2.3.2 为了证明在核动力厂的设计中实现了基本安全目标，必须对设计进行全面的安全评价，以确定所有辐射照射的来源，并评估核动力厂工作人员和公众可能受到的辐射剂量，以及对环境的可能影响。此种安全评价要考虑以下内容：（1）核动力厂的正常运行；（2）预计运行事件时核动力厂的性能；（3）事故工况。在分析的基础上，确认设计抵御假设始发事件和事故的能力，验证安全重要物项的有效性，以及确定应急计划的输入。

2.3.3 尽管采取措施将所有运行状态下的辐射照射控制在可合理达到的尽量低的水平，并将导致辐射源失控事故的可能性减至最小，但仍然存在发生事故的可能性。这就需要采取措施以保证减轻放射性后果。这些措施包括：安全设施和安全系统，营运单位制定的核动力厂事故管理规程，以及国家和地方有关部门制定的场外干预措施。

2.3.4 核动力厂的安全设计必须采取实际措施，以减轻核与辐射事故对人的生命、健康以及环境造成的影响。必须实际消除可能导致高辐射剂量或大量放射性释放的核动力厂事故序列；必须保证发生频率高的核动力厂事故序列没有或仅有微小的潜在放射性后果。安全设计的基本目标是在技术上实现减轻放射性后果的场外防护行动是有限的甚至是可以取消的。

**2.4 纵深防御概念**

2.4.1 防止核动力厂发生事故和减轻事故后果的主要手段是应用纵深防御概念。该概念贯彻于安全有关的全部活动，涉及核动力厂各种功率及停堆状态下有关的组织、人员行为或设计，以保证这些活动均置于各种独立的、不同层次措施的防御之下。即使有一种故障发生，它将由适当的措施探测、补偿或纠正。在整个设计和运行中贯彻纵深防御，以应对厂内设备故障或人因引起的各种预计运行事件和事故，以及外部事件引起的后果。

2.4.2 纵深防御概念的应用主要是通过一系列连续和独立的防御层次的结合，防止事故对人员和环境造成危害。如果某一层次的防护失效，则由后一层次提供保护。每一层次防御的独立有效性都是纵深防御的必要组成部分。

（1）第一层次防御的目的是防止偏离正常运行及防止安全重要物项的故障。这一层次要求：按照恰当的质量水平和经验证的工程实践，正确并保守地选址、设计、建造、维修和运行核动力厂。为此，应十分注意选择恰当的设计规范和材料，并对部件的制造、核动力厂的建造和调试进行质量控制。在这一层次，降低内部危险可能性的设计措施有助于事故的预防。还应重视涉及设计、制造、建造、在役检查、维修和试验的过程和规程，以及进行这些活动时良好的可达性、核动力厂的运行方式和运行经验的利用等方面。整个过程以确定核动力厂运行和维修要求及其质量管理要求的详细分析为基础。

（2）第二层次防御的目的是检测和控制偏离正常运行状态，以防止预计运行事件升级为事故工况。尽管注意预防，核动力厂在其寿期内仍然可能发生某些假设始发事件。这一层次要求在设计中设置特定的系统和设施，通过安全分析确认其有效性，并制定运行规程以防止这些始发事件的发生，或尽量减小其造成的后果，使核动力厂回到安全状态。

（3）设置第三层次防御是基于以下假定：尽管极不可能，某些预计运行事件或假设始发事件的升级仍有可能未被前一层次防御所制止，而演变成事故。在核动力厂的设计中，假定这些事故会发生。这就要求必须通过固有安全特性和（或）专设安全设施、安全系统和规程，防止造成反应堆堆芯损伤或需要采取场外干预措施的放射性释放，并能使核动力厂回到安全状态。

（4）第四层次防御的目的是减轻第三层次纵深防御失效所导致的事故后果。通过控制事故进展和减轻严重事故的后果来实现第四层次的防御。安全目标是，在严重事故下仅需要在区域和时间上采取有限的防护行动，且避免场外放射性污染或将其减至最小。这要求可能导致早期放射性释放或者大量放射性释放的事件序列被实际消除。

（5）第五层次，即最后层次防御的目的是减轻可能由事故工况引起的潜在放射性释放造成的放射性后果。该层次要求配备恰当的应急设施，制定用于场内、场外应急响应的应急计划和应急程序。

2.4.3 纵深防御概念应用的另一方面是在设计中设置一系列的实体屏障，并采用能动、非能动设施和固有安全特性的组合，以使实体屏障能够有效地将放射性物质包容在特定区域。所需实体屏障的数目取决于放射性核素总量和同位素成份表征的初始源项、单个屏障的有效性、可能的内部与外部危险以及各种失效的潜在后果。

## 3 设计安全管理

### 3.1 设计安全管理职责

营运单位必须保证提交国务院核安全监管部门的设计符合所有适用的安全要求。所有从事与核动力厂安全设计重要活动相关的组织，包括设计单位，都有责任保证将安全事务放在最优先的位置。

### 3.2 质量保证

3.2.1 必须制定和实施描述核动力厂设计的管理、执行和评价的总体安排的质量保证大纲。该大纲包括保证核动力厂每个构筑物、系统和部件以及总体设计的设计质量的措施，包括确定和纠正设计缺陷、检验设计的恰当性和控制设计变更的措施。

3.2.2 设计，包括变更、修改或安全改进，必须按照合适的工程规范和标准所确定的程序进行，并必须体现适用的要求和设计基准，必须确定和控制设计接口。

3.2.3 设计（包括设计手段和设计输入与输出）的恰当与否，必须由原先从事此工作的人员以外的个人或团体进行验证和确认。在设计和建造过程中应尽早完成验证、确认和批准，最迟不晚于核动力厂首次装料。

### 3.3 全寿期内保持核动力厂设计的安全和完整性

3.3.1 营运单位对安全负全面责任。营运单位必须建立一套正式的体系，在整个寿期内始终保证核动力厂设计的安全和完整性。

3.3.2 为便于安全分析报告、设计手册和其他设计文件等详细的设计资料转移至营运单位，应尽早设立全面负责设计过程的部门，并制定管理流程，在营运单位的管理体系内负责核动力厂设计安全和完整性。

3.3.3 核动力厂的设计工作可以由许多组织分担：工程公司、反应堆及其辅助系统供应商、主要设备供应商、电气系统的设计单位以及对核动力厂安全重要的其它系统的供应商等。营运单位必须对委托给外部组织的设计活动进行管理。

3.3.4 全面负责设计过程的部门必须

保证核动力厂设计满足安全性、可靠性和质量方面的验收准则。这些准则符合相关的法律法规和标准规范。必须建立并明确工作范围和职责，以保证：

（1）设计符合其目标，并满足防护和安全最优化的要求，使辐射风险保持在可合理达到的尽量低的水平；

（2）持续保证设计安全的方式包括设计验证、确定工程规范和标准及要求、采用经验证的工程实践、提供建造经验反馈、批准重要工程文件、开展安全评价和保持安全文化；

（3）安全运行、维修（包括合适的试验周期）和修改所需的设计资料应该是可用的，设计资料应适当考虑以往的运行经验和经验证的研究成果，并由营运单位维护在最新状态；

（4）保持对设计要求和状态控制的管理；

（5）建立和控制责任设计者和参与设计工作的供应商之间必要的接口；

（6）营运单位需维护必要的工程专业资料和科技资料；

（7）所有设计变更都经过审查、验证、形成文档并批准；

（8）维护充分的文件，以便今后开展核动力厂退役工作。

## 4 主要技术要求

### 4.1 基本安全功能

4.1.1 必须保证在核动力厂所有状态下实现以下基本安全功能：

（1）控制反应性；

（2）排出堆芯余热，导出乏燃料贮存设施所贮存燃料的热量；

（3）包容放射性物质、屏蔽辐射、控制放射性的计划排放，以及限制事故的放射性释放。

4.1.2 必须用全面、系统的方法来确定完成基本安全功能所必需的安全重要物项，以及在核动力厂所有状态下用于实现或影响基本安全功能的固有特性。

4.1.3 必须提供对核动力厂状态进行监测的手段，以保证实现所要求的安全功能。

### 4.2 辐射防护

4.2.1 设计必须保证工作人员和公众在整个寿期内受到的辐射剂量，在运行状态下不超过剂量限值，在事故工况下不超过可接受限值，并可合理达到的尽量低。

4.2.2 设计必须实际消除可能导致高辐射剂量或大量放射性释放的核动力厂状态，并必须保证发生可能性较高的核动力厂状态没有或仅有微小的潜在放射性后果。

4.2.3 基于辐射防护目的，必须制定与核动力厂各类状态相对应且符合监管要求的可接受限值。

### 4.3 设计管理

4.3.1 设计必须保证核动力厂及其安全重要物项具有合适的性能，以保证其能可靠地执行安全功能；在设计寿期内核动力厂能够在运行限值和条件范围内安全运行，并能够安全退役；对环境的影响最小。

4.3.2 设计必须保证满足营运单位的

安全要求，满足国务院核安全监管部门和相关法律法规的要求，并适当考虑营运单位人员的能力与局限性以及可能影响人员行为的各种因素。必须提供充分的设计资料，保证核动力厂的安全运行和维修，并允许以后能对核动力厂进行修改。同时推荐可纳入核动力厂管理规程和运行规程的实践（即运行限值和条件）。

4.3.3 设计必须适当考虑其他核动力厂在设计、建造和运行中获得的相关经验，以及相关的研究成果。

4.3.4 设计必须适当考虑确定论安全分析和概率论安全分析的结果，保证已经适当考虑了事故的预防和事故后果的缓解。

4.3.5 设计必须保证采用合适的设计措施以及运行和退役实践，使产生和排放的放射性废物活度和体积达到实际可行的最低水平。

**4.4 纵深防御的应用**

4.4.1 设计必须体现纵深防御。纵深防御的各层次之间必须尽实际可能地相互独立，避免一个层次防御的失效降低其他层次的有效性。

4.4.2 设计必须应用纵深防御概念，提供多层次防御，预防可能对人与环境产生有害影响的事故后果，并保证在防护失效时，采取适当措施保护人与环境，减轻事故后果。

4.4.3 设计必须适当考虑这样的事实：当缺少某一层次防御时，多层次防御的存在并不能作为继续运行的基础。纵深防御的各层次必须总是可用的，对任何特定运行模式下的放松都必须进行论证。

4.4.4 设计：

（1）必须设置多道实体屏障，阻止放射性物质向环境释放；

（2）必须采用保守的设计和高质量的建造，以保证核动力厂的故障和偏离正常运行减至最少，保证尽实际可能地预防事故，保证核动力厂不存在陡边效应；

（3）必须利用固有特性和工程设施控制核动力厂的行为，尽可能减少或排除那些需要启动安全系统的故障和偏离正常运行；

（4)必须对核动力厂提供附加控制，这些附加控制采用安全系统的自动触发，以能够高置信度地控制那些超出控制系统能力的故障和偏离正常运行，并使得早期阶段对操纵员动作的需求减至最少；

（5）必须提供构筑物、系统和部件以及规程，以控制超出安全系统能力的故障和偏离正常运行的进程，并尽实际可能地限制其后果；

（6）必须提供多种手段来保证实现每项基本安全功能，从而保证各道屏障的有效性，并减轻任何故障和偏离正常运行的后果。

4.4.5 为了贯彻纵深防御概念，设计必须尽实际可能地防止：

（1）出现影响实体屏障完整性的情况；

（2）一道或多道屏障失效；

（3）一道屏障因另一道屏障的失效而失效；

（4）运行和维修差错产生有害后果

的可能性。

4.4.6 在核动力厂运行寿期内，设计必须尽实际可能地使第一层次防御至多第二层次防御能够阻止可能发生的所有故障或偏离正常运行升级为事故工况。

4.4.7 用于设计扩展工况的安全设施（如用于减轻燃料熔化事故后果的设施）应尽实际可能地与安全系统独立。

**4.5 实物保护**

4.5.1 必须设置实物保护措施，即核安保措施，包括实物保护系统和相关管理措施，以防止、侦查和应对涉及核材料和核动力厂相关设施的偷窃、蓄意破坏、未经授权的接触，非法转让或其他恶意行为，以及防范恐怖分子获取材料、破坏核动力厂等。

4.5.2 应根据保护目标的重要程度和潜在风险确定核动力厂实物保护的等级，并按照确定的等级进行实物保护系统设计。应合理布置核动力厂的控制区、保护区和要害区，实现分区保护，并为各区配备相应的设施和设备。

4.5.3 实物保护系统必须考虑出入口控制、探测、报警、集中控制、照明、通讯、供电和巡更等方面，并设置多重实体屏障。

4.5.4 核动力厂应配备武警或守卫，制定实物保护相关管理程序，使得管理措施与技防措施有机结合，以保证实物保护系统的完整、可靠与有效。

4.5.5 应对实物保护设计方案进行风险分析和有效性评估。

4.5.6 必须以统筹兼顾的方式设计和实施核动力厂的核安全措施、核安保措施及国家核材料衡算和控制体系，以免其相互制约。

**4.6 经验证的工程实践**

4.6.1 必须鉴别和评价用于核动力厂安全重要物项设计准则的规范和标准，以确定其适用性、恰当性和充分性，并根据需要进行补充或修改，以保证设计质量与所需的安全功能相适应。

4.6.2 核动力厂的安全重要物项必须是此前在相当使用条件下验证过的，否则该物项必须具有高质量且其技术经过鉴定或试验。

4.6.3 当引入未经验证的设计或设施，或存在偏离已有工程实践的情况时，必须借助适当的支持性研究计划、特定验收准则的性能试验，或通过其他相关应用中获得的运行经验的检验，来证明其安全性是合适的。新的设计、设施或实践必须在投入使用前经过充分的试验，并在使用中进行监测，以验证达到了预期效果。

**4.7 安全评价**

4.7.1 必须在核动力厂的整个设计过程中进行全面的确定论安全评价和概率论安全评价，以保证在核动力厂寿期内的各个阶段满足全部设计安全要求，并确认在竣工、运行和修改时交付的设计满足制造和建造的要求。

4.7.2 设计过程中必须尽早开展安全评价。随着设计和确认性分析活动之间的不断迭代，安全评价的范围和详细程度随着设计计划的进展不断地扩大和提高。

4.7.3 必须将安全评价形成文件以便于独立评估。

**4.8 便于建造的要求**

4.8.1 核动力厂安全重要物项的设计必须使其能够按照确定的流程进行制造、建造、装配和安装，以保证满足设计规范和所要求的安全水平。

4.8.2 核动力厂的建造和运行，必须适当考虑从其他类似核动力厂及其相关构筑物、系统和部件建造中获得的相关经验。如果采用其他相关工业的良好实践，则必须表明其适用于核动力厂。

**4.9 放射性废物管理和退役**

4.9.1 在设计阶段，必须专门考虑便于核动力厂放射性废物管理以及核动力厂退役和拆除的特性。

4.9.2 在设计中必须适当考虑：

（1）材料的选取，以使放射性废物量尽实际可能地少，并便于去污；

（2）必要的可达性和可操作性；

（3）管理（例如分离或分拣、表征、分类、预处理、处理和整备）和贮存核动力厂在运行过程中产生的放射性废物所需的设施，以及管理核动力厂在退役时所产生的放射性废物的措施。

## 5 核动力厂总体设计

**5.1 总的设计基准**

5.1.1 核动力厂状态分类

5.1.1.1 必须确定核动力厂状态并主要按发生频率将核动力厂状态分成有限的几类。

5.1.1.2 核动力厂状态通常包括：

（1）正常运行；

（2）预计运行事件，即在核动力厂运行寿期内预计会发生的事件；

（3）设计基准事故；

（4）设计扩展工况，包括堆芯熔化事故。

5.1.1.3 必须为每类核动力厂状态确定准则，使得发生频率高的核动力厂状态必须没有或仅有微小的放射性后果，而可能导致严重后果的核动力厂状态的发生频率必须很低。

5.1.2 安全重要物项的设计基准

5.1.2.1 安全重要物项的设计基准，必须针对有关的运行状态、事故工况以及由内部和外部危险导致的工况，详细说明其必需的能力、可靠性和功能，以在核动力厂整个寿期内满足特定的验收准则。

5.1.2.2 必须系统地论证安全重要物项设计基准的合理性，并形成文件。这些文件必须能为营运单位安全运行核动力厂提供必要的信息。

5.1.3 设计限值

针对运行状态和事故工况，必须为安全重要物项规定一套相应的设计限值。设计限值必须符合核安全法规和相关的监管要求。

5.1.4 假设始发事件

5.1.4.1 必须使用系统化的方法确定一套全面的假设始发事件，以在设计中考虑所有可预见的具有严重后果的事件和发生频率高的事件。

5.1.4.2 必须在工程判断、确定论和概率论评价相结合的基础上确定假设始发事件。必须论证确定论安全分析和概率论安全分析的应用范围，以表明已考虑所有可预见的事件。

5.1.4.3 假设始发事件必须包括在各种功率及停堆状态下，所有可预见的核动力厂构筑物、系统和部件失效、人员差错，以及内部和外部危险可能引起的失效。

5.1.4.4 必须对假设始发事件进行分析，以确定为执行所要求的安全功能所必需的预防和缓解措施。

5.1.4.5 核动力厂对任何假设始发事件的预期响应，必须是下列可合理达到的情况（按优先顺序）：

（1）依靠核动力厂的固有特性，使假设始发事件不会对安全产生重大影响，或只使核动力厂产生趋向于安全状态的变化；

（2）发生假设始发事件后，可借助非能动安全设施或在此状态下连续运行的系统的作用，以控制该事件，使核动力厂趋于安全；

（3）发生假设始发事件后，可借助为响应该事件而必须投入运行的那些安全系统的作用，使核动力厂趋于安全；

（4）发生假设始发事件后，可借助执行专门规程使核动力厂趋于安全或使核动力厂状态得到控制。

5.1.4.6 在核动力厂总体安全评价和详细分析中，用于确定安全重要物项性能要求的假设始发事件，必须划分成若干具有代表性的事件序列。这些具有代表性的事件序列包络所有同类事件，并为安全重要物项的设计和运行限值提供基准。

5.1.4.7 在设计中从已确定的假设始发事件清单中排除某一假设始发事件，则必须提供技术论证。

5.1.4.8 对于需要立即采取可靠响应行动的假设始发事件，设计必须有自动安全动作来启动所需的安全系统，以防止发展为更严重的工况。

5.1.4.9 对于不需要立即采取响应行动的假设始发事件，可允许依靠手动启动系统或操纵员的其他动作。从探测到异常事件和事故到采取行动之间必须有足够的时间，以及有适当的规程（如管理规程、运行规程和应急规程），以保证这些行动的执行。必须对因操纵员错误操作或错误诊断而导致事故序列恶化的可能性作出评价。

5.1.4.10 如果假设始发事件发生后，需要操纵员的行动来诊断核动力厂的状态并使核动力厂及时进入长期稳定停堆工况，则必须设置适当的仪表以有利于监测核动力厂的状态，同时设置适当的控制措施以便于设备的手动操作。

5.1.4.11 设计必须确定必要的设备及所需的规程，以保持对核动力厂的控制并减轻丧失控制的后果。

5.1.4.12 手动响应和恢复过程所需的任何设备，必须放置在最合适的位置，以保证需要时可用和在预期环境条件下允许人员安全可达。

5.1.5 内部和外部危险

5.1.5.1 必须识别所有可预见的内部和外部危险，包括潜在的可能直接或间接影响核动力厂安全的人为事件，并评价其影响。在核动力厂布置的设计和确定有关的安全重要物项的设计中使用的假设始发事件及其产生的荷载时，都必须考虑内部和外部危险的影响。

5.1.5.2 设计和布置安全重要物项，必须考虑其安全重要性，使其能够承受内部和外部危险的影响，或防御内部和外部危险及其产生的共因失效，同时适当考虑对安全的其他影响。

5.1.5.3 对多机组厂址，设计必须适当考虑特定危险同时影响厂址上若干或所有机组的可能性。

5.1.5.4 设计必须适当考虑内部危险，比如火灾、爆炸、水淹、飞射物、结构坍塌和重物坠落、管道甩击、喷射流冲击、以及来自破损系统或现场其他设施的流体释放。必须提供适当的预防和缓解措施，以保证安全不受到损害。

5.1.5.5 设计必须适当考虑在厂址评价过程中识别的自然和人为外部事件（即源于厂外的事件）。在假定可能的危险时，必须考虑其发生的原因和可能性。在短期内，核动力厂的安全不能依赖于诸如电力供应和消防服务等厂外服务。设计必须适当考虑厂址的特定情况，以确定厂外服务就位需要的最大延迟时间。

5.1.5.6 必须采取措施，使得设计基准外部事件发生时，包含有安全重要物项（包括动力电缆和控制电缆）的厂房与其他核动力厂结构之间的相互影响最小。

5.1.5.7 核动力厂设计必须提供适当的裕量，在设计基准外部危险（由厂址危险性评价确定的）发生时保护安全重要物项，并避免产生陡边效应。

5.1.5.8 核动力厂设计还必须提供适当的裕量，在超设计基准自然灾害事件发生时，保护用于防止早期放射性释放或大量放射性释放所需的物项。

5.1.6 设计规范

5.1.6.1 必须规定核动力厂安全重要物项的设计规范，并必须使其符合核安全法规和相关的监管要求，以及经验证的工程实践，同时适当考虑其与核动力厂技术的相关性。

5.1.6.2 设计必须采用保证稳健性设计的方法，必须遵循经验证的工程实践，以保证在所有运行状态和事故工况下执行基本安全功能。

5.1.7 安全运行的运行限值和条件

5.1.7.1 设计必须为核动力厂安全运行确定一套运行限值和条件。

5.1.7.2 核动力厂设计中确定的要求，以及运行限值和条件必须包括：

（1）安全限值；

（2）安全系统整定值；

（3）正常运行限值和条件；

（4）工艺变量和其他重要参数的控制系统限制和规程限制；

（5）对核动力厂的监督、维修、试验和检查的要求，以保证各构筑物、系统和部件执行设计中预定的功能，并使辐射风险保持在可合理达到的尽量低的水平；

（6）规定的运行配置，包括在安全系统或安全相关系统不可用时的运行限制；

（7）行动说明，包括在响应偏离运行限值和条件时所采取行动的完成时间。

5.1.8 设计基准事故

5.1.8.1 必须根据假设始发事件清单得出一套设计基准事故，用于设定核动力厂需承受的边界条件，以保证满足辐射防护限值。

5.1.8.2 必须使用设计基准事故来确定控制设计基准事故所必需的安全系统和其他安全重要物项的设计基准，包括性能准则等，目的是使核动力厂返回到安全状态和减轻事故后果。

5.1.8.3 针对设计基准事故工况，设计必须使核动力厂关键参数不超出规定的设计限值。基本目标是控制所有的设计基准事故以使厂内、外没有或仅有微小的放射性后果，并且无需采取任何场外防护行动。

5.1.8.4 必须用保守的方法来分析设计基准事故。该方法包括在分析中假定安全系统的某些故障模式，规定设计准则，采用保守的假设、模型和输入参数等。

5.1.9 设计扩展工况

5.1.9.1 必须在工程判断、确定论和概率论评价的基础上得出一套设计扩展工况，目的是增强核动力厂应对比设计基准事故更严重的或包含多重故障的事故的承受能力，避免不可接受的放射性后果，以进一步改进核动力厂的安全性。设计必须考虑这些设计扩展工况来确定额外的事故情景，并针对这类事故制定切实可行的预防和缓解措施。

5.1.9.2 必须对核动力厂开展设计扩展工况分析。考虑设计扩展工况的主要技术目标是预防核动力厂发生超过设计基准事故的事故工况，或合理可行地减轻这类事故工况的后果。这可能会要求增设附加的用于设计扩展工况的安全设施，或扩展安全系统的能力，来预防严重事故的发生或减轻严重事故的后果，或保持安全壳的完整性。这些附加的用于设计扩展工况的安全设施或能力扩展的安全系统，必须保证具有控制事故工况的能力，这些事故工况可能导致安全壳内存在大量放射性物质（包括来自堆芯严重损伤所释放的放射性物质）。必须保证核动力厂能进入可控状态并维持安全壳功能，从而能实际消除导致早期放射性释放或大量放射性释放的核动力厂状态发生的可能性。相关的分析可采用最佳估算方法。

5.1.9.3 必须使用设计扩展工况来确定安全设施和其他安全重要物项的设计规格书，这些设施和物项用于预防此类工况的发生或在此类工况发生后用于控制和减轻其后果。

5.1.9.4 所开展的分析必须包括确定用于或能够预防设计扩展工况并减轻其后果的设施。这些设施需满足如下要求：

（1）必须尽实际可能与发生频率更高的事故中使用的设施保持独立；

（2）必须能在设计扩展工况对应的环境条件中执行预期功能；

（3）必须有与要求其实现的功能相符的可靠性。

5.1.9.5 安全壳及其安全设施必须能够承受包括堆芯熔化在内的极端事故情景。必须采用工程判断和概率安全评价结果来选择这些事故情景。

5.1.9.6 设计必须做到实际消除可能导

致早期放射性释放或大量放射性释放的核动力厂工况发生的可能性。

5.1.9.7 对于设计扩展工况，保护公众所采取的防护行动在持续时间和范围上必须是有限的，并必须有足够的时间来采取这些防护行动。

5.1.10 事件组合

如果由工程判断、确定论安全分析和概率论安全分析的结果表明事件组合将可能导致预计运行事件或事故工况，则必须主要根据其发生的可能性，将这些事件组合纳入设计基准事故或设计扩展工况。某些事件可能是其他事件的后果，例如地震后的水淹。这种继发效应应视为初始假设始发事件的一部分。

5.1.11 商用飞机的恶意撞击

5.1.11.1 如果核动力厂所处的地形条件使其有可能遭受商用飞机的恶意撞击，则设计上应考虑这种撞击的影响。

5.1.11.2 应合理选定用于评价撞击影响的商用飞机的机型，并根据这种机型起降的机场与核动力厂的相对距离，来确定可能的飞机燃料装载量。

5.1.11.3 可根据核动力厂所处的地形条件和厂房布置，确定可能的撞击角度和速度，并采用现实模型来评价和确定核动力厂抗商用飞机撞击的措施。

5.1.11.4 评价结果应表明，设计可以维持反应堆堆芯的冷却或安全壳的完整性，以及乏燃料的冷却或乏燃料水池的完整性。

**5.2 安全系统的独立性**

5.2.1 必须通过实体隔离、电气隔离、功能独立和通讯（数据传输）独立等适当手段，防止安全系统之间或一个系统的冗余组成部分之间发生相互干扰。

5.2.2 在核动力厂安全系统中相互冗余的设备（包括电缆和电缆管道）必须易于识别。

**5.3 安全分级**

5.3.1 必须识别所有安全重要物项，并根据其功能和安全重要性对其进行分级。

5.3.2 划分安全重要物项的安全重要性的方法，必须主要基于确定论方法，并适当辅以概率论方法。使用概率论方法时，应考虑以下因素：

（1）该物项要执行的安全功能；

（2）未能执行其安全功能的后果；

（3）需要该物项执行某一安全功能的可能性；

（4）假设始发事件发生后，需要该物项执行某一安全功能的时刻或持续时间。

5.3.3 设计必须防止物项之间的相互影响，以保证划分为较低级别的物项中的任何故障不会蔓延到划分为较高级别的物项，从而保证安全功能的执行。

5.3.4 对执行多个功能的设备，必须按照其执行的最重要功能划分其安全等级。

**5.4 安全重要物项的可靠性**

5.4.1 安全重要物项的可靠性必须与其安全重要性相适应。

5.4.2 安全重要物项的设计，必须保证设备可鉴定、采购、安装、调试、操作及维修，使其能够承受该物项设计基准中规定的所有工况，并具有足够的可靠性和有效性。

5.4.3 选择设备时必须考虑到误动作与不安全的故障模式。必须优先选择具有可预见的和已揭示的故障模式的设备，且该设备便于修理或更换。

5.4.4 共因故障

设备的设计必须适当考虑安全重要物项发生共因故障的可能性，以确定应该如何应用多样性、多重性、独立性原则来实现所需的可靠性。

5.4.5 单一故障准则

5.4.5.1 必须对核动力厂设计中所包括的每个安全组合都应用单一故障准则。

5.4.5.2 当把单一故障准则应用于一个安全组合或安全系统时，必须将误动作视为故障的一种模式。

5.4.5.3 不符合单一故障准则的情况必须是极个别的，并必须在安全分析中明确证明是正当的。

5.4.5.4 设计必须适当考虑非能动部件的故障，除非能够在具有高置信度的单一故障分析中证实：该部件的故障极不可能发生，并保持其功能不受到假设始发事件的影响。

5.4.6 故障安全设计

必须恰当地考虑故障安全设计原则，并贯彻到核动力厂安全重要系统和部件的设计中。在适用时，应将安全重要系统和部件设计为故障安全，使其自身的故障或支持设施的故障不妨碍预定安全功能的执行。

5.4.7 支持系统和辅助系统

5.4.7.1 支持系统和辅助系统用于保证构成安全重要系统部分的设备可运行性时，必须相应地分级。

5.4.7.2 支持系统和辅助系统的可靠性、多重性、多样性和独立性，以及用于其隔离和功能试验的措施，必须与其所支持的系统的安全重要性相适应。

5.4.7.3 不允许支持系统和辅助系统的任一失效，同时影响安全系统的多重部件或执行多样化安全功能的安全系统。

**5.5 核动力厂全寿期内的安全运行设计**

5.5.1 安全重要物项的标定、试验、维护、修理、更换、检查和监测

5.5.1.1 设计应保证安全重要物项能够进行标定、试验、维护、修理或更换、检查和监测，以在设计基准规定的所有条件下保证其执行功能的能力并保持功能的完整性。

5.5.1.2 核动力厂布置必须便于执行标定、试验、维护、修理或更换、检查和监测等活动。这些活动能够按照相关的规范和标准执行，并必须与所执行的安全功能的重要性相一致，且工作人员不致于受到过量的照射。

5.5.1.3 在功率运行期间，设计必须使安全重要物项在进行标定、试验或维护时各系统安全功能的可靠性没有显著降低。设计必须考虑在停堆期间执行安全重要物项标定、试验、维护、修理、更换或检查的有关措施，以便于在开展这些活动时相关物项所执行的安全功能的可靠性没有显

著降低。

5.5.1.4 如果某项安全重要物项的设计不能满足试验、检查或监测的要求，必须采取下列方法以说明其正当性：

（1）指定其他经过验证的替代方法和（或）间接方法，如监视参考物项的试验，或使用经过验证和确认的计算方法；

（2）采用保守的安全裕度或其他适当的预防措施，以应对可能预计不到的故障。

5.5.2 安全重要物项的鉴定

5.5.2.1 必须采用安全重要物项的鉴定程序来确认核动力厂安全重要物项，这些物项能够在其整个设计寿期内以及支配性环境条件下执行其必要的预期功能，这里考虑的环境条件包括核动力厂的维修和试验。

5.5.2.2 在核动力厂安全重要物项的鉴定程序中，所考虑的环境条件必须包括核动力厂设计基准中所预期的周围环境条件的变化。

5.5.2.3 安全重要物项鉴定程序必须考虑到安全重要物项预期寿期内由各种环境因素（如振动、辐照、湿度、温度）引起的老化效应。对于易遭受到外部自然事件的影响并需要在这种事件中及事件后执行其安全功能的安全重要物项，鉴定程序必须通过试验、分析或者两者的结合的方式，尽可能地复现安全重要物项所经受的工况。

5.5.2.4 在鉴定程序中必须考虑合理可预计的环境条件，以及可能由特定运行工况（如安全壳泄漏率定期试验）引起的异常环境条件。在可能的范围内，应该以合理的可信度表明在严重事故中必须运行的设备（如某些仪表）能够达到设计要求。

5.5.3 老化管理

5.5.3.1 必须确定核动力厂安全重要物项的设计寿命。设计必须提供适当的裕度，以考虑有关老化、中子辐照脆化和磨损机理，以及与服役年限有关的性能劣化的可能性，从而保证安全重要物项在其整个设计寿期内执行所必需的安全功能的能力。

5.5.3.2 必须考虑到在所有正常运行状态，包括试验、维修和维修停役，以及在假设始发事件中及其后的核动力厂状态下的老化和磨损效应。

5.5.3.3 必须采取监测、试验、取样和检查措施，以评价设计阶段预计的老化机理，以及识别在使用中可能发生的未预期到的行为或性能劣化。

**5.6 人因**

5.6.1 优化运行人员效能的设计

5.6.1.1 必须在核动力厂设计过程初期就系统地考虑人因（包括人机接口），并贯彻于设计全过程。

5.6.1.2 必须规定运行人员的最低配置，以满足核动力厂进入安全状态所需全部同步操作的要求。

5.6.1.3 应尽实际可能地促使有类似核动力厂运行经验的运行人员积极参与设计过程，以保证在设计过程中尽早考虑未来的运行和设备维护的需求。

5.6.1.4 设计必须支持运行人员履行职责和执行任务，并必须限制操作差错的可能性及其对安全造成的影响。设计过程必须适当考虑核动力厂布置、设备布置、以及包括维修程序和检查程序在内的有关程序，以便于在核动力厂各种状态下运行人员和核动力厂之间的互动。

5.6.1.5 人机接口的设计必须能按照决策所需时间和行动所需时间给操纵员提供全面且易于管理的信息。向操纵员提供的用于决策和行动所需的信息必须简洁明了且无歧义。

5.6.1.6 必须向操纵员提供能够进行下列工作的必要信息：

（1）评估核动力厂在任何工况下的总体状态；

（2）在系统和设备规定的参数限值（运行限值和条件）内运行核动力厂；

（3）确认启动安全系统所需的安全动作在需要时自动触发，且相关系统按预期要求执行功能；

（4）确定手动启动特定安全动作的必要性和时间。

5.6.1.7 在适当考虑可用时间、预期工况和操纵员心理压力的情况下，设计必须有利于操纵员动作的成功执行。

5.6.1.8 必须把对操纵员在短时间内进行干预的需求降至最低，并必须证明操纵员有足够的时间作出决策和采取行动。

5.6.1.9 设计必须能够保证当某一影响核动力厂的事件发生后，控制室或辅助控制室以及通往辅助控制室的通道的环境条件不会损害运行人员的防护和安全。

5.6.1.10 运行人员的工作场所和工作环境的设计必须符合工效学概念。

5.6.1.11 在适当阶段必须对人因有关的特性进行验证和确认（包括使用模拟机），以确认操纵员确需采取的动作，并确认这些动作能够正确执行。

**5.7 其他设计考虑**

5.7.1 多机组核动力厂的安全系统和用于设计扩展工况的安全设施

5.7.1.1 多机组核动力厂中的每台机组，必须具备各自的安全系统和用于设计扩展工况的安全设施。

5.7.1.2 为进一步提高安全性，设计应适当考虑允许多机组核动力厂各机组间相互连接的手段。

5.7.2 含有易裂变或放射性物质的系统

核动力厂中所有可能含有易裂变或放射性物质的系统的设计，必须能够：防止可能导致放射性不受控制地向环境释放的事件发生；防止出现意外临界和过热；保证放射性释放量在正常运行工况下保持在允许的排放限值内，在事故工况下保持在可接受的限值内，并可合理达到的尽量低；便于减轻事故的放射性后果。

5.7.3 用于热电联产、供热或海水淡化的核动力厂

与热利用装置（如区域集中供热）和/或海水淡化装置连接的核动力厂的设计，必须能够防止在运行状态和事故工况下放射性核素从核动力厂迁移到海水淡化装置或区域集中供热装置。

5.7.4 撤离路线

5.7.4.1 核动力厂内必须设置足够数量的撤离路线。这些路线必须具有持久醒目的标识，并配备可靠的应急照明、通风和

其他辅助设施。

5.7.4.2 撤离路线必须符合辐射分区、防火、工业安全，以及核动力厂安保方面的有关要求。

5.7.4.3 设计中考虑的内、外部事件或多个事件的组合发生后，必须至少有一条路线可供位于场区内工作场所和其他区域的人员撤离。

5.7.5 通信系统

5.7.5.1 必须在整个核动力厂范围内设置有效的通信手段，以有助于所有正常运行模式下的安全运行，并在所有假设始发事件后和在事故工况下可用。

5.7.5.2 必须设置适当的警报系统和通信手段，以便在各种运行状态下和事故工况下，所有在核动力厂现场和厂区的人员都能得到警报和指令。

5.7.5.3 必须设置适当且多样化的通信手段，以满足在核动力厂范围内和毗邻区域的安全所需，以及与相关场外机构进行通信的需要。

5.7.6 核动力厂出入口控制

5.7.6.1 必须适当布置各种构筑物，使核动力厂与其周围环境隔离，并控制核动力厂的出入口。

5.7.6.2 必须在厂房设计和厂区布置时，采取必要的措施控制运行人员和（或）设备（包括应急响应人员和车辆）进出核动力厂，并必须考虑防止未经授权的人员和物品进入核动力厂。

5.7.7 防止擅自接近或干扰安全重要物项

必须防止未经批准接近或干扰安全重要物项，包括计算机硬件和软件。

5.7.8 防止安全重要系统间不利的相互作用

5.7.8.1 如果存在要求核动力厂安全重要系统同时运行的情况，必须评价其可能的不利相互作用，并必须防止任何不利相互作用的影响。

5.7.8.2 在安全重要系统可能的不利相互作用分析中，必须适当考虑实体的相互连接，以及一个系统的运行、误操作或故障对其他重要系统局部环境的影响，以保证环境条件的变化不会影响到系统或部件执行预定功能的可靠性。

5.7.8.3 如果两个安全重要流体系统相互连接，并在不同的压力下运行，则两个系统都必须设计成能够承受较高的压力，或必须采取措施防止在较低压力下运行的系统出现超出其设计压力的情况。

5.7.9 电网对核动力厂的影响

核动力厂安全重要物项的功能应不受电网扰动（包括预期的电网电压和频率变化）的影响。

**5.8 安全分析**

5.8.1 核动力厂设计的安全分析

5.8.1.1 必须对核动力厂的设计进行安全分析，在分析中必须采用确定论和概率论的安全分析方法来论证在核动力厂各类状态下是否安全。

5.8.1.2 在安全分析的基础上，必须确认安全重要物项的设计基准，以及其与始发事件和事件序列的联系。必须论证所设计的核动力厂能够满足各类运行状态下批准的排放限值和剂量限值，并能够满足事故工况下的可接受限值。

5.8.1.3 安全分析必须保证在核动力厂设计中已实施纵深防御。

5.8.1.4 安全分析必须保证在核动力厂设计中适当考虑了不确定性。尤其是应有适当的裕量，以避免出现陡边效应以及早期放射性释放或大量放射性释放。

5.8.1.5 必须基于当前状态或竣工状态，更新和验证核动力厂设计中所采用的各项分析假设、方法的适用性和保守程度。

5.8.2 确定论方法

确定论安全分析方法必须包括：

（1）制定和确认所有安全重要物项的设计基准；

（2）表征与核动力厂设计和厂址相适应的假设始发事件；

（3）分析和评价假设始发事件导致的事件序列，以确认鉴定要求；

（4）将分析结果与验收准则、设计限值、剂量限值以及可接受限值进行比较，以满足辐射防护要求；

（5）论证通过安全系统的自动响应并结合所规定的操纵员动作，能够管理预计运行事件和设计基准事故；

（6）论证通过安全系统的自动响应和利用安全设施功能并结合预期的操纵员动作，能够管理设计扩展工况。

5.8.3 概率论方法

设计必须适当考虑核动力厂所有运行模式和所有状态（包括停堆工况）下的概率安全分析，特别是：

（1）论证整个设计是平衡的，没有任何一个设施或假设始发事件对于总的风险会有过大的或明显不确定的贡献，且纵深防御的各层次应尽实际可能独立；

（2）确认核动力厂不存在陡边效应；

（3）将分析结果和已规定的风险准则进行比较。

# 6 核动力厂系统设计要求

**6.1 反应堆堆芯和相关特性**

6.1.1 燃料元件和燃料组件性能

设计必须使核动力厂燃料元件和燃料组件能够保持结构完整性，并在考虑运行状态下所有可能导致其性能劣化的因素后，能够承受预期的堆内辐照和环境条件。

6.1.1.1 需考虑如下原因引起的性能劣化：

（1）膨胀差和形变差；

（2）冷却剂外压；

（3）燃料元件内裂变产物叠加氦气导致的附加内压；

（4）燃料组件中燃料和其他材料的辐照效应；

（5）功率变化引起的温度和压力变化；

（6）化学效应；

（7）静态和动态载荷，包括流致振动和机械振动；

（8）由于变形和化学效应导致的传热性能变化。

设计必须为数据、计算和制造中的不确定性因素留有裕量。

6.1.1.2 燃料设计限值必须包括预计运行事件中容许的燃料裂变产物泄漏量限

值，从而使燃料仍能继续使用。

6.1.1.3 燃料元件和燃料组件必须能够承受燃料吊装过程中的载荷和应力。

6.1.2 反应堆堆芯结构性能

在运行工况以及除严重事故外的其他事故工况下，设计必须使核动力厂燃料元件和燃料组件及其支撑件能够维持可冷却的几何形状且不妨碍控制棒插入。

6.1.3 反应堆堆芯控制

6.1.3.1 在核动力厂各种状态（包括停堆后、换料期间和换料后、预计运行事件和未导致堆芯严重损伤的事故工况）下，堆芯中子注量率分布必须具有固有稳定性。堆芯设计应尽量减少依赖控制系统使中子注量率分布、水平和稳定性在各种运行状态下保持在规定限值内。

6.1.3.2 必须提供用于检测堆内中子注量率分布以及变化的适当方法，保证堆芯内不存在任何超过设计限值的部位。

6.1.3.3 反应性控制装置的设计，必须适当考虑到磨损以及辐照效应（如燃耗、物理特性的变化和气体的产生）。

6.1.3.4 在运行状态和未导致反应堆堆芯严重损伤的事故工况下，必须对最大的正反应性引入量及其引入速率加以限制，以保证不致引起反应堆压力边界失效，维持堆芯冷却能力和防止反应堆堆芯严重损伤。

6.1.4 反应堆停堆

6.1.4.1 必须提供在运行状态和事故工况下安全停堆的手段。必须保证即使在堆芯具有最大反应性的情况下，仍能维持停堆状态。

6.1.4.2 停堆手段的有效性、动作速度和停堆深度必须足以保证不超出规定的燃料设计限值。

6.1.4.3 判断停堆手段是否足够时，必须考虑到发生在核动力厂任何部位的、可导致一部分停堆手段失灵（如控制棒插入故障）或可能引起共因故障的故障。

6.1.4.4 反应堆停堆手段必须至少由两个多样化的且独立的系统组成。

6.1.4.5 即使在堆芯处于反应性最大的状态下，必须至少有一个系统能够独立地以足够的深度和高可靠性使反应堆保持次临界状态。

6.1.4.6 停堆手段必须足以防止，在停堆期间、换料操作期间或停堆状态下其他例行或非例行操作期间，出现的任何可预见的反应性增加而导致的意外临界。

6.1.4.7 必须设置仪表并规定各项试验，以保证停堆手段总是处于所规定的状态。

**6.2 反应堆冷却剂系统**

6.2.1 反应堆冷却剂系统的设计

6.2.1.1 核动力厂反应堆冷却剂系统部件的设计和制造，必须具有高质量的材料、恰当的设计标准、可检查性和高质量的加工，以尽量降低其发生故障的可能性。

6.2.1.2 与核动力厂反应堆冷却剂系统压力边界相连接的管道，必须设置适当的隔离装置，以限制放射性流体（一回路冷却剂）的任何丧失，并防止冷却剂通过接口系统流失。

6.2.1.3 反应堆冷却剂压力边界的设计必须使产生裂纹的可能性极小；已产生的

裂纹也极不易于按快速裂纹扩展方式发展成为失稳断裂，以便允许及时探测到裂纹。

6.2.1.4 反应堆冷却剂系统的设计必须保证避免使反应堆冷却剂压力边界的部件可能出现脆性断裂的核动力厂状态。

6.2.1.5 必须使反应堆冷却剂压力边界内部件（如泵的叶轮和阀门部件）的设计，在所有运行状态和设计基准事故下失效的可能性以及随后对一回路系统内其他安全重要部件造成的损伤最小，并为使用中可能发生的性能劣化留有适当的裕量。

6.2.2 反应堆冷却剂压力边界的超压保护

必须采取措施保证卸压装置的动作能够避免反应堆冷却剂系统压力边界出现超压，并不会导致放射性物质从核动力厂向环境直接释放。

6.2.3 反应堆冷却剂的装量

必须采取措施来控制反应堆冷却剂的装量、温度和压力，以在核动力厂任何运行状态下（恰当考虑容积变化和泄漏）使其均不超过规定的设计限值。

6.2.4 反应堆冷却剂的净化

6.2.4.1 必须在核动力厂内设置适当的设施，以去除反应堆冷却剂中的放射性物质（包括活化腐蚀产物和源自燃料的裂变产物）和非放射性物质。

6.2.4.2 所需系统的能力必须基于规定的容许燃料泄漏设计限值和保守的裕量，以保证核动力厂可在回路中的放射性水平可合理达到的尽量低的情况下运行。同时保证放射性释放低于规定排放限值，并可合理达到的尽量低。

6.2.5 反应堆堆芯的余热排出

在核动力厂停堆状态下，必须为排出反应堆堆芯余热提供手段，以使燃料、反应堆冷却剂压力边界和安全重要构筑物不超出设计限值。

6.2.6 反应堆堆芯的应急冷却

6.2.6.1 必须提供冷却手段，以在核动力厂事故工况下（即使没有保持一回路冷却剂系统压力边界的完整性），能够恢复和维持燃料的冷却。

6.2.6.2 冷却反应堆堆芯的手段必须能够保证：

（1）不超过包壳或燃料完整性参数限值（如温度）；

（2）可能出现的化学反应保持在可接受水平；

（3）应急堆芯冷却手段可有效补偿燃料和堆内结构变形的影响；

（4）反应堆堆芯冷却能保持足够长的时间。

6.2.6.3 必须提供设计手段（如泄漏探测系统、适当的互相连接和隔离能力）及考虑适当的多重性和多样性，以对每个假设始发事件都切实地满足 6.2.6.2 节的要求。

6.2.7 热量向最终热阱的传输

6.2.7.1 在核动力厂所有状态下，都必须保证具有将热量传输到最终热阱的能力。

6.2.7.2 在必须由热量传输系统实现传热功能的核动力厂状态下，热量传输系统必须具有足够的可靠性。这可能要求采用多样化的最终热阱或多样化的排热途径将热量传输至最终热阱。

6.2.7.3 在比设计基准自然灾害（由厂址危险性评价确定的）更严重水平下仍能够实现传热功能。

**6.3 安全壳结构和安全壳系统**

6.3.1 安全壳系统

必须设置安全壳系统，以保证或有助于核动力厂实现以下安全功能：

（1）在运行状态和事故工况下包容放射性物质；

（2）保护反应堆使其免受外部自然事件和人为事件的影响；

（3）在运行状态和事故工况下屏蔽辐射。

6.3.2 控制放射性从安全壳释放

6.3.2.1 安全壳的设计必须能够保证从核动力厂向环境的任何放射性释放是可合理达到的尽量低的水平，在运行状态下不高于监管排放限值，以及在事故工况下满足可接受的限值。

6.3.2.2 安全壳结构及影响安全壳系统密封性的系统和部件的设计和建造，在安全壳的所有贯穿件安装完成后和在核动力厂运行寿期内，必须能够进行泄漏率试验，并在安全壳的设计压力下能够进行泄漏率试验。

6.3.2.3 安全壳贯穿件的数量必须保持尽实际可能的少，所有贯穿件都必须满足与安全壳结构本身同样的设计要求。必须保护贯穿件，使其能够承受由管道位移引起的反作用力，或承受诸如外部或内部事件产生的飞射物、喷射力和管道甩击引起的事故载荷。

6.3.3 安全壳隔离

6.3.3.1 在依靠安全壳密封性，防止放射性物质向环境的释放超过可接受限值的事故中，贯穿安全壳且属于反应堆冷却剂压力边界组成部分的或直接与安全壳大气相通的每根管线，必须能自动且可靠地封闭。

6.3.3.2 贯穿安全壳且属于反应堆冷却剂压力边界组成部分的或直接与安全壳大气相通的管线，必须至少串联设置两个合适的安全壳隔离阀或止回阀，并必须配备适当的泄漏探测系统。通常应在安全壳内外各设置一个安全壳隔离阀或止回阀，安全壳隔离阀或止回阀必须尽实际可能地靠近安全壳，每个阀门能够可靠和独立地动作及进行定期试验。如采取其他的设置方式则应论证其满足设计要求。

6.3.3.3 对于仪表管线等特定类别的管线，或在应用第 6.3.3.2 节中所述安全壳隔离方法将会降低包含安全壳贯穿件的安全系统可靠性的情况下，可允许第 6.3.3.2 节中所述的安全壳隔离要求存在例外情况。

6.3.3.4 贯穿安全壳，但既非反应堆冷却剂压力边界的组成部分，又不直接与安全壳内大气相通的管线，必须至少设置一个适当的安全壳隔离阀。安全壳隔离阀必须安装在安全壳外侧，并尽实际可能地靠近安全壳。

6.3.4 安全壳的进入

6.3.4.1 运行人员必须通过若干道气封闸门进入核动力厂安全壳。这些闸门是联锁的，以保证反应堆功率运行和事故工况期间，至少有一道闸门是关闭的。

6.3.4.2 当运行人员出于监督目的进入安全壳时，设计必须采取特定措施，以保证运行人员的防护和安全。如果有设备气密闸门，设计中也必须采取措施，以保证运行人员的防护和安全。

6.3.4.3 贯穿安全壳的设备或材料运输闸门的设计，必须保证在需要对安全壳进行隔离时能够快速和可靠地关闭。

6.3.5 安全壳状态控制

6.3.5.1 必须采取措施控制核动力厂安全壳内的压力和温度，控制裂变产物或其他气态、液态或固态物质的任何积累，这些物质可能在安全壳内释放并可能影响安全重要系统运行。

6.3.5.2 设计必须为安全壳内各独立隔间之间提供足够的气流通道。隔间之间各种开口的截面尺寸，必须能够保证在事故工况压力平衡期间产生的压力差，不会对承压结构或减轻事故工况后果的重要系统造成不可接受的损坏。

6.3.5.3 必须保证安全壳的排热能力，以在发生任何高能流体意外释放事故后，能够降低安全壳中的压力和温度并使之维持在可接受的水平。执行从安全壳中排热功能的系统，必须具有足够的可靠性和多重性，以保证排热功能得到实现。

6.3.5.4 必须采取设计措施以防止在核动力厂所有状态下丧失安全壳结构的完整性。该措施必须不会导致早期放射性释放或大量放射性释放。

6.3.5.5 设计必须包含能安全使用移动设备恢复安全壳排热能力的手段，这些移动设备不必在厂区贮存。

6.3.5.6 必要时，必须控制可能释放到安全壳中的裂变产物、氢气、氧气和其他物质，以便：

（1）减少事故工况下可能释放到环境中的裂变产物数量；

（2）控制事故工况下安全壳大气中的氢气、氧气和其他物质的浓度，以防止可能危及安全壳完整性的燃爆或爆燃载荷。

6.3.6 覆盖层、保温材料和涂层

必须审慎选择安全壳系统内部件和结构的覆盖层、保温材料和涂层，并必须明确规定其使用方法，以保证这些部件和结构的安全功能得到实现，并在覆盖层、保温材料和涂层劣化时尽量减少对其他安全功能的影响。

**6.4 仪器仪表和控制系统**

6.4.1 仪器仪表

6.4.1.1 必须设置用于以下目的的仪器仪表：确定可能影响核动力厂裂变过程、反应堆堆芯完整性、反应堆冷却剂系统完整性和安全壳完整性的所有主要变量的值；获得核动力厂安全和可靠运行所需的重要信息；确定核动力厂在事故工况下的状态以及用于事故管理的决策。

6.4.1.2 必须设置仪器仪表和记录设备，以保证获得必不可少的信息，用于监测重要设备的状况和事故过程，预测可能出现放射性物质释放的位置和从设计预期释放位置外逸的放射性物质释放量，以及进行事故后分析。

6.4.2 控制系统

必须设置适当且可靠的控制系统，使得相关的过程变量保持在规定的运行范围内。

6.4.3 保护系统

6.4.3.1 必须设置能够探测不安全状态并自动触发安全动作的保护系统，以启动必要的安全系统来实现和维持核动力厂安全状态。

6.4.3.2 保护系统的设计必须：

（1）能够超越控制系统的不安全动作；

（2）具备故障安全特性，以在保护系统发生故障时能使核动力厂达到安全状态。

6.4.3.3 设计：

（1）必须防止操纵员在运行状态和事故工况下采取可能损害保护系统有效性的动作，但不得阻碍操纵员在事故工况下采取正确行动；

（2）必须能够执行用于启动安全系统的各种安全动作，以在预计运行事件或事故工况开始后的合理时间范围内无需操纵员干预；

（3）必须向操纵员提供相关信息，用于监测自动动作的效果。

6.4.4 仪表和控制系统的可靠性和可试验性

6.4.4.1 核动力厂安全重要物项的仪表和控制系统，必须具有与所执行的安全功能相适应的高可靠性和定期可试验性。

6.4.4.2 必须在实际可行的范围内采用各种设计技术，如可试验性（必要时包括自检能力）、故障安全特性、功能多样性、部件设计或工作原理的多样性等，以防止安全功能的丧失。

6.4.4.3 安全系统必须具有可在核动力厂运行时对其功能进行定期试验的条件，包括各通道分别进行试验的可能性，以查明可能发生的故障和多重性的丧失。设计必须允许对包括从传感器到最终的触发驱动器和显示单元所有环节的定期试验。

6.4.4.4 设计应考虑，当安全系统或安全系统的一部分由于试验或维修而必须退出运行时，在此期间应采取适当的措施对保护系统旁通状态进行明确的指示。

6.4.5 基于计算机的设备在安全重要系统中的应用

6.4.5.1 当安全重要系统设计成依赖于基于计算机的设备时，必须确定或制定用于开发和测试 / 验证计算机软、硬件的适当的标准和规范，并在整个寿期内执行，特别是在软件开发过程中应执行这些标准和规范。整个开发过程必须遵循质量保证大纲。

6.4.5.2 安全系统或安全有关系统中基于计算机的设备：

（1）基于系统对安全的重要性，必须使用高质量和最佳实践的硬件和软件；

（2）整个开发过程，包括设计变更的控制、试验和调试，必须系统地形成文件，并可供审查；

（3）必须由独立于设计者和供应商的专业人员，对基于计算机的设备进行评价，以保证其高可靠性；

（4）在安全功能对实现和保持安全状态至关重要，且不能高置信度的证明设备具有必要的高可靠性时，必须提供多样化手段以保证安全功能的执行；

（5）必须考虑由软件引起的共因故障；

（6）必须提供防止系统运行意外中断或受到蓄意干扰的保护措施。

6.4.6 保护系统和控制系统的分隔

6.4.6.1 必须通过分隔、避免相互连接或采用适当的功能独立来防止核动力厂保护系统和控制系统之间的相互干扰。

6.4.6.2 如果保护系统和控制系统共用信号，必须保证适当的分隔措施（如有效的去耦），且信号系统必须按照属于保护系统的一部分来分级。

6.4.7 控制室

6.4.7.1 必须设置控制室，以进行下述活动：在各种运行状态下以自动或手动方式安全地运行核动力厂；出现预计运行事件和事故工况后，采取相应措施，以使核动力厂保持在安全状态或回到安全状态。

6.4.7.2 必须采取适当的措施（包括在核动力厂控制室和外部环境之间设置屏障），并向控制室人员提供足够的信息，以在较长时间内保护控制室人员免于受到事故工况下形成的高辐照水平、放射性物质的释放、火灾、易爆或有毒气体的危害。

6.4.7.3 必须特别关注对可能危及控制室连续运行的（控制室）内、外部事件的识别。设计中必须采取合理可行的措施，将这些事件的后果减至最小。

6.4.7.4 控制室设计必须提供恰当的裕量，以应对比设计中考虑的自然灾害水平（由厂址危险性评价确定的）更为严重的自然灾害。

6.4.7.5 控制室设计必须考虑工效学的因素。控制室内仪表的布置和信息显示的方式必须便于运行人员正确掌握核动力厂现状和性能的全貌。必须设置有效的可视装置和适当的声响装置，用于指示偏离正常和可能危及安全的运行状态和过程。

6.4.8 辅助控制室

6.4.8.1 必须在核动力厂内与控制室实体分隔、电气隔离和功能隔离的一个独立地点设置辅助控制室，并配置仪表和控制设备。辅助控制室应能在控制室丧失执行重要安全功能时完成下述任务：使反应堆进入并保持在停堆状态，排出余热以及监测核动力厂的重要参数。

6.4.8.2 第 6.4.7.2 中的相关要求，如果适当也可用于核动力厂辅助控制室。

**6.5 场内应急设施**

6.5.1 场内应急设施通常包括应急控制中心、技术支持中心和运行支持中心，其设计必须保证工作人员在事故（包括严重事故）和灾害情况下能够在此执行预期的应急任务。

6.5.2 应根据需要向应急设施提供核动力厂重要参数和核动力厂内及其外围放射性状况的信息。每个应急设施应适当配备联络核动力厂控制室、辅助控制室和其他重要场所，以及场内、场外应急响应组织的通信手段。

**6.6 应急动力供应**

6.6.1 应对丧失场外电源的设计

6.6.1.1 核动力厂应设有应急动力源，以在任何预计运行事件或设计基准事故下一旦丧失场外电源时提供必要的动力供应。还应设有替代动力源，以在设计扩展工况下提供必要的动力供应。

6.6.1.2 核动力厂应急动力源、替代动力源的设计，必须包括能力、可用性、持续时间、容量和持续性等方面的要求。

6.6.1.3 用于提供应急动力的综合手段（如柴油机、蓄电池、水轮机、汽轮机或燃气轮机），必须具备与需要其提供动力的安全系统所有要求相适应的可靠性和类型，必须能够进行功能试验。

6.6.1.4 在同时丧失场外电源和应急动力源的情况下，替代动力源必须能够提供必要的动力，以保证反应堆冷却剂系统的完整性并防止堆芯和乏燃料出现严重损伤。

6.6.1.5 用于减轻反应堆堆芯熔化后果所必需的设备，必须能够通过任何可用的动力源提供动力。

6.6.1.6 替代动力源应与应急动力源相互独立并进行实体隔离，替代电源接入时间应与蓄电池组放电时间相匹配。

6.6.1.7 在交流电源丧失的情况下，应保证核动力厂关键参数监测以及完成安全必要的短期行动的持续动力供应。

6.6.1.8 为安全重要物项提供应急动力源的任何柴油机或其他原动机的设计基准，必须包括：

（1）相关的燃油贮存和供应系统在规定时间内满足需求的能力；

（2）原动机在所有规定工况下和在所要求的时间成功启动和运行的能力；

（3）原动机的辅助系统，如冷却系统。

6.6.1.9 设计也应包含通过一些移动设备的安全投运来恢复必要的动力供应，这些移动设备不必在厂区贮存。

**6.7 支持系统和辅助系统**

6.7.1 热传输系统

6.7.1.1 必须设置适当的辅助系统，以排出核动力厂运行状态和事故工况下要求运行的系统和部件的热量。

6.7.1.2 热传输系统的设计必须保证其非关键部分能够被隔离。

6.7.2 工艺取样系统和事故后取样系统

6.7.2.1 必须设计工艺取样系统和事故后取样系统，以在所有核动力厂运行状态和事故工况下，及时测定流体工艺系统中和取自核动力厂系统或环境的气体或液体样品中，特定的放射性核素的浓度。

6.7.2.2 必须在核动力厂内提供适当的手段，以监测可能造成重大污染的流体系统的活度以及收集工艺样品。

6.7.3 压缩空气系统

必须在压缩空气系统设计基准中，明确为核动力厂安全重要物项服务的所有压缩空气的品质、流量和清洁度要求。

6.7.4 空调系统和通风系统

6.7.4.1 必须在核动力厂辅助房间或其他区域提供适当的空调、采暖、空冷和通风系统，以在所有核动力厂状态下保持安全重要系统和部件所需的环境条件。

6.7.4.2 必须为核动力厂内的建筑物配备具有适当净化能力的通风系统，以便：

（1）防止气载放射性物质在核动力厂内不可接受的扩散；

（2）降低特定区域内气载放射性物质的浓度，使之符合人员进入所要求的水平；

（3）保持核动力厂内气载放射性物质的放射性水平在规定限值之内，并符合可合理达到的尽量低的原则；

（4）在不影响放射性流出物的控制能力的条件下，维持含有惰性气体或有害气体的房间的通风；

（5）控制气态放射性物质向环境的释放，保持在规定限值之内，并可合理达到的尽量低。

6.7.4.3 核动力厂内污染较高的区域与污染较低的区域和其他可进入的区域之间，必须维持适当的负压差。

6.7.5 消防系统

6.7.5.1 必须在适当考虑火灾危害分析结果的情况下设置消防系统，包括火灾探测系统和灭火系统、防火封隔屏障以及烟雾控制系统。

6.7.5.2 安装的消防系统应能安全地处理各种类型假设火灾事件。

6.7.5.3 如果适当，灭火系统必须能够自动启动。灭火系统的设计和布置要保证其破裂、误动作或意外操作不会显著影响安全重要物项的性能。

6.7.5.4 火灾探测系统必须能及时为运行人员提供有关火灾位置和火灾蔓延情况的信息。

6.7.5.5 应对假设始发事件发生后可能的火灾所需的探测系统和灭火系统，必须具备抵御假设始发事件影响的适当能力。

6.7.5.6 必须尽可能使用不可燃或阻燃材料和耐热材料，特别是在安全壳和控制室内。

6.7.6 照明系统

在运行状态和事故工况下，必须为核动力厂内的所有操作区提供充足的照明。

6.7.7 核动力厂起重设备

核动力厂中用于吊运安全重要物项以及在安全重要物项附近区域吊运其他物项的起重设备，其设计应满足以下要求：

（1）应采取必要的措施防止超载；

（2）应采取保守的设计手段防止可能影响安全重要物项的重物的意外跌落；

（3）核动力厂厂房布置应考虑起重设备及其所吊物项的吊运安全；

（4）应保证起重设备在核动力厂规定的状态下完成操作（设置安全联锁）；

（5）在有安全重要物项的区域使用的起重设备，需要进行抗震鉴定。

**6.8 其他动力转换系统**

6.8.1 蒸汽供应系统、给水系统和汽轮发电机

6.8.1.1 核动力厂蒸汽供应系统、给水系统和汽轮发电机的设计必须能够保证在运行状态或事故工况下，反应堆冷却剂压力边界不超过设计限值。

6.8.1.2 蒸汽供应系统必须设计有适当等级的、经鉴定的蒸汽隔离阀，其能够在运行状态和事故工况的特定条件下关闭。

6.8.1.3 蒸汽供应系统及给水系统应具备足够的能力，且设计必须避免预计运行事件升级为事故工况。

6.8.1.4 必须为汽轮发电机提供适当的保护，如超速保护和振动保护，并必须采

取措施将汽轮发电机产生的飞射物对安全重要物项的可能影响降至最低。

**6.9 放射性废物处理和流出物排放**

6.9.1 为使放射性物质排放总量及浓度保持在规定限值以内并可合理达到的尽量低，核动力厂必须设置适当的处理放射性固体、液体和气体废物的系统。

6.9.2 必须设置适当的系统，以管理放射性废物和在一段期限内在现场安全地贮存这些废物，该期限应与相应的废物处置方案相适应。

6.9.3 核动力厂必须具备适当设施，以便于放射性废物的转移、运输和装卸。必须考虑设施的可达性以及吊装和包装的能力。

6.9.4 核动力厂必须具备适当手段，以控制液态和气态流出物向环境的排放保持在规定限值以内，并可合理达到的尽量低。

6.9.5 为使气载放射性物质向环境的释放保持在规定的限值以内，净化设备必须具备必需的滞留因子。过滤系统必须具有测试其效率的条件，能够在寿期内定期监测其性能和功能，并能更换滤芯且同时保持通风量。

**6.10 燃料装卸和贮存系统**

6.10.1 必须在核动力厂建立燃料装卸和贮存系统，以保证在燃料装卸和贮存期间始终保持燃料的完整性和特性。

6.10.2 设计必须包括适当的设施，以便于新燃料和乏燃料的起吊、移动和装卸。

6.10.3 设计必须能够防止在燃料或屏蔽容器移动过程中或发生燃料或屏蔽容器坠落时对安全重要物项造成任何显著损坏。

6.10.4 燃料装卸和贮存系统的设计必须：

（1）通过采用物理手段或工艺措施（应优先采用几何安全布置）并留有规定的裕量，保证即使在最佳慢化的条件下也不会临界；

（2）允许对燃料进行检查；

（3）允许对安全重要部件进行维护、定期检查和试验；

（4）防止对燃料造成损坏；

（5）防止燃料在转运过程中跌落；

（6）能够识别每个燃料组件；

（7）提供满足相关辐射防护要求的适当手段；

（8）保证具有适当的操作程序和核材料衡算控制，以防止核燃料丢失或丧失对核燃料的控制。

6.10.5 已辐照燃料的装卸和贮存系统的设计还必须：

（1）允许在运行状态和事故工况下充分地排出燃料的热量；

（2）防止给燃料元件或燃料组件造成不可接受的操作应力；

（3）防止乏燃料运输容器、起重设备或其他重物跌落在燃料上对燃料造成可能的损坏；

（4）能安全地贮存疑似损坏或已损坏的燃料元件或燃料组件；

（5）可溶中子吸收材料在用于临界安全时应控制其浓度水平；

（6）燃料装卸和贮存设施应便于维

修和退役；

（7）必要时燃料装卸和贮存区域和设备应便于去污；

（8）根据预定的堆芯管理策略和整个堆芯中的燃料数量，能够容纳从反应堆中卸出的全部燃料并且有足够的裕量；

（9）便于从贮存设施中移出燃料和对其进行厂外运输的准备。

6.10.6 对于采用水池系统进行燃料贮存的反应堆，其设计必须防止在所有与乏燃料水池有关的核动力厂状态下发生燃料组件裸露，实际消除导致早期放射性释放或大量放射性释放工况发生的可能性，以避免在厂区形成高辐射区域。核动力厂的设计：

（1）必须提供必要的燃料冷却能力；

（2）在乏燃料水池泄漏或管道破口工况下，必须提供相应的手段防止燃料组件发生裸露；

（3）必须提供恢复水装量的能力。

设计还必须包括能够使用移动设备进行补水，以保证水池有足够的水量来长期冷却乏燃料和辐射屏蔽。

6.10.7 设计必须包括：

（1）在运行状态和与乏燃料水池有关的事故工况下，具有监测和控制乏燃料水池池水温度和水位的手段；

（2）在运行状态下具有监测和控制乏燃料水池池水和空气放射性活度的手段，并在与乏燃料水池有关的事故工况下具有监测乏燃料水池池水和空气放射性活度的手段；

（3）在运行状态下具有监测和控制乏燃料水池水化学的手段。

**6.11 辐射防护**

6.11.1 辐射防护设计

6.11.1.1 必须采取措施保证核动力厂的工作人员接受的剂量不超过规定限值，并保持在可合理达到的尽量低的水平，并考虑相关的剂量约束。

6.11.1.2 必须全面识别核动力厂的各种辐射源，将来自各种辐射源的照射和辐射风险保持在可合理达到的尽量低的水平，维持燃料元件包壳的完整性，控制腐蚀产物和活化产物的产生和迁移。

6.11.1.3 在合理可实施的情况下，用于制造构筑物、系统和部件的材料应选用不易辐照活化的材料。

6.11.1.4 必须采取措施防止来自核动力厂各种放射性物质、放射性废物和污染的释放或扩散。

6.11.1.5 核动力厂的布置必须保证存在辐射危害和可能放射性污染区域的出入得到有效控制，并通过出入控制和通风的方式防止或减少运行人员所受的辐射照射和污染。

6.11.1.6 核动力厂的布置必须尽量减少运行人员在正常运行、换料、维修和检查时的辐照剂量，贯彻可合理达到的尽量低原则。为满足上述要求，在设计上应充分考虑提供专用工具的必要性。

6.11.1.7 应根据在运行状态（包括换料、维修和检查）下区域的预期停留时间、辐射水平和表面污染水平，以及事故工况下潜在辐射水平和表面污染水平，将核动力厂划分为不同的辐射分区。通过屏蔽设计防止或降低辐射照射。

6.11.1.8 必须将经常进行维护或手动操作的设备，布置在剂量率较低的区域，以减少对工作人员的照射。

6.11.1.9 必须为运行人员和核动力厂设备提供合适的去污设施。

6.11.2 辐射监测

6.11.2.1 必须设置相应的辐射监测设备，以保证在运行状态下和设计基准事故工况下提供充分的辐射监测，以及在设计扩展工况下提供尽实际可行的辐射监测。

6.11.2.2必须提供固定式剂量率仪表，在运行人员日常出入的场所和在运行状态下辐射水平的变化使得仅能允许在某些规定时段内出入的场所，监测辐射剂量率。

6.11.2.3 必须在适当的地点安装固定式剂量率仪表，以反映在事故工况下核动力厂的总体辐射水平。在主控室或运行人员能够采取纠正行动的适当控制位置，固定式剂量率仪表必须给出充分的信息。

6.11.2.4 必须安装固定式监测设备，在运行人员日常停留的区域和气载放射性物质的活度水平可能达到须采取保护措施程度的区域，测量空气中放射性物质的活度。当探测到放射性活度高时，这些系统必须在主控室或其他适当地点给出指示。还必须在因设备故障或其他异常情况可能会造成污染的区域提供监测设备。

6.11.2.5 必须设置固定式设备和实验室设施，在运行状态和事故工况下流体工艺系统中，及时测定选定放射性核素的浓度，以及在核动力厂系统或环境中采集的气体和液体样品中，及时测定选定放射性核素的浓度。

6.11.2.6 必须设置固定式设备，在核动力厂向环境排放之前或在排放期间，监测放射性流出物和可能被污染的流出物的活度浓度。

6.11.2.7 必须设置用于测量表面污染的仪器仪表。必须在辐射监督区和控制区的主要出入口设置固定式监测设备（如门式辐射监测仪、手足监测仪），以监测运行人员和设备。

6.11.2.8 必须设置用于测量运行人员所受照射和污染的设施。必须制定用于评定和记录工作人员随时间所受累积剂量的程序。

6.11.2.9 必须根据核动力厂周围区域剂量率或放射性浓度的环境监测，对照射和其他辐射影响的评价作出安排，特别是:

（1）对人的照射途径，包括食物链;

（2）对当地环境的辐射影响;

（3）放射性物质在环境中的可能积聚和积累;

（4）是否存在任何未经批准的放射性释放路径的可能性。

## 名词解释

在核动力厂安全规定中下述名词术语的含义为:

**实际消除**

如果该工况实质上不可能发生或高置信度极不可能发生，则认为该工况被实际消除。

**能动部件**

依靠触发、机械运动或动力源等外部

输入而行使功能的部件。

**共因故障**

由特定的单一事件或起因导致两个或多个构筑物、系统或部件失效的故障。

**多样性**

为执行某一确定功能设置两个或多个独立（或冗余）的系统或部件，这些不同的系统或部件具有不同的属性，从而减少了共因故障（包括共模故障）的可能性。

**功能隔离**

防止一个线路或一个系统的运行模式或故障对另一个线路或系统造成有害后果。

**安全重要物项**

属于某一安全组合的一部分，其失效或故障可能导致对厂区人员或公众的辐射照射的物项。

**非能动部件**

不依靠触发、机械运动或动力源等外部输入而行使功能的部件。

**实体隔离**

由几何分隔（距离、方位等）、适当的屏障或二者结合形成的隔离。

**事故管理**

在超设计基准事故*发展过程中所采取的一系列行动：

（1）防止事件升级为严重事故；

（2）减轻严重事故的后果；

（3）实现长期稳定的安全状态。

为了减轻严重事故后果的事故管理也称严重事故管理。

*超设计基准事故是指假定的比设计基准事故的事故工况更为严重的事故。

**核动力厂设备**

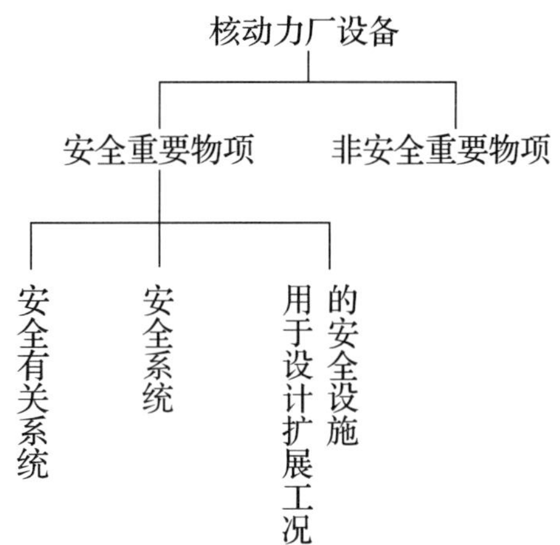


**预计运行事件**

在核动力厂运行寿期内预计至少发生一次的偏离正常运行的各种运行过程；由于设计中已采取相应措施，这类事件不至于引起安全重要物项的严重损坏，也不至于导致事故工况。

**正常运行**

核动力厂在规定的运行限值和条件范围内的运行。

**运行状态**

正常运行和预计运行事件两类状态的统称。

**严重事故**

严重性超过设计基准事故并造成堆芯明显恶化的事故工况。

**假设始发事件**

设计期间确定的可能导致预计运行事件或事故工况的假设事件。

**保护系统**

监测反应堆的运行，并根据探测到的异常工况信号，自动触发动作以防止发生不安全或潜在的不安全工况的系统。

**安全功能**

为了保证设施或活动能够预防和缓解核动力厂正常运行、预计运行瞬态和事故工况下的放射性后果，保证安全而必须达到的特定目的。

**安全组合**

用于完成某一特定假设始发事件下所必需的各种动作的设备组合，其使命是防止预计运行事件和设计基准事故的后果超过设计基准中的规定限值。

**安全系统**

安全上重要的系统，用于保证反应堆安全停堆、从堆芯排出余热或限制预计运行事件和设计基准事故的后果。

**单一故障**

导致单一系统或部件不能执行其预定安全功能的一种故障，以及由此引起的各种继发故障。

**最终热阱**

即使所有其他的排热手段已经丧失或不足以排出热量时，总是能够接受核动力厂所排出余热的一种介质。这种介质通常是水体或大气。

**可控状态**

一种核动力厂状态，即在发生预计运行事件或事故工况后，核动力厂能够保证并维持基本安全功能，以便有足够的时间采取有效措施使其达到安全状态。

**事故工况**

偏离正常运行，比预计运行事件发生频率低但更严重的工况。事故工况包括设计基准事故和设计扩展工况。

**设计中考虑的核动力厂状态**

| 运行状态 | | 事故工况 | | |
|---|---|---|---|---|
| 正常运行 | 预计运行事件 | 设计基准事故 | 设计扩展工况 | |
| | | | 没有造成堆芯明显损伤 | 堆芯熔化（严重事故） |

**设计基准事故**

导致核动力厂事故工况的假设事故，这些事故的放射性物质释放在可接受限值以内，该核动力厂是按确定的设计准则和保守的方法来设计的。

**设计扩展工况**

不在设计基准事故考虑范围的事故工况，在设计过程中应该按最佳估算方法加以考虑，并且该事故工况的放射性物质释放在可接受限值以内。设计扩展工况包括没有造成堆芯明显损伤的工况和堆芯熔化（严重事故）工况。

**安全状态**

核动力厂在发生预计运行事件或事故工况后，反应堆处于次临界，并能够保证基本安全功能且长期保持稳定的状态。

**用于设计扩展工况的安全设施**

在设计扩展工况中执行某种安全功能或具有某种安全功能的物项。

**安全系统整定值**

为防止出现超过安全限值的状态，在发生预计运行事件或设计基准事故时启动有关自动保护装置的触发点。

**陡边效应**

在核动力厂中，由微小变化的输入引发核动力厂状态的重大突变。例如，由参数微小的偏离导致核动力厂从一种状态突变到另一种状态的严重异常行为。

**原动机**

可由驱动装置驱动，将能量转化为动力的部件（如发动机、电磁操作器或气动操作器）。

**大量放射性释放**

需要厂外防护行动，但是这些行动受到时间长度和使用区域的限制，从而不足以保护人员和环境而导致的放射性释放。

**早期放射性释放**

必要的场外防护行动在预期时间内不可能全面有效执行的放射性释放。

# 国家核事故应急协调委员会关于印发核应急报告管理办法的通知

国核应委〔2016〕1号

国家核应急协调委成员单位，有关省（自治区、直辖市）核应急管理机构，有关涉核集团公司，核设施营运单位：

为加强和规范核应急报告管理，及时、准确、全面地掌握核设施和有关核活动的信息以及事故状态下应急响应情况，现将《核应急报告管理办法》印发你们，请遵照执行。

附件：核应急报告管理办法（略）

国家核事故应急协调委员会

2016年1月7日

# 国家核事故应急协调委员会关于印发核事故信息发布管理办法的通知

国核应委〔2016〕2号

各有关单位：

为进一步加强和规范核应急信息发布管理工作，按照《国家核应急预案》的要求，国家核事故应急协调委员会组织编制了《核事故信息发布管理办法》，并报国务院领导同志批准同意，现将该办法印发你们，请遵照执行。

附件：核事故信息发布管理办法（略）

国家核事故应急协调委员会

2016年1月17日

# 国家核事故应急协调委员会关于印发《国家级核应急专业技术支持中心和救援分队管理办法》的通知

国核应委〔2016〕3号

国家核应急协调委各成员单位，有关省（自治区、直辖市）核应急管理机构，有关涉核集团（院）：

为规范国家级核应急专业技术支持中心和救援分队的管理，加强组织领导，提高核应急救援能力和管理水平，现将《国家级核应急专业技术支持中心和救援分队管理办法》印发给你们，请遵照执行。

附件：国家级核应急专业技术支持中心和救援分队管理办法（略）

国家核事故应急协调委员会

2016年2月25日

# 国家核事故应急协调委员会关于印发《国家核应急救援辐射监测现场技术支持分队建设规范》等5个建设规范的通知

国核应委〔2016〕4号

国家核应急协调委各成员单位，有关省(自治区、直辖市)核应急管理机构，有关涉核集团(院)：

为规范国家级核应急专业技术支持中心和救援分队建设，强化能力提高，现将《国家核应急救援辐射监测现场技术支持分队建设规范》《国家核应急救援航空辐射监测分队建设规范》《国家核应急海洋辐射监测技术支持中心和国家核应急救援海洋辐射监测分队建设规范》《国家核应急救援辐射防护现场技术支持分队建设规范》和《国家核应急医学救援分队建设规范》印发给你们，请遵照执行。

附件：

1.《国家核应急救援辐射监测现场技术支持分队建设规范》(略)

2.《国家核应急救援航空辐射监测分队建设规范》(略)

3.《国家核应急海洋辐射监测技术支持中心和国家核应急救援海洋辐射监测分队建设规范》(略)

4.《国家核应急救援辐射防护现场技术支持分队建设规范》(略)

5.《国家核应急医学救援分队建设规范》(略)

国家核事故应急协调委员会

2016年2月25日

# 国家核事故应急协调委员会关于印发核应急预案管理办法的通知

国核应委〔2016〕10 号

国家核应急协调委成员单位，有关省（自治区、直辖市）核应急管理机构，有关涉核集团公司，核设施营运单位：

为加强和规范核应急预案管理，健全和完善预案体系，增强预案的科学性、针对性、实用性和可操作性，现将《核应急预案管理办法》印发给你们，请遵照执行。

附件：核应急预案管理办法（略）

国家核事故应急协调委员会

2016 年 7 月 25 日

# 国家核事故应急办公室关于印发《核应急救援方案编制要则》和《国家级核应急救援力量参加核应急救援行动总体方案》的通知

国核应办〔2016〕26 号

各省（自治区、直辖市）核应急管理机构，各国家级核应急专业技术支持中心、各国家级核应急专业救援分队，各核设施营运单位：

根据《关于印发〈国家级核应急专业技术支持中心和救援分队管理办法〉的通知》（国核应委〔2016〕3 号）文件相关精神，为明确国家级核应急救援力量的任务方向，落实救援力量现场指挥协同及保障等问题，进一步规范核应急救援方案编制相关工作，现将《核应急救援方案编制要则》和《国家级核应急救援力量参加核应急救援行动总体方案》印发给你们，请遵照执行。

附件：

1. 核应急救援方案编制要则（略）

2. 国家级核应急救援力量参加核应急救援行动总体方案（略）

国家核事故应急办公室

2016 年 10 月 14 日

# 核能行业概况

# 综　述

2016年，我国核能行业各领域工作稳步推进，取得了一系列新成绩：7台机组投入商运，运行核电机组继续保持安全、稳定运行，总体处于世界核电运营者协会（WANO）业绩指标中等偏上水平。2台机组相继开工建设，核电建设稳步有序推进；示范工程建设取得新进展，在建规模继续保持世界第一。核电建造自主化能力持续提升，铀资源、核燃料保障能力进一步加强，核电“走出去”取得新突破，核能国际合作取得丰硕成果，核电人才培养受到高度重视，核能行业管理进一步加强，核电安全高效发展的基础更加牢固。

2016年，我国在运核电机组继续保持良好的运行水平。防城港核电1号机组、阳江核电3号机组、宁德核电4号机组、昌江核电2号机组、红沿河核电4号机组、防城港核电2号机组、福清核电3号机组等7台机组先后投入商业运行。核电厂的主要运行指标优于世界平均值，部分指标达到国际领先水平。核电厂运行中未发生重大安全事件，工作人员接受的辐射剂量、放射性流出物排放量等均低于国家标准限值，未对周围环境和公众造成任何不良影响。

截至2016年底，中国在建核电机组达到21台[1]，总装机容量为2 444.36万千瓦，在建机组数量及装机容量继续保持世界第一。核电建设稳步有序推进，建造质量、进度均处于受控状态。田湾核电6号机组、防城港核电4号机组先后开工建设。AP1000自主化依托项目建设取得新的进展，三门核电厂1号机组、海阳核电厂1号机组相继完成一回路水压试验（冷试），全面进入热试阶段。“华龙一号”4台机组已全面开工建设，其中福清核电厂5、6号机组的里程碑节点全部按期或提前实现，防城港核电厂3、4号机组的工程质量、工期整体可控。石岛湾高温气冷堆核电站示范工程建设扎实推进，完成了土建和全面安装，进入调试阶段，首个除盐水系统完成调试向生产移交，主控室可用。此外，其他在建核电项目进展顺利。阳江核电厂4号机组完成首次装料，多个节点均创造历史最优。田湾核电厂5号、6号机组工程建设按计划稳步推进。采用EPR技术的台山核电厂1号机组进入热试。

2016年，在科技研发与装备制造方面均有新进展。（一）核电重大科技专项的关键设备研发取得重要进展。CAP1400屏蔽电机主泵攻克了全部关键工艺，基础材料全面实现国产化，主蒸汽隔离阀、大口径爆破阀等一些高难度关键设备的工程样机研制成功，AP/CAP系列三代非能动核电技术自主化及设备国产化能力大幅提升；高温气冷堆主氦风机、燃料装卸系统完成热态试验验证。（二）具有自主

1 根据我国核电行业统计惯例，当前所指的我国在建核电机组包括已并网但尚未投入商业运行的机组。

知识产权的核级数字化仪控系统的研发及应用取得重大突破，打破了国外的长期垄断。中国广核集团自主研发的我国首个核级数字化仪控系统（和睦系统，FirmSys）已经正式交付阳江核电站使用；中核集团研发的安全级数字化仪控系统（NicSys8000N）通过IAEA独立工程评审；国家电投研发的NuPAC核电站反应堆保护系统平台通过国家核安全局和美国核管会（NRC）许可。（三）“华龙一号”一批关键设备研制成功。中核集团自主研发的“华龙一号”蒸汽发生器、控制棒驱动机构、主蒸汽隔离阀、稳压器快速泄压阀、主给水隔离阀等核心关键设备研制成功。

2016年，我国核燃料循环保障体系建设取得新进展，核燃料循环各环节实现安全稳定运行，满足了我国核电发展和出口的需求。（一）天然铀产业转型升级步伐加快。新疆伊犁首个千吨级绿色铀矿山基地建设全面完成，技术先进性、劳动生产率、信息化程度与国际一流水平接轨。中广核投资开发的全球第二大铀矿项目——纳米比亚湖山铀矿建成投产。（二）2016年，我国铀纯化转化一体化能力、铀浓缩产能、铀浓缩专用设备制造生产能力均有较大提升。全球首条高温气冷堆核燃料生产线投料生产。国内首条AP1000元件生产线具备生产供货能力。（三）自主化燃料组件研制取得新突破。自主研制的CF3燃料组件完成了首个燃料循环堆内辐照考验，进入批量化生产阶段；CF4燃料元件及相关组件关键技术研究全面启动。新一代锆合金管材N45研制通过专家评审。事故容错燃料研发进展顺利，成功制备出多种金属型和陶瓷型包壳管，已启动堆外筛选试验。CAP1400自主化燃料原型组件进入整体性能验证阶段。（四）中法合作建设后处理大厂项目合同谈判和选址工作继续推进。大亚湾、田湾乏燃料干式贮存项目完成主设备联合招标，进入实质性推进阶段。（五）中低放射性废物处置场选址取得进展。

2016年，核能国际合作取得丰硕成果。巴基斯坦C3项目提前建成发电。“华龙一号”首个海外项目——巴基斯坦K3项目正式开工。与巴基斯坦就放射性废物焚烧项目签署合同，核环保技术首次走出国门。与英国政府签署了欣克利角C（HPC）核电项目收入及投资保障等政府性协议。进入英国核电市场的“华龙一号”通用设计审查（GDA）全面启动。与英国国家核实验室成立了中英核联合研发与创新中心，这是我国和西方发达国家共同建设的第一个核研发机构。与阿海珐、ANP集团的战略合作取得阶段性成果。与俄方签订一揽子核能合作协议。与美国西屋公司AP1000核燃料元件合作全面推进。中哈燃料组件厂开工建设。阿根廷压水堆和重水堆核电项目合作达成一致。阿尔及利亚研究堆改造项目正式开工。与伊朗签署小堆合作框架协议。与罗马尼亚合作完成了第六轮全方位谈判，确定了合同文本签署前的工作计划及时间安排。与沙特、印尼的高温气冷堆合作谈判取得进展。与埃及、乌克兰、加纳、巴西、约旦、马来西亚、苏丹等新兴市场国家签署了一系列合作协议。

（说明：本文中所指的中国核电情况均未包括台湾地区的核电情况。）

# 核 电

## 发展现状

2016年，我国运行核电机组继续保持安全、稳定运行，取得了良好业绩。全年没有发生2级及2级以上的运行事件，核电厂人员的个人剂量和集体剂量均保持较低水平，放射性流出物排放总量低于国家监管部门批准排放年限值，环境空气吸收剂量率在当地本底辐射水平正常涨落范围之内，没有发生影响环境与公众健康的事件。

截至2016年底，我国商运核电机组数量达到35台，总装机容量为3 363.22万千瓦，机组数量及装机容量均列世界第四。2016年，我国商运核电机组发电量为2 105.24亿千瓦时，同比增长25.07%；上网电量为1 965.86亿千瓦时，同比增长24.67%；核电装机容量约占全国电力总装机容量的2.04%，发电量占全国总发电量的3.51%；与燃煤发电相比，核能发电相当于少燃烧标准煤约6 568.35万吨[1]，减少排放二氧化碳约17 209.07万吨、二氧化硫约55.83万吨、氮氧化物约48.61万吨。

截至2016年底，中国在建核电机组达到21台，总装机容量为2 444.36万千瓦。世界在建核电机组共61台，总装机容量为6 699.50万千瓦；中国在建核电机组数量占世界核电机组数量的比例约为34.43%，装机容量占世界核电机组装机容量的比例为36.49%，在建机组数量及装机容量继续保持世界第一。

（说明：本文中所指的中国核电情况均未包括台湾地区的核电情况。）

## 一、2016 年全国发电量统计

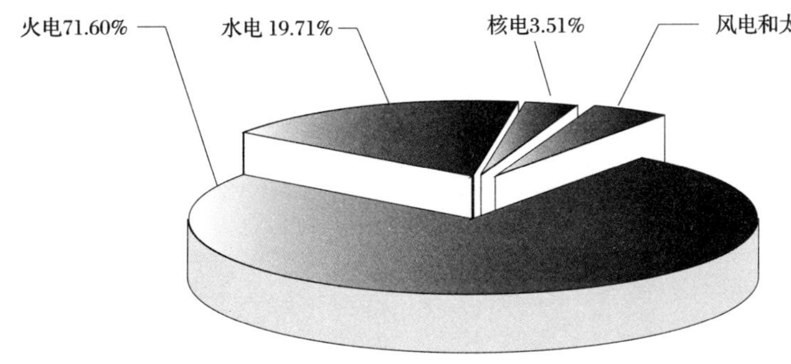


（说明：数据来源自中国电力企业联合会于2017年1月20日发布的《2016全国电力工业统计快报》）

1 2016年中国火电供电煤耗（312克/千瓦时）的数据，来源于2017年1月20日中国电力企业联合会发布的《2016全国电力工业统计快报》；减排计算方法来源于国家统计局网站，按照工业锅炉每燃烧一吨标准煤产生二氧化碳2 620千克，二氧化硫8.5千克，氮氧化物7.4千克计算。

## 二、2007—2016 年中国核电机组数量统计

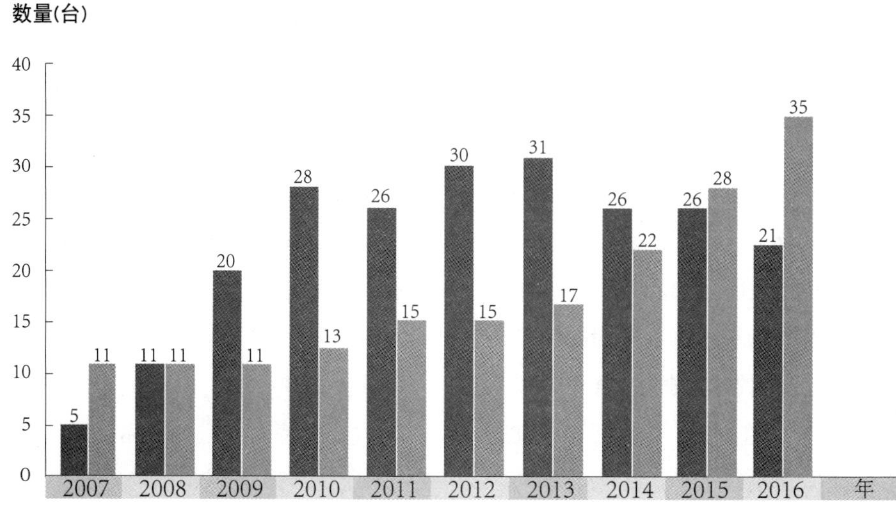


## 三、2007—2016 年中国核电装机容量统计

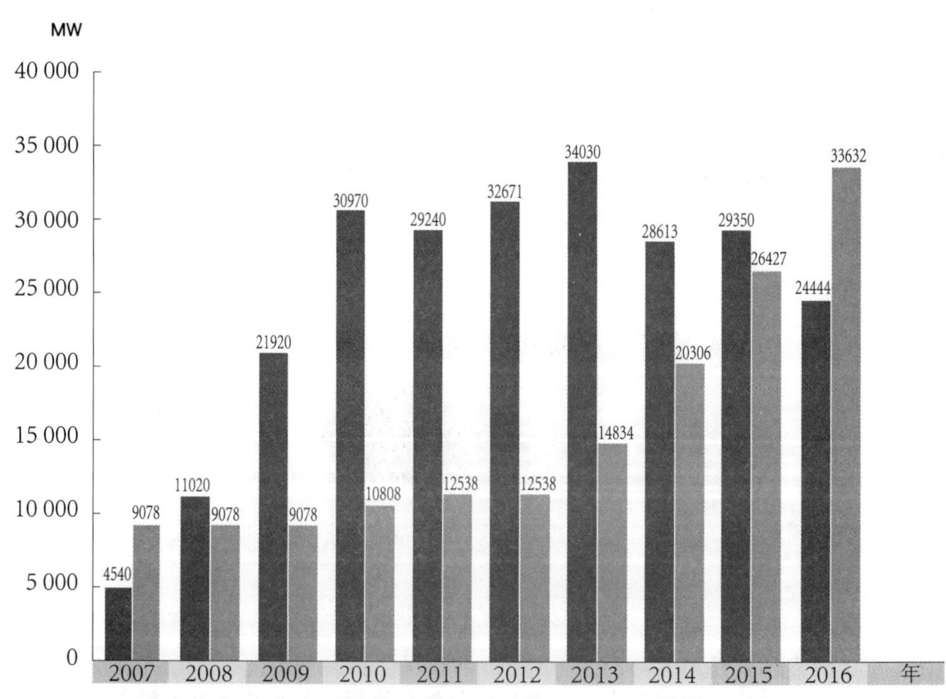

## 四、2007—2016 年中国核电发电量和上网电量统计

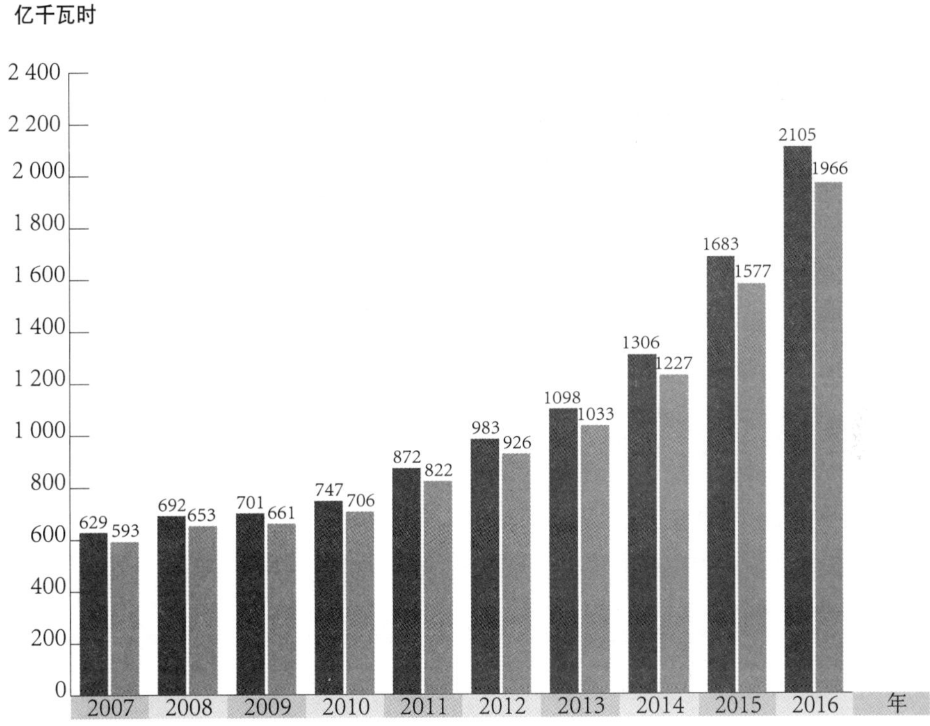

## 五、2016 年中国运行、在建核电厂分布图

红沿河核电厂

石岛湾核电厂

海阳核电厂

田湾核电厂

秦山核电厂

秦山第二核电厂

秦山第三核电厂

方家山核电厂

三门核电厂

宁德核电厂

福清核电厂

大亚湾核电厂

岭澳核电厂

台山核电厂

阳江核电厂

防城港核电厂

昌江核电厂

| 堆型 | 商业运行中 | 建设中 |
| --- | --- | --- |
| 压水堆 | ● | ○ |
| 重水堆 | ▲ | △ |
| 高温气冷堆 | ■ | □ |

# 六、2016 年中国核电厂名录（截至 2016 年 12 月 31 日）

| 状态 | 核电厂名称 | | 机组 CN 号 | 堆型 | 额定电功率 MW | 开工日期 | 首次并网日期 | 商业运行日期 |
|---|---|---|---|---|---|---|---|---|
| 运行中 | 秦山核电厂 | | CN–01 | 压水堆 | 310 | 1985–03–20 | 1991–12–15 | 1994–04–01 |
| | 大亚湾核电厂 | 1号机组<br>2号机组 | CN–02<br>CN–03 | 压水堆 | 2×984 | 1987–08–07<br>1988–04–07 | 1993–08–31<br>1994–02–07 | 1994–02–01<br>1994–05–06 |
| | 秦山第二核电厂 | 1号机组<br>2号机组 | CN–04<br>CN–05 | 压水堆 | 2×650 | 1996–06–02<br>1997–04–01 | 2002–02–06<br>2004–03–11 | 2002–04–15<br>2004–05–03 |
| | | 3号机组<br>4号机组 | CN–14<br>CN–15 | | 2×660 | 2006–04–28<br>2007–01–28 | 2010–08–01<br>2011–11–25 | 2010–10–05<br>2011–12–30 |
| | 岭澳核电厂 | 1号机组<br>2号机组 | CN–06<br>CN–07 | 压水堆 | 2×990 | 1997–05–15<br>1997–11–28 | 2002–02–26<br>2002–09–14 | 2002–05–28<br>2003–01–08 |
| | | 3号机组<br>4号机组 | CN–12<br>CN–13 | | 2×1086 | 2005–12–15<br>2006–06–15 | 2010–07–15<br>2011–05–03 | 2010–09–15<br>2011–08–07 |
| | 秦山第三核电厂 | 1号机组<br>2号机组 | CN–08<br>CN–09 | 重水堆 | 2×728 | 1998–06–08<br>1998–09–25 | 2002–11–19<br>2003–06–12 | 2002–12–31<br>2003–07–24 |
| | 田湾核电厂 | 1号机组<br>2号机组 | CN–10<br>CN–11 | 压水堆 | 2×1060 | 1999–10–20<br>2000–09–20 | 2006–05–12<br>2007–05–14 | 2007–05–17<br>2007–08–16 |
| | 红沿河核电厂 | 1号机组<br>2号机组<br>3号机组<br>4号机组 | CN–16<br>CN–17<br>CN–26<br>CN–27 | 压水堆 | 4×1118.79 | 2007–08–18<br>2008–03–28<br>2009–03–07<br>2009–08–15 | 2013–02–17<br>2013–11–23<br>2015–03–23<br>2016–04–01 | 2013–06–06<br>2014–05–13<br>2015–08–16<br>2016–09–19 |
| | 宁德核电厂 | 1号机组<br>2号机组<br>3号机组<br>4号机组 | CN–18<br>CN–19<br>CN–34<br>CN–35 | 压水堆 | 4×1089 | 2008–02–18<br>2008–11–12<br>2010–01–08<br>2010–09–29 | 2012–12–28<br>2014–01–04<br>2015–03–21<br>2016–03–29 | 2013–04–15<br>2014–05–04<br>2015–06–10<br>2016–07–21 |
| | 福清核电厂 | 1号机组<br>2号机组<br>3号机组 | CN–20<br>CN–21<br>CN–42 | 压水堆 | 3×1089 | 2008–11–21<br>2009–06–17<br>2010–12–31 | 2014–08–20<br>2015–08–05<br>2016–09–07 | 2014–11–22<br>2015–10–16<br>2016–10–24 |
| | 阳江核电厂 | 1号机组<br>2号机组<br>3号机组 | CN–22<br>CN–23<br>CN–40 | 压水堆 | 3×1086 | 2008–12–16<br>2009–06–04<br>2010–11–15 | 2013–12–31<br>2015–03–10<br>2015–10–18 | 2014–03–25<br>2015–06–05<br>2016–01–01 |
| | 方家山核电厂 | 1号机组<br>2号机组 | CN–24<br>CN–25 | 压水堆 | 2×1089 | 2008–12–26<br>2009–07–17 | 2014–11–04<br>2015–01–12 | 2014–12–15<br>2015–02–12 |
| | 昌江核电厂 | 1号机组<br>2号机组 | CN–36<br>CN–37 | 压水堆 | 2×650 | 2010–04–25<br>2010–11–21 | 2015–11–07<br>2016–06–20 | 2015–12–25<br>2016–08–12 |
| | 防城港核电厂 | 1号机组<br>2号机组 | CN–38<br>CN–39 | 压水堆 | 2×1086 | 2010–07–30<br>2010–12–23 | 2015–10–25<br>2016–07–15 | 2016–01–01<br>2016–10–01 |
| 合计 | | 35台 | | | 33632.16 | | | |

**续表**

| 状态 | 核电厂名称 | | 机组CN号 | 堆型 | 额定电功率MW | 开工日期 | 首次并网日期 | 商业运行日期 |
|---|---|---|---|---|---|---|---|---|
| 建设中 | 红沿河核电厂 | 5号机组<br>6号机组 | CN–49<br>CN–50 | 压水堆 | 2×1 118.79 | 2015–03–29<br>2015–07–24 | | |
| | 福清核电厂 | 4号机组 | CN–43 | 压水堆 | 1089 | 2012–11–17 | | |
| | | 5号机组<br>6号机组 | CN–51<br>CN–52 | | 2×1150 | 2015–05–07<br>2015–12–22 | | |
| | 阳江核电厂 | 4号机组<br>5号机组<br>6号机组 | CN–41<br>CN–47<br>CN–48 | 压水堆 | 3×1086 | 2012–11–17<br>2013–09–18<br>2013–12–23 | | |
| | 三门核电厂 | 1号机组<br>2号机组 | CN–28<br>CN–29 | 压水堆 | 2×1250 | 2009–04–19<br>2009–12–15 | | |
| | 海阳核电厂 | 1号机组<br>2号机组 | CN–30<br>CN–31 | 压水堆 | 2×1250 | 2009–09–24<br>2010–06–20 | | |
| | 台山核电厂 | 1号机组<br>2号机组 | CN–32<br>CN–33 | 压水堆 | 2×1750 | 2009–11–18<br>2010–04–15 | | |
| | 防城港核电厂 | 3号机组<br>4号机组 | CN–53<br>CN–54 | 压水堆 | 2×1180 | 2015–12–24<br>2016–12–23 | | |
| | 石岛湾核电厂 | 高温气冷堆核电站示范工程 | CN–44 | 模块式球床型高温气冷堆 | 211 | 2012–12–09 | | |
| | 田湾核电厂 | 3号机组<br>4号机组 | CN–45<br>CN–46 | 压水堆 | 2×1126 | 2012–12–27<br>2013–09–27 | | |
| | | 5号机组<br>6号机组 | CN–55<br>CN–56 | | 2×1118 | 2015–12–27<br>2016–09–07 | | |
| 合计 | | 21台 | | | 24 443.58 | | | |

说明：机组“CN号”为IAEA-PRIS数据库对中国核电机组给出的编号。

# 七、2016 年世界在建核电信息

## （一）2016 年世界在建核电厂一览表

| | 机组数（台） | 装机容量（万千瓦） | 反应堆型号 |
|---|---|---|---|
| 中国 | 21 | 2 444.4 | M310改进型，8台；<br>HPR1000，4台；AP1000，4台；EPR，2台；<br>VVER V–428M，2台；HTGR，1台； |
| 俄罗斯 | 7 | 593.7 | KLT–40S‘Floating’，2台；<br>VVER V–491，3台；<br>VVER V–392M，1台；<br>VVER V–320，1台； |
| 印度 | 5 | 330.0 | PHWR–700，2台；Prototype，1台；<br>Horizontal Pressure Tube type，2台； |
| 美国 | 4 | 500.0 | AP1000，4台； |
| 阿联酋 | 4 | 560.0 | APR–1400，4台； |
| 韩国 | 3 | 420.0 | APR–1400，3台； |
| 巴基斯坦 | 3 | 254.0 | CNP–300，1台；ACP1000，2台； |
| 日本 | 2 | 275.6 | ABWR，2台； |
| 中国台北 | 2 | 270.0 | ABWR，2台； |
| 乌克兰 | 2 | 217.8 | VVER V–392B，2台； |
| 斯洛伐克 | 2 | 94.2 | VVER V–213，2台； |
| 白俄罗斯 | 2 | 238.8 | VVER V–491，2台； |
| 芬兰 | 1 | 172.0 | EPR，1台； |
| 法国 | 1 | 165.0 | EPR，1台； |
| 巴西 | 1 | 135.0 | PRE KONVOI，1台； |
| 阿根廷 | 1 | 29.0 | PWR，1台； |
| 合计 | 61 | 6 699.5 | |

## （二）2016 年中国在建核电装机容量占世界比率

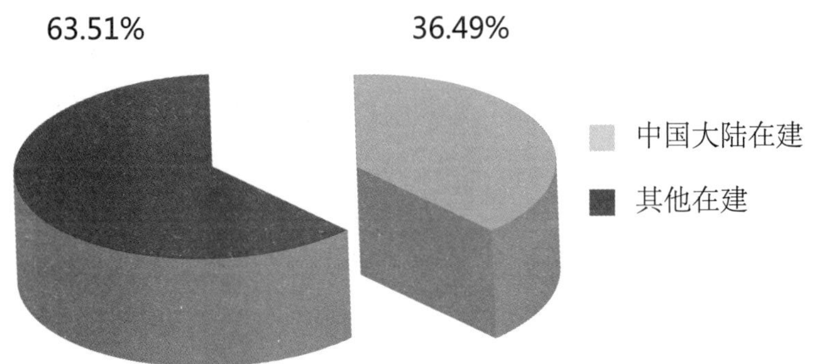

# 在役核电厂运行情况

2016年，我国运行核电机组继续保持良好的安全运行记录，未发生国际核事件分级（INES）2级及2级以上的运行事件。核电厂运行期间，工作人员接受的辐射剂量、放射性流出物的排放量均低于国家监管部门批准限值；环境监测表明，核电厂的运行对周围环境没有造成不良影响。

## 一、发电量和上网电量

2016年，中国核电35台商运核电机组全年发电量2 105.24亿千瓦时，上网电量1 965.86亿千瓦时，较2015年发电量增加25.07%，上网电量增加24.67%。

**1.2007—2016年核发电量和上网电量**

| 核电厂名称 | 项目(单位)<br>年度 | 发电量<br>（亿千瓦时） | 上网电量<br>（亿千瓦时） |
|---|---|---|---|
| 秦山核电厂 | 2007 | 22.17 | 20.63 |
| | 2008 | 26.24 | 24.31 |
| | 2009 | 23.62 | 21.95 |
| | 2010 | 23.24 | 21.69 |
| | 2011 | 24.98 | 23.33 |
| | 2012 | 28.44 | 26.59 |
| | 2013 | 23.03 | 21.59 |
| | 2014 | 26.23 | 24.41 |
| | 2015 | 25.71 | 23.94 |
| | 2016 | 25.80 | 23.97 |
| 大亚湾核电厂 | 2007 | 154.41 | 147.75 |
| | 2008 | 160.81 | 154.30 |
| | 2009 | 163.74 | 156.62 |
| | 2010 | 157.04 | 150.15 |
| | 2011 | 160.18 | 153.36 |
| | 2012 | 159.30 | 152.51 |
| | 2013 | 148.95 | 142.41 |
| | 2014 | 151.40 | 144.97 |
| | 2015 | 154.25 | 147.75 |
| | 2016 | 151.72 | 145.26 |

续表

| 核电厂名称 | 项目(单位)<br>年度 | 发电量<br>（亿千瓦时） | 上网电量<br>（亿千瓦时） |
|---|---|---|---|
| 秦山第二核电厂 | 2007 | 89.05 | 83.20 |
| | 2008 | 99.58 | 93.13 |
| | 2009 | 99.41 | 92.86 |
| | 2010 | 119.41 | 112.36 |
| | 2011 | 146.03 | 136.81 |
| | 2012 | 201.62 | 188.96 |
| | 2013 | 203.70 | 191.12 |
| | 2014 | 202.34 | 189.78 |
| | 2015 | 202.86 | 190.05 |
| | 2016 | 208.06 | 195.01 |
| 岭澳核电厂 | 2007 | 147.40 | 141.23 |
| | 2008 | 152.44 | 146.20 |
| | 2009 | 154.67 | 148.25 |
| | 2010 | 176.59 | 168.47 |
| | 2011 | 265.09 | 251.53 |
| | 2012 | 315.13 | 298.62 |
| | 2013 | 315.48 | 299.15 |
| | 2014 | 325.53 | 308.85 |
| | 2015 | 322.78 | 306.03 |
| | 2016 | 321.30 | 304.33 |
| 秦山第三核电厂 | 2007 | 115.41 | 106.96 |
| | 2008 | 112.38 | 104.12 |
| | 2009 | 117.23 | 108.53 |
| | 2010 | 114.12 | 105.57 |
| | 2011 | 115.01 | 106.53 |
| | 2012 | 116.27 | 107.55 |
| | 2013 | 119.17 | 110.31 |
| | 2014 | 116.88 | 108.18 |
| | 2015 | 112.35 | 103.82 |
| | 2016 | 108.63 | 100.30 |

续表

| 核电厂名称 | 项目(单位) 年度 | 发电量（亿千瓦时） | 上网电量（亿千瓦时） |
|---|---|---|---|
| 田湾核电厂 | 2007 | 100.18 | 92.85 |
| | 2008 | 140.75 | 131.19 |
| | 2009 | 142.67 | 132.81 |
| | 2010 | 157.02 | 146.71 |
| | 2011 | 160.72 | 150.16 |
| | 2012 | 162.41 | 151.9 |
| | 2013 | 166.86 | 156.10 |
| | 2014 | 167.67 | 156.92 |
| | 2015 | 166.17 | 155.61 |
| | 2016 | 153.73 | 143.54 |
| 红沿河核电厂 | 2013 | 53.93 | 49.79 |
| | 2014 | 112.54 | 104.24 |
| | 2015 | 137.94 | 125.91 |
| | 2016 | 192.79 | 176.91 |
| 宁德核电厂 | 2013 | 67.20 | 62.20 |
| | 2014 | 116.24 | 108.02 |
| | 2015 | 195.85 | 182.26 |
| | 2016 | 241.29 | 223.36 |
| 福清核电厂 | 2014 | 10.33 | 9.61 |
| | 2015 | 83.39 | 76.72 |
| | 2016 | 156.61 | 144.60 |
| 阳江核电厂 | 2014 | 72.44 | 67.93 |
| | 2015 | 129.47 | 121.52 |
| | 2016 | 230.42 | 215.83 |
| 方家山核电厂 | 2014 | 4.20 | 3.96 |
| | 2015 | 151.68 | 142.63 |
| | 2016 | 161.15 | 151.52 |
| 昌江核电厂 | 2015 | 0.71 | 0.66 |
| | 2016 | 56.32 | 51.09 |
| 防城港核电厂 | 2016 | 97.42 | 90.14 |
| 2016年度合计 | | 2 105.24 | 1 965.86 |

2.2007—2016年核发电量和上网电量趋势图

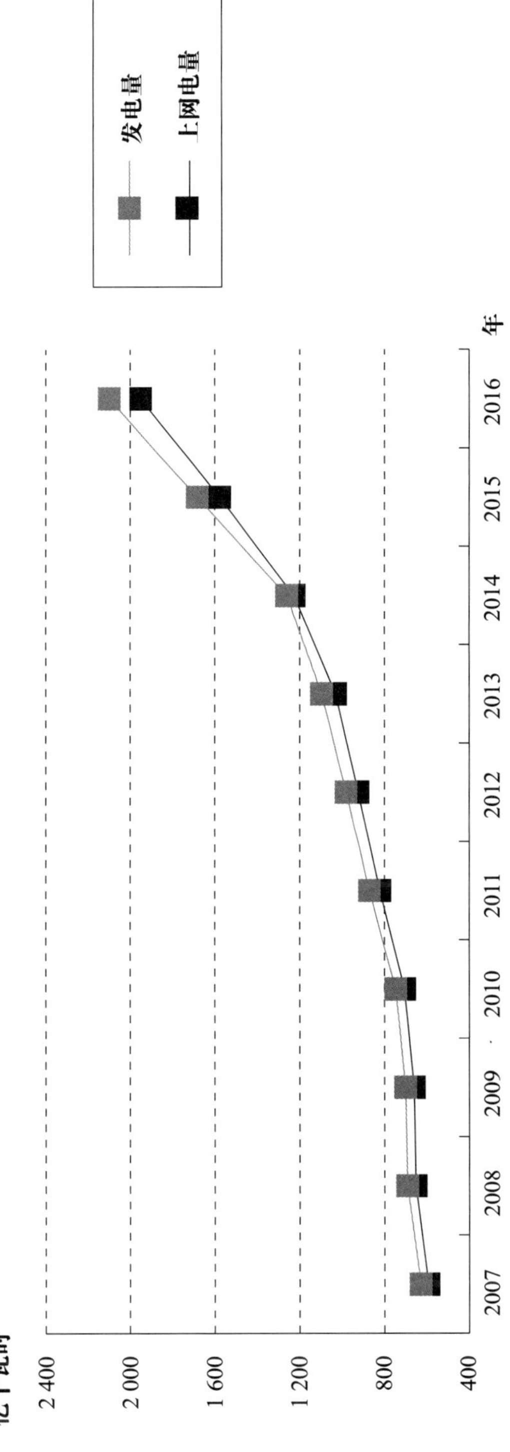

## 二、机组能力因子和负荷因子

**2007—2016年机组能力因子和负荷因子**

| 核电厂名称 | 项目/年份 | 机组能力因子（%） | | | | | | | | | | 机组负荷因子（%） | | | | | | | | | |
|---|---|---|---|---|---|---|---|---|---|---|---|---|---|---|---|---|---|---|---|---|---|
| | | 2007 | 2008 | 2009 | 2010 | 2011 | 2012 | 2013 | 2014 | 2015 | 2016 | 2007 | 2008 | 2009 | 2010 | 2011 | 2012 | 2013 | 2014 | 2015 | 2016 |
| 秦山核电厂 | | 82.22 | 95.55 | 87.43 | 83.35 | 88.04 | 99.94 | 81.61 | 92.69 | 90.92 | 91.38 | 81.62 | 96.36 | 86.98 | 83.99 | 89.11 | 101.19 | 82.17 | 96.58 | 91.74 | 91.80 |
| 大亚湾核电厂 | 1号机组 | 91.20 | 99.79 | 91.23 | 89.08 | 99.98 | 83.94 | 86.83 | 99.66 | 78.83 | 86.58 | 90.85 | 99.61 | 90.20 | 88.90 | 99.67 | 83.86 | 86.76 | 100.02 | 79.65 | 87.48 |
| | 2号机组 | 88.80 | 86.25 | 99.99 | 92.80 | 86.56 | 99.97 | 85.93 | 75.58 | 98.65 | 87.42 | 88.29 | 86.44 | 99.76 | 93.29 | 86.17 | 100.45 | 86.04 | 75.62 | 99.30 | 88.05 |
| 秦山第二核电厂 | 1号机组 | 64.12 | 85.35 | 82.66 | 91.70 | 73.71 | 85.24 | 85.79 | 83.53 | 88.93 | 90.45 | 65.69 | 87.41 | 84.46 | 93.45 | 75.17 | 84.66 | 86.80 | 85.60 | 89.31 | 88.34 |
| | 2号机组 | 88.30 | 85.21 | 88.21 | 86.64 | 90.95 | 79.68 | 88.74 | 85.01 | 90.84 | 82.96 | 90.70 | 87.00 | 90.12 | 88.71 | 93.27 | 81.05 | 90.02 | 86.59 | 91.27 | 84.64 |
| | 3号机组 | / | / | / | / | 81.60 | 90.10 | 93.50 | 92.00 | 85.60 | 99.81 | / | / | / | / | 83.12 | 90.65 | 94.63 | 91.14 | 83.53 | 96.92 |
| | 4号机组 | / | / | / | / | / | 95.81 | 84.28 | 89.77 | 90.65 | 92.39 | / | / | / | / | / | 96.77 | 84.56 | 89.27 | 89.49 | 91.6 |
| 岭澳核电厂 | 1号机组 | 83.16 | 92.11 | 90.38 | 93.71 | 91.39 | 93.59 | 82.94 | 90.44 | 86.80 | 99.81 | 82.65 | 90.72 | 89.05 | 92.93 | 91.05 | 91.87 | 82.38 | 88.59 | 86.37 | 99.11 |
| | 2号机组 | 87.73 | 85.24 | 91.09 | 91.12 | 94.05 | 91.25 | 88.58 | 94.55 | 93.64 | 88.65 | 87.31 | 84.57 | 89.30 | 90.52 | 93.12 | 89.70 | 87.28 | 93.46 | 91.01 | 83.94 |
| | 3号机组 | / | / | / | 98.60 | 72.06 | 88.45 | 90.11 | 89.42 | 90.10 | 91.62 | / | / | / | 98.75 | 71.14 | 86.30 | 88.78 | 87.88 | 88.90 | 89.23 |
| | 4号机组 | / | / | / | / | 99.58 | 80.60 | 88.95 | 90.31 | 90.29 | 87.84 | / | / | / | / | 98.78 | 78.52 | 88.18 | 88.35 | 88.69 | 80.72 |
| 秦山第三核电厂 | 1号机组 | 86.42 | 91.21 | 91.93 | 89.73 | 92.53 | 96.26 | 89.91 | 96.16 | 83.17 | 94.91 | 88.35 | 93.52 | 93.88 | 91.92 | 94.87 | 97.43 | 88.64 | 94.79 | 80.67 | 92.76 |
| | 2号机组 | 97.55 | 87.32 | 95.37 | 92.07 | 91.02 | 90.46 | 99.86 | 90.14 | 97.47 | 79.28 | 99.87 | 89.43 | 97.30 | 94.19 | 92.69 | 91.67 | 98.23 | 88.48 | 95.50 | 77.12 |
| 田湾核电厂 | 1号机组 | / | 70.97 | 74.12 | 87.02 | 86.55 | 86.78 | 90.70 | 89.83 | 91.07 | 81.87 | / | 74.76 | 77.84 | 86.92 | 86.16 | 86.72 | 90.60 | 89.64 | 90.81 | 81.59 |
| | 2号机组 | / | 81.20 | 80.70 | 82.28 | 87.05 | 87.77 | 89.14 | 91.11 | 88.22 | 87.23 | / | 85.47 | 85.02 | 82.18 | 86.92 | 87.71 | 89.10 | 90.94 | 88.15 | 85.09 |

续表

| 核电厂名称 | 项目/年份 | 机组能力因子（%） | | | | | | | | | | 机组负荷因子（%） | | | | | | | | | |
|---|---|---|---|---|---|---|---|---|---|---|---|---|---|---|---|---|---|---|---|---|---|
| | | 2007 | 2008 | 2009 | 2010 | 2011 | 2012 | 2013 | 2014 | 2015 | 2016 | 2007 | 2008 | 2009 | 2010 | 2011 | 2012 | 2013 | 2014 | 2015 | 2016 |
| 红沿河核电厂 | 1号机组 | / | / | / | / | / | / | 99.90 | 70.04 | 87.75 | 87.19 | / | / | / | / | / | / | 96.33 | 67.13 | 82.57 | 66.36 |
| | 2号机组 | / | / | / | / | / | / | / | 75.69 | 65.53 | 87.49 | / | / | / | / | / | / | / | 74.80 | 39.26 | 57.56 |
| | 3号机组 | / | / | / | / | / | / | / | / | 100.00 | 94.90 | / | / | / | / | / | / | / | / | 24.44 | 59.90 |
| | 4号机组 | / | / | / | / | / | / | / | / | / | 99.98 | / | / | / | / | / | / | / | / | / | 49.02 |
| 宁德核电厂 | 1号机组 | / | / | / | / | / | / | 99.95 | 57.31 | 88.22 | 98.13 | / | / | / | / | / | / | 98.51 | 56.70 | 85.93 | 76.44 |
| | 2号机组 | / | / | / | / | / | / | / | 99.83 | 80.73 | 86.38 | / | / | / | / | / | / | / | 98.66 | 73.72 | 65.46 |
| | 3号机组 | / | / | / | / | / | / | / | / | 94.37 | 80.08 | / | / | / | / | / | / | / | / | 81.67 | 68.91 |
| | 4号机组 | / | / | / | / | / | / | / | / | / | 99.98 | / | / | / | / | / | / | / | / | / | 92.47 |
| 福清核电厂 | 1号机组 | / | / | / | / | / | / | / | / | 74.09 | 99.31 | / | / | / | / | / | / | / | / | 69.05 | 75.84 |
| | 2号机组 | / | / | / | / | / | / | / | / | 99.06 | 81.55 | / | / | / | / | / | / | / | / | 89.09 | 69.11 |
| | 3号机组 | / | / | / | / | / | / | / | / | / | / | / | / | / | / | / | / | / | / | / | / |
| 阳江核电厂 | 1号机组 | / | / | / | / | / | / | / | 99.93 | 79.45 | 81.56 | / | / | / | / | / | / | / | 98.78 | 78.86 | 79.16 |
| | 2号机组 | / | / | / | / | / | / | / | / | 99.64 | 77.68 | / | / | / | / | / | / | / | / | 99.94 | 77.29 |
| | 3号机组 | / | / | / | / | / | / | / | / | / | 91.24 | / | / | / | / | / | / | / | / | / | 85.11 |
| 方家山核电厂 | 1号机组 | / | / | / | / | / | / | / | / | 83.68 | 91.23 | / | / | / | / | / | / | / | / | 80.03 | 87.11 |
| | 2号机组 | / | / | / | / | / | / | / | / | 93.10 | 86.88 | / | / | / | / | / | / | / | / | 89.24 | 81.36 |
| 昌江核电厂 | 1号机组 | / | / | / | / | / | / | / | / | 100.00 | 93.96 | / | / | / | / | / | / | / | / | 65.95 | 70.24 |
| | 2号机组 | / | / | / | / | / | / | / | / | / | / | / | / | / | / | / | / | / | / | / | / |
| 防城港核电厂 | 1号机组 | / | / | / | / | / | / | / | / | / | 99.02 | / | / | / | / | / | / | / | / | / | 81.21 |
| | 2号机组 | / | / | / | / | / | / | / | / | / | 99.95 | / | / | / | / | / | / | / | / | / | 84.12 |

说明："/"为机组当年未投入商运或因不满足统计要求，无数据。

## 三、非计划自动紧急停堆情况

**2007—2016年商业运行核电机组非计划自动紧急停堆次数统计**

| 核电厂名称 \ 年度 | | 2007 | 2008 | 2009 | 2010 | 2011 | 2012 | 2013 | 2014 | 2015 | 2016 |
|---|---|---|---|---|---|---|---|---|---|---|---|
| 秦山核电厂 | | 0 | 1 | 1 | 1 | 0 | 0 | 1 | 0 | 0 | 0 |
| 大亚湾核电厂 | 1号机组 | 0 | 0 | 0 | 0 | 0 | 0 | 0 | 1 | 0 | 0 |
| | 2号机组 | 2 | 1 | 0 | 0 | 0 | 0 | 0 | 0 | 0 | 0 |
| 秦山第二核电厂 | 1号机组 | 0 | 0 | 0 | 0 | 1 | 0 | 0 | 0 | 1 | 0 |
| | 2号机组 | 0 | 1 | 0 | 1 | 0 | 0 | 1 | 1 | 1 | 0 |
| | 3号机组 | / | / | / | 0 | 0 | 2 | 1 | 0 | 0 | 0 |
| | 4号机组 | / | / | / | / | 0 | 0 | 0 | 0 | 0 | 0 |
| 岭澳核电厂 | 1号机组 | 0 | 0 | 0 | 0 | 0 | 0 | 0 | 0 | 0 | 0 |
| | 2号机组 | 1 | 0 | 0 | 0 | 0 | 0 | 0 | 1 | 0 | 1 |
| | 3号机组 | / | / | / | 0 | 0 | 0 | 0 | 0 | 0 | 0 |
| | 4号机组 | / | / | / | / | 0 | 0 | 0 | 0 | 0 | 0 |
| 秦山第三核电厂 | 1号机组 | 0 | 0 | 0 | 0 | 0 | 0 | 0 | 0 | 0 | 2 |
| | 2号机组 | 0 | 0 | 0 | 0 | 0 | 0 | 0 | 0 | 0 | 0 |
| 田湾核电厂 | 1号机组 | 1 | 1 | 2 | 0 | 0 | 0 | 0 | 0 | 0 | 0 |
| | 2号机组 | 1 | 0 | 0 | 0 | 0 | 0 | 0 | 0 | 1 | 1 |
| 红沿河核电厂 | 1号机组 | / | / | / | / | / | / | 0 | 1 | 0 | 0 |
| | 2号机组 | / | / | / | / | / | / | / | 1 | 0 | 0 |
| | 3号机组 | / | / | / | / | / | / | / | / | 0 | 0 |
| | 4号机组 | / | / | / | / | / | / | / | / | / | 0 |
| 宁德核电厂 | 1号机组 | / | / | / | / | / | / | 0 | 0 | 0 | 0 |
| | 2号机组 | / | / | / | / | / | / | / | 0 | 0 | 0 |
| | 3号机组 | / | / | / | / | / | / | / | / | 2 | 0 |
| | 4号机组 | / | / | / | / | / | / | / | / | / | 0 |

续表

| 核电厂名称 \ 年度 | | 2007 | 2008 | 2009 | 2010 | 2011 | 2012 | 2013 | 2014 | 2015 | 2016 |
|---|---|---|---|---|---|---|---|---|---|---|---|
| 福清核电厂 | 1号机组 | / | / | / | / | / | / | / | 0 | 2 | 0 |
| | 2号机组 | / | / | / | / | / | / | / | / | 1 | 1 |
| | 3号机组 | / | / | / | / | / | / | / | / | / | 0 |
| 阳江核电厂 | 1号机组 | / | / | / | / | / | / | / | 0 | 0 | 0 |
| | 2号机组 | / | / | / | / | / | / | / | / | 0 | 0 |
| | 3号机组 | / | / | / | / | / | / | / | / | / | 0 |
| 方家山核电厂 | 1号机组 | / | / | / | / | / | / | / | 0 | 0 | 0 |
| | 2号机组 | / | / | / | / | / | / | / | / | 0 | 0 |
| 昌江核电厂 | 1号机组 | / | / | / | / | / | / | / | / | 0 | 0 |
| | 2号机组 | / | / | / | / | / | / | / | / | / | 1 |
| 防城港核电厂 | 1号机组 | / | / | / | / | / | / | / | / | / | 0 |
| | 2号机组 | / | / | / | / | / | / | / | / | / | 0 |
| 合计 | | 5 | 4 | 3 | 2 | 1 | 2 | 3 | 5 | 8 | 6 |

说明：1）1月9日，岭澳核电厂2号机组受海生物（虾群）影响，2CRF001/002跳闸，机组自动停堆。

2）9月11日，田湾核电厂2号机组维修现场搭设脚手架人员在工作过程中误踩阀门2MAX30AA502，导致该阀被开180°，造成汽轮机甩负荷并最后导致反应堆停堆信号AA14保护动作，机组自动停堆。

3）9月15日，秦山第三核电厂1号机组因6.3 kV公用段供电变压器故障跳闸导致部分负荷低电压跳闸，机组自动停堆。

4）9月28日，福清核电厂2号机组2RCV003PO异常跳泵，引起机组3台主泵停泵触发反应堆保护信号，机组自动停堆。

5）10月19日，昌江核电厂2号机组循环水过滤系统（CFI）鼓网出现压差高4信号，致使循环水系统（CRF）两台水泵自动跳闸，相继出现冷凝器故障信号、汽轮机跳机信号C8，叠加反应堆功率大于10%FP（P10信号），机组自动停堆。

6）10月20日，秦山第三核电厂1号机组因4号蒸汽发生器保温仓内仪表管转接管上有针眼式泄漏，导致反应堆厂房氚水平异常上升，机组根据规程执行降功率停堆操作。

## 四、职业照射

国家标准《电离辐射防护与辐射源安全基本标准》(GB 18871–2002)中规定了工作人员职业照射的剂量限值：连续5年的年平均有效剂量不超过20 mSv；任何一年中的有效剂量不超过50 mSv。2007年至2016年，我国已投入商运核电厂工作人员所受到的照射剂量均远低于国家标准规定的限值。

**2007—2016年核电厂工作人员职业照射情况**

| 项目（单位）<br>核电厂名称 | 年份 | 年人均有效剂量（mSv） | 年度最大个人剂量（mSv） | 年度集体有效剂量（人·Sv） | 归一化集体有效剂量（人·mSv/GWh） |
|---|---|---|---|---|---|
| 秦山核电厂 | 2007 | 0.650 | 8.450 | 0.997 | 0.450 |
| | 2008 | 0.153 | 3.577 | 0.149 | 0.057 |
| | 2009 | 0.336 | 4.257 | 0.453 | 0.192 |
| | 2010 | 0.265 | 4.814 | 0.401 | 0.172 |
| | 2011 | 0.282 | 5.106 | 0.421 | 0.169 |
| | 2012 | 0.041 | 3.681 | 0.038 | 0.013 |
| | 2013 | 0.281 | 6.073 | 0.495 | 0.215 |
| | 2014 | 0.143 | 4.035 | 0.253 | 0.096 |
| | 2015 | 0.201 | 4.278 | 0.405 | 0.157 |
| | 2016 | 0.133 | 3.439 | 0.281 | 0.109 |
| 大亚湾核电厂 | 2007 | 0.378 | 9.476 | 1.053 | 0.068 |
| | 2008 | 0.305 | 5.988 | 0.826 | 0.051 |
| | 2009 | 0.283 | 5.194 | 0.715 | 0.044 |
| | 2010 | 0.343 | 10.843 | 0.946 | 0.060 |
| | 2011 | 0.327 | 8.434 | 0.993 | 0.062 |
| | 2012 | 0.413 | 8.116 | 1.235 | 0.078 |
| | 2013 | 0.549 | 13.345 | 1.769 | 0.119 |
| | 2014 | 0.462 | 6.906 | 1.512 | 0.100 |
| | 2015 | 0.331 | 7.140 | 1.035 | 0.067 |
| | 2016 | 0.303 | 8.277 | 1.032 | 0.068 |
| 秦山第二核电厂 | 2007 | 0.347 | 8.164 | 0.785 | 0.088 |
| | 2008 | 0.300 | 4.881 | 0.588 | 0.059 |
| | 2009 | 0.345 | 7.899 | 0.710 | 0.071 |
| | 2010 | 0.218 | 4.940 | 0.440 | 0.042 |
| | 2011 | 0.330 | 11.707 | 1.217 | 0.083 |
| | 2012 | 0.428 | 9.389 | 1.229 | 0.061 |
| | 2013 | 0.385 | 8.726 | 1.177 | 0.058 |
| | 2014 | 0.262 | 8.948 | 1.111 | 0.055 |
| | 2015 | 0.204 | 7.914 | 0.683 | 0.034 |
| | 2016 | 0.307 | 7.171 | 1.092 | 0.052 |
| 岭澳核电厂1、2号机组 | 2007 | 0.456 | 8.533 | 1.231 | 0.083 |
| | 2008 | 0.599 | 12.169 | 1.772 | 0.116 |
| | 2009 | 0.495 | 10.586 | 1.531 | 0.099 |
| | 2010 | 0.346 | 10.490 | 0.925 | 0.076 |
| | 2011 | 0.419 | 8.326 | 1.392 | 0.087 |
| | 2012 | 0.297 | 6.059 | 0.947 | 0.060 |
| | 2013 | 0.887 | 13.696 | 3.238 | 0.220 |
| | 2014 | 0.300 | 7.731 | 0.858 | 0.054 |
| | 2015 | 0.502 | 8.505 | 1.619 | 0.105 |
| | 2016 | 0.348 | 6.071 | 1.117 | 0.070 |

续表

| 项目（单位）<br>核电厂名称 | 年份 | 年人均有效剂量（mSv） | 年度最大个人剂量（mSv） | 年度集体有效剂量（人·Sv） | 归一化集体有效剂量（人·mSv/GWh） |
|---|---|---|---|---|---|
| 岭澳核电厂3、4号机组 | 2011 | 0.208 | 5.665 | 0.747 | 0.071 |
| | 2012 | 0.286 | 6.644 | 0.929 | 0.059 |
| | 2013 | 0.188 | 5.660 | 0.577 | 0.034 |
| | 2014 | 0.185 | 4.098 | 0.624 | 0.037 |
| | 2015 | 0.193 | 5.261 | 0.597 | 0.035 |
| | 2016 | 0.305 | 6.834 | 1.028 | 0.063 |
| 秦山第三核电厂 | 2007 | 0.277 | 5.900 | 0.572 | 0.050 |
| | 2008 | 0.364 | 9.102 | 0.788 | 0.070 |
| | 2009 | 0.327 | 6.415 | 0.748 | 0.064 |
| | 2010 | 0.329 | 5.430 | 0.727 | 0.064 |
| | 2011 | 0.361 | 14.637 | 0.832 | 0.072 |
| | 2012 | 0.316 | 8.661 | 0.689 | 0.059 |
| | 2013 | 0.324 | 6.362 | 0.630 | 0.053 |
| | 2014 | 0.342 | 7.192 | 0.721 | 0.062 |
| | 2015 | 0.366 | 4.964 | 0.804 | 0.072 |
| | 2016 | 0.474 | 7.167 | 1.009 | 0.093 |
| 田湾核电厂 | 2008 | 0.209 | 3.460 | 0.557 | 0.040 |
| | 2009 | 0.244 | 3.200 | 0.548 | 0.038 |
| | 2010 | 0.174 | 2.16 | 0.426 | 0.027 |
| | 2011 | 0.224 | 3.788 | 0.604 | 0.038 |
| | 2012 | 0.345 | 4.232 | 1.014 | 0.062 |
| | 2013 | 0.177 | 2.615 | 0.467 | 0.028 |
| | 2014 | 0.180 | 2.994 | 0.497 | 0.030 |
| | 2015 | 0.169 | 2.866 | 0.520 | 0.031 |
| | 2016 | 0.297 | 6.032 | 1.010 | 0.066 |
| 红沿河核电厂 | 2013 | 0.016 | 1.112 | 0.033 | 0.006 |
| | 2014 | 0.329 | 8.076 | 1.002 | 0.089 |
| | 2015 | 0.295 | 5.623 | 1.028 | 0.075 |
| | 2016 | 0.274 | 5.404 | 0.905 | 0.045 |
| 宁德核电厂 | 2013 | 0.012 | 1.272 | 0.026 | 0.004 |
| | 2014 | 0.311 | 6.064 | 0.786 | 0.068 |
| | 2015 | 0.497 | 12.008 | 1.841 | 0.094 |
| | 2016 | 0.398 | 7.532 | 1.484 | 0.062 |
| 福清核电厂 | 2014 | 0.016 | 3.323 | 0.028 | 0.017 |
| | 2015 | 0.258 | 6.072 | 0.787 | 0.094 |
| | 2016 | 0.239 | 8.763 | 0.920 | 0.057 |
| 阳江核电厂 | 2014 | 0.008 | 1.023 | 0.017 | 0.002 |
| | 2015 | 0.176 | 6.715 | 0.669 | 0.052 |
| | 2016 | 0.443 | 13.078 | 2.124 | 0.092 |
| 方家山核电厂 | 2014 | 0.012 | 2.528 | 0.016 | 0.039 |
| | 2015 | 0.389 | 6.904 | 1.102 | 0.071 |
| | 2016 | 0.234 | 6.595 | 0.723 | 0.045 |
| 昌江核电厂 | 2015 | 0.0004 | 0.016 | 1.22E–04 | 0.002 |
| | 2016 | 0.011 | 0.945 | 0.018 | 0.031 |
| 防城港核电厂 | 2016 | 0.011 | 0.432 | 0.022 | 0.002 |

## 五、放射性流出物的排放和环境监测

按照国家环境保护法规和环境辐射监测标准，依据国家监管部门批准的排放限值，我国核电厂对放射性流出物的排放进行了严格控制，对核电厂周围环境进行了有效监测。2016年环境监测结果表明，各商运核电厂运行期间放射性流出物的排放量均低于国家标准限值。

**2016年商业运行核电厂放射性流出物排放情况**

| 核电厂名称 | | 放射性废物种类 | 气态流出物（Bq） | | | | | 液态流出物（Bq） | | |
|---|---|---|---|---|---|---|---|---|---|---|
| | | | 氚 | 碳14 | 惰性气体 | 卤素 | 气溶胶 | 氚 | 碳14 | 其余核素 |
| 秦山核电厂 | | 年累计排放量 | 4.05E+12 | 1.37E+11 | 6.92E+11 | 1.76E+06 | 1.22E+06 | 5.90E+12 | 2.62E+08 | 1.35E+08 |
| | | 国家监管部门批准排放年限值 | 5.00E+12 | 2.80E+11 | 6.16E+13 | 6.67E+09 | 1.06E+08 | 6.66E+12 | 2.99E+09 | 1.04E+10 |
| | | 占国家监管部门批准排放年限值的比例 | 81.00% | 48.93% | 1.12% | 0.03% | 1.15% | 88.59% | 8.76% | 1.30% |
| 大亚湾核电厂 | | 年累计排放量 | 2.08E+12 | 4.85E+11 | 1.09E+12 | 6.70E+06 | 3.80E+06 | 4.43E+13 | 2.02E+10 | 1.94E+08 |
| | | 国家监管部门批准排放年限值 | 2.40E+13 | 2.20E+12 | 7.00E+14 | 2.50E+10 | 3.80E+09 | 2.25E+14 | 3.00E+11 | 1.30E+11 |
| | | 占国家监管部门批准排放年限值的比例 | 8.66% | 22.03% | 1.55% | 0.27% | 1.00% | 19.69% | 6.74% | 1.49% |
| 秦山第二核电厂 | | 年累计排放量 | 1.85E+12 | 3.80E+11 | 6.22E+11 | 4.89E+06 | 1.31E+07 | 7.41E+13 | 7.31E+09 | 1.21E+09 |
| | | 国家监管部门批准排放年限值 | 1.10E+13 | 1.00E+12 | 2.90E+14 | 1.80E+09 | 4.32E+09 | 1.10E+14 | 1.60E+11 | 5.64E+10 |
| | | 占国家监管部门批准排放年限值的比例 | 16.82% | 38.00% | 0.21% | 0.27% | 0.30% | 67.36% | 4.57% | 2.15% |
| 岭澳核电厂 | 1、2号机组 | 年累计排放量 | 3.58E+12 | 5.14E+11 | 9.43E+11 | 5.48E+06 | 4.12E+06 | 5.35E+13 | 2.54E+10 | 1.84E+08 |
| | | 国家监管部门批准排放年限值 | 2.40E+13 | 2.20E+12 | 7.00E+14 | 2.50E+10 | 3.80E+09 | 2.25E+14 | 3.00E+11 | 1.30E+11 |
| | | 占国家监管部门批准排放年限值的比例 | 14.93% | 23.38% | 1.35% | 0.22% | 1.08% | 23.76% | 8.45% | 1.41% |
| | 3、4号机组 | 年累计排放量 | 1.30E+12 | 4.94E+11 | 8.09E+11 | 4.18E+06 | 3.60E+06 | 4.58E+13 | 1.62E+10 | 2.25E+08 |
| | | 国家监管部门批准排放年限值 | 2.40E+13 | 2.20E+12 | 7.00E+14 | 2.50E+10 | 3.80E+09 | 2.25E+14 | 3.00E+11 | 1.30E+11 |
| | | 占国家监管部门批准排放年限值的比例 | 5.41% | 22.45% | 1.16% | 0.17% | 0.95% | 20.36% | 5.40% | 1.73% |
| 秦山第三核电厂 | | 年累计排放量 | 1.12E+14 | 4.12E+11 | 1.24E+12 | 5.15E+05 | 2.96E+06 | 9.92E+13 | / | 3.53E+09 |
| | | 国家监管部门批准排放年限值 | 6.16E+14 | 2.00E+12 | 1.48E+14 | 5.28E+08 | 4.86E+09 | 5.04E+14 | / | 6.00E+10 |
| | | 占国家监管部门批准排放年限值的比例 | 18.18% | 20.60% | 0.84% | 0.10% | 0.06% | 19.68% | / | 5.88% |

续表

| 核电厂名称 | 放射性废物种类 | 气态流出物（Bq） | | | | | 液态流出物（Bq） | | |
|---|---|---|---|---|---|---|---|---|---|
| | | 氚 | 碳14 | 惰性气体 | 卤素 | 气溶胶 | 氚 | 碳14 | 其余核素 |
| 田湾核电厂 | 年累计排放量 | 7.65E+11 | 1.21E+11 | 1.40E+13 | 3.47E+06 | 1.87E+06 | 2.76E+13 | 9.33E+09 | 9.09E+08 |
| | 国家监管部门批准排放年限值 | 6.00E+13 | 2.80E+12 | 2.40E+15 | 8.00E+10 | 2.00E+11 | 3.00E+14 | 6.00E+11 | 2.00E+11 |
| | 占国家监管部门批准排放年限值的比例 | 1.28% | 4.32% | 0.58% | 0.00% | 0.00% | 9.20% | 1.56% | 0.45% |
| 红沿河核电厂 | 年累计排放量 | 6.01E+11 | 3.36E+11 | 1.32E+12 | 1.16E+07 | 6.93E+06 | 4.85E+13 | 8.00E+09 | 2.11E+08 |
| | 国家监管部门批准排放年限值 | 1.40E+13 | 1.48E+12 | 7.06E+14 | 1.01E+10 | 6.12E+09 | 1.26E+14 | 2.00E+11 | 8.00E+10 |
| | 占国家监管部门批准排放年限值的比例 | 4.29% | 22.68% | 0.19% | 0.12% | 0.11% | 38.45% | 4.00% | 0.26% |
| 宁德核电厂 | 年累计排放量 | 6.30E+11 | 4.93E+11 | 6.63E+12 | 2.12E+07 | 5.32E+06 | 6.46E+13 | 1.67E+10 | 2.73E+08 |
| | 国家监管部门批准排放年限值 | 1.94E+13 | 1.48E+12 | 1.10E+15 | 1.18E+10 | 6.20E+09 | 1.75E+14 | 2.00E+11 | 8.00E+10 |
| | 占国家监管部门批准排放年限值的比例 | 3.25% | 33.34% | 0.60% | 0.18% | 0.09% | 36.89% | 8.36% | 0.34% |
| 福清核电厂 | 年累计排放量 | 4.14E+11 | 1.77E+11 | 2.49E+12 | 1.38E+08 | 3.39E+06 | 1.96E+13 | 3.84E+09 | 8.63E+08 |
| | 国家监管部门批准排放年限值 | 1.13E+13 | 1.53E+12 | 1.82E+14 | 1.29E+09 | 1.43E+08 | 1.26E+14 | 1.12E+11 | 8.50E+10 |
| | 占国家监管部门批准排放年限值的比例 | 3.66% | 11.57% | 1.37% | 10.70% | 2.37% | 15.56% | 3.43% | 1.02% |
| 阳江核电厂 | 年累计排放量 | 3.76E+11 | 2.77E+11 | 4.01E+12 | 2.35E+07 | 1.09E+07 | 4.57E+13 | 1.77E+10 | 4.29E+08 |
| | 国家监管部门批准排放年限值 | 1.94E+13 | 1.48E+12 | 1.10E+15 | 1.18E+10 | 6.12E+09 | 1.75E+14 | 2.00E+11 | 8.00E+10 |
| | 占国家监管部门批准排放年限值的比例 | 1.94% | 18.72% | 0.36% | 0.20% | 0.18% | 26.11% | 8.85% | 0.54% |
| 方家山核电厂 | 年累计排放量 | 2.74E+11 | 4.76E+10 | 1.64E+12 | 9.81E+06 | 1.27E+07 | 3.43E+13 | 1.07E+09 | 2.31E+09 |
| | 国家监管部门批准排放年限值 | 6.30E+12 | 8.65E+11 | 9.09E+13 | 6.45E+08 | 7.16E+07 | 6.30E+13 | 6.20E+10 | 5.05E+10 |
| | 占国家监管部门批准排放年限值的比例 | 4.35% | 5.50% | 1.80% | 1.52% | 17.74% | 54.44% | 1.73% | 4.57% |
| 昌江核电厂 | 年累计排放量 | 1.35E+11 | 6.49E+10 | 1.94E+12 | 8.44E+07 | 6.64E+06 | 5.91E+12 | 9.71E+08 | 1.93E+08 |
| | 国家监管部门批准排放年限值 | 5.49E+12 | 5.42E+11 | 1.45E+14 | 9.00E+08 | 1.09E+08 | 5.49E+13 | 4.00E+10 | 1.37E+10 |
| | 占国家监管部门批准排放年限值的比例 | 2.46% | 11.97% | 1.34% | 9.38% | 6.09% | 10.77% | 2.43% | 1.41% |
| 防城港核电厂 | 年累计排放量 | 8.27E+10 | 4.62E+10 | 1.62E+12 | 3.98E+6 | 8.77E+6 | 1.39E+13 | 6.31E+9 | 4.19E+7 |
| | 国家监管部门批准排放年限值 | 9.70E+12 | 7.40E+11 | 5.5E+14 | 5.92E+9 | 3.06E+9 | 8.74E+13 | 1.00E+11 | 4.00E+10 |
| | 占国家监管部门批准排放年限值的比例 | 0.85% | 6.24% | 0.29% | 0.07% | 0.29% | 15.86% | 6.31% | 0.10% |

## 六、运行事件

2016年，我国核电厂共计发生了71起INES界定的运行事件，其中70起为0级运行事件，1起为1级运行事件。

**2012—2016年核电机组运行事件数量统计**

| 核电厂名称 \ 级别/年度 | | 0级运行事件 | | | | | 1级运行事件 | | | | |
|---|---|---|---|---|---|---|---|---|---|---|---|
| | | 2012 | 2013 | 2014 | 2015 | 2016 | 2012 | 2013 | 2014 | 2015 | 2016 |
| 秦山核电厂 | | 0 | 1 | 0 | 1 | 1 | 0 | 0 | 0 | 0 | 0 |
| 大亚湾核电厂 | 1号机组 | 1 | 0 | 1 | 0 | 1 | 0 | 0 | 0 | 0 | 0 |
| | 2号机组 | 0 | 0 | 0 | 1 | 0 | 0 | 0 | 0 | 0 | 0 |
| 秦山第二核电厂 | 1号机组 | 0 | 1 | 0 | 1 | 1 | 0 | 0 | 0 | 0 | 0 |
| | 2号机组 | 0 | 1 | 1 | 1 | 0 | 0 | 0 | 0 | 0 | 0 |
| | 3号机组 | 3 | 1 | 0 | 2 | 0 | 0 | 0 | 0 | 0 | 0 |
| | 4号机组 | 0 | 1 | 0 | 0 | 0 | 0 | 0 | 0 | 0 | 0 |
| 岭澳核电厂 | 1号机组 | 0 | 0 | 0 | 0 | 0 | 0 | 0 | 0 | 0 | 0 |
| | 2号机组 | 1 | 0 | 1 | 0 | 4 | 0 | 0 | 0 | 0 | 0 |
| | 3号机组 | 2 | 1 | 1 | 0 | 1 | 0 | 0 | 0 | 0 | 0 |
| | 4号机组 | 2 | 0 | 1 | 0 | 0 | 0 | 0 | 0 | 0 | 0 |
| 秦山第三核电厂 | 1号机组 | 1 | 0 | 0 | 1 | 0 | 0 | 0 | 0 | 0 | 0 |
| | 2号机组 | 1 | 0 | 0 | 1 | 0 | 0 | 0 | 0 | 0 | 0 |
| 田湾核电厂 | 1号机组 | 2 | 1 | 0 | 0 | 1 | 0 | 0 | 0 | 0 | 0 |
| | 2号机组 | 0 | 0 | 0 | 2 | 1 | 0 | 0 | 0 | 0 | 0 |
| 红沿河核电厂 | 1号机组 | 3 | 10 | 0 | 0 | 3 | 0 | 0 | 0 | 0 | 0 |
| | 2号机组 | / | 2 | 5 | 3 | 2 | / | 0 | 0 | 0 | 0 |
| | 3号机组 | / | / | 3 | 4 | 0 | / | / | 0 | 0 | 0 |
| | 4号机组 | / | / | / | / | 1 | / | / | / | / | 0 |
| 宁德核电厂 | 1号机组 | 5 | 9 | 4 | 2 | 7 | 0 | 0 | 0 | 0 | 0 |
| | 2号机组 | / | 1 | 5 | 0 | 4 | / | 0 | 0 | 0 | 0 |
| | 3号机组 | / | / | / | 4 | 4 | / | / | / | 1 | 0 |
| | 4号机组 | / | / | / | 0 | 5 | / | / | / | 0 | 1 |
| 福清核电厂 | 1号机组 | / | / | 6 | 6 | 1 | / | / | 0 | 0 | 0 |
| | 2号机组 | / | / | / | 5 | 4 | / | / | / | 0 | 0 |
| | 3号机组 | / | / | / | / | 0 | / | / | / | / | 0 |
| 阳江核电厂 | 1号机组 | / | 1 | 6 | 0 | 3 | / | 0 | 0 | 1 | 0 |
| | 2号机组 | / | / | / | 3 | 0 | / | / | / | 0 | 0 |
| | 3号机组 | / | / | / | 3 | 3 | / | / | / | 0 | 0 |
| | 4号机组 | / | / | / | / | 1 | / | / | / | / | 0 |
| 方家山核电厂 | 1号机组 | / | / | 3 | 0 | 1 | / | / | 0 | 0 | 0 |
| | 2号机组 | / | / | 1 | 2 | 2 | / | / | 0 | 0 | 0 |
| 昌江核电厂 | 1号机组 | / | / | / | 2 | 3 | / | / | / | 0 | 0 |
| | 2号机组 | / | / | / | / | 7 | / | / | / | / | 0 |
| 防城港核电厂 | 1号机组 | / | / | / | 1 | 3 | / | / | / | 0 | 0 |
| | 2号机组 | / | / | / | / | 6 | / | / | / | / | 0 |
| 合计 | | 21 | 30 | 38 | 45 | 70 | 0 | 0 | 0 | 2 | 1 |

## 七、机组大修

2016年，我国商运核电机组按计划共进行了23台·次大修。

**2016年商业运行核电机组大修情况**

| 核电厂名称 | 机组号 | 大修轮次 | 起止日期 | 实际工期 |
| --- | --- | --- | --- | --- |
| 秦山核电厂 | | 17 | 2016.11.27—2016.12.26 | 29.37天 |
| 大亚湾核电厂 | 1号机组 | 18 | 2016.10.19—2016.12.04 | 46.40天 |
| | 2号机组 | 18 | 2016.04.15—2016.05.28 | 43.11天 |
| 秦山第二核电厂 | 1号机组 | 13 | 2016.11.02—2016.12.04 | 32.78天 |
| | 2号机组 | 11 | 2016.01.22—2016.03.21 | 59.62天 |
| | 3号机组 | | 未安排大修 | |
| | 4号机组 | 4 | 2016.01.01—2016.01.28 | 27.17天 |
| | | 5 | 2016.12.31—2017.02.02 | 32.48天 |
| 岭澳核电厂 | 1号机组 | | 未安排大修 | |
| | 2号机组 | 13 | 2016.09.28—2016.11.05 | 38.36天 |
| | 3号机组 | 6 | 2016.01.30—2016.02.26 | 27.76天 |
| | 4号机组 | 5 | 2016.04.02—2016.05.14 | 42.17天 |
| 秦山第三核电厂 | 1号机组 | | 未安排大修 | |
| | 2号机组 | 8 | 2016.03.31—2016.06.14 | 75.20天 |
| 田湾核电厂 | 1号机组 | 9 | 2016.02.24—2016.04.27 | 63.26天 |
| | 2号机组 | 9 | 2016.09.19—2016.11.01 | 43.92天 |
| 红沿河核电厂 | 1号机组 | 3 | 2016.02.23—2016.03.31 | 37.62天 |
| | 2号机组 | 2 | 2016.11.16—2017.01.06 | 51.15天 |
| | 3号机组 | | 未安排大修 | |
| | 4号机组 | | 未安排大修 | |
| 宁德核电厂 | 1号机组 | | 未安排大修 | |
| | 2号机组 | 2 | 2016.09.30—2016.11.16 | 46.91天 |
| | 3号机组 | 1 | 2016.06.06—2016.08.15 | 70.80天 |
| | 4号机组 | | 未安排大修 | |
| 福清核电厂 | 1号机组 | | 未安排大修 | |
| | 2号机组 | 1 | 2016.09.28—2016.12.01 | 64.13天 |
| | 3号机组 | | 未安排大修 | |
| 阳江核电厂 | 1号机组 | 2 | 2016.07.16—2016.09.19 | 65.68天 |
| | 2号机组 | 1 | 2016.04.01—2016.06.18 | 78.53天 |
| | 3号机组 | 1 | 2016.11.30—2017.02.17 | 78.95天 |
| 方家山核电厂 | 1号机组 | 2 | 2016.09.15—2016.10.15 | 30.19天 |
| | 2号机组 | 1 | 2015.12.09—2016.02.11 | 63.68天 |
| 昌江核电厂 | 1号机组 | | 未安排大修 | |
| | 2号机组 | | 未安排大修 | |
| 防城港核电厂 | 1号机组 | | 未安排大修 | |
| | 2号机组 | | 未安排大修 | |

## 2007—2016年商业运行核电机组大修工期统计

| 核电厂名称＼年份 | | 大修用时（天） | | | | | | | | | |
|---|---|---|---|---|---|---|---|---|---|---|---|
| | | 2007 | 2008 | 2009 | 2010 | 2011 | 2012 | 2013 | 2014 | 2015 | 2016 |
| 秦山核电厂 | | 75.83 | / | 37.23 | 56.29 | 40.83 | / | 68.30 | 18.12 | 31.76 | 29.37 |
| 大亚湾核电厂 | 1号机组 | 28.59 | / | 29.36 | 36.91 | / | 55.53 | 44.93 | / | 75.30 | 46.40 |
| | 2号机组 | 34.78 | 30.46 | / | 23.46 | 46.29 | / | 48.13 | 88.87 | 2.51 | 43.11 |
| 秦山第二核电厂 | 1号机组 | 51.83 | 55.33 | 88.58 | / | 65.67 | 51.71 | 47.33 | 56.21 | 35.85 | 32.78 |
| | 2号机组 | 40.38 | 47.25 | 39.08 | 41.58 | 31.08 | 39.71 | 35.29 | 45.80 | / | 59.62 |
| | 3号机组 | / | / | / | / | 63.92 | 32.67 | 21.33 | 28.80 | 28.80 | / |
| | 4号机组 | / | / | / | / | / | / | 55.50 | 31.50 | 32.30 | 27.36 |
| 岭澳核电厂 | 1号机组 | 58.98 | 25.92 | 29.92 | 19.70 | 28.65 | 20.79 | 59.17 | 31.78 | 46.00 | / |
| | 2号机组 | 29.18 | 50.31 | 29.53 | 27.02 | 19.88 | 28.06 | 39.83 | 16.46 | 19.92 | 38.36 |
| | 3号机组 | / | / | / | / | 79.03 | 35.93 | 30.99 | 35.85 | 30.64 | 27.76 |
| | 4号机组 | / | / | / | / | / | 68.13 | 36.68 | 32.88 | 33.20 | 42.17 |
| 秦山第三核电厂 | 1号机组 | 40.79 | 37.47 | / | 32.36 | 31.58 | / | 24.70 | / | 61.18 | / |
| | 2号机组 | / | 42.98 | 37.96 | / | 31.73 | 29.40 | / | 35.13 | / | 75.20 |
| 田湾核电厂 | 1号机组 | / | 108 | 55.37 | 46.55 | 48.04 | 47.90 | 33.39 | 36.32 | 31.81 | 63.26 |
| | 2号机组 | / | 66.3 | 50.17 | 44.09 | 39.2 | 44.24 | 29.10 | 31.75 | 29.38 | 43.92 |
| 红沿河核电厂 | 1号机组 | / | / | / | / | / | / | / | 80.79 | 39.54 | 37.62 |
| | 2号机组 | / | / | / | / | / | / | / | 27.29 | 149.01 | 45.58 |
| | 3号机组 | / | / | / | / | / | / | / | / | / | / |
| | 4号机组 | / | / | / | / | / | / | / | / | / | / |
| 宁德核电厂 | 1号机组 | / | / | / | / | / | / | / | 91.03 | 40.05 | / |
| | 2号机组 | / | / | / | / | / | / | / | / | 67.25 | 46.91 |
| | 3号机组 | / | / | / | / | / | / | / | / | / | 70.80 |
| | 4号机组 | / | / | / | / | / | / | / | / | / | / |
| 福清核电厂 | 1号机组 | / | / | / | / | / | / | / | / | 88.30 | / |
| | 2号机组 | / | / | / | / | / | / | / | / | / | 64.13 |
| | 3号机组 | / | / | / | / | / | / | / | / | / | / |
| 阳江核电厂 | 1号机组 | / | / | / | / | / | / | / | / | 73.93 | 65.68 |
| | 2号机组 | / | / | / | / | / | / | / | / | / | 78.53 |
| | 3号机组 | / | / | / | / | / | / | / | / | / | 31.84 |
| 方家山核电厂 | 1号机组 | / | / | / | / | / | / | / | / | 56.70 | 30.19 |
| | 2号机组 | / | / | / | / | / | / | / | / | 22.56 | 41.12 |
| 昌江核电厂 | 1号机组 | / | / | / | / | / | / | / | / | / | / |
| | 2号机组 | / | / | / | / | / | / | / | / | / | / |
| 防城港核电厂 | 1号机组 | / | / | / | / | / | / | / | / | / | / |
| | 2号机组 | / | / | / | / | / | / | / | / | / | / |

说明： 1）“/”表示该年度机组未投入商运或未安排大修。

2）秦山第二核电厂4号机组第5次换料大修跨2016年、2017年，大修工期为32.48天，其中2016年内大修用时为0.19天。

3）红沿河核电厂2号机组第2次换料大修跨2016年、2017年，大修工期为51.15天，其中2016年内大修用时为45.58天。

4）阳江核电厂3号机组第1次换料大修跨2016年、2017年，大修工期为78.95天，其中2016年内大修用时为31.84天。

5）方家山核电厂2号机组第1次换料大修跨2015年、2016年，大修工期为63.68天，其中2016年内大修用时为41.12天。

# 八、WANO业绩指标

**2016年运行核电机组WANO业绩指标达标情况**

| 机组 | 达到先进值水平指标数量 | 介于先进值、中值水平之间指标数量 | 未达到中值指标数量(名称) |
|---|---|---|---|
| 秦山核电厂1号机组 | 9 | 4 | 1（SP2） |
| 大亚湾核电厂1号机组 | 9 | 2 | 3（UCF、CRE、CISA） |
| 大亚湾核电厂2号机组 | 9 | 2 | 3（UCF、CRE、CISA） |
| 秦山第二核电厂1号机组 | 12 | 2 | 0 |
| 秦山第二核电厂2号机组 | 12 | 0 | 2（UCF、CRE） |
| 秦山第二核电厂3号机组 | 12 | 2 | 0 |
| 秦山第二核电厂4号机组 | 11 | 3 | 0 |
| 岭澳核电厂1号机组 | 12 | 0 | 2（FRI、CISA） |
| 岭澳核电厂2号机组 | 8 | 2 | 4（UA7、US7、CRE、CISA） |
| 岭澳核电厂3号机组 | 11 | 3 | 0 |
| 岭澳核电厂4号机组 | 11 | 1 | 2（UCLF、CRE） |
| 秦山第三核电厂1号机组 | 10 | 2 | 2（UCLF、FLR） |
| 秦山第三核电厂2号机组 | 11 | 1 | 2（UCF、CRE） |
| 田湾核电厂1号机组 | 8 | 0 | 6（UCF、UCLF、FLR、GRLF、CRE、CISA） |
| 田湾核电厂2号机组 | 6 | 2 | 6（UCF、GRLF、UA7、US7、CRE、CISA） |
| 红沿河核电厂1号机组 | 8 | 2 | 4（UCF、UCLF、FLR、ISA） |
| 红沿河核电厂2号机组 | 10 | 1 | 3（UCF、CRE、ISA） |
| 红沿河核电厂3号机组 | 9 | 3 | 2（SP1、ISA） |
| 宁德核电厂1号机组 | 10 | 1 | 3（UCLF、FLR、SP5） |
| 宁德核电厂2号机组 | 9 | 2 | 3（UCF、SP5、CRE） |
| 宁德核电厂3号机组 | 11 | 0 | 3（UCF、SP5、CRE） |
| 福清核电厂1号机组 | 10 | 3 | 1（CISA） |
| 福清核电厂2号机组 | 5 | 3 | 6（UCF、UA7、US7、FRI、CRE、CISA） |
| 阳江核电厂1号机组 | 10 | 0 | 4（UCF、SP5、CRE、CISA） |
| 阳江核电厂2号机组 | 10 | 0 | 4（UCF、SP5、CRE、ISA） |
| 阳江核电厂3号机组 | 8 | 1 | 5（FRI、CPI、CRE、CISA、SP5） |
| 方家山核电厂1号机组 | 10 | 4 | 0 |
| 方家山核电厂2号机组 | 12 | 0 | 2（ULF、CRE） |
| 昌江核电厂1号机组 | 10 | 0 | 3（GRLF、SP2、CPI） |
| 防城港核电厂1号机组 | 11 | 1 | 2（FLR、CPI） |

说明：（1）指标英文缩写含义如下：

UCF，机组能力因子；
UCLF，非计划能力损失因子；
FLR，强迫损失率；
GRLF，电网相关损失因子；
UA7，临界7000小时非计划自动停堆次数；
US7，临界7000小时自动停堆次数；
SP1，高压安注系统性能；
SP2，辅助给水系统系能；
SP5，应急交流电系统性能；
FRI，燃料可靠性；
CPI，化学性能；
CRE，集体辐照剂量；
ISA，工业安全事故率；
CISA，承包商工业安全事故率。

（2）昌江核电厂1号机组2016年的FRI（燃料可靠性）不满足统计条件，无法计算，故其WANO业绩指标只有13项。

## 2016年运行核电机组单项WANO业绩指标统计

| 核电厂 / 机组号 | 性能指标 | 机组能力因子（%） | 非计划能力损失因子（%） | 强迫损失率（%） | 电网相关损失因子（%） | 临界7000小时非计划自动停堆次数 | 临界7000小时非计划停堆次数 | 安全系统性能 | | | 燃料可靠性（Bq/g） | 化学性能 | 集体辐照剂量（人·Sv） | 工业安全事故率 | 承包商工业安全事故率 |
|---|---|---|---|---|---|---|---|---|---|---|---|---|---|---|---|
| | | | | | | | | 高压安注系统 | 辅助给水系统 | 应急交流电系统 | | | | | |
| 秦山核电厂 | 1号机组 | 91.38 | 0.01 | 0.02 | 0.00 | 0.00 | 0.00 | 0.0001 | 0.0021 | 0.0001 | 0.037 | 1.00 | 0.281 | 0.00 | 0.00 |
| 大亚湾核电厂 | 1号机组 | 86.58 | 1.24 | 0.04 | 0.00 | 0.00 | 0.00 | 0.0000 | 0.0000 | 0.0000 | 0.037 | 1.00 | 0.449 | 0.00 | 0.06 |
| | 2号机组 | 87.42 | 0.30 | 0.30 | 0.00 | 0.00 | 0.00 | 0.0000 | 0.0000 | | 0.037 | 1.00 | 0.583 | | |
| 秦山第二核电厂 | 1号机组 | 90.45 | 0.00 | 0.00 | 0.00 | 0.00 | 0.00 | 0.0000 | 0.0000 | 0.0000 | 0.037 | 1.00 | 0.283 | 0.00 | 0.00 |
| | 2号机组 | 82.96 | 0.01 | 0.02 | 0.00 | 0.00 | 0.00 | 0.0000 | 0.0000 | | 0.037 | 1.00 | 0.631 | | |
| | 3号机组 | 99.81 | 0.11 | 0.11 | 0.00 | 0.00 | 0.00 | 0.0000 | 0.0000 | 0.0005 | 0.037 | 1.00 | 0.020 | 0.00 | 0.00 |
| | 4号机组 | 92.39 | 0.06 | 0.07 | 0.00 | 0.00 | 0.00 | 0.0000 | 0.0000 | | 0.037 | 1.00 | 0.157 | | |
| 岭澳核电厂 | 1号机组 | 99.81 | 0.01 | 0.01 | 0.00 | 0.00 | 0.00 | 0.0000 | 0.0000 | 0.0000 | 25.462 | 1.00 | 0.080 | 0.00 | 0.17 |
| | 2号机组 | 88.65 | 0.06 | 0.07 | 0.00 | 0.89 | 0.89 | 0.0000 | 0.0000 | | 0.037 | 1.00 | 1.038 | | |
| | 3号机组 | 91.62 | 1.03 | 0.01 | 0.00 | 0.00 | 0.00 | 0.0000 | 0.0000 | 0.0000 | 0.037 | 1.00 | 0.319 | 0.00 | 0.00 |
| | 4号机组 | 87.84 | 2.24 | 0.00 | 0.00 | 0.00 | 0.00 | 0.0000 | 0.0000 | | 0.037 | 1.00 | 0.709 | | |
| 秦山第三核电厂 | 1号机组 | 94.91 | 5.08 | 5.08 | 0.00 | 0.00 | 0.00 | 0.0000 | 0.0000 | 0.0007 | 0.037 | 1.00 | 0.291 | 0.00 | 0.00 |
| | 2号机组 | 79.28 | 0.02 | 0.02 | 0.00 | 0.00 | 0.00 | 0.0000 | 0.0000 | | 0.037 | 1.00 | 0.718 | | |
| 田湾核电厂 | 1号机组 | 81.87 | 2.84 | 0.71 | 0.74 | 0.00 | 0.00 | 0.0000 | 0.0000 | 0.0000 | 0.037 | 1.00 | 0.579 | 0.00 | 0.15 |
| | 2号机组 | 87.23 | 0.57 | 0.65 | 2.40 | 0.90 | 0.90 | 0.0000 | 0.0000 | | 0.037 | 1.00 | 0.431 | | |
| 红沿河核电厂 | 1号机组 | 87.19 | 1.86 | 2.06 | 0.00 | 0.00 | 0.00 | 0.0000 | 0.0000 | 0.0006 | 0.037 | 1.00 | 0.286 | 0.07 | 0.00 |
| | 2号机组 | 87.49 | 0.01 | 0.01 | 0.00 | 0.00 | 0.00 | 0.0000 | 0.0000 | | 0.037 | 1.00 | 0.543 | | |
| | 3号机组 | 94.90 | 0.35 | 0.37 | 0.00 | 0.00 | 0.00 | 0.0002 | 0.0000 | | 0.037 | 1.00 | 0.055 | | |
| 宁德核电厂 | 1号机组 | 98.13 | 1.85 | 1.85 | 0.00 | 0.00 | 0.00 | 0.0000 | 0.0001 | 0.0009 | 0.037 | 1.00 | 0.085 | 0.00 | 0.00 |
| | 2号机组 | 86.38 | 1.23 | 0.31 | 0.00 | 0.00 | 0.00 | 0.0000 | 0.0000 | | 0.037 | 1.00 | 0.633 | | |
| | 3号机组 | 80.08 | 0.01 | 0.02 | 0.00 | 0.00 | 0.00 | 0.0000 | 0.0000 | | 0.037 | 1.00 | 0.729 | | |

续表

| 核电厂 / 机组号 | | 机组能力因子（%） | 非计划能力损失因子（%） | 强迫损失率（%） | 电网相关损失因子（%） | 临界7000小时非计划自动停堆次数 | 临界7000小时非计划停堆次数 | 安全系统性能 | | | 燃料可靠性（Bq/g） | 化学性能 | 集体辐照剂量（人·Sv） | 工业安全事故率 | 承包商工业安全事故率 |
|---|---|---|---|---|---|---|---|---|---|---|---|---|---|---|---|
| | | | | | | | | 高压安注系统 | 辅助给水系统 | 应急交流电系统 | | | | | |
| 福清核电厂 | 1号机组 | 99.31 | 0.20 | 0.20 | 0.00 | 0.00 | 0.00 | 0.0000 | 0.0000 | 0.0004 | 0.037 | 1.00 | 0.052 | 0.00 | 0.06 |
| | 2号机组 | 81.55 | 0.24 | 0.29 | 0.00 | 0.98 | 0.98 | 0.0000 | 0.0000 | | 3.229 | 1.00 | 0.857 | | |
| 阳江核电厂 | 1号机组 | 81.56 | 0.00 | 0.00 | 0.00 | 0.00 | 0.00 | 0.0000 | 0.0000 | 0.0066 | 0.037 | 1.00 | 0.774 | 0.00 | 0.06 |
| | 2号机组 | 77.68 | 0.00 | 0.00 | 0.00 | 0.00 | 0.00 | 0.0000 | 0.0000 | | 0.037 | 1.00 | 0.900 | | |
| | 3号机组 | 91.24 | 0.01 | 0.01 | 0.00 | 0.00 | 0.00 | 0.0000 | 0.0000 | | 89.664 | 1.03 | 0.449 | | |
| 方家山核电厂 | 1号机组 | 91.23 | 0.04 | 0.04 | 0.00 | 0.00 | 0.00 | 0.0001 | 0.0000 | 0.0000 | 0.037 | 1.00 | 0.235 | 0.00 | 0.00 |
| | 2号机组 | 86.88 | 0.00 | 0.00 | 0.00 | 0.00 | 0.00 | 0.0000 | 0.0000 | | 0.037 | 1.00 | 0.488 | | |
| 昌江核电厂 | 1号机组 | 93.96 | 0.00 | 0.00 | 0.10 | 0.00 | 0.00 | 0.0000 | 0.0030 | 0.0000 | N/A | 1.03 | 0.009 | 0.00 | 0.00 |
| 防城港核电厂 | 1号机组 | 99.02 | 0.93 | 0.93 | 0.00 | 0.00 | 0.00 | 0.0000 | 0.0000 | 0.0000 | 0.037 | 1.04 | 0.015 | 0.00 | 0.00 |
| WANO中值 | | 87.55 | 1.53 | 0.70 | 0.00 | 0.00 | 0.00 | 0.0001 | 0.0001 | 0.0008 | 0.432 | 1.00 | 0.427 | 0.00 | 0.00 |
| WANO先进值 | | 93.86 | 0.13 | 0.03 | 0.00 | 0.00 | 0.00 | 0.0000 | 0.0000 | 0.0000 | 0.037 | 1.00 | 0.175 | 0.00 | 0.00 |

说明：1）表中WANO单项指标的中值、先进值，为2016年度值。

2）表中□表示该指标没有达到WANO中值，■表示该指标介于WANO中值、先进值之间，■表示该指标达到WANO先进值。

3）表中各机组的WANO性能指标数据的精度与WANO惯例保持一致，进行了四舍五入。

4）WANO单项指标中，除机组能力因子数值越高表示业绩越好外，其余指标均是数值越低表示业绩越好（燃料可靠性最小值为0.037 Bq/g、化学性能最小值为1.00）。

5）红沿河核电厂4号机组、宁德核电厂4号机组、福清核电厂3号机组、昌江核电厂2号机组、防城港核电厂2号机组商运时间不满足WANO指标年度周期数据统计要求，故未统计2016年的各项WANO指标数据。

6）“N/A”表示昌江核电厂1号机组不满足燃料可靠性计算条件，无法计算出指标值。燃料可靠性的计算条件为：功率在85%以上；功率浮动变化不超过5%；在某一功率至少稳定3天。

**2007—2016年运行核电机组WANO指标综合指数统计**

| 核电厂 / 机组（年度） | | 2007 | 2008 | 2009 | 2010 | 2011 | 2012 | 2013 | 2014 | 2015 | 2016 |
|---|---|---|---|---|---|---|---|---|---|---|---|
| 秦山核电厂 | | 90.99 | 96.11 | 94.52 | 86.67 | 92.14 | 100 | 98.49 | 92.84 | 98.71 | 98.94 |
| 大亚湾核电厂 | 1号机组 | 100.00 | 100.00 | 98.70 | 100.00 | 100.00 | 93.45 | 98.77 | 98.68 | 90.86 | 98.82 |
| | 2号机组 | 96.6 | 83.23 | 93.48 | 100 | 96.67 | 98.17 | 98.24 | 83.14 | 82.38 | 99.52 |
| 秦山第二核电厂 | 1号机组 | 68.28 | 85.00 | 90.01 | 93.97 | 87.50 | 84.25 | 91.90 | 90.82 | 92.79 | 97.11 |
| | 2号机组 | 95.41 | 93.45 | 93.39 | 94.29 | 96.00 | 83.09 | 80.32 | 88.18 | 84.83 | 90.10 |
| | 3号机组 | / | / | / | / | 79.92 | 87.96 | 91.85 | 100.00 | 85.90 | 90.25 |
| | 4号机组 | / | / | / | / | / | N/A | 93.88 | 93.65 | 97.64 | 99.40 |
| 岭澳核电厂 | 1号机组 | 93.28 | 92.04 | 94.46 | 98.47 | 98.52 | 98.95 | 85.93 | 83.36 | 79.97 | 98.21 |
| | 2号机组 | 91.88 | 80.81 | 92.26 | 98.89 | 100.00 | 100.00 | 91.93 | 95.94 | 100.00 | 97.49 |
| | 3号机组 | / | / | / | / | N/A | 75.70 | 96.60 | 97.21 | 97.20 | 98.57 |
| | 4号机组 | / | / | / | / | / | N/A | 88.59 | 97.04 | 97.87 | 96.32 |
| 秦山第三核电厂 | 1号机组 | 98.17 | 96.02 | 99.46 | 98.54 | 98.87 | 99.70 | 100.00 | 96.47 | 94.44 | 92.50 |
| | 2号机组 | 99.47 | 99.47 | 99.17 | 100.00 | 99.42 | 98.42 | 100.00 | 100.00 | 99.23 | 94.58 |
| 田湾核电厂 | 1号机组 | / | 62.04 | 72.26 | 80.97 | 93.45 | 93.34 | 95.92 | 97.84 | 98.06 | 93.09 |
| | 2号机组 | / | 80.71 | 86.19 | 86.87 | 90.94 | 93.95 | 95.57 | 97.65 | 97.08 | 90.65 |
| 红沿河核电厂 | 1号机组 | / | / | / | / | / | / | N/A | 68.90 | 76.88 | 94.26 |
| | 2号机组 | / | / | / | / | / | / | / | N/A | 71.99 | 84.90 |
| | 3号机组 | / | / | / | / | / | / | / | / | N/A | 100.00 |
| 宁德核电厂 | 1号机组 | / | / | / | / | / | / | N/A | 70.00 | 66.93 | 99.85 |
| | 2号机组 | / | / | / | / | / | / | / | N/A | 92.46 | 84.07 |
| | 3号机组 | / | / | / | / | / | / | / | / | N/A | 86.72 |
| 福清核电厂 | 1号机组 | / | / | / | / | / | / | / | N/A | 49.59 | 88.81 |
| | 2号机组 | / | / | / | / | / | / | / | / | N/A | 72.32 |
| 阳江核电厂 | 1号机组 | / | / | / | / | / | / | / | N/A | 95.31 | 83.94 |
| | 2号机组 | / | / | / | / | / | / | / | / | N/A | 91.18 |
| | 3号机组 | / | / | / | / | / | / | / | / | N/A | 92.81 |
| 方家山核电厂 | 1号机组 | / | / | / | / | / | / | / | N/A | 82.28 | 93.80 |
| | 2号机组 | / | / | / | / | / | / | / | / | N/A | 96.29 |
| 昌江核电厂 | 1号机组 | / | / | / | / | / | / | / | / | N/A | 99.12 |
| 防城港核电厂 | 1号机组 | / | / | / | / | / | / | / | / | N/A | 98.87 |

说明：综合指数使用WANO推荐的综合指数第四种方法计算，2010年起计算中考虑了大亚湾机组18个月换料期。N/A表示不满足方法四的要求。

# 在建核电项目进展情况

2016年，有2台核电机组开工建设。截至2016年底，中国共有21台在建核电机组。

## 一、红沿河核电厂4～6号机组

| 一、基本情况 | |
|---|---|
| 业主单位 | 辽宁红沿河核电有限公司 |
| 主要股东 | 中广核核电投资有限公司、中电投核电有限公司、大连市建设投资集团有限公司 |
| 厂址 | 辽宁省瓦房店市红沿河镇东岗村 |
| 机组堆型 | CPR1000 |
| 设计电功率 | 1 118.79 MW |
| 开工日期 | 4号机组：2009年08月15日<br>5号机组：2015年03月29日<br>6号机组：2015年07月24日 |
| 计划完工日期 | 4号机组：2016年09月19日（实际商运日期）<br>5号机组：2021年01月31日<br>6号机组：2021年08月31日 |
| 二、建设亮点 | |
| 2016年，克服了4号机组设备供货滞后、设备质量缺陷等突出问题，顺利完成各项功能试验，于9月19日完成168小时试运行，投入商业运行。5、6号机组核岛、常规岛以及配套BOP子项土建工程顺利推进，核岛安装工程和BOP安装工程正式开工，总体进展略提前于一级进度计划。 | |

**红沿河核电厂4~6号机组里程碑完成情况**

| 序号 | 里程碑 | 完成时间（4号机组） | 完成时间（5号机组） | 完成时间（6号机组） |
|---|---|---|---|---|
| 1 | 取得建造许可证 | 2009 | 2015 | 2015 |
| 2 | 核岛FCD[1] | 2009 | 2015 | 2015 |
| 3 | 常规岛FCD | 2009 | 2015 | 2015 |
| 4 | 泵房FCD | 2009 | 2015 | 2015 |
| 5 | BOP安装开始 | × | 2016 | × |
| 6 | 核岛安装开始 | 2011 | 2016 | |
| 7 | 穹顶吊装 | 2011 | | |
| 8 | 反应堆厂房环吊可用 | 2012 | | |
| 9 | 常规岛安装开始 | 2012 | | |
| 10 | 反应堆压力容器到货 | 2013 | | |
| 11 | 汽轮机首台低压缸到货 | 2012 | | |
| 12 | 发电机到货 | 2012 | | |
| 13 | 泵站进水 | 2013 | | |
| 14 | 500 kV可用 | 2014 | | |
| 15 | 冷试开始 | 2014 | | |
| 16 | 热试开始 | 2015 | | |
| 17 | 核燃料组件运到现场 | 2015 | | |
| 18 | 取得装料许可证 | 2016 | | |
| 19 | 装料开始 | 2016 | | |
| 20 | 首次临界 | 2016 | | |
| 21 | 汽轮机冲转 | 2016 | | |
| 22 | 首次并网 | 2016 | | |
| 23 | 具备商运条件 | 2016 | | |

说明：×表示该机组没有或不适用此项里程碑。

1 FCD为The First Concrete Date缩写，意为第一罐混凝土浇筑。

## 二、宁德核电厂4号机组

| 一、基本情况 | |
|---|---|
| 业主单位 | 福建宁德核电有限公司 |
| 主要股东 | 中国广核电力股份有限公司、大唐国际发电股份有限公司、福建省能源集团有限责任公司 |
| 厂址 | 福建省宁德市辖福鼎市太姥山镇备湾村 |
| 机组堆型 | CPR1000 |
| 设计电功率 | 1 089 MW |
| 开工日期 | 4号机组：2010年09月29日 |
| 计划完工日期 | 4号机组：2016年07月21日（实际商运日期） |
| 二、建设亮点 | |
| 7月21日，4号机组顺利完成168小时试运行，投入商业运行。实现了“厂址附加后备电源柴油发电机组设计改进”等16项重大技术改进，主管道自动焊打破国外技术封锁，综合国产化率达到80%。经测试，4号机组性能试验满功率连续出力超过前三台机组，实现了“一台比一台好”的创优目标。 | |

**宁德核电厂4号机组里程碑完成情况**

| 序号 | 里程碑 | 完成时间（4号机组） |
|---|---|---|
| 1 | 核岛主设备供应合同或协议签订 | 2009 |
| 2 | TG供应合同或协议签订 | 2008 |
| 3 | DCS供应合同或协议签订 | 2009 |
| 4 | 颁发建造许可证 | 2010 |
| 5 | 核岛FCD | 2010 |
| 6 | 常规岛FCD | 2010 |
| 7 | 泵房FCD | 2010 |
| 8 | BOP安装开始 | × |
| 9 | 核岛安装开始 | × |
| 10 | 核岛穹顶吊装 | 2012 |
| 11 | 常规岛安装开始 | × |
| 12 | 核岛环吊可用 | 2012 |
| 13 | 首个单系统（SDA）调试开始 | × |
| 14 | 反应堆压力容器到货 | 2013 |
| 15 | 常规岛首台低压缸到货 | 2013 |
| 16 | 常规岛发电机到货 | 2014 |
| 17 | 泵站进水 | 2014 |
| 18 | 500 kV可用 | × |
| 19 | 冷试开始 | 2015 |
| 20 | 热试开始 | 2015 |
| 21 | 核燃料组件到货 | 2015 |
| 22 | 颁发装料许可证 | 2015 |
| 23 | 装料开始 | 2015 |
| 24 | 首次并网 | 2016 |
| 25 | 具备商运条件 | 2016 |

说明：×表示该机组没有或不适用此项里程碑。

## 三、福清核电厂3～6号机组

<table>
<tr><td colspan="2">一、基本情况</td></tr>
<tr><td>业主单位</td><td>福建福清核电有限公司</td></tr>
<tr><td>主要股东</td><td>中国核能电力股份有限公司、华电福新能源股份有限公司、福建省投资开发集团有限责任公司</td></tr>
<tr><td>厂址</td><td>福建省福州市福清市三山镇前薛村</td></tr>
<tr><td>机组堆型</td><td>M310改进型(3、4号机组)、华龙一号（5、6号机组）</td></tr>
<tr><td>设计电功率</td><td>1 089 MW（3、4号机组）、1 150 MW（5、6号机组）</td></tr>
<tr><td>开工日期</td><td>3号机组：2010年12月31日 4号机组：2012年11月17日<br>5号机组：2015年05月07日 6号机组：2015年12月22日</td></tr>
<tr><td>计划完工日期</td><td>3号机组：2016年10月24日（实际商运日期）<br>4号机组：2017年9月30日<br>5号机组：2020年7月8日<br>6号机组：2021年4月30日</td></tr>
<tr><td colspan="2">二、建设亮点</td></tr>
<tr><td colspan="2">2016年，3号机组调试期间大型调试试验均一次成功，投入商业运行。4号机组核回路冲洗采取分两阶段进行、优化主泵安装逻辑等措施，有效减缓了主设备到货滞后的影响，顺利完成冷态功能试验。5号机组逐步进入安装阶段，实现核岛安装开始，常规岛0米板浇筑，核岛穹顶拼装开始，环吊梁、环吊轨道到场，环吊牛腿安装完成等重要节点。6号机组处于土建施工阶段，实现反应堆厂房筏基浇筑、常规岛主厂房筏基浇筑、反应堆厂房内筒体砼施工开始等重要节点。</td></tr>
</table>

**福清核电厂3、4号机组里程碑完成情况**

| 序号 | 里程碑 | 完成时间<br>（3号机组） | 完成时间<br>（4号机组） |
|---|---|---|---|
| 1 | 核岛主设备采购招投标启动 | 2009 | × |
| 2 | 项目核准 | 2010 | × |
| 3 | 可研报告上报 | × | × |
| 4 | PSAR上报 | × | × |
| 5 | 总承包合同签订 | × | × |
| 6 | 初步设计完成 | × | × |
| 7 | 建造许可证颁发 | 2010 | × |
| 8 | 核岛FCD | 2010 | 2012 |
| 9 | 常规岛FCD | 2011 | 2013 |
| 10 | 泵房FCD | 2011 | × |
| 11 | BOP安装开始 | × | × |
| 12 | 核岛安装开始 | 2012 | 2014 |
| 13 | 穹顶吊装 | 2012 | 2014 |
| 14 | 常规岛安装开始 | × | × |
| 15 | 70T龙门吊可用 | × | × |
| 16 | 环吊可用 | 2013 | 2014 |
| 17 | 380T龙门吊可用 | × | × |
| 18 | 常规岛主行车可用 | 2013 | 2014 |
| 19 | 反应堆厂房压力容器安装开始 | 2013 | 2015 |
| 20 | 主管道开始焊接 | × | × |
| 21 | 1号蒸汽发生器就位 | × | × |
| 22 | 220 kV倒送电 | 2013 | × |
| 23 | 发电机定子就位 | × | × |
| 24 | FSAR上报 | × | × |
| 25 | 1号主泵泵壳就位 | × | × |
| 26 | 汽机安装开始 | 2013 | 2015 |
| 27 | 主管道焊接完成 | 2014 | 2015 |
| 28 | 泵房进水 | 2014 | × |
| 29 | 主控室可用 | 2014 | 2015 |
| 30 | 电气厂房送冷风 | × | 2015 |
| 31 | 500 kV主变可用 | 2015 | 2016 |
| 32 | 冷试开始 | 2015 | 2016 |
| 33 | 安全壳试验开始 | × | × |
| 34 | 热试开始 | 2015 | |
| 35 | 核燃料进现场 | 2015 | |
| 36 | 装料许可证颁发 | 2016 | |
| 37 | 开始装料 | 2016 | |
| 38 | 临界许可 | × | × |
| 39 | 首次临界 | 2016 | |
| 40 | 汽机冲转 | × | × |
| 41 | 首次并网 | 2016 | |
| 42 | 临时验收 | 2016 | |
| 43 | 商业运行 | × | × |

**福清核电厂5、6号机组里程碑完成情况**

| 序号 | 里程碑 | 完成时间（5号机组） | 完成时间（6号机组） |
|---|---|---|---|
| 1 | 获取项目建造许可证 | 2015 | × |
| 2 | 核岛FCD | 2015 | 2015 |
| 3 | 常规岛FCD | 2015 | 2016 |
| 4 | 泵房FCD | 2015 | × |
| 5 | 反应堆厂房内筒体砼施工开始 | 2015 | 2016 |
| 6 | 核岛安装开始 | 2016 | |
| 7 | 内穹顶吊装 | | |
| 8 | BOP安装开始 | | × |
| 9 | 环吊可用 | | |
| 10 | 常规岛安装开始 | | |
| 11 | 反应堆压力容器到场 | | |
| 12 | 反应堆压力容器安装完成 | | |
| 13 | 最后一台蒸发器到场 | | |
| 14 | DCS全部到场 | | |
| 15 | 汽机安装开始 | | |
| 16 | 220 kV倒送电 | | × |
| 17 | 主泵全部到场 | | |
| 18 | 主管道焊接完成 | | |
| 19 | 主控室部分可用 | | |
| 20 | 泵房进水 | | |
| 21 | 500 kV倒送电 | | |
| 22 | 冷试开始 | | |
| 23 | 汽机盘车可用 | | |
| 24 | 燃料到场 | | |
| 25 | 热试开始 | | |
| 26 | 获取装料许可证 | | |
| 27 | 装料开始 | | |
| 28 | 首次临界 | | |
| 29 | 首次并网 | | |
| 30 | 具备商运条件 | | |

说明：×为该机组没有或不适用此项里程碑。

## 四、阳江核电厂4～6号机组

| 一、基本情况 | |
|---|---|
| 业主单位 | 阳江核电有限公司 |
| 主要股东 | 中国广核电力股份有限公司、广东核电投资有限公司、广东省粤电集团有限公司、中广核一期投资基金有限公司 |
| 厂址 | 广东省阳江市东平镇沙环村 |
| 机组堆型 | CPR1000 |
| 设计电功率 | 1 086 MW |
| 开工日期 | 4号机组：2012年11月17日<br>5号机组：2013年09月18日<br>6号机组：2013年12月23日 |
| 计划完工日期 | 4号机组：2017年03月15日（实际商运日期）<br>5号机组：2018年07月18日<br>6号机组：2019年01月15日 |
| 二、建设亮点 | |
| 2016年，克服了4号机组设备供货滞后、设备质量缺陷等问题，顺利完成机组冷试、热试及装料等里程碑节点，于12月30日实现反应堆临界。5、6号机组核岛、常规岛及BOP施工全面展开，主要施工节点均提前或按期实现，总体进展正常。 | |

**阳江核电厂4~6号机组里程碑完成情况**

| 序号 | 里程碑 | 完成时间（4号机组） | 完成时间（5号机组） | 完成时间（6号机组） |
| --- | --- | --- | --- | --- |
| 1 | 核岛FCD | 2012 | 2013 | 2013 |
| 2 | 常规岛FCD | 2011 | 2013 | 2014 |
| 3 | 核岛安装开始 | 2014 | 2015 | 2015 |
| 4 | 核岛穹顶吊装 | 2014 | 2015 | 2016 |
| 5 | 常规岛安装开始 | 2013 | 2016 | 2016 |
| 6 | 核岛环吊可用 | 2014 | 2015 | 2016 |
| 7 | 汽轮机首台低压缸模块到货 | 2014 | 2016 | |
| 8 | 发电机到货 | 2014 | 2016 | |
| 9 | 泵站进水 | 2014 | 2016 | |
| 10 | 反应堆压力容器与蒸汽发生器全部到货 | 2015 | | |
| 11 | 核岛主回路冷试开始 | 2016 | | |
| 12 | 核岛主回路热试开始 | 2016 | | |
| 13 | 开始装载核燃料 | 2016 | | |
| 14 | 首次核临界 | 2016 | | |
| 15 | 首次并网 | | | |
| 16 | 具备商业运行条件 | | | |

## 五、三门核电厂 1、2 号机组

| 一、基本情况 | |
|---|---|
| 业主单位 | 三门核电有限公司 |
| 主要股东 | 中国核能电力股份有限公司、浙江浙能电力股份有限公司、中电投核电有限公司、华电福新能源股份有限公司、中核投资有限公司 |
| 厂址 | 浙江省三门县 |
| 机组堆型 | AP1000 |
| 设计电功率 | 1 250 MW |
| 开工日期 | 1号机组：2009年04月19日<br>2号机组：2009年12月15日 |
| 计划完工日期 | 1号机组：2017年12月31日<br>2号机组：2018年08月30日 |
| 二、建设亮点 | |
| 2016年，1号机组全部系统完成从建安向调试移交；4台主泵全部安装完成并顺利实现点动；机组冷态功能试验完成；凝汽器完成抽真空；汽轮机实现非核蒸汽冲转；热态功能试验项目基本执行完成，正在进行热试后消缺和装料前准备工作。2号机组稳压器安装完成；润滑油第一阶段冲洗完成；反应堆穹顶完工；堆内构件安装完成；PMS机柜到货并完成安装；500kV倒送电完成；新燃料接收完成；二回路水压试验完成；4台主泵全部到货并安装完成，目前正在进行机组冷态功能试验前的准备工作。 | |

**三门核电厂1、2号机组里程碑完成情况**

| 序号 | 里程碑 | 完成时间（1号机组） | 完成时间（2号机组） |
|---|---|---|---|
| 1 | 框架性合同签订 | 2007 | 2007 |
| 2 | 钢衬建造合同授权 | 2008 | 2008 |
| 3 | 主合同签订 | 2007 | 2007 |
| 4 | 主合同生效 | 2007 | 2007 |
| 5 | 授权开工日 | 2007 | 2007 |
| 6 | 初步安全分析报告提交给业主 | 2008 | 2008 |
| 7 | 核岛开始负挖 | 2008 | 2008 |
| 8 | 模块预制厂 | 2008 | 2008 |
| 9 | 建造许可证 | 2009 | 2009 |
| 10 | 大吊车可用 | 2009 | 2009 |
| 11 | 核岛FCD | 2009 | 2009 |
| 12 | CA20模块就位 | 2009 | 2010 |
| 13 | CV底封头就位 | 2009 | 2010 |
| 14 | 常规岛FCD | 2009 | 2010 |
| 15 | CA01模块就位 | 2010 | 2010 |
| 16 | CV1号环就位 | 2010 | 2010 |
| 17 | CV2号环就位 | 2010 | 2011 |
| 18 | CV3号环就位 | 2010 | 2011 |
| 19 | 汽机厂房吊车可用 | 2011 | 2012 |
| 20 | 反应堆压力容器到货 | 2011 | 2014 |
| 21 | 汽轮机区域开始安装 | 2011 | 2012 |
| 22 | 凝汽器到货 | 2011 | 2013 |
| 23 | 发电机到货 | 2011 | 2013 |
| 24 | 蒸汽发生器到货 | 2012 | 2015 |
| 25 | 汽轮机到货 | 2012 | 2013 |
| 26 | CV顶封头就位 | 2013 | 2015 |
| 27 | 厂用电母线送电 | 2012 | 2015 |
| 28 | 核岛环吊可用 | 2013 | 2015 |
| 29 | 除盐水可用 | 2012 | 2012 |
| 30 | 仪控用压缩空气可用 | 2014 | 2015 |
| 31 | 最终安全分析报告 | 2012 | × |
| 32 | 反应堆冷却泵到货 | 2016 | 2016 |
| 33 | 操作员模拟机可用 | 2012 | 2012 |
| 34 | 反应堆冷却系统移交 | 2016 | |
| 35 | 反应堆穹顶完工 | 2014 | 2016 |
| 36 | 主控室可用 | 2014 | 2015 |
| 37 | 冷态试验 | 2016 | |
| 38 | 凝汽器抽真空 | 2016 | |
| 39 | 汽机准备冲转 | 2016 | |
| 40 | 热态试验 | 2016 | |
| 41 | 漏泄率试验结束 | 2015 | |
| 42 | 颁发装料许可证 | | |
| 43 | 开始装料 | | |
| 44 | 首次临界 | | |
| 45 | 首次并网 | | |
| 46 | 性能试验结束 | | |

说明：×为该机组没有此项里程碑。

## 六、海阳核电厂1、2号机组

<table>
<tr><td colspan="2">一、基本情况</td></tr>
<tr><td>业主单位</td><td>山东核电有限公司</td></tr>
<tr><td>主要股东</td><td>国家核电技术有限公司、山东省国际信托有限公司、烟台蓝天投资控股有限公司、中国国电集团公司、中国核能电力股份有限公司、华能核电开发有限公司</td></tr>
<tr><td>厂址</td><td>山东省海阳市大辛家</td></tr>
<tr><td>机组堆型</td><td>AP1000</td></tr>
<tr><td>设计电功率</td><td>1 250 MW</td></tr>
<tr><td>开工日期</td><td>1号机组：2009年09月24日<br>2号机组：2010年06月20日</td></tr>
<tr><td>计划完工日期</td><td>1号机组：2014年05月31日（合同日期）<br>2号机组：2015年03月31日（合同日期）</td></tr>
<tr><td colspan="2">二、建设亮点</td></tr>
<tr><td colspan="2">2016年，面对建安、调试、生产深度交叉的局面，充分发挥业主作用，统筹协调，建立调试生产一体化协调机制，强化关键路径控制，狠抓先决条件落实，加强现场组织和资源配备，加大尾项消缺力度，确保了1号机组冷试顺利完成和热试如期开展。同时，强化技术准备和内外部经验反馈，加强试验程序的本地化，加强技术图纸资料消化，充分借鉴内外部经验，完成了1号机组主泵安装和一体化顶盖就位，实现了主泵点动、非核蒸汽冲转等重要试验一次成功。按照“成系统、少尾项”的原则推进系统移交，移交质量显著提升，大宗材料安装基本完成，先后实现了保护和安全监测系统（PMS）到场安装、主控室可用、汽轮机具备进汽条件、蒸汽发生器二次侧水压试验、主泵发运等重要节点，为做好后续工作奠定了坚实基础。</td></tr>
</table>

**海阳核电厂1、2号机组里程碑完成情况**

| 序号 | 里程碑 | 完成时间（1号机组） | 完成时间（2号机组） |
|---|---|---|---|
| 1 | 框架协议签订 | 2007 | × |
| 2 | 主合同签字 | 2007 | × |
| 3 | 主合同生效 | 2007 | × |
| 4 | ATP授权开工 | 2007 | × |
| 5 | 最初安全分析报告提交业主 | 2007 | × |
| 6 | 授予模块预制合同 | 2008 | × |
| 7 | 开始核岛负挖 | 2008 | 2008 |
| 8 | 重型吊车可用 | 2009 | × |
| 9 | 获得建造许可证 | 2009 | × |
| 10 | 核岛FCD | 2009 | 2010 |
| 11 | 常规岛FCD | 2010 | 2010 |
| 12 | CA20模块就位 | 2010 | 2010 |
| 13 | 安全壳底封头就位 | 2010 | 2010 |
| 14 | CA01模块就位 | 2010 | 2011 |
| 15 | 安全壳1号环就位 | 2010 | 2011 |
| 16 | 安全壳2号环就位 | 2010 | 2011 |
| 17 | 安全壳3号环就位 | 2010 | 2011 |
| 18 | 安全壳4号环就位 | 2011 | 2012 |
| 19 | 常规岛汽轮机安装开始 | 2011 | 2012 |
| 20 | 冷凝器到货 | 2011 | 2013 |
| 21 | 反应堆压力容器交付至现场 | 2011 | 2014 |
| 22 | 发电机到货 | 2012 | 2014 |
| 23 | 电站设施母线受电 | 2012 | 2014 |
| 24 | 两台蒸汽发生器交付至现场 | 2012 | 2015 |
| 25 | 除盐水可用 | 2012 | × |
| 26 | 最终安全分析报告提交 | 2012 | × |
| 27 | 模拟机可用于运行培训 | 2013 | × |
| 28 | 安全壳顶封头就位 | 2013 | 2015 |
| 29 | 核岛环吊可用 | 2013 | 2015 |
| 30 | 核岛反应堆外穹顶完工 | 2015 | 2016 |
| 31 | 主控室可用 | 2015 | 2016 |
| 32 | 汽轮机具备受汽条件 | 2015 | 2016 |
| 33 | 开始热试 | 2016 | |
| 34 | 装料许可发布 | | |
| 35 | 开始装料 | | |
| 36 | 首次临界 | | |
| 37 | 首次并网 | | |
| 38 | 性能试验结束EPT | | |

说明：×表示该机组没有此项里程碑。

## 七、台山核电厂1、2号机组

| 一、基本情况 | |
|---|---|
| 业主单位 | 台山核电合营有限公司 |
| 主要股东 | 中国广核电力股份有限公司、广东核电投资有限公司、法国电力国际公司、台山核电产业投资有限公司、EDF（中国）投资有限公司 |
| 厂址 | 广东省台山市赤溪镇 |
| 机组堆型 | EPR |
| 设计电功率 | 1 750 MW |
| 开工日期 | 1号机组：2009年11月18日<br>2号机组：2010年04月15日 |
| 计划完工日期 | 1号机组：2017年12月31日<br>2号机组：2018年06月30日 |
| 二、建设亮点 | |
| 2016年，1、2号机组工程建设稳步推进。1号机组完成冷态功能试验和安全壳打压试验，11月5日进入热态功能试验前期阶段；2号机组处于设备安装阶段。 | |

**台山核电厂1、2号机组里程碑完成情况**

| 序号 | 里程碑 | 完成时间（1号机组） | 完成时间（2号机组） |
| --- | --- | --- | --- |
| 1 | 核岛设计采购合同签订 | 2007 | 2007 |
| 2 | TG供应合同签订 | 2008 | 2008 |
| 3 | 颁发建造许可证 | 2009 | 2009 |
| 4 | 核岛FCD | 2009 | 2010 |
| 5 | 常规岛FCD | 2009 | 2010 |
| 6 | 泵房（HPX）FCD | 2009 | 2009 |
| 7 | 汽轮机基座开始施工 | 2010 | 2010 |
| 8 | 核岛安装开始（HL*管道） | 2010 | 2011 |
| 9 | 穹顶吊装 | 2011 | 2012 |
| 10 | 除盐水生产系统调试开始 | 2011 | 2011 |
| 11 | 主行车可用 | 2011 | 2012 |
| 12 | 环吊可用 | 2012 | 2013 |
| 13 | 汽轮机LP1模块到货 | 2011 | 2013 |
| 14 | 反应堆压力容器到货 | 2011 | 2014 |
| 15 | 发电机定子到货 | 2012 | 2014 |
| 16 | 海底隧道完工 | 2012 | 2014 |
| 17 | 泵站进水 | 2013 | 2016 |
| 18 | 500 kV可用 | 2014 | |
| 19 | 安全壳试验 | 2016 | |
| 20 | NCC(核回路管道冲洗)开始 | 2013 | |
| 21 | 冷试开始 | 2015 | |
| 22 | 热试开始 | | |
| 23 | 燃料组件到货 | | |
| 24 | 颁发装料许可证 | | |
| 25 | 装料开始 | | |
| 26 | 首次核临界 | | |
| 27 | 首次并网 | | |
| 28 | 具备商业运行条件 | | |

# 八、昌江核电厂2号机组

| 一、基本情况 | |
|---|---|
| 业主单位 | 海南核电有限公司 |
| 主要股东 | 中国核能电力股份有限公司、华能核电开发有限公司、华能国际电力股份有限公司 |
| 厂址 | 海南省昌江县海尾镇塘兴村 |
| 机组堆型 | CNP600 |
| 设计电功率 | 650 MW |
| 开工日期 | 2号机组：2010年11月21日 |
| 计划完工日期 | 2号机组：2016年08月12日（实际商运日期） |
| 建设亮点 | |
| 2016年，2号机组顺利实现商业运行。通过计划优化抓执行、涉网试验勤协调等十项措施，力保工程安全与进度。 | |

**昌江核电厂2号机组里程碑完成情况**

| 序号 | 里程碑 | 完成时间（2号机组） |
| --- | --- | --- |
| 1 | 核岛FCD | 2010 |
| 2 | 常规岛FCD | 2011 |
| 3 | 泵房FCD | 2010 |
| 4 | 核岛安装开始 | 2012 |
| 5 | 穹顶吊装 | 2012 |
| 6 | 环吊可用 | 2013 |
| 7 | 常规岛安装开始 | 2013 |
| 8 | 反应堆压力容器就位 | 2014 |
| 9 | 汽轮机安装开始 | 2014 |
| 10 | 备用电源倒送电 | 2014 |
| 11 | 泵房进水 | 2014 |
| 12 | 主电源倒送电 | 2014 |
| 13 | 冷试开始 | 2015 |
| 14 | 冷试结束 | 2015 |
| 15 | 热试开始 | 2015 |
| 16 | 燃料到场 | 2016 |
| 17 | 装料许可证颁发 | 2016 |
| 18 | 首次装料 | 2016 |
| 19 | 首次临界 | 2016 |
| 20 | 首次并网 | 2016 |
| 21 | 商业运行 | 2016 |

## 九、防城港核电厂 2～4 号机组

| 一、基本情况 | |
|---|---|
| 业主单位 | 广西防城港核电有限公司 |
| 主要股东 | 中国广核集团有限公司、广西投资集团有限公司 |
| 厂址 | 广西壮族自治区防城港市光坡镇红沙潆 |
| 机组堆型 | CPR1000（2号机组）、华龙一号（3、4号机组） |
| 设计电功率 | 1 086 MW（2号机组）、1 180 MW（3、4号机组） |
| 开工日期 | 2号机组：2010年12月23日<br>3号机组：2015年12月24日<br>4号机组：2016年12月23日 |
| 计划完工日期 | 2号机组：2016年10月01日（实际商运日期）<br>3号机组：2021年10月31日<br>4号机组：2022年06月30日 |
| 二、建设亮点 | |
| 2016年，2号机组按期实现商业运行，3号机组建设稳步推进，4号机组顺利实现核岛FCD，3、4号机组工程一级里程碑全部按时完成。 | |

**防城港核电厂2~4号机组里程碑完成情况**

| 序号 | 里程碑 | 完成时间（2号机组） | 完成时间（3号机组） | 完成时间（4号机组） |
|---|---|---|---|---|
| 1 | 场平工程开工 | × | × | × |
| 2 | 核岛负挖工程开工 | × | 2015 | 2016 |
| 3 | RPV、SG合同签订 | × | 2015 | × |
| 4 | 常规岛FCD | 2011 | 2016 | |
| 5 | 核岛FCD | 2010 | 2015 | 2016 |
| 6 | DCS合同签订 | × | 2015 | × |
| 7 | 泵房FCD | × | 2016 | |
| 8 | BOP安装开始 | × | | |
| 9 | 核岛安装开始 | × | | |
| 10 | 安全壳穹顶吊装 | 2012 | | |
| 11 | 常规岛安装开始 | × | | |
| 12 | 首个单系统（SDA）调试开始 | × | | |
| 13 | 反应堆厂房环吊可用 | 2013 | | |
| 14 | 汽轮机首个LP模块到货 | 2013 | | |
| 15 | 发电机定子到货 | 2013 | | |
| 16 | 反应堆压力容器和蒸汽发生器全部到货 | 2014 | | |
| 17 | 泵站进水 | 2014 | | |
| 18 | 500 kV可用 | × | | |
| 19 | 核岛主回路冷试开始 | 2015 | | |
| 20 | 核岛主回路热试开始 | 2015 | | |
| 21 | 装料 | 2016 | | |
| 22 | 首次临界 | 2016 | | |
| 23 | 首次并网 | 2016 | | |
| 24 | 具备商业运行条件 | 2016 | | |

说明：×为该机组没有此项里程碑。

## 十、石岛湾核电厂高温气冷堆核电站示范工程

| 一、基本情况 | |
|---|---|
| 业主单位 | 华能山东石岛湾核电有限公司 |
| 主要股东 | 中国华能集团公司、中国核工业建设集团公司、清华控股有限公司 |
| 厂址 | 山东省荣成市石岛管理区宁津街道办事处辖区 |
| 机组堆型 | 高温气冷堆 |
| 设计电功率 | 211 MW |
| 开工日期 | 2012年12月09日 |
| 计划完工日期 | 2019年08月 |
| 二、建设亮点 | |
| 工程团队通过多次完善吊装方案并通过专家审查，顺利完成了首台反应堆压力容器及金属堆内构件吊装。调试团队通过提前介入等方式，现场发现问题并及早解决，加快了安装移交调试进度，保证了年度目标实现。 | |

**石岛湾核电厂高温气冷堆核电站示范工程里程碑完成情况**

| 序号 | 里程碑 | 完成时间 |
| --- | --- | --- |
| 1 | 建造许可证获颁 | 2012 |
| 2 | 核岛FCD | 2012 |
| 3 | 反应堆厂房±0.00 m板施工完成 | 2014 |
| 4 | 常规岛FCD | 2014 |
| 5 | 反应堆厂房+28.05 m板施工完成 | 2015 |
| 6 | 汽机厂房封顶 | 2015 |
| 7 | 常规岛厂房主行车可用 | 2015 |
| 8 | 上报装料许可证申领文件（FSAR等） | 2015 |
| 9 | 模拟机可用 | 2015 |
| 10 | 2号反应堆具备主设备吊装条件 | 2016 |
| 11 | 反应堆厂房大厅吊车可用 | 2016 |
| 12 | 2号反应堆陶瓷堆内构件安装开始 | 2016 |
| 13 | 汽机台板就位 | 2016 |
| 14 | 110 kV倒送电 | 2016 |
| 15 | 主控室可用 | 2016 |
| 16 | 2号蒸汽发生器到货 | |
| 17 | 2号反应堆三壳组装完成 | |
| 18 | 220 kV倒送电 | |
| 19 | 汽机扣缸 | |
| 20 | 2号反应堆主回路试压开始 | |
| 21 | 循环水系统具备通水条件 | |
| 22 | 燃料元件到场 | |
| 23 | 2号反应堆主回路热试开始 | |
| 24 | 2号反应堆装料开始 | |
| 25 | 汽轮机油循环结束 | |
| 26 | 2号反应堆空气气氛下首次临界 | |
| 27 | 汽轮机调速静止试验结束 | |
| 28 | 2号反应堆氦气气氛下首次临界 | |
| 29 | 汽机核冲转 | |
| 30 | 首次并网 | |
| 31 | 2号反应堆满功率试验结束（50%机组额定功率） | |
| 32 | 168小时满功率运行 | |

## 十一、田湾核电厂3～6号机组

| 一、基本情况 | |
|---|---|
| 业主单位 | 江苏核电有限公司 |
| 主要股东 | 中国核能电力股份有限公司、上海禾曦能源投资有限公司、江苏省国信资产管理集团有限公司 |
| 厂址 | 江苏省连云港市连云区田湾 |
| 机组堆型 | VVER（3、4号机组）、M310改进型（5、6号机组） |
| 设计电功率 | 1 126 MW（3、4号机组）、1 118 MW（5、6号机组） |
| 开工日期 | 3号机组：2012年12月27日<br>4号机组：2013年09月27日<br>5号机组：2015年12月27日<br>6号机组：2016年09月07日 |
| 计划完工日期 | 3号机组：2018年2月27日<br>4号机组：2018年12月27日<br>5号机组：2020年12月31日<br>6号机组：2021年10月31日 |
| 二、建设亮点 | |
| 2016年，3号机组主回路冷试较一级里程碑计划提前16天开始，主回路热试较一级里程碑计划提前32天开始。5、6号机组核岛、常规岛及PX泵房重大控制节点均提前完成，其中6号机组核岛提前52天实现FCD。 | |

**田湾核电厂3、4号机组里程碑完成情况**

| 序号 | 里程碑 | 完成时间（3号机组） | 完成时间（4号机组） |
| --- | --- | --- | --- |
| 1 | 建造许可证颁发 | 2012/12/26 | 2012/12/26 |
| 2 | 核岛FCD | 2012/12/27 | 2013/09/27 |
| 3 | 常规岛FCD | 2013/04/21 | 2014/02/21 |
| 4 | UJA厂房内部结构至34 m板完成 | 2014/11/11 | 2015/08/09 |
| 5 | 反应堆厂房穹顶焊接完成 | 2014/12/29 | 2015/10/24 |
| 6 | 环吊可用 | 2015/01/20 | 2015/11/03 |
| 7 | 反应堆压力容器开始安装 | 2015/02/20 | 2015/12/12 |
| 8 | 主管道开始安装 | 2015/06/10 | 2016/04/13 |
| 9 | 汽轮机安装开始 | 2015/07/05 | 2016/07/13 |
| 10 | 除盐水可用 | 2015/12/14 | 2015/12/14 |
| 11 | 220 kV倒送电 | 2016/02/20 | |
| 12 | 预应力张拉完成 | 2016/03/26 | |
| 13 | 循环冷却（海）水供水 | 2016/06/05 | |
| 14 | 主控室投用 | 2016/07/29 | |
| 15 | 500 kV倒送电 | 2016/12/04 | |
| 16 | 主回路冷试开始 | 2016/11/27 | |
| 17 | 主回路热试开始 | | |
| 18 | 首次装料 | | |
| 19 | 首次临界 | | |
| 20 | 首次并网 | | |
| 21 | 商业运行 | | |

**田湾核电厂5、6号机组里程碑完成情况**

| 序号 | 里程碑 | 完成时间（5号机组） | 完成时间（6号机组） |
|---|---|---|---|
| 1 | 长周期设备采购合同重启 | 2015/08/03 | 2015/08/03 |
| 2 | 项目核准 | 2015/12/22 | 2015/12/22 |
| 3 | 获取项目建造许可证 | 2015/12/23 | 2015/12/23 |
| 4 | 核岛FCD | 2015/12/27 | 2016/09/07 |
| 5 | MX常规岛FCD | 2016/04/29 | 2016/10/30 |
| 6 | PX泵房FCD | 2016/06/21 | 2016/06/21 |
| 7 | 核岛安装开始（NX厂房安装开始） | | |
| 8 | 穹顶吊装 | | |
| 9 | 常规岛主行车可用 | | |
| 10 | 环吊完全可用 | | |
| 11 | 龙门吊完全可用 | | |
| 12 | 汽机安装开始（低压缸安装开始） | | |
| 13 | 反应堆压力容器吊装 | | |
| 14 | KX燃料厂房水池可用 | | |
| 15 | 主管道焊接开始 | | |
| 16 | 220 kV倒送电 | | |
| 17 | PX泵房进水 | | |
| 18 | 主控室可用 | | |
| 19 | 主泵到货（第三台水力部件及电机） | | |
| 20 | 500 kV倒送电 | | |
| 21 | 安全壳密封性试验完成 | | |
| 22 | 冷试开始 | | |
| 23 | 汽机盘车可用 | | |
| 24 | 热试开始 | | |
| 25 | 燃料到场 | | |
| 26 | 获取装料许可证 | | |
| 27 | 装料开始 | | |
| 28 | 首次临界 | | |
| 29 | 首次并网 | | |
| 30 | 商业运行 | | |

# 核燃料循环

## 发展现状

2016年，我国核燃料循环保障体系建设取得新进展，核燃料循环各环节实现安全稳定运行，满足了我国核电发展和出口的需求。

天然铀产业转型升级步伐加快。国内，新疆伊犁首个千吨级绿色铀矿山基地建设全面完成，技术先进性、劳动生产率、信息化程度与国际一流水平接轨。国外，纳米比亚湖山铀矿建成投产。

2016年，我国铀纯化转化一体化能力、铀浓缩产能、铀浓缩专用设备制造生产能力均有较大提升。全球首条高温气冷堆核燃料生产线投料生产。国内首条AP1000元件生产线具备生产供货能力。

自主化燃料组件研制取得新突破。自主研制的CF3燃料组件完成了首个燃料循环堆内辐照考验，进入批量化生产阶段；CF4燃料元件及相关组件关键技术研究全面启动。新一代锆合金管材N45研制通过专家评审。事故容错燃料研发进展顺利，成功制备出多种金属型和陶瓷型包壳管，已启动堆外筛选试验。CAP1400自主化燃料原型组件进入整体性能验证阶段。

中法合作建设后处理大厂项目合同谈判和选址工作继续推进。大亚湾、田湾乏燃料干式贮存项目完成主设备联合招标，进入实质性推进阶段。

中低放射性废物处置场选址取得进展。

## 铀矿勘查与采冶

### 一、中国核工业集团公司

2016年，中国核工业集团公司铀业有限公司获得国家科技进步二等奖1项（第二完成单位）；国防科技奖8项，其中一等奖1项，二等奖3项，三等奖4项；集团奖14项，其中一等奖2项，二等奖4项，三等奖8项。其中，“面向铀矿与环境的核辐射探测关键技术、设备及其应用”获得国家科技进步二等奖，“相山矿田深部及外围铀资源预测评价”获得国防科技奖一等奖，“相山矿田深部及外围铀资源预测评价”“纳岭沟厚含矿含水层—强还原地层铀矿地浸开采技术”获得集团公司一等奖。

完成地矿延伸业“十三五”规划和市场开拓方案编制，明确“十三五”发展思路、目标、方向和重点。

贯彻“走出去”战略，积极开辟国际市场，推进海外地矿技术服务市场开发，在吉尔吉斯斯坦、巴基斯坦、赞比亚、老挝等国承接项目，实现收入近5 000万元。

环保产业实现收入3.9亿元，同比增长29%。油气服务签订合同额约2.5亿元，完成产值1.52 亿元。中标巴基斯坦测井项目，签订合同3 000万美元。伊朗油服

EPDF项目已获得政府部门批准，合同基本达成一致。

制定《酸法地浸矿山井场运行规范》《酸法地浸矿山水冶运行规范》《碱法地浸矿山井场运行规范》《碱法地浸矿山水冶运行规范》《铀纯化厂运行规范》等生产运行规范。

开展采掘技术计划和水冶生产技术计划执行情况检查，查找发现问题，督促整改措施。

颁布《地矿事业部天然铀产品军事运输计划管理办法》，保障天然铀外供与运输任务的实施有章可循。

完成了《中核通辽铀业有限责任公司采冶定额标准方案》的编制。

钻探台月效率为1 072米/（台·月），达到集团公司卓越值考核要求。质量管理扎实有效，完善技术标准体系。全年钻探优质孔率达到95%，继续保持高位运行；天然铀产品质量一次交验合格率达到98%，铀纯化产品出厂合格率达到100%。《地浸砂岩型铀矿地质勘查规范》等13项核行业标准通过了全国核能行业标准化委员会组织的专家组审查；新制定了8项中核集团企业标准。这批标准将进一步完善铀地矿技术标准体系，切实发挥技术标准对科研生产的支撑和保障作用。

## 二、中国广核集团有限公司

**1月27日，中广核矿业公司投资加拿大Fission公司正式完成股权交割**

1月27日，中广核矿业公司投资Fission公司正式完成股权交割，认购Fission公司19.99%股份，成为其第一大股东，并在董事会中占有两个席位。Fission公司是一家加拿大初级铀矿勘探公司，拥有的勘探权面积约300平方公里，其中包含全球最大的待开发高品位铀资源项目——Patterson Lake South（简称PLS项目）。根据独立第三方技术顾问复核，PLS项目资源量为51 537 t$U_3O_8$，平均品位1.6%$U_3O_8$，最高品位超过64%$U_3O_8$。该项目目前处于详勘阶段，预计2026年投产，全成本在全球铀矿山成本中位于前1/3水平。投资Fission公司能够对中广核铀资源供应的成本结构、地区结构、价格机制组合结构的优化起到重要作用，并将成为中广核进一步开发北美优质高品位铀资源项目的桥头堡。

**5月9日，中国广核集团与Cameco公司签订合作协议**

5月9–11日，中广核董事长贺禹赴加拿大出席“中国（广东）—加拿大（不列颠哥伦比亚）经贸合作交流会”，期间在中共中央政治局委员、广东省委书记胡春华及加拿大不列颠哥伦比亚省省长简蕙芝女士的见证下，与Cameco公司总裁兼首席执行官Tim Gitzel先生签订了《关于进一步扩大与深化联合铀资源开发合作的协议》。根据该协议，双方后续将加强绿地铀资源勘探项目上的合作。

**EME公司在Ngalia盆地东部首次发现高品位铀矿化**

9月27日，EME公司向市场公告了

2016年8月在Ngalia盆地东部完成的小规模钻探工作成果。此次钻探工作共施工完成4个钻孔，总进尺840米，其中3个孔发现铀矿化。在钻孔MARD004中发现8米厚铀矿化，平均品位1 789ppm（其中包括3.05米厚、平均品位4 468ppm的铀矿化和2米厚、平均品位为6 237ppm富铀矿化层）。

钻探查证工作扩大了在Ngalia盆地东部探查Malawiri式铀矿化的远景区范围，确定了钻孔MARD001周边向北约3.5公里的铀矿化带。通过此次小规模钻探工作，并结合2016年7月初完成的地球物理勘查工作，EME公司认为Ngalia盆地东部具备进一步获取JORC标准资源量的潜力。

**11月7日，EME公司Manyingee East项目首次获得1 291吨JORC标准资源量**

11月7日，EME公司向市场公告了其位于西澳西海岸中部的Manyingee East项目首次获得JORC标准资源量1 291吨$U_3O_8$，边界品位相当于200ppm（资源量模型的边界品位由品位与矿化厚度的乘积参数确定）。

Manyingee East项目位于西澳Onslow港南约85公里，矿权面积86平方公里，属于古河道砂岩型铀矿。该项目区周边已发现多个砂岩型铀矿床，如Paladin公司的Manyingee铀矿床和Cauldron公司的Bennet Well铀矿床。该地区具有寻找砂岩型铀矿床的良好潜力。

2016年9月，EME公司对2012年和2014年的勘探数据进行系统整理，并整合周边矿权的公开历史数据，委托独立第三方CSA Global矿业咨询公司对Manyingee East项目进行资源量估算，获得JORC标准资源量1 291吨$U_3O_8$。

2016年，EME公司在该地区采用无源地震测量（Passive Seismic Survey）和透地雷达测量（Ground-Penetrating Radar）等技术探测到控矿古河道的空间展布和范围，结合CSA Global公司的地质建模工作，发现在项目区控矿古河道中部仍具有资源扩大潜力，预计可再新增资源量200–1 000吨$U_3O_8$。截至目前，EME公司在西澳州各项目已拥有JORC标准资源量8 273吨$U_3O_8$。

**12月31日，湖山铀矿成功产出第一桶天然铀**

北京时间2016年12月31日，纳米比亚湖山铀矿水冶厂成功产出八氧化三铀，生产工艺流程全线打通，这标志着湖山项目正式进入生产阶段。

# 核燃料生产

## 一、中国核工业集团公司

2016年，中国核燃料有限公司各项任务全面完成，约束性指标全面受控，JYK综合考核名列集团公司第一。板块的发展质量连续5年大幅提升，实现了“十三五”时期良好开局。

### （一）改组改制

**改制重组及业务整合**

四个专项改革工作已签署21项分离移交协议，关闭撤销中核燃料元件有限公司，2家亏损企业完成20%扭亏目标，“僵尸企业”治理取得阶段性成果，超额完成集团公司下达的专项治理目标任务。

**科研院所合作**

与清华大学成立核燃料循环与材料技术联合研究院，提升产研结合能力。

**混合所有制改革试点**

编制完善核燃料公司混合所有制改革试点框架方案，经集团公司党组审定上报国家发改委和国防科工局。

**提质增效**

坚定提质降本增效目标不动摇，强化主业产品成本控制，开展全价值链主业产品成本研究和对标分析，设置现金成本标杆值，强化物料损耗和能耗管理，严控“五项费用”和其他非生产性费用开支，实现主业产品成本的持续降低。积极争取增值税退税和税收优惠，精细资金使用计划，压降财务费用。通过多措并举、多管齐下，各主要经济指标全部超额完成任务，实现了“十三五”发展的“开门红”。

**（二）企业管理**

**生产管理**

打造“法治核燃料”，提升整体管理能力。开展制度建设年活动，建立公司制度体系。优化JYK管理，健全全员考核目标责任体系，进一步完善预算制度体系和编制流程，扎实开展经济运行分析，及时总结、检查、督促，确保“十三五”规划重点任务进展受控，年度JYK（计划－预算－考核）目标圆满完成。持续加强法治财务建设，建立健全板块财务制度；深入开展财务大检查回头看及履职待遇、公务支出检查，相关问题基本整改完毕；落实融资计划51亿元，主业项目贷款利率下浮10%。持续强化人力资源管理，优化调整本部管理机构，明确运营管理权责，加强人力资源开发利用。进一步强化审计和风险控制。累计完成各类审计项目167项，审计建议采纳率95%；完善风险信息库，各类风险受控。加强法治工作“两个深度融合”，健全核燃料法治工作体系，落实“走出去”法律风险防范，构建法律风险防范机制。对7家成员单位合同管理法律风险防范水平等级进行评价，3家达到A级标准。

**质量控制**

2016年，公司质量管理体系运行有效，工程质量受控。各单位未发生质量责任事故，二方、三方审核中未出现严重不符合项，质量目标全面实现。核品质量稳定，出厂合格率100%；压水堆燃料组件继续保持入堆运行零破损率（因制造原因发生的破损）的质量目标；重水堆核燃料棒束继续保持较好的质量水平，2016年未发生棒束破损；“华龙一号”燃料改进型模拟组件通过出厂验收；首条AP1000燃料元件生产线完成产品合格性鉴定；高温气冷堆核燃料生产线投入规模化生产，并成功产出数万个合格球型燃料元件。

**安全生产**

安全环保管理体系运行有效，安全环保风险受控，未发生工亡、环境污染、辐射、职业病危害以及二级以上核事故（事件），年初制定的安全指标受控；完成集团公司安全生产标准化考核评级标准核燃料部分的修订，实施板块集团级重大安全环保风险点的消点计划，“十三五”末将显著减少。进一步加大质量管理力度，板块测试能力提升，长效机制有效运行，核品质量稳定，压水堆燃料组件、重水堆核燃料棒束继续保持较好质量水平，工程质量整体受控。

**财务管理**

规范财务信息的编制，确保财务信息准确完整，认真做好各类财务报告的编制工作，设计财务分析模板和分部报告模板，组织开展经济运行分析研讨会，组织各成员单位针对2015年度财务决算及年度审计中存在的问题，认真制定和实施整改方案，通过整改进一步规范会计核算工作。同时，积极开展多层次、多维度的财务分析，进行存货、应收账款专项调研分析，元件组件生产与销售专项调查，铀浓缩项目启动方案对经济效益影响的测算，按季召开经济运行分析会，为提高板块经济运行质量、优化资源配置、加强经营风险管控提供有力的支持。

## 二、中国广核集团有限公司

**12月6日，中哈合资核燃料组件厂项目举行开工仪式**

12月6日，中哈合资核燃料组件厂举行开工仪式，哈萨克斯坦共和国总统纳扎尔巴耶夫在阿斯塔纳通过视频参加了开工仪式。仪式期间，中哈双方签署了《燃料原则协议》，该协议将用于指导双方后续系列燃料组件供应长期合同的签署。

中哈合资组件厂由哈原工和中广核共同出资成立，乌里宾冶金厂（哈原工子公司）持股51%，中广核铀业发展有限公司持股49%。这一项目开工建设，是哈原工和中广核实现具备核燃料循环中燃料组件生产能力的战略性突破。法国AREVA NP将为中哈合资组件厂提供组件制造技术。中哈合资组件厂与AREVA NP签署了技术转让合同和设备采购合同，包含组件生产许可、技术文件移交、关键设备采购、人员培养等各方面内容。中哈合资组件厂项目计划投资约1.6亿美元，计划于2019年投产，建成后每年将为核电站提供200 t燃料组件。

**12月16日，中广核先进燃料工程试验中心项目完成主工艺厂房封顶**

11月30日，中广核先进燃料工程试验中心项目完成主工艺厂房（零部件车间、组装车间）主体结构施工，并于12月16日完成主工艺厂房封顶，顺利实现了年初制定的里程碑节点目标。

# 核能科研

## 国家科技重大专项

### 一、大型先进压水堆核电站

CAP1400核岛重大设备设计技术等10项课题通过验收，申报课题16项，其中牵头申报课题7项，多渠道申请科研经费12亿元。2016年2月3日，中咨公司完成CAP1400示范工程项目核准评估报告，报国家发展和改革委员会。2016年2月25日，国家核安全局组织召开专家委员会，审议示范工程项目建造许可证申请的审评监督情况。专家委员会一致认为：CAP1400示范工程满足我国现行有效的核安全法律、法规和标准的要求；建议环保部批复CAP1400示范工程环境影响报告书（建造阶段）并颁发建造许可证。2016年4月27日，国际原子能机构(IAEA)向国家核电提交了CAP1400通用反应堆安全评审(GRSR)最终评价报告。IAEA审查认为：CAP1400总体达到IAEA安全法规标准的最新要求。

2016年12月，反应堆保护系统平台（NuPAC）通过美国核管会（NRC）和国家核安全局HAF601许可，成为世界首个同时通过国家核安全局和美国核管会评审的核电站安全级数字化仪控系统设备。

2016年9月，我国自主设计研发的CAP1400自主化燃料定型组件在包头顺利下线，掌握了关键零部件及燃料组件整体设计、制造技术，具备最终验证试验及先导组件研制的基础。

示范工程核岛各厂房零版工程设计已基本完成，常规岛及BOP施工图设计已完成70%，满足FCD后连续施工需要。

大型先进压水堆核电站重大专项实施以来，共203家企业、科研院所、高等院校，2万余名科技人员参研。至2016年底，形成知识产权2 894项，申请国家专利1 774项（其中发明专利754项），已获得国家授权专利1 184项（其中发明专利278项），各类标准883份。

### 二、高温气冷堆核电站示范项目

**（一）科研攻关和技术研发进展**

设计进展和图纸供应满足工程计划总体要求。技术研发和关键设备制造取得阶段成果，核岛系统安装图提交完成率98.9%，常规岛系统安装图全部提交，工程设计基本完成；燃料装卸系统试验验证主要试验于2016年9月完成，关键技术研发及试验验证基本完成。

**（二）设备制造进展**

两台反应堆压力容器分别于2016年3月、9月到货；两台金属堆内构件分别于2016年3月、9月到货；两台蒸汽发生器壳体完成水压试验，38套换热单元全部制造完成；首台主氦风机总装完成；首批石墨堆内构件和炭堆内构件于2016年5月到货；燃料装卸系统首台卸料装置、发电机于2016年10月到货；已完成11.9万个核燃料元件加工，70万个石墨球全部到厂；各主设备的制造质量和进度总体受控。

**（三）土建安装进展**

示范工程核岛、常规岛主要厂房均已移交安装，土建处于收尾阶段，共有90.2%的子项移交安装。两台反应堆压力容器分别于2016年3月20日和9月14日完成吊装，首台金属堆内构件堆芯壳于2016年4月28日完成吊装；首堆陶瓷堆内构件安装完成约65%，核岛辅助系统安装完成约70%，常规岛辅助系统完成约90%。

**（四）科技创新工作进展**

华能山东石岛湾核电有限公司牵头实施了高温气冷堆示范工程建设、设备制造研究、运行技术研究、燃料生产和运输研究共18个课题，承担了高温气冷堆核电站示范工程建设、运行燃料管理研究2个课题的实施工作。截至2016年底，华能山东石岛湾核电有限公司牵头实施的课题进展基本满足要求，反应堆压力容器制造技术研究、金属堆内构件制造技术研究等关键项目已完成全部研究任务，具备预验收条件。共申请工程、概率安全分析领域7件专利，其中“一种高温气冷堆核电站蒸汽发生器舱室模块”等3件工程领域专利申请已获授权。

# 核能科研开发成果

## 一、中国核工业集团公司

2016年，中核集团坚持以科技创新为抓手培育核心竞争力，持续加大科技研发投入力度，全年研发投入24亿元，其中自主投入超10亿元。大力实施“龙腾2020”科技创新计划，一批科技项目取得新突破。

ACP100通过IAEA通用反应堆安全审查，海南示范项目厂址可研和设计取得积极进展。核电DCS（集散控制系统）工程样机研制取得突破，首台套产品成功对接快堆示范工程。核电厂老化管理科研项目取得成效，有力支撑秦山一期核电许可证延续工作。

2016年，中核集团获得国家科技进步二等奖1项。获国防科技进步奖43项，其中一等奖7项。获中国专利优秀奖2项，完成专利申请2 100件，获得发明专利授权1 180件。“华龙一号”总设计师邢继获中国科协“全国优秀科技工作者”称号。通辽铀业$CO_2+O_2$原地浸出采铀工程项目获得中国工业大奖提名奖。

## 二、中国核工业建设集团公司

中国核建积极响应国家创新驱动发展号召，以“双创”为载体，集约创新资源，探索模式创新，成立中国核建股份公司科技创新中心、检维修技术研发中心，并与南华大学、上海交大等共同设立协同创新中心13家。注重技术创新，突破了巴基斯坦高温条件下混凝土配合比的技术问题；在核电不锈钢水池自动焊、混凝土裂缝控制技术等方面，保持国际先进水平。

中国核建积极鼓励自主创新，营造创新氛围，面向一线立项科技创新项目22个。2016年共获专利授权106项，其中发明专利35项，获得省部级科技奖12项。

## 三、中国广核集团有限公司

2016年，设计院共获得省部级奖项11项（一等奖1项、二等奖6项、三等奖4项）；行业级奖项12项（一等奖4项、二等奖6项、三等奖2项）；集团级奖项8项（一等奖1项、二等奖1项、三等奖6项）；公司级奖项31项（一等奖6项、二等奖13项、三等奖12项）。

## 四、国家电力投资集团公司

CAP1400核岛重大设备设计技术等10项课题通过验收，申报课题16项，其中牵头申报课题7项，多渠道申请科研经费12亿元。2016年2月3日，中咨公司完成CAP1400示范工程项目核准评估报告，报国家发展和改革委员会。2016年2月25日，国家核安全局组织召开专家委员会，审议示范工程项目建造许可证申请的审评监督情况。专家委员会一致认为：CAP1400示范工程满足我国现行有效的核安全法律、法规和标准的要求；建议环保部批复CAP1400示范工程环境影响报告书（建造阶段）并颁发建造许可证。2016年4月27日，国际原子能机构(IAEA)向国家核电提交了CAP1400通用反应堆安全评审(GRSR)最终评价报告。IAEA审查认为：CAP1400总体达到IAEA安全法规标准的最新要求。

完成CAP1700概念设计，包括总体设计（含经济性评估）、堆芯与屏蔽设计、核岛关键设备、核岛主要系统、电气仪控系统、核岛布置和建筑结构、安全评价、常规岛方案等。

2016年12月，反应堆保护系统平台（NuPAC）通过美国核管会（NRC）和国家核安全局HAF601许可，成为世界首个同时通过国家核安全局和美国核管会评审的核电站安全级数字化仪控系统设备。

2015年12月，国内首套具有完全自主知识产权的核电厂核设计与安全分析软件（COSINE）成功发布公开测试版，标志着我国核电软件自主化工作取得关键突破。

2016年9月，我国自主设计研发的CAP1400自主化燃料定型组件在包头顺利下线，掌握了关键零部件及燃料组件整体设计、制造技术，具备最终验证试验及先导组件研制的基础。

大型先进压水堆核电站重大专项实施以来，共203家企业、科研院所、高等院校，2万余名科技人员参研。至2016年底，形成知识产权2 894项，申请国家专利1 774项（其中发明专利754项），已获得国家授权专利1 184项（其中发明专利278项），各类标准883份。

## 五、哈尔滨电气集团公司

### （一）多项科研项目获奖

哈电动装公司的“300 MW核电站反应堆冷却剂泵组”，获得中国核能行业协会科学技术一等奖。哈电重装公司、哈汽公司的“VVER型百万核电机组MSR自主化研发”，获得中国核能行业协会科学技术三等奖。哈电重装公司的“AP1000非能动余热排出热交换器研制”，获得秦皇岛市科技进步二等奖。哈电机公司的“AP1000核电半速1 250 MW汽轮发电机制造工艺研究”，获黑龙江省科技进步二等奖。哈电动装公司的“用于反应堆冷却剂泵的屏蔽电动机”，获得哈尔滨市科技局“2015年哈尔滨市发明专利运用资助项目”资助10万元。

### （二）多项国家重大专项研发成功

哈电重装公司《第三代核电管板加工用钻头的国产化开发》，已取得突破性进展，处于产品应用示范阶段。《高温气冷堆国家科技重大专项—蒸发器》，攻克了水压试验应变测量技术，为产品的顺利制造奠定了基础。

哈电动装公司CAP1400主泵屏蔽电机样机研制完成。

哈汽公司《核电站常规岛半转速大容量核电汽轮机末级长叶片研制》，完成研制任务，1 800mm叶片达到国际先进水平。VVER型百万核电机组MSR自主化研发技术国际领先。

哈电机公司《发电机定子绝缘系统标准文本》《发电机励磁系统标准文本》，已通过国家能源局任务验收、财务验收。

哈锅公司《大型先进压水堆及高温气冷堆核电站—汽水分离器》，已完成专项研究工作。《CAP1400常规岛高加除氧器设计制造》，顺利通过哈电集团组织的课题自验收工作。《汽水分离器制造技术与工艺设计研究》，正在进行财务审计。《CAP1400常规岛除氧器设计制造》《CAP1400常规岛高压加热器设计制造》《除氧器制造标准文本》等课题正在进行验收工作。

哈电阀门公司《CAP1400主蒸汽安全阀研制》《CAP1400主蒸汽安全阀样机鉴定试验》《CAP系列主给水止回阀关键部件的设计技术研究》《CAP系列主给水止回阀样机制造及鉴定技术》已结题。

### （三）自主研发项目取得突破

哈电动装公司300 MW核电站反应堆冷却剂泵组技术填补国内空白；三门核电、海阳核电汽轮发电机组非核冲转成功，三代核电技术得到有效验证。

核电设计院的主泵外置热交换器（核一级设备）研发，已取得专项设计许可。提升了哈电集团成套供货能力，为取得核一级设计许可证奠定了基础。

核电设计院的清单自动生成系统的开发，已进入试用阶段，效果良好。

### （四）核主泵研发中心建设顺利推进

核主泵工程中心，依托于哈电动装公司，为非独立法人单位。固定资产投资2 494万元，使用国家科技重大专项费用。2016年，核主泵工程中心与中国电机工程学会大电机专业委员会、中国电工技术学会大电机专业委员会，共同主办2016年全国核主泵技术研讨会，出版的论文集反映了当前国内核主泵机组领域的最新科技成果。12月23日在哈尔滨召开“2016年度黑龙江省核主泵工程技术研究中心专家委年度工作会议暨核主泵研讨会”，推动核主泵工程中心在行业中起到引领和示范作用。

# 核电工程设计、建造与管理

## 发展现状

2016年，田湾核电6号机组、防城港核电4号机组先后开工建设，我国在建核电机组达到21台，装机容量2 444万千瓦，在建规模仍居世界首位，在建核电工程质量得到有效控制。

**核电示范工程建设取得新进展**

AP1000自主化依托项目建设取得新的进展，三门核电1号机组、海阳核电1号机组相继完成一回路水压试验（冷试），全面进入系统热试阶段，为装料奠定了基础。

自主化三代核电示范项目“华龙一号”的4台机组全面开工。其中，福清核电5、6号机组工程的里程碑节点全部按期或提前实现；防城港核电3、4号机组工程的质量、工期整体可控。华龙国际核电技术有限公司成立，标志着“华龙一号”技术融合向前又迈出了一步。

高温气冷堆核电站示范工程建设扎实推进。石岛湾高温气冷堆核电站示范工程完成了土建和全面安装，进入调试阶段，首个除盐水系统完成调试向生产移交，主控室可用。

CAP1400通过了国际原子能机构的通用安全评审，总体达到国际最新安全法规标准要求。山东荣成CAP1400示范工程的施工设计、施工现场准备、工程总包及长周期设备订货合同等主要节点按计划推进，已具备开工建设条件。

**其他核电项目进展顺利**

阳江核电4号机组完成首次装料，多个节点均创造历史最优。田湾三期等其他在建项目均按计划稳步推进。

采用EPR技术的台山核电1号机组进入热试，继续领跑全球EPR首堆。

小堆示范工程项目通过初可研审查。

一批新的核电厂址进入国家沿海保护和重点论证厂址名录。

积极推进内陆核电厂址的保护。在一些有条件的厂址区域，通过开发光伏项目等来创新核电厂址保护模式。

## 核电工程设计与管理

### 一、中国核工业集团公司

2016年，中国核电工程有限公司完成主营业务收入125.34亿元，利润总额4.50亿元，经济增加值（EVA）3.24亿元，成本费用比率96.57%，集团外收入2.70亿元，完成各项经济考核指标。

**（一）生产管理**

引领科技发展，推动产业化产品研发体系建设。制定公司“十三五”科技发展规划，统筹推进各专业技术发展；促进科研成果转化，全年签订“高温气冷堆核燃料元件运输、贮存容器”等12项重大科研成果转化，累计合同收入约1.2亿元；加强基础保障，1月6日顺利摘得廊坊项目249亩土地，海盐调试基地、廊坊研发中心PCS项目已正式开工建设；建立知识产权复合保护模式，完善和优化科技成果管理，科技创新类成果获国家科技进步奖、国防科学技术奖、集团公司科技奖等共43项。

健全费控体系，加强项目管理。优化公司费用控制体系，建立项目标准成本形成模式，完善“华龙一号”成本方案目标，具备下达条件；在福清核电5、6号机组首次应用挣值管理方法实现核岛建安合同支付；方家山项目结算工作取得突破，福清核电5、6号总包合同分签节省税金约5 500万元；明确了核电工程总承包项目管理的前后台运作模式，建立“华龙一号”标准工作分解结构，编制完成“华龙一号”标准二级进度计划；逐步推进多项目施工管理程序数据库、多项目施工技术管理体系、施工合同文本等标准化工作；建立“面向多项目的核电设备采购精益化管理体系”。

推进“互联网+”，构建“四柱一面”信息化体系。发布“四柱一面”项目管理信息化体系，完成项目管理平台在福清核电5、6号机组上的全面投用，开创了在统一项目管理平台开展核电工程全局管控的新模式；建立基于电厂分解结构的核电工程数据架构，初步探索核电工程大数据建设；建成工程指挥中心和“华龙一号”设计验证平台，为工程项目高效决策和核电研发设计提供了支撑和保障；公司牵头完成的“数字化核电专题研究报告”通过了集团审核，奠定了数字核电发展的坚实基础。

实施多元战略，实现增收节支目标。常规岛设计工作进入工程设计阶段，通过自身承担常规岛设计任务节省设计费支出2.4亿元；与万达、恒大等一线房地产企业开展民用建筑业务合作项目，签订设计合同1.05亿元；全年承接技术服务项目500余项，收款突破亿元大关；大力开拓集团内外招标采购代理市场，直接招标收入近千万元。全年实现增收节支总计约4.7亿元。

落实风险管控，提升依法治企能力。开展“加强合同法律风险事前防控”专项工作，推动公司依法治企方案的全面实施；全面风险管理深入开展，核电工程建设专项风险管理获得国资委充分肯定；积极响应国家“营改增”政策，制定合理应对方案，争取国家税收政策支持优惠。

**（二）人力资源**

以“分层级、分阶段、分通道”为核心思路的核聚英才培训体系建设成果突出，实现公司级专项培训教材标准化，充实培训讲师队伍，加强国际化人才培养；优化劳动用工方案；完善全员JYK考核管理机制；规范员工福利，实行工资总额全面预算管理。

## 二、中国广核集团有限公司

### （一）设计管理

1. 能力建设

以中广核《设计院十三五能力建设规划（2016—2020年）》为指引，通过与同行对标，制定能力发展目标，明确专业重点提升能力。2016年4月召开院级评审会，最终确定《设计院2016年能力建设考核清单》，首次制定设计院能力建设考核方案，并纳入院考核体系。为有效推进全院专业能力提升，2016年7月对各所能力建设进展情况进行了检查。2016年11—12月开展了能力建设考核工作。2016年各项能力建设工作有序推进，能力建设考核清单合计317个能力项，其中313项顺利完成2016年节点任务，完成率达98.74%。

2. 技术管理

（1）技术体系建立

WD-EDE–041《设计院技术体系组织与基本运作规则》程序明确了设计院技术决策体系，其中包含专业线和项目线技术决策体系。程序同时明确了不同体系的组成情况、相互间的接口关系和技术体系的基本运作规则，以及技术问题的处理流程。

（2）信息化管理

2016年设计院在设计生产平台建设、项目支持等方面全面持续推进信息化建设，落实设计院信息规划工作要求。在平台建设方面，聚焦项目需求，优化设计院信息化考核指标体系，全面推进协同设计平台的建设和应用，持续优化提升生产管理平台，全力打造国际化的工程文档管理平台，完善信息基础设施建设，促进设计质量和效率提升；在项目支持方面，从多堆型支持转向全面为“华龙一号”项目设计服务，专注于打通正向设计过程中的瓶颈，全力支持“华龙一号”示范项目设计和工程建设，为各项目提供个性化服务、开展项目支持基础工作和推进项目文档服务，为设计人员从整体上对设计质量和进度进行精细化管控提供技术支持。

设计门户，2016年12月15日，一期上线，解决设计资源整合检索问题，实现设计任务集成显示，为设计人员提供单点登录、语言切换及个性化设置，实现设计人员关注的设计文件更新时的自动通知功能。

系统协同设计平台，2016年6月3日，设计技术支持所牵头开展的科研项目《核电系统设计生产平台的研发与应用》顺利通过中国核能行业协会科技成果鉴定。

布置协同设计平台，2016年5月16日，依托红沿河核电二期三维布置设计任务，设计院三维布置设计数据中心与中核建二三公司北京总部成功实现数据交互与同步，实现布置设计全流程协同。

电气协同设计平台，2016年12月9日，电气一次数字化设计模块完成功能开发和验收，实现电气协同设计平台上线试运行。

工程数据综合应用平台，2016年11月8日，设计院自主化研发的大宗材料管理系统承包商模块全面上线，在管理和统计设计院自主设计的图纸材料量基础上，实现将承包商设计的图纸材料量统一管理，已将中核建二三公司北京总部、红沿河核电现场项目部和深圳总部三地实现协同应用。

总体协同设计平台、土建协同设计平台和辐屏协同设计平台全面启动平台建设工作，截至2016年底，已制定三个平台相关的总体建设方案并通过评审。

设计生产管理平台，2016年8月30日，陆丰12/40子项设计审查系统上线，解决了以分包院角色参与项目设计面临的新问题。2016年11月24日，设计管理综合应用系统一期建设完成，实现三级进度与文件、提资、接口的关联，可自动统计完成率。

技术状态管理平台，2016年4月25日一期上线，成功应用于防城港核电二期项目，满足了设计院CM大纲、策划、流程要求，实现基线管理、技术变更TCN管理功能，实现了设计阶段对不同技术状态项的识别、基线的建立以及相应的变更管理；2016年8月30日，开口项管理模块投用，实现开口项的发起和跟踪流程管理。

工程文档管理平台（AED），2016年11月4日，英文版上线，填补了公司在国际核电项目文档信息化管理方面的空白。根据项目需求，持续优化AED平台业务流程，研发跨板块的多数据源ONCE3.0系统，建立集团首款文档移动检索系统，打破了EPCS各板块文档数据壁垒。

高性能计算平台，2016年11月30日，设计院百万亿次计算能力平台实施，计算服务能力从2万亿次/秒提升至160万亿次/秒，实现分布式部署方式，满足了公司未来3–5年正向设计、科研和生产领域对高速度、大容量计算的需求，为华龙及AP设计工作效率提升奠定了基础。

## （二）设备成套

1. 设备到货质量指数

2016年，设备到货质量总体平稳，全年没有发生影响项目建设关键路径的设备质量事件，各监造片区单位见证点的到货类NCR数量有明显下降。

2. 累计出席见证点数量

2016年累计出席见证点68 041个，其中W点63 037个，H点5 004个，整体出席率为97.1%。

E类NCR数量：2016年，设备制造阶段共开启E类NCR 2 018个，其中E1类NCR 1 171个，E2类NCR 847个。

3. 设备合同执行

2016年，合同执行仍然处于高峰期，执行中的合同达766个，设备到货及现场服务情况如下：

（1）设备到货

核岛主设备交货12台套、常规岛设备交货10台套、DCS设备交货254台套，泵阀容器等设备到货1 025批次。

IMRF补充供货年度新增采购2 081项，完成到货任务2 737项，全周期完成率93.2%。

设计来函年度新增采购259项，完成到货任务200项，全周期完成率90.2%。

业主来函委托年度新增采购117项，完成到货任务126项，全周期完成率94.1%。

（2）现场服务

各项目累计产生NCR、CR、UES、3T、FW、DCR等设备问题23 585项，处理设备问题达21 508项，处理率达到91.19%。NCR、CR、UES、3T、DCR平均处理时长连续四年下降。其中，NCR缩短为13.43天，下降18.16%；UES缩短为12.46天，下降25.61%；3T缩短为35.16天，下降14.97%。

（3）商务工作

全年合同支付准确率99.98%，合同变更计划完成率100.52%。

4. 设备国产化推进

全面推进“华龙一号”设备研发工作。“华龙一号”核岛主设备大型锻件评定全部启动，部分部件已完成研发评定，转为产品制造；关键设备鉴定样机工作全面铺开，部分核级泵样机已完成鉴定，10 kV电动机大纲通过评审；核级泵阀、电气设备、仪控设备制造企业全面开展“华龙一号”相关设备的技术交流工作。

推动中国一重完成“华龙一号”压力容器、稳压器锻件的研发，完成评定并开始生产制造；推进与常州格林开展主设备大型阻尼器的研发；推进与江苏标新开展超级管道和CRDM中小锻件的研发。

## 三、国家电力投资集团公司

完成了CAP1400型号开发。CAP1400六大关键试验887个试验工况的任务全部完成，验证了CAP1400工程设计的合理性，有力支撑了安全评审，施工设计和设备研制均满足示范工程连续施工要求，CAP1400示范工程具备开工建设条件。

2016年，国家核电初步完成核电前期、工程建设、生产运营标准化体系建设，形成标准三级进度计划、FCD前进度计划和核电项目业主规范等一系列标准化成果，并推广应用；确定了核电工程建设管理模式和内部分工；研究制订降低造价的总体方案，以及相应的考核激励机制；开展安全质量经验反馈专题培训，运行经验反馈平台上线运行，工程建设经验反馈信息平台建设方案制定完成。

三代核电屏蔽主泵、爆破阀、仪控系统、反应堆压力容器、蒸汽发生器等关键设备、系统的研制工作取得了一系列重大成果，推动了我国基础工业和装备制造业的能力提升和产业升级，有力地支持了我国三代核电工程项目建设。

# 核电工程建筑安装与管理

中国核工业建设集团公司核电工程业务稳中提质，坚持做强做精。年度内同时在建机组数最高峰值达到27台，工程进度、质量、安全管理有效，总体受控。全年共有6台中国核建承建的核电机组并网发电，另有2台机组实现FCD，1台机组实现穹顶吊装。山东石岛湾高温气冷堆核电站示范工程反应堆压力容器成功吊装就位；“华龙一号”首堆示范工程福清核电站5号机组核岛安装工程提前5天开工；我国首批AP1000核电自主化依托项目——三门核电1号机组和海阳核电1号机组分别顺利实现汽轮发电机组非核蒸汽冲转。国外核电方面，集中优势资源做好“华龙一号”海外首堆项目——巴基斯坦卡拉奇K2、K3项目，为“华龙一号”的进一步走出国门奠定基础。

通过项目试点推进核电建造一体化工作。结合项目实际情况和堆型特点确定集约化配置原则，统筹谋划布局，协调与整合内部资源，不断优化施工管理流程与接口，切实做到降本增效。

大力推动核电标准体系建设，中国核建核电建造标准体系基本成型。经过长期的积累、研究、总结和近三年的筹划布置，发布了301项涉及7个大类的核电工程标准，基本涵盖了核电建设的主体专业。

发布中国核建“十三五”核电建设发展规划。对当前的内外部环境作了清晰的分析和判断，明确了未来五年的发展战略和总体目标，对核电建设各相关产业链的发展方向予以指引。

# 核设备制造

## 发展现状

2016年，“大型先进压水堆和高温气冷堆核电站”重大科技专项进入全面验收阶段，“华龙一号”关键设备研制取得重大突破，核电科技研发和装备制造取得一批新的成果。

核电重大科技专项的关键设备研发取得重要进展。CAP1400屏蔽电机主泵攻克了全部关键工艺，基础材料全面实现国产化。主蒸汽隔离阀、大口径爆破阀等一些高难度关键设备的工程样机研制成功。AP/CAP系列三代非能动核电技术自主化及设备国产化能力大幅提升。高温气冷堆主氦风机、燃料装卸系统完成热态试验验证，为工程的顺利建成提供了技术保障。

具有自主知识产权的核级数字化仪控系统的研发及应用取得重大突破，打破了国外的长期垄断。中国广核集团自主研发的我国首个核级数字化仪控系统（和睦系统，FirmSys）已经正式交付阳江核电站使用。中核集团研发的安全级数字化仪控系统（NicSys8000N）通过IAEA独立工程评审。国家电投研发的NuPAC核电站反应堆保护系统平台通过国家核安全局和美国核管会（NRC）许可。

“华龙一号”一批关键设备研制成功。中核集团自主研发的“华龙一号”蒸汽发生器、控制棒驱动机构、主蒸汽隔离阀、稳压器快速泄压阀、主给水隔离阀等核心关键设备研制成功。

## 设备自主化研制生产

### 一、哈尔滨电气集团公司

2016年，哈电集团正式合同签约额考核值30亿元，实际完成59.734亿元，为年计划的199%；应收账款考核值5 000万元，实际完成7 163万元，为年计划的143%；货款回收额考核值6.4934亿元，实际完成8.6787亿元，为年计划的134%；合同兑现率考核值32个节点，实际完成28个节点，为年计划的88%；经营费用考核值248.5万元，实际完成246万元，为年计划的99%。

**（一）项目管理工作满足用户需求**

1. 主要核电产品进度可控

（1）蒸发器项目

高温气冷堆蒸发器，顺利完成首台壳体水压试验。K2、K3蒸发器已进入最终的总装阶段。陆丰核电1号机组蒸发器进展正常。

（2）核主泵项目

C4项目2台核主泵交货。C2备品转子也于2016年8月交付。福清核电4号机组3台核主泵完成交货，哈电动装公司完成由合同分包商向总包方的角色转化。田湾核电5号、6号机组核主泵，处于材料采购阶段。AP1000核主泵项目全面复工，标志着哈电动装公司具备独立制造能力。CAP1000屏蔽主泵电机项目主线部件制造进展满足要求。CAP1400主泵屏蔽电机样机已发运沈鼓进行装配及台架试验。福清核电5号、6号机组核主泵进度优于整体需求。K2、K3项目核主泵已开工制造。

（3）汽轮发电机组

三门核电、海阳核电1号机组完成非核蒸汽冲转。昌江核电1号、2号机组正式商运。昌江核电1号机组101大修备件末级叶片即将发货。田湾核电1号机组发电机定子改造项目，定子总装具备插转子条件，备品转子动平衡。田湾核电3号机组主设备全部交货。田湾核电4号机组实现主要部件年末交付的工作目标。陆丰核电1号机组首批预埋件制造完成。

（4）辅机设备

田湾核电3号、4号高加和除氧器项目，石岛湾核电启动停堆项目，田湾核电汽水换热器项目，福清核电5号、6号及K2、K3项目电机支座及冷作件项目处于发货阶段。福清核电5号、6号机组电动机制造进展正常。阳江核电、红沿河核电、防城港核电、田湾核电大修增补阀门陆续发货。

2. 现场服务工作得到用户认可

哈电重装公司售后服务满意率为100%。

哈电动装公司创造21天完成C4机组总装工作并具备调试条件的记录。

哈汽公司较原计划提前20多天完成田湾核电3号机组TG扣缸；海阳核电1号机组非核蒸汽冲转指标优异；秦山核电优化型次末级叶片成功通过18个月长周期机组运行验证，彻底消除原外方设计缺陷。

哈电机公司的昌江、田湾项目收到表扬信。

哈锅公司对用户反馈给予周到的服务和妥善的解决。

### （二）产能提升工作进展顺利

哈电重装公司共完成投资578万元。其中高温气冷堆蒸发器、回热器与试验本体工艺研发与产品制造项目完成投资257万元。技措技改项目完成投资321万元，主要用于购置设备。

哈电动装公司核电三期建设，扩建两跨厂房、厂房辅房及档案中心，购置数控铣镗床等大型机床设备、试验测量仪器，总投资5.4192亿元。提前完成哈电集团经营业绩考核管理指标及核电三期建设目标。

哈汽公司核电汽轮机核心能力建设技术改造项目，新增数控重型卧式车床等110台设备，其中53台设备投入使用。完成铸钢厂房改造工作，完成中小件加工设备搬迁工作，完成新建核电重型厂房暖封闭工作。

哈电机公司针对田湾核电改造、石岛湾核电总装型式试验，进行试验站的改造；针对核电端盖、小轴加工，安装NC160数控镗床；完成成品储运部厂房内喷漆、设备安装调试等工作。

哈电阀门公司完成CAP1400主蒸汽安全阀试验台改造项目。

## 二、东方电气股份有限公司

### （一）主要核设备制造企业概况

1. 东方汽轮机有限公司(简称东方汽轮机)

东方汽轮机是我国从事电站动力设备和新能源领域开发与制造的国有大型骨干企业之一，在核电设备制造方面主要制造核岛控制棒驱动机构及常规岛汽轮机。

2. 东方电机有限公司(简称东方电机)

东方电机是国内发电设备制造大型骨干企业之一，主要从事水轮发电机组、热能发电机（燃煤、燃气、核能）、交（直）流电机、电站控制系统及军工产品的研发、设计、制造和服务，在核设备制造方面主要制造常规岛发电机及核电主泵电机等。

3. 东方电气（广州）重型机器有限公司（简称东方重机）

东方重机是我国大型核承压设备国产化的专业制造基地之一，主要生产核电反应堆压力容器、蒸汽发生器、汽水分离再热器、非能动余热排出热交换器、稳压器等核电站核岛及常规岛主设备。

4. 东方锅炉股份有限公司(简称东方锅炉)

东方锅炉是我国大型发电设备制造和出口基地之一，在核电方面主要制造核电核岛稳压器、硼注箱、安注箱、重型支撑、堆顶结构等设备。

5. 东方阿海珐核泵有限责任公司(简称东方阿海珐)

东方阿海珐是东方电气股份有限公司与法国阿海珐集团（AREVA GROUP）下属的热蒙股份有限公司（JSPM）共同出资组建的合资公司，主要从事核电站反应堆冷却剂泵及其驱动电机的设计、制造、检测、试验、销售及售后服务业务，并向核电站提供备品、备件。

6. 东方电气（武汉）核设备有限公司(简称东方武核)

东方武核是民用核电堆内构件设备制造商，主要制造各种堆型反应堆堆内构件、各种容器设备等。

### （二）核设备制造能力、业绩

**设备制造能力表**

| | 设备名称 | 年产能 |
|---|---|---|
| 核岛设备 | 反应堆压力容器（RPV） | 4~6台 |
| | 蒸汽发生器（SG） | 12~18台 |
| | 堆内构件（RVI） | 4套 |
| | 控制棒驱动机构（CRDM） | 4~6套 |
| | 一回路主泵（RCP） | 12~18套 |
| | 稳压器（PRZ） | 6~8台 |
| | 余热排出热交换器（PRHR） | 6~8台 |
| 常规岛设备 | 汽轮发电机组（TG Package） | 6~8套 |

**东方电气核电业绩表（截至2016年12月31日）**

| 堆型 | 出力范围 | 投运机组 | 东方电气供货 |
|---|---|---|---|
| 二代加 | 1 000 MW | 岭澳核电二期2台 | · 核岛主设备：2号机组蒸汽发生器、反应堆压力容器、反应堆主冷却剂泵；1号、2号机组稳压器、安注箱、硼注箱、重型支撑等。<br>· 常规岛：1号、2号机组汽轮发电机组。 |
| | | 红沿河核电一期4台 | · 核岛主设备：2号、3号、4号机组蒸汽发生器、反应堆压力容器；1号、2号、3号、4号机组反应堆主冷却剂泵、稳压器、重型支撑；4号机组控制棒驱动机构；1号、2号、3号机组安注箱；1号、2号、3号机组硼注箱等。<br>· 常规岛：1号、2号、3号、4号机组汽轮发电机组。 |
| | | 宁德核电一期4台 | · 核岛主设备：1号机组蒸汽发生器、反应堆压力容器；1号、2号机组稳压器；1号、2号、3号、4号机组反应堆主冷却剂泵、安注箱、硼注箱、重型支撑等。<br>· 常规岛：1号、2号、3号、4号机组汽轮发电机组。 |
| | | 阳江核电4台 | · 核岛主设备：1号机组蒸汽发生器，2号、4号机组反应堆压力容器；2号机组稳压器；4号机组控制棒驱动机构、堆内构件；1号、2号、3号、4号机组主泵、安注箱、硼注箱、重型支撑等。 |
| | | 福清核电一期3台 | · 核岛主设备：1号、2号、3号机组蒸汽发生器、重型支撑等。<br>· 常规岛：1号、2号、3号机组汽轮发电机组。 |
| | | 方家山核电2台 | · 常规岛：1号、2号机组汽轮发电机组。 |
| | | 防城港核电一期2台 | · 核岛主设备：1号、2号机组蒸汽发生器、反应堆压力容器、主泵、稳压器、重型支撑；1号机组反应堆压力容器，2号机组堆内构件。 |
| 共计 | | 21台 | 15台汽轮发电机组和19台套核岛主设备由东方电气供货。 |

## 三、上海电气（集团）总公司

### （一）核设备制造能力及业绩

上海电气核电产业涵盖核岛的压力容器、蒸汽发生器、稳压器、堆内构件、控制棒驱动机构、主泵；核二、三级容器和装卸料机；常规岛的汽轮机、汽轮发电机等关键设备；大型铸锻件、仪控仪表和主要辅机等设备制造和供货。

上海电气的核电产品几乎覆盖了国内的所有核电站。在已投运的核电站中，包括秦山一期、二期、二期扩建，巴基斯坦恰希玛1号、2号、3号，清华大学高温气冷堆，大亚湾，岭澳一期、二期，宁德，红沿河，阳江，方家山，福清，昌江，防城港等。在在建的核电工程中，包括巴基斯坦恰希玛4号，田湾等二代加核电项目；巴基斯坦卡拉奇2号、3号，三门，海阳，台山等三代核电项目；高温气冷堆示范工程等。

上海电气建有临港和闵行两大核电制造专业化基地。临港基地是新建的特大、特重、超限的装备制造基地，聚焦核岛和常规岛主设备的制造，一期工程于2008年投产，二期扩能工程于2011年完工，使上海电气的核电关键设备的制造满足年产10套堆内构件和控制棒驱动机构，6套压力容器和蒸汽发生器，12台核电主泵，50台/套核二、三级泵，6套常规岛半速汽轮发电机机组的能力。闵行基地以满足超大、超重、高技术发展的大型铸锻件需求为主，能提供最大铸锻件钢锭600吨、最大铸件450吨、最大锻件350吨，实现年产1 000 MW级核岛容器类重型设备（压力容器、蒸发器、稳压器和主管道）的配套锻件6套和1 000 MW反应堆堆内构件锻件10套的目标。

2016年，实际交付或完工主设备达38台/套。与前三年比较，出产略有下降。

项目执行的亮点是高温气冷堆主设备顺利出产，包括1台压力容器和2套金属堆内构件；国家科技重大专项CAP1400项目1号机组驱动机构第一套部件——钩爪壳体组件实现设备交付。新三代项目陆续启动，包括采用CAP1000核电技术的白龙项目，采用“华龙一号”核电技术的防城港核电二期、漳州核电一期等项目，其主设备已开始了前期准备工作。

1. 核岛设备

共交付或完工22台/套核岛设备，包括：高温气冷堆压力容器1台、金属堆内构件2套；CAP1400项目1号机组驱动机构第一套部件——钩爪壳体组件；二代加蒸汽发生器1台以及堆内构件3套、控制棒驱动机构1套、核二、三级泵16台。

2. 常规岛设备

共完工交付汽轮机1台、发电机1台、核二、三级容器13台/套和常规岛辅机1套。

3. 仪控仪表类设备

已完成或交付各类仪表和器件、主控制台盘、接线盒、调节阀、电动执行机构共计约3 000台/套。

### （二）核电设备研发情况

通过科研攻关和产品开发，上海电气的核电制造技术能力在近几年的批量供货中得到了初步验证。AP1000核岛关键设备制造技术已全面掌握，包括压力容器、蒸汽发生器、堆内构件、控制棒驱动机构、稳压器、安注箱、装卸料机等均已实现了产品制造交付。高温气冷堆关键设备压力容器、金属堆内构件、主氦风机也已具备了制造能力，实现了产品交付。

为使核电技术能适应未来市场需求，上海电气重点聚焦大型先进压水堆（自主三代技术）和高温气冷堆技术，同时积极参与快堆和钍基熔盐堆等堆型的前期研发。以国家科技重大专项及先进核能系统研发项目为抓手，以项目为导向（高温气冷堆项目的压力容器、蒸汽发生器、金属堆内构件、控制棒驱动系统、主氦风机和汽轮机等；CAP1400项目的蒸汽发生器、堆内构件、控制棒驱动机构、主泵和稳压器等），以技术瓶颈为突破口，加大加快新技术的开发。2016年，国家压水堆重大专项部分课题工作已近尾声，等待验收。同时，上海电气申报的上海核电装备焊接及检测工程技术研究中心2016年底通过上海市科委验收，正式授予上海市科委工程中心。

### （三）核电市场成果

积极跟踪、开拓国内外市场。2016年仅有2台机组开工建设，新项目招投标以“华龙一号”为主，其次是CAP1000。在激烈的竞争环境中，全年承接蒸汽发生器、主泵、控制棒驱动机构、装卸料机、汽轮机、发电机等共计18台套。

工作亮点是斩获了“华龙一号”首套主泵订单，并获得“华龙一号”汽轮发电机组订单4套。

## 四、中国第一重型机械集团公司

### （一）主要核电设备生产情况

中国一重现拥有世界一流的核电装备生产线，已具备年产5台套百万千瓦级反应堆压力容器的生产能力，具备了年产10台主泵泵壳的能力，掌握了CPR1000、AP1000、CAP1400、“华龙一号”等堆型核岛主设备的制造技术。主要核电产品为全套核岛锻件、压力容器、稳压器、蒸发器、堆芯补给箱、主泵锻造泵壳、堆内构件以及常规岛转子和气缸体等。

2016年，中国一重先后完成了防城港核电3号、4号压力容器锻件，彭泽核电1号和2号、防城港核电4号、咸宁核电1号和2号等蒸发器锻件，K2、K3及防城港核电3号稳压器锻件，田湾核电泵壳等各类核电锻件，产品共计72件，为满足客户的锻件需求和成套压力容器出产提供保障。同时，在成套容器制造方面，完成阳江核电6号1台压力容器制造，3台堆芯补水箱制造和交货。

2016年，中国一重不断完善质量体系建设，加强管理，严格考核，在核电产品质量保障上，严格进行工艺固化，加快研发进度再固化，通过理顺工艺彻底解决核电项目中出现的问题，保证核电产品质量。

### （二）核设备技术提升情况

2016年，中国一重在新一代核电大型铸锻件的研发中取得了多项技术创新，牵头承担了国家科技重大专项“CAP1400反应堆压力容器”研制、参加了“CAP1400反应堆蒸汽发生器”研制，创造性地开展了超大型核电锻件的绿色制造技术研发工作，通过大量1:1锻件的解剖评定及锻件各部位、全截面性能数据的检测、整理，不仅承制了具有完全自主知识产权的CAP1400压力容器一体化顶盖及一体化底封头锻件，而且积累了压力容器接管段及蒸汽发生器管板、水室封头等超大型核电锻件全截面性能的大数据，为后续研制奠定了基础。

科研和攻关工作取得突破：1.中核集团“华龙一号”特厚复杂结构泵壳锻件研制，实现国内首次制造，锻件全壁厚性能一次合格。2.主管道锻件研究在冶炼、锻造、弯制等环节取得重大突破，为核电不锈钢主管道的订货拓宽了道路；中国广核集团“华龙一号”主管道研制成功，顺利通过评定，标志着中国一重攻破了核电站核岛一回路锻件的制造瓶颈，为后续防城港核电4号机组主管道合同的顺利执行打下坚实基础；CAP1400主管道研制，实现了不锈钢主管道热段锻件采用空心锻造技术的突破，并可推广应用于大型不锈钢空心锻件锻造。3.CAP1400蒸发器锻件研制：采用三向压力整体胎模锻技术制造出蒸汽发生器管板锻件，完成管板试制件试料分解、硬度检验、性能检验和数据总结；采用整体仿形锻造方法制造出带非对称非等高接管的超大厚壁蒸发器一体化下封头锻件，完成试制件的性能热处理，正在进行性能试料分解。

在研制过程中，中国一重形成以下专有技术，并成功应用到产品的制造中：一是针对“头上长角”的超大型封头类锻件及特厚巨型饼类锻件无法实现仿形锻造的世界性难题，突破传统成形方式，首创了“模具内分步旋转锻造”“渐变拉伸锻造”“压挤结合的特殊锻造”等技术，全面实现了超大型实心锻件的“近净成形”。二是针对超大、超厚、变截面异形锻件无法实现“同步变形”的世界性难题，发明了“组合附具”及“控制变形方向”锻造技术，实现了特大型接管段锻件内外法兰同步成形，特大型锥形筒体锻件的两端直段与锥段同步变形。三是针对超大异形锻件无法实现全截面均匀冷却的世界性难题，首创并不断改进优化了“非能动”立式喷淬装置，实现了对工件内外表面近距离全覆盖淬火。四是针对超大壁厚锻件（壁厚 > 280 mm）冷速无法达到要求，首创了亚温淬火技术，使复杂形状的超大型厚壁锻件的性能合格率达到98%以上，锻件的 $RT_{NDT}$ 高于国外同类产品性能指标；发明了带有挡渣堰、整体塞棒等优质耐火材料的新型真空铸锭用浇注系统，破解了浇注过程中钢水的二次氧化及钢渣卷入钢锭模的难题，研制出700吨级世界最大的超纯净性钢锭，为超大型锻件的极端制造奠定了坚实的基础。五是针对超大型钢锭宏观及微观偏析严重的世界性难题，发明了100吨椭圆形中间包和低Si控Al冶炼及铸锭技术，提高并稳定了核电大钢锭的内在冶金质量，使得核电超大型锻件精加工UT检测合格率达到了100%。六是通过与国外同类企业相同产品制造方式及制造水平的对比，开发了世界最大715吨特大钢锭制造技术，在国际上独一无二，居领先地位；开发了蒸发器水室封头、锥形筒体、压力容器带内外法兰的一体化接管段锻件仿形锻造及特厚巨型管板胎模锻造等制造技术，均处于国际领先水平；发明的带接管的一体化顶盖及一体化下封头锻件均属世界首创。七是“超大型钢锭（600吨级以上）研制及共性技术研究整体技术”“大型先进压水堆核电核岛主设备超大型锻件制造技术”，经行业专家鉴定与评价，均达到了国际领先水平。

同时，中国一重积极发展自主知识产权，2016年申请专利42项，拥有有效专利37项，其中发明专利22项。中国一重作为牵头单位制定国家核电行业标准，完成了《三代核电反应堆压力容器制造（标准文本草案）》、能源行业《压水堆核电厂核岛机械设备焊接规范 第3部分 焊接工艺评定》标准编制；主编《压水堆核电厂反应堆压力容器设计制造规范》。。

为加强核电产品研发与技术转化能力，2016年，中国一重在大连核电石化生产基地成立了焊接技术中心，完成了核电主设备制造升级改造项目的前期论证，优化核电主泵泵壳生产流程，焊后中间热处理的入炉次数减少3次，节约制造周期45天；环焊缝采用感应加热局部热处理，降低能源消耗30%，解决大型工件入炉难题；研制J型坡口自动堆焊技术，隔离层堆焊后PT检测合格率100%。

2016年，中国一重经过自主创新，解决了制约我国能源发展战略的核岛主设备关键超大型锻件制造瓶颈难题，实现了核电锻件的全部自主化和批量化生产，降低了核电站工程投资40%以上，使我国核电锻件的制造能力跃居世界第一，有力地推动了我国装备制造业的整体技术进步。同时，完成了国家级课题验收或预验收9项，其中：“三代核电反应堆压力容器及核岛主设备大型锻件制造标准体系研究”“核电设备用焊接材料研制”两项核电重大专项课题，顺利通过国家能源局、国家电投等组织的课题验收；“CAP1400反应堆压力容器研制”课题顺利通过了课题中期检查；完成国家“十二五”科技支撑计划“城市固体垃圾处理系统开发”“城市分选设备研制”项目验收，中俄科技合作专项“反应堆压力容器制造技术联合研发”项目预验收。

## 五、中国第二重型机械集团公司

### （一）设备制造能力及产出

2016年，中国第二重型机械集团公司以“装备中国，创造卓越”为己任，通过技术研发、质量提升和制造技术再创新，为我国在建核电工程提供了大批各机型核电产品和关键零部件。

1. 与中国核动力研究设计院紧密合作，完成了“华龙一号”主冷却剂管道的工艺技术评定工作。

2. 完成“华龙一号”机型锻造泵壳的工艺技术评定。

3. 实现“华龙一号”蒸发器、稳压器

全套锻件的批量供货，且产品质量稳定。

4. 首台CAP1400堆芯补水箱设备制造完成，中国二重核电供货范围从单纯提供锻件延伸到核电整台设备。

5. 完成国内首台CPR1000铸造泵壳体的研制，主泵关键设备国产化实现新突破。

6. 核电站常规岛产品方面，中国二重制造的具有自主知识产权的CAP1400型压水堆核电机组发电机转子锻件顺利完工发货，中压排气缸、高压外缸生产突破瓶颈顺利推进。

**（二）核电产品科研开发**

2016年，围绕国家产业战略，中国二重立足于自主创新，加大科研投入，深挖核电技术研发潜力，承担了6项国家级及四川省级课题的研究工作。与各设计院和工程公司合作，开展了高温气冷堆、小型堆、高放射性玻璃固化核废料罐、“华龙一号”反应堆压力容器、“华龙一号”锻造泵壳及泵壳成套产品的技术交流。

完成了CPR1000铸造泵壳评定，“华龙一号”ZH–65型蒸汽发生器下封头、“华龙一号”锻造泵壳、福清项目主管道取得评定证书。

“华龙一号”核电主泵锻造泵壳通过中国核动力研究设计院评审并实现成果市场化。

成功通过ASME“N”及“NPT”认证审核。

参与了4项国家能源局核电标准的编制，2项标准已完成报批稿审批流程，获颁布实施。

在成台设备制造方面，中国二重承担制造的CAP1400堆芯补水箱完成设备制造及验收。通过组件堆焊、热处理、机加工、尺寸控制、无损检测等关键技术的实施，获得了核电成台设备制造经验。

**（三）核电质量保证体系建设**

1. 中国二重组建了核电质量工程师队伍，制定了核电质量工程师岗位职责，同时按照核电质保要求，在质量管理、核电开工培训、核安全文化、业务知识培训方面培训员工1 000余人次，提高了员工质量意识，保证了核电产品制造过程合规受控、产品质量稳定。安排质保工程师到专业核电设备厂就核文化、现场管理等方面进行交流学习，并邀请用户相关人员对核电文控工作进行交流探讨。

2. 做好与监造的沟通管理，与各单位驻厂监造密切配合，生活上主动关心、工作中保持互动，使各用户单位监造配合、支持中国二重核电产品制造，为各项目顺利实施创造条件，提高了顾客满意度。

3. 加强培训教育，进一步提升员工安全质量意识和操作技能。开展核安全文化建设提升活动。中国二重响应监管部门要求，按照国家对核安全持续完善的监管政策，开展了多轮次核安全培训，为企业核文化建设提供了支持。

# 核安全监管和核事故应急

## 核与辐射安全监管

### 一、综述

2016年，我国民用核设施的运行安全和建造质量处于良好状态，运行核电厂、研究堆、核燃料循环设施、放射性废物贮存和处理处置设施以及放射性物品运输活动均未发生国际核事件分级表（INES）2级及以上的安全事件或事故，核设施的运行事件和建造事件得到了妥善处理。

2016年，全国辐射环境质量总体良好。环境电离辐射水平处于本底涨落范围内，核设施、核技术利用项目周围环境电离辐射水平总体无明显变化；环境电磁辐射水平总体情况较好，电磁辐射发射设施周围环境电磁辐射水平总体无明显变化。

**（一）行政审批改革**

按照国务院审改办要求，环境保护部（国家核安全局）统筹推进核与辐射安全行政许可改革研究论证，形成核与辐射安全行政许可改革总体报告和10项分报告，明确核与辐射安全行政许可改革方向。

**（二）能力建设**

国家核与辐射安全监管技术研发基地于2016年3月3日正式施工建设。

环境保护部（国家核安全局）加强监测能力建设，完成“国控21点”改造项目。升级改造核设施监督性监测系统，加强边境自动站和航测能力建设，对42个国家重点监管的核设施开展监督性监测，基本实现对全国辐射环境质量和重要核设施的全方位监测和预警。

加强人员培训，印发核与辐射安全监管业务培训工作指导意见。首次举办核与辐射安全监管高级研讨班。组织开展监测骨干培训和各类监测技术操作培训。

加强信息化建设，整合信息系统。正式启用国家核安全局运行核电厂经验反馈平台。

**（三）强化监管**

环境保护部（国家核安全局）加大监管力度，消除了一批安全隐患，事故发生率稳定在较低水平。立法、规划工作取得较大进展，各类突发事件得到有效应对，监管有效性稳步提高。

截至2016年底，我国现有35台运行核电机组、21台在建核电机组和19座民用研究堆（临界装置）。运行核电机组持续保持良好的安全运行记录，在建核电机组质量受控，研究堆（临界装置）运行情况总体良好。

全年批复5台机组首次装料申请书以及2个核电厂址选择审查意见书。开展6台机组选址阶段的安全分析报告和环境影响报告的审评、8台机组的建造许可证申请审评、9台机组的首次装料申请审评。

修订并发布《核动力厂设计安全规定》。有效运转国家核安全局运行核电厂经验反馈体系，为运行核电机组的安全运行和持续改进提供支持。研究风险指引型监管方式，稳步推进核电厂概率安全分析（PSA）的试点工作。继续研究运行许可证延续的监管要求和审查技术，正式受理秦山核电厂提交的运行许可证延续申请。完成对全国核电厂50起商业运行事件、21起调试运行事件、48起建造事件，以及5起民用研究堆运行事件的调查和处理。

21座运行、在建民用核燃料循环设施的核与辐射安全总体可控。放射性物品运输活动未发生核与辐射安全事件或事故。环境保护部（国家核安全局）协调、督促企业加快历史遗留核设施退役及放射性废物治理，加快“两厂三院”历史遗留核设施退役及放射性废物治理项目的环评审批。加强已关停铀矿冶设施的核安全监管。

环境保护部（国家核安全局）负责日常监管的243家核技术利用单位的辐射安全均处于受控状态，全年接报9起辐射事故，其中较大事故1起，一般事故8起。

简化核安全设备相关许可审批流程；修订民用核安全设备目录；依法查处7家有违法违规行为的核设备持证单位。

探索优化人员资质管理机制；向19家民用核安全设备特种工艺人员考核中心授牌；处罚并通报核动力厂操纵人员违法违规行为。

### （四）核安全文化建设

结合国际经验以及国内监管实践，依据《核安全文化政策声明》编制《核安全文化特征》，指导行业核安全文化建设以及核安全文化评估活动。分领域开展核安全文化评估研究，在核设备领域进行试点评估。

## 二、政策与法规

环境保护部（国家核安全局）主动配合全国人大常委会法制工作委员会和全国人大环境与资源保护委员会，积极推动核安全立法工作进程。完成《核安全与放射性污染防治“十二五”规划及2020年远景目标》终期评估，并报请国务院审批《核安全与放射性污染防治“十三五”规划及2025年远景目标》。

### （一）核安全立法

环境保护部（国家核安全局）开展核安全责任、核安全标准、放射性废物管理、核事故应急制度以及核损害赔偿责任等立法问题的研究。组织召开多次研讨会，广泛听取专家、相关部委以及有关企业的意见。汇编《核安全法立法专题论证报告》和《核安全立法国际经验及其对中国的启示》，并提交立法机关。

2016年11月6日，十二届全国人大常委会第二十四次会议一审通过核安全法草案。2016年11月14日至12月13日，《中华人民共和国核安全法（草案）》在中国人大网公布，向社会公众征求意见。

草案共7章86条，在管理体制、许可制度、责任、公众参与和监督检查等领域全方位强化了核安全要求。

草案在法律层面提出独立监管基本原则，明确国务院核安全监督管理部门负责核安全监督管理的体制；确立核安全许可制度，对核活动进行全方位分阶段管理；全面规范核安全责任，明确核设施营运单位的主要责任和有关政府部门的管理责任；完善核安全链条，对于放射性废物处置、核损害赔偿等问题做出相应规定；强化政府监管和公众监督，明确政府应当履行的监督检查职权、检查内容和方式，同时设立专章对信息公开作出具体规定。

**（二）核安全政策**

环境保护部（国家核安全局）开展国家核安全体系、核与辐射安全监管理论体系以及核与辐射安全监管能力建设专题研究。建立核与辐射安全形势分析机制，推进核与辐射安全监管各领域管理政策和技术政策研究，为监管决策提供支撑。

**（三）核安全规划**

环境保护部（国家核安全局）会同国家发展和改革委员会、财政部、国家能源局、国家国防科技工业局，组织全国60家单位对《核安全与放射性污染防治“十二五”规划及2020年远景目标》的实施情况开展终期评估，全面摸清了“十二五”期间我国核安全与放射性污染防治的现状，为“十三五”核安全谋篇布局提供科学依据。

组织全行业近百位专家学者编制《核安全与放射性污染防治“十三五”规划及2025年远景目标》，以多种形式广泛征求社会各方意见，确立了“十三五”时期核安全与放射性污染防治工作的总体目标、指导思想、重点任务、重点工程和保障措施。环境保护部（国家核安全局）与国家发展改革委、财政部、国家能源局、国防科工局联合报请国务院审批。

积极参与《“十三五”生态环境保护规划》等规划的编写，将核安全工作纳入各级各类发展规划中。

**（四）核安全法规**

环境保护部（国家核安全局）组织召开6次核与辐射安全法规标准审查专家委员会会议，审议3项部门规章、4项导则和1项技术文件。编制《核与辐射安全法规制定“十三五”规划》。开展环境保护部涉核部门规章与规范性文件清理工作。依托核安全业务培训班，开展法规专题教育。

**（五）核安全标准**

会同环境保护部科技标准司协调国家标准化管理委员会开展环境保护部涉核标准梳理工作，精简整合强制性国家标准以及制修订项目共46项，复审推荐性标准72项并复审推荐性制修订项目55项。开展28项与核安全相关的能源行业核电标准认可工作，并完成10项。大力推动标准制修订工作，报批标准11项，发布7项。开展2017年度标准项目征集工作，2项标准制定项目立项。

**（六）核安全科研**

环境保护部（国家核安全局）编制我国核安全监管科研顶层设计相关报告，制定重点科研计划12项，确立“十三五”期间核安全监管科研重点项目。组织编写《国家环境保护“十三五”科技发展规划纲要》《“十三五”资源环境领域科技创新规划》中核与辐射安全相关内容。

## 三、核材料管制和核设施实物保护

2016年，环境保护部（国家核安全局）依据《放射性污染防治法》《民用核设施安全监督管理条例》《核材料管制条例》等相关核安全法规，依法履行对我国核设施核材料管制和实物保护监督管理、技术审评、核材料许可证核准等工作职责，持续加强相关法规标准导则的制修订工作。

### （一）核材料许可证核准

环境保护部（国家核安全局）对国家核安保技术中心、台山核电合营有限公司的核材料许可证申请文件，国家原子能机构核材料管制办公室的评审意见进行了技术审核和现场检查，完成了核准程序。

### （二）核设施实物保护审评和监督

环境保护部（国家核安全局）组织开展对福建宁德核电有限公司、阳江核电有限公司核材料管制和实物保护系统监督检查。组织开展阳江核电厂、田湾核电厂、三门核电厂、防城港核电厂实物保护系统升级改造审评。

## 四、民用核安全设备监管

### （一）行政审批

2016年，环境保护部（国家核安全局）全年受理并立项审查的民用核安全设备许可证申请单位共132家；审查批准了133家单位的许可证申请，其中新取证单位8家，变更单位83家，延续许可证单位42家；同时完成了持证单位活动场所和技术能力等方面变更申请的技术审查。截至2016年底，国内持有民用核安全设备设计、制造、安装和无损检验许可证的单位共计189家，其中核安全机械设备(设计、制造)持证单位144家，核安全电气设备(设计、制造)持证单位43家，无损检验单位4家，安装单位13家。

受理并立项审查的进口民用核安全设备注册登记申请单位共45家，审查批准了31家单位的注册登记申请。截至2016年底，持有民用核安全设备设计、制造和无损检验注册登记确认书的单位共计276家，其中综合类注册登记单位6家，机械设备注册登记单位187家，电气设备注册登记单位76家，无损检验注册登记单位7家。

### （二）进口设备安全检验

环境保护部（国家核安全局）依法开展了进口民用核安全设备的安全检验工作。口岸报检方面，共审查696批次进口设备口岸报检文件，其中机械设备474批次、电气设备222批次，审查放行685批次，退回11批次。开箱文件审查方面，共收到开箱报检文件784批次，其中机械设备542批次、电气设备242批次，审查放行764批次，退回20批次。参加开箱见证85批次。

### （三）监督检查

依据监督检查大纲和工作计划，环境保护部（国家核安全局）共对国内单位实施了33次综合性检查和16次专项检查，对境外单位实施了1次综合性检查和1次专项检查。及时对监督检查中发现的问题提出整改要求，组织专家对影响核安全的重大不符合项进行了审评和专项检查。

2016年，民用核安全设备的设计、制造、安装和无损检验活动的质量基本处于受控状态。

## 五、辐射环境监测及管理

### （一）环境电离辐射

2016年，全国环境电离辐射水平处于本底涨落范围内。实时连续空气吸收剂量率和累积剂量处于当地天然本底涨落范围内。空气中天然放射性核素活度浓度处于本底水平，人工放射性核素活度浓度未见异常。十大流域及重点湖泊（水库）中天然放射性核素活度浓度处于本底水平，人工放射性核素活度浓度未见异常。城市集中式饮用水水源地水及地下饮用水中总α和总β活度浓度低于《生活饮用水卫生标准》（GB 5749–2006）规定的指导值。近岸海域海水和海洋生物中天然放射性核素活度浓度处于本底水平，人工放射性核素活度浓度未见异常，其中海水中人工放射性核素活度浓度远低于《海水水质标准》（GB 3097–1997）规定的限值。土壤中天然放射性核素活度浓度处于本底水平，人工放射性核素活度浓度未见异常。

### （二）运行核电基地周围环境电离辐射

2016年，运行核电基地周围实时连续空气吸收剂量率未监测到因核电厂运行引起的异常。阳江核电基地、红沿河核电基地、福清核电基地、防城港核电基地和昌江核电基地周围空气、水、土壤、生物等环境介质中人工放射性核素活度浓度均未见异常；秦山核电基地和田湾核电基地周围个别气溶胶样品中检出微量的钴–60等人工放射性核素；秦山核电基地、大亚湾核电基地、田湾核电基地和宁德核电基地周围部分环境介质中氚活度浓度与核电厂运行前本底相比有所升高。评估结果表明，核电厂运行对公众造成的辐射剂量均远低于国家规定的剂量限值。

### （三）民用研究堆和综合核基地周围环境电离辐射

2016年，清华大学核能与新能源技术研究院和深圳大学微堆等设施周围环境γ辐射空气吸收剂量率，气溶胶、沉降物、水和土壤中人工放射性核素活度浓度未见异常。中国原子能科学研究院和中国核动力研究设计院周围部分环境介质中检出微量的钴–60和碘–131等人工放射性核素，但评估结果表明，对公众造成的辐射剂量远低于国家规定的剂量限值。

### （四）核燃料循环设施和废物处置设施周围环境电离辐射

2016年，中核兰州铀浓缩有限公司、中核陕西铀浓缩有限公司、中核北方核燃料元件有限公司、中核建中核燃料元件有限公司和中核四〇四有限公司等核燃料循环设施，以及西北低中放固体废物处置场和广东低中放固体废物北龙处置场周围环境γ辐射空气吸收剂量率处于当地天然本底涨落范围内，环境介质中与上述企业活动相关的放射性核素活度浓度未见异常。

### （五）铀矿冶周围环境电离辐射

2016年，铀矿冶设施周围辐射环境

质量总体稳定。周围环境γ辐射空气吸收剂量率、空气中氡活度浓度、气溶胶中总α活度浓度、地表水中总铀和镭–226浓度与历年处于同一水平，周边饮用水中总铀、铅–210、钋–210和镭–226浓度低于《铀矿冶辐射防护和环境保护规定》（GB 23727–2009）中规定的相应限值。

**（六）辐射环境监测管理**

环境保护部（国家核安全局）加强辐射环境监测顶层设计，有序推进重要核设施监督性监测系统升级改造、边境地区自动站建设和无人机航测能力建设。加强国控网运维管理，持续提高国控自动站运行管理水平。完善质保体系，开展全国辐射环境监测质量考核，推进全国辐射环境监测网标准样品配置，举办监测人员培训班20期。

## 六、核与辐射安全相关人员资质管理

环境保护部（国家核安全局）进一步优化人员资质管理机制，简化审批流程，提高审批效率。开展核安全特种人员资质管理风险排查，消除核与辐射安全隐患。强化依法从严监管，依法处罚阳江核电有限公司违法违规操纵人员，吊销1名值长的高级操纵员执照，对3名操纵人员给予警告。

**（一）民用核设施操纵人员资质管理**

环境保护部（国家核安全局）负责核动力厂操纵人员执照核准，统一负责研究堆操纵人员资格管理。截至2016年12月，共有2 196人持有核动力厂操纵人员执照，其中1 140人持有高级操纵员执照；共有346人持有研究堆操纵人员执照，其中183人持有高级操纵员执照。

2016年，共组织召开4次民用核设施反应堆操纵人员资格核准委员会会议，颁发6批民用核设施操纵人员执照，共计1 445人，其中核动力厂操纵人员1 356人，民用研究堆操纵人员89人。

**（二）民用核安全设备无损检验人员资质管理**

环境保护部（国家核安全局）统一负责民用核安全设备无损检验人员资格管理。截至2016年12月，共有6 109人持有12 862张民用核安全设备无损检验资格证书，其中高级（Ⅲ级）证书292张，中级（Ⅱ级）证书10 099张，初级（Ⅰ级）证书2 471张。

2016年发布2批民用核安全设备无损检验人员考核计划，组织全国5家无损检验人员考核中心举办104批次考核活动，全年颁发9批民用核安全设备无损检验人员资格证书，共批准2 173人，2 922项。完成对5家民用核安全设备无损检验人员考核中心的选定工作。

依据监督检查大纲和工作计划，对5家民用核安全设备无损检验人员考核中心实施3次现场检查，6次见证点检查，对监督检查中发现的问题及时提出了整改要求。总体上，2016年度民用核安全设备无损检验人员考核活动质量处于受控状态。

**（三）民用核安全设备焊工焊接操作工资质管理**

环境保护部（国家核安全局）统一负责民用核安全设备焊工焊接操作工资格管理。截至2016年12月，共有8 401人持有18 357张民用核安全设备焊工焊接操作工资格证书。

为适应新形势下监管工作需要，加强焊工焊接操作工资格管理工作，环境保护部（国家核安全局）开展了《民用核安全设备焊工焊接操作工资格管理规定》（HAF603）的修订调研工作。指导中国职工焊接技术协会举办第一届民用核安全设备焊工技能竞赛，弘扬大国工匠精神。统一向15家民用核安全设备焊工焊接操作工考核中心进行授牌，进一步增强了考核中心的责任意识。首次举办核安全系统内焊接质量监督专项培训班。

2016年发布1批民用核安全设备焊工焊接操作工理论考试计划，组织全国14家民用核安全设备焊工焊接操作工考核中心举办21批次基本理论知识考试，192批次项目考试，全年颁发12批民用核安全设备焊工焊接操作工资格证书，共批准2 332人，4 984项。发布8批民用核安全设备焊工焊接操作工理论考试合格人员名单及编号，共计1 654人。完成对东方电气（广州）重型机器有限公司民用核安全设备焊工焊接操作工考核中心的选定工作。

依据监督检查大纲和工作计划，对15家民用核安全设备焊工焊接操作工考核中心实施6次现场检查，28次见证点检查，对监督检查中发现的问题及时提出整改要求。总体上，2016年度民用核安全设备焊工焊接操作工考核活动质量处于受控状态。

## （四）注册核安全工程师资质管理

环境保护部（国家核安全局）负责注册核安全工程师执业资格考试相关工作，统一负责注册核安全工程师执业资格注册管理。截至2016年12月，全国共计3 954人获得注册核安全工程师执业资格证书，2 039名注册核安全工程师在257家单位执业。

为落实行政审批改革要求，进一步规范注册核安全工程师注册管理，环境保护部（国家核安全局）启动《注册核安全工程师执业资格注册管理办法》修订工作。

2016年，共有2 377人报名参加注册核安全工程师执业资格全国统一考试，1 440人实际参加考试，221人取得注册核安全工程师执业资格。共批准748人的注册申请，其中注册492人，延续注册253人，变更注册领域3人。

环境保护部（国家核安全局）共举办9期核安全专业技术培训班，其中3期核质量保证与核安全文化培训班，363人参加；3期辐射防护培训班，361人参加；3期核应急与核安保培训班，300人参加。

## （五）核与辐射安全监督检查人员培训

环境保护部（国家核安全局）加强核与辐射安全监管业务培训顶层设计，提升培训能力，提高培训效果。发布《国家核安全局核与辐射安全监管业务培训工作指导意见》，提出了当前及今后一段时间全面加强培训工作的重点任务和方向。编制《核与辐射安全干部人才队伍建设方案》，提出了核与辐射安全监管、审评、监测人才建设目标和措施。

进一步完善核与辐射安全监管业务培训体系，加强人才培养。举办首届核与辐射安全监管高级研讨班，交流管理经验，研究破解难题，提升领导力水平。

2016年全年举办3期核与辐射安全监督检查人员资格培训班，78期在岗培训班，参加培训人员共计4 400余人。截至2016年12月，举办8期国家核安全局核安全初任业务培训班，共429人参加培训并取得结业证书；举办9期核电培训班（核与辐射安全中级培训），共282人参加培训并取得结业证书；举办8期省级辐射安全监管人员培训班，共276人参加培训并取得结业证书；与清华大学联合举办6期核能与核技术工程领域辐射防护与环境保护方向工程硕士研究生班，学员共162人。

## 七、重要会议

### 2016 年全国环境保护工作会议

2016年4月19–20日，第五次全国核与辐射安全监管工作会议在北京召开，深入学习贯彻党中央、国务院关于加强核与辐射安全监管的决策部署，分析核与辐射安全形势，总结“十二五”工作，部署“十三五”任务。环境保护部党组书记、部长陈吉宁出席会议并讲话。他强调，要认真贯彻党中央、国务院关于加强核与辐射安全监管的决策部署，强化监管体系与能力建设，筑牢监管防线，确保国家核与辐射安全。

环境保护部副部长、国家核安全局局长李干杰对核与辐射安全监管工作作了具体部署。

会议表彰了在第四次朝核应急工作中表现突出的单位和个人。

环境保护部核安全总工程师刘华出席会议。相关司局、直属单位、派出机构、各省（自治区、直辖市）环境保护厅（局）代表，国家能源局、国防科工局、各涉核集团、装备集团及行业代表参加会议。

（本部分材料由国家核安全局提供）

# 核与辐射事故应急

2016年，全国各级核应急组织按照年度国家核应急工作要求，求真务实、开拓创新，全国核应急工作成果丰硕。成功发布我国第一部涉核领域白皮书《中国的核应急》，向国际国内社会充分展示核应急工作新面貌、好成绩；顺利召开国家核应急协调委五届三次全体（扩大）会议，发布《“十三五”国家核应急工作规划》，绘制未来五年全国核应急工作时间表、路线图；深入推进中国核应急救援队建设，圆满完成G20峰会核应急和涉核突发事件应对等重大任务，为保障国家安全和核能事业持续健康发展铸就安全壳、防火墙；全国核应急工作稳步推进，核应急事业彰显新力量，实现新跨越。

## 一、重要事件与活动

1月27日，国务院新闻办公室就《中国的核应急》白皮书发表举行新闻发布会。这一中国涉核领域首部白皮书，以总体国家安全观和中国核安全观等重要思想为指导，以8个章节分别介绍了中国核能发展与核应急基本形势、核应急方针政策、核应急“一案三制”建设、核应急能力建设与保持、核事故应对处置主要措施、核应急演习演练、培训与公众沟通、核应急科技创新和核应急国际合作与交流。

4月6日，国家核应急响应技术支持中心与中广核研究院在京就小型堆核应急相关工作开展联合研究签署战略合作框架协议。根据框架协议规定，双方将在国家主管部门的统一协调下，发挥各自优势，在小型堆堆型研发、工程示范、法规标准及政策等方面联合进行专题研究与技术攻关，为尽早解决我国小型堆推广过程中的应急关键问题提供必要的借鉴与参考。

4月21日，核应急技术装备发展供给侧与需求侧技术交流会在重庆国际会议展览中心举办。本次交流会的主题为“军民融合推进核应急技术装备创新发展”。这是国内首次举办以核应急技术与装备发展为主题的供给侧与需求侧面对面沟通交流的大型活动。

5月24日，国家核事故应急协调委员会在京组织召开五届三次全体（扩大）会议。会议传达了国务院副总理马凯的批示，听取了国家核应急办工作报告，审议通过了《“十三五”国家核应急工作规划》，并就“十三五”时期国家核应急工作作出了部署，宣布成立了中国核应急救援队。

5月14日，福建省核应急办会同福建电视台制作专题节目《福建少儿频道小记者团参观省核应急指挥中心》，来自福州各小学40余名小记者和部分家长参加了活动。

5月25–26日，中国核能电力股份有限公司核电厂事故应急准备与响应经验交流会在田湾核电站现场召开。交流会的召开使得核应急领域的相关良好做法得以推广，经验教训得以反馈，有效促进了经验互通和资源共享。

8月18日，闽、粤、桂、琼四省（区）

核应急合作第三届联席会议在广东省阳江市召开。会议讨论并原则通过了闽、粤、桂、琼四省（区）核应急合作共识——辐射测量比对和碘片共享实施细则的共识文件。

10月9日，防化学院组织召开了“中国核应急救援队理论教学基地教学设计研讨会”，来自国家核应急办、陆军机关代表，中国核能行业协会、国家核安全局、中核集团科技委、中核集团核工业第二设计研究院、中国疾病预防控制中心辐射防护与核安全所、清华大学、海军核安全局、辽宁红沿河核电有限公司等单位的专家，以及中国核应急救援队代表，共计50余人参加会议。

11月4日，国家核应急办（国防科工局）在北京组织召开会议，传达11月1日中央政法委书记孟建柱出席的G20峰会安保工作总结表彰会议精神，并向做出贡献的全国核应急体系突出单位和个人颁奖，国家核应急响应技术支持中心、浙江省核应急办（环保厅）等2个单位获得突出贡献单位奖，国家核安保技术中心等单位的5名同志获得突出个人证书。

圆满完成二十国集团（G20）领导人第十一次峰会等重大活动核与辐射应急安保备勤任务。圆满完成第四、五次朝鲜核试验辐射环境应急，及时公开辐射环境监测等相关信息，保障社会安全稳定。

## 二、规划

6月17日，国家核事故应急协调委员会正式印发《“十三五”国家核应急工作规划》。规划提出，为适应“十三五”时期核能事业发展面临的新形势新任务新要求，国家核应急工作主要任务是：1.推进核应急法律法规制度建设，重点做好《原子能法》《核安全法》立法相关工作；2.完善核应急预案体系建设；3.加强核应急组织指挥体系建设；4.优化核应急救援体系建设；5.注重核应急技术支持体系建设；6.促进核应急科技创新；7.加强核应急演习演练与培训；8.拓展核应急宣传和公众沟通工作；9.深化核应急领域国际与地区间合作与交流。

## 三、核设施应急准备工作监督管理

环境保护部（国家核安全局）完成三门核电厂首次装料前场内核事故应急专项检查和综合应急演习监督评估。完成中核四〇四有限公司核事故综合应急演习监督评估。

## 四、应急计划批复

环境保护部（国家核安全局）完成福清核电厂、中核建中核燃料元件有限公司、中核四〇四有限公司、田湾核电厂、中国核动力研究设计院、红沿河核电厂、中核陕西铀浓缩有限公司、大亚湾核电基地、秦山核电基地等民用核设施核事故应急计划复审并批复。

## 五、预案

《河北省核应急预案》发布实施。《河北省核应急预案》根据《国家核应急预案》的要求，结合河北省实际，建立省和相关市、县核应急机构及核设施营运单位核应急机构等核应急组织体系。明确了省级核应急委组成部门及其职责，制订了核应急定期演练制度，要求各级核应急组织要采取桌面推演、实战演习等方式，经常开展应急演习。

11月24日，《江苏省田湾核电站场外应急预案（修订版）》通过国家核应急办组织的专家评审。此次预案的修订，综合考虑了田湾核电站新建机组、应急计划区范围扩大、有关部门职能调整、连云港市区划调整以及经济发展和交通道路变化等情况。

## 六、组织机构

10月25日，中国辐射防护学会核与辐射应急分会成立大会在深圳召开，并于10月26–27日组织了分会第一届学术交流会。成立大会审议并通过了《第一届理事会选举办法》和《常务理事及领导机构成员选举办法》，采用无记名投票方式选举产生了分会第一届理事会理事、常务理事和理事会领导机构。核与辐射应急分会成立后，将不断强化自身建设，致力于促进核与辐射应急学科发展，大力开展核与辐射应急科普宣传和公众沟通工作，发挥政府、企业和会员单位之间沟通交流的桥梁作用。

## 七、能力建设

7月，“国家核应急行动技术支持中心”和“中国核应急救援队理论教学基地”成立揭牌仪式在防化学院举行。核应急行动技术支持中心运行后，主要承担为国家核应急决策、核事故突发事件处置、反核与辐射恐怖行动提供技术咨询、技术支撑、技术指导等任务，同时开展核应急行动基础理论研究、技术服务保障、技术和装备研发等工作。核应急救援队理论教学基地运行后，主要为中国核应急救援队提供骨干力量培训和理论教学平台；为救援队开展专业技能培训和专家咨询服务提供资源共享平台；为救援队拓展国际多边合作提供开放交流平台。

12月15日，国家核应急办在南京组织省级核应急数字化桌面推演示范及指挥信息化平台现场会。国防科工局副局长、国家核应急办主任王毅韧出席会议并讲话。来自国家核应急办、省（自治区、直辖市）核应急管理机构、国家核应急响应技术支持中心及涉核集团、核设施营运单位的72名代表参加了本次会议。江苏省核应急委各成员单位32名联络员列席会议。

## 八、统筹指导省级环境保护部门辐射事故应急演练

环境保护部（国家核安全局）协调并指导地区监督站督导青海、黑龙江、河

南等6个省环境保护系统实施辐射事故综合应急演习。通过演习增强了地方政府对辐射事故应急工作的重视，落实了地方政府辐射应急工作主体责任，锻炼了人员队伍，检验了应急预案和设施设备，提高了应急响应与处置能力，进一步推动了辐射安全监管工作。同时，通过现场和视频观摩，强化了各省间的应急经验交流，起到了以演代训、以点带面、示范引领、互学互鉴的效果。

## 九、应急响应能力有效维持

环境保护部（国家核安全局）持续做好核与辐射事故应急响应工作，实行24小时应急值班制度，确保核与辐射应急响应体系有效运转和通信渠道畅通。整合核与辐射事故应急决策支持与指挥调度系统和应急监测调度平台。科学开展环境保护部核与辐射安全应急培训。

## 十、培训演习

1月14日，福清核电有限公司组织进行了3号机组首次装料前严重事故专项演习暨情景库联动演习。本次演习抽取了核电厂开发的3个应急演习情景库中的情景3。演习历时5个多小时。

2月18日，福清核电3号机组首次装料前场内核事故综合应急演习成功举行。此次演习福清核电首次采用情景库，首次进行盲演，模拟事故情景以地震为始发外部事件，开展了多机组的响应。

5月17日，福建省核应急办举行2016年福建省核应急联络员集结演习。本次演习不预先通知具体时间，无演习脚本，切实检验突发核事故后，福建省各级各部门的应急启动和人员集结。演习取得了预期效果，达到了检验队伍、提升能力的目的。

5月19日下午，海南核电举行首次不通知应急演习。演习内容包括应急组织启动与响应、应急通知与报告、非应急人员集合清点与撤离等，主要目的旨在检验海南核电当前应急准备能力水平。

6月21日，中核四〇四公司举行1626军企联合演习。演习情景假设中核四〇四有限公司核设施所在区域内发生地震导致事故，进入应急状态，军企联合应对行动。演习联动范围大，涵盖全部核设施。

6月30日，福建省卫生计生委在宁德核电厂所在的福鼎市组织开展省核与辐射突发事件卫生应急演练。演练从实战出发，以宁德核电厂发生核事故，启动场外应急响应为演习情景，省、市、县三级卫生部门联动，开展了指挥调度、环境以及饮用水和食品监测、人员体表污染监测和检伤分类、辐射防护和伤员转运等演练，并进行防护装备穿戴演示和省核与辐射卫生应急队伍装备展示。

9月7–10日，甘肃省、海南省核应急办在嘉峪关市举办了有150人参加的甘肃核产业园核应急交流暨甘肃省第三期培训班，四川、安徽、广东、福建、河北、山西、山东、江西、吉林等省派员参加了交流培训。该交流与培训以甘肃核产业园核应急“合作与规划”为主题，以构建起与甘肃核产业园建设相适应的核应急屏障为目标，以借鉴民核核电省份的有益实践与经验为特点，交流了甘肃核产业园核应急建设的理念、路径、办法。

9月26日，江苏省核应急办在连云港市组织省（市）核应急联络员培训。江苏省、连云港市、宿迁市核应急联络员，田湾核电站烟羽应急计划区部分干部共计70余人参加了培训。培训采取室内教学、现场参观相结合的方式，重点培训省、市两级核应急联络员在应急状态下的自我防护知识，旨在提升应急救援人员的自我防护能力。

10月12–13日，国家核应急办在广东省深圳市举办了《“十三五”国家核应急工作规划》宣贯会暨全国核应急管理干部培训班。来自国家核应急协调委成员单位、省（区、市）核应急管理机构、在运核电厂及有关涉核集团、国家级核应急专业技术支持中心、救援分队以及香港、澳门特区的代表约150人参加了本次培训。国防科工局副局长、国家核应急办主任王毅韧出席开班仪式，并就《“十三五”国家核应急工作规划》进行宣贯。

10月20日，辽宁省核应急办组织开展2016年核事故应急电力保障支援单项演练。辽宁省核应急办、省核应急电力保障组、省电力公司、大连市核应急指挥部、电网大连市供电公司、瓦房店核应急办、辽宁红沿河核电有限公司等单位参加了演习。演练模拟某核电机组因自然灾害造成停电事故，省核应急办按照预案规定启动相应应急响应，指挥省核应急电力保障组、大连市核应急指挥部组织电力保障力量对电厂进行应急支援。

10月27日，江苏省核应急委环境监测组组长单位省环境保护厅，组织成员单位省海洋与渔业局、江苏出入境检验检疫局，在连云港辐射环境监测管理站举行陆上巡测单项演练。演习以田湾核电站2号机组稳压器安全阀主阀误操作导致核电厂事故为背景。演习检验了《江苏省田湾核电站场外应急预案》的可操作性、应急监测系统及设备数据传输的有效性，增强了环境监测组在应急状态下协调联动的能力。

10月27日下午，连云港市组织田湾核电站场外应急公众撤离与安置演习。连云港市政府、连云港警备区以及核应急成员单位按照编组全员参加了演习。演习以核事故状态下公众撤离与安置为演练课目，采取市、县、街道三级联动，军地协同，联合指挥，实地、实案、实兵，时空压缩的方式展开。参演人员近200人，动用各类车辆25台，船只4艘。

10月28日，北京市核应急办组织开展了“2016年北京市核恐怖袭击事件应急演练”。国家核应急响应技术支持中心、北京市应急办及各成员单位的代表参加了演练。演练情景设定为恐怖分子突袭北京某核设施，导致核设施全部电源丧失，反应堆自动停堆，放射性物质向外部释放，进入Ⅰ级响应状态。市核应急指挥部立即启动核应急预案，环境监测组、去污洗消组按照指挥部命令展开应急响应行动。

11月22日，福建省核应急办与福建省委党校、福建行政学院联合举办2016年全省核应急联络员培训班。全省核应急联络员和各级核应急办、相关市县环保局、核电厂工作人员60余人参加培训。

11月29日，广东省核应急委组织了广东省第九次核事故应急演习暨大亚湾/岭澳核电站内外联合应急演习。演习以深圳市和大亚湾/岭澳核电站为主，重点演练地市级核应急力量。演习以大亚湾1号机组发生一回路失水叠加全厂失电、安全壳设备舱门泄漏为事故情景。演习内容涵盖监测、撤离、洗消、社情舆情管控等共计12个核应急大类、28个子类。

## 十一、国际合作

4月12–15日，国家核应急航空监测技术支持中心在石家庄市组织召开"提升核应急航空监测能力"中欧技术研讨会。此次研讨会是"中欧核应急与严重事故管理能力提升"项目的一部分。

11月8–11日，中美双方在山西省太原市组织2016年中美核与辐射应急技术培训与交流会。国家级核应急专业技术支持中心和救援分队、有关省（区、市）核应急技术支持机构、核电厂与核燃料循环设施单位的相关技术人员共46人，参加了本次培训交流会。

（本部分材料由国家核安全局和国家核应急响应技术支持中心提供。）

# 核专业人才培养和职工培训

## 中国核工业集团公司

完善《集团公司“十三五”人才发展专题规划》，按年度分解落实重点任务。结合关键领域人才短板，组织制定《院士及高层次人才培养专项计划》等6项专项人才计划，确保人才规划目标和任务逐步落地。组织编写“两院”院士推选重点战略任务实施方案，提出了各板块和单位的具体目标、实施计划、激励机制和保障措施。指导各板块编制重点领域人才发展计划，形成全集团联动的动态规划实施体系。

遴选推荐“千人计划”3人、“万人计划”7人，向科技部推荐重点领域创新团队1个、创新人才培养基地1个，向人社部申报享受国务院特贴专家51人。组织完成集团首席专家、科技带头人和首席技师任期考核。首次举办国家级技能大赛——2016年中国技能大赛，属集团公司规格最高、规模最大、人数最多的大赛。通过遴选1人获得中华技能大奖，5人获评全国技术能手，评选表彰第七届集团公司技术能手17人。

聚焦集团改革发展重点难点，有针对性地组织了赴台塑精益管理、赴英退役治理、行政一把手党务培训、总会计师素质能力提升、新任一线管理者、新任处级干部等10多项重点培训。助力集团国际化、市场化战略，举办国际化人才培养战略研修班、“互联网+”与创新思维培养研修班。圆满完成2 200余名新员工集中入职培训。完成“一校七院”51名培训学员选送工作。深化校企合作，与清华大学、哈尔滨工程大学签署合作协议。

## 中国核工业建设集团公司

2016年，中国核建以关键人才和急需紧缺人才培养为重点，先后举办各类培训班120余期，培训人员11 600余人次，打造了一批具有核建特色的精品培训项目。其中，在核专业人才培养方面，紧密围绕涉核专业化能力提升，开展了核电设计管理、核电安全体系及安全文化、核电商务造价管理、核电工程标准、核电工程项目班组长、核工程建造班组长等专题培训，共培训800人次。2016年，中核五公司罗开峰荣获“中华技能大奖”称号，是中国核建第二位获此殊荣的技能人才；中核二三公司魏海涛荣获“全国技术能手”称号。中央电视台《大国工匠》栏目报道了中国核建核级焊工未晓朋的精湛技艺和核电站主管道焊接的重要工程意义。

## 中国广核集团有限公司

### 一、完善人才培养体系

中广核高度重视人才培养工作。2005年9月，中广核成立集团核电学院，2013

年6月核电学院更名为中广核大学，并成立中共中国广核集团党校（简称“中广核党校”），实行中广核大学、中广核党校“两块牌子，一套机构，一套人马”的运作模式。

为适应集团的板块化运作，2016年中广核大学成立管理学院、核电运营学院、核电工程学院、核电科技学院、核燃料学院、新能源学院、信息学院等二级培训学院，进一步加强了各业务领域的人才培养统筹管理。

中广核人才培养的核心理念是“培养人，而不仅仅是培训人”。人才培养的基本要求是“授权上岗、全员培训、终身学习”。在运作机制上，中广核坚持把“培训、考核、授权、上岗”作为人才发展任用管理的基本理念和政策。

2016年，中广核的学习时间累计为416万小时，同比增加12%；人均学习时间为130小时，同比增加6.6%。

## 二、实施重大培训项目

2016年，中广核大学（党校）对部分培训项目进行了优化升级，成功举办一系列重大培训项目。

**(一)长湾领导力论坛**

2016年4月26日是切尔诺贝利核事故30周年纪念日，中广核在这一天成功举办了以“固本强基，让安全成为习惯”为主题的长湾领导力论坛。论坛聚焦一把手如何管安全，与会高管作出安全承诺，共筑“中广核安全墙”，共创《中广核安全文化宣言》。论坛将集团安全文化建设推向了一个新里程碑。

**（二）EDP（集团高管系统培训）项目**

创新开展高管EDP培训。更加突出EDP培训的实战性，区分核电板块与非核电板块，开设不同核心主题的课程。核电板块围绕“电力市场改革”主题，通过培训强化了集团高管应对电力市场改革的危机意识与紧迫感。非核电板块围绕“组织效能提升”主题，探讨匹配战略需要，如何提升组织效能。

**（三）白鹭计划（集团各层级管理者培养项目）**

2016年“白鹭计划”系列培养项目累计参训人数达11 367人。“白鹭计划”共有六个子项目，包括“白鹭–破壳计划”（新员工转型培养）、“白鹭–助跑计划”（新任基层管理者转型培养）、“白鹭–展翅计划”（新任中层管理者转型培养）、“白鹭–启翔计划”（高管后备人才中长期培养）、“白鹭–飞翔计划”（高管后备人才培养）和“白鹭–翱翔计划”（新任运营高管转型培养）。

**（四）国际化人才培养**

为配合集团国际化战略的实施，中广核加大了国际化人才培养力度，开设了国际化人才培养项目高管班、储备班、定向班、实战班、英语脱产培训班等形式多样的培训项目。

**（五）核电专业人才培养**

核电运营领域大力开展围绕岗位培训大纲的在岗培训工作，培训覆盖到100%的专业技术岗位。2016年，中广核各核电基地共培养操纵员83名，高级操纵员102名。截至2016年12月31日，中广核有效持照的操纵员为592名、高级操纵员为410名。借鉴INPO（美国核电运行研究所）等国际经验，完成核电站运行值长、安全工程师以及隔离经理等运行高岗位的岗位培训体系建设并在各核电基地推广；建立了18类核电维修领域专家级设备专工、群厂专业经理的资质认证制度；大力开展维修技能培训，实施培训1 045期，共7 096人次参训。

推进核电工程管理人才培养。基于核电工程管理转型的需求，加强核电工程领域关键业务人才培养，初步建立高端设计人才培养体系并按计划实施首批20名培养对象的培养工作。重点开发并实施了项目管理人才、经营商务人才、新技术路线人才、国际化人才培养项目。

### （六）企校联合培养

中广核本着与高校、学校三方共赢的原则，积极开展企校联合培养工作，从2005年至今，通过“订单+联合”培养、“联合培养”、核电“工程师教育”、博士后联合培养、核电高技能人才联合培养等方式，累计联合培养核电人才2 601人。

## 三、优化师资队伍建设

中广核建立骨干员工担任兼职教员的制度，促进了组织知识的有效传承。截至2016年底，全集团拥有专职教员人员156人，兼职教员2 838人。累计认证教员587人，其中铜牌教员238名，银牌教员20名，金牌教员1名。

## 四、夯实培训基础

加强课程研发推广，加大培训设施的投入。目前全集团已有各类课程超过1万门，其中，网络课程超过2 500门。集团公司相关部门积极参与课程开发，促成管理经验、知识的沉淀和分享。举办以“遵守程序，反对违章”为主题的“安全文化杯”微课大赛，开发高质量微课477门。目前中广核拥有核电站全范围模拟机13台，各类其他模拟机20多台，培训相关建筑面积达13.34万平方米，全集团培训设施总投资达33亿元。

## 五、2016年主要荣誉

2016年，中广核在人才培养方面获得多项荣誉。12月，中广核高票当选中国企业高管培训发展联盟新一届轮值主席单位；12月，在2016中国企业与教育发展大会上，荣获“中国企业教育先进单位”称号；12月，获得“2016年度中国最佳企业大学”大奖；8月，荣获“中国最具价值企业大学”荣誉称号；中广核在2015、2016“中国企业培训与发展年会”上，连续荣获“中国人才发展最佳企业奖”。

# 国家电力投资集团公司

积极开展核专业人才培养。核电项目

单位高度重视核电专业人员的培养，按照专业培养方案不断推进并开展取证工作。山东核电140名操纵员通过取照考试并开始主控室值班，国核示范首批46名操纵员学员通过核电站操纵员资格考试。

调整培训管理体系。整体修订了教育培训系列制度，按照统一领导、分级管理和分工负责的原则，完善了国家核电教育培训体系，在利用好集团公司“一校两院”培训资源的同时，充分发挥国家核电及所属单位培训主体作用，推动培训工作扎实有效开展。全年共计完成3 606项培训，培训126 248人次，人均培训课时73小时，培训平均满意度为92.4%。继续全面推进个人发展计划，执行率为97%。

## 中国华能集团公司

高温气冷堆示范工程63名预备操纵人员顺利通过操纵员资格考试；生产相关人员227人完成防人因失误培训。截至2016年底，华能集团已建成一支专业结构合理、从业经验丰富、总数达815人的人才队伍，拥有一支具有比较丰富的核电建设和运营管理经验的优秀管理团队，其中，中层以上干部近60%来自运行和在建核设施单位。

## 哈尔滨电气集团公司

通过核安全文化建设增强员工核安全意识。哈电重装公司为不断提升全员的核安全文化思想意识和水平，形成良好的人员行为习惯和核安全文化氛围，采用脱产封闭、按周轮换的培训方式向学员授课。哈汽公司、哈电机公司、哈锅公司普及全员核文化意识，在各基层单位设立核安全文化展板或横幅，部分单位创新宣传形式，通过图片展、案例解析等方式进行核安全文化宣贯，努力使核安全文化“内化于心，外化于形”。

通过获取核资质保持涉核人员队伍稳定。哈电重装公司外派取证48人次，取得无损检验资格证书43项，理化检验资格证书5项。哈电动装公司核电人员118人次持证，共持有各类资质15项。哈汽公司有ASME资质焊工125人，焊工项次共460项。2016年“焊工培训站”全年完成ASME焊工取证工作共40人次，149个项次。哈锅公司民用核安全设备无损检测人员持有超声、磁粉、着色、目视等七大检测方法，共计91项证书，其中Ⅲ级资格证书2项，Ⅱ级资格证书89项。

通过专题培训提高涉核员工技能。哈电机公司全年共计完成14项核电培训项目和2项计划外核电培训项目，共计培训1 096人次，核电培训计划完成率100%。哈锅公司结合不同核电产品的具体要求，对产品覆盖相关单位的主管领导、主要技术管理人员及主要技能工人开展核质保培训与核安全文化宣贯培训，共3个班次，191人次。

## 中国东方电气集团有限公司

2016年，东方电气在核电人才队伍建

设上强化员工培训，努力提升核电人才队伍整体水平。核电员工培训紧紧围绕“完善机制、加强管理，提高素质”为中心开展工作，通过完善培训机制，优化培训开展流程，改进培训效果评估方法，重点在核安全文化、技术技能、核质保体系、核电ASME规范、核电纠正措施等方面开展培训。

## 中国第一重型机械集团公司

中国一重始终高度重视核电设备制造人才的培养和岗位培训工作，在制定的培训计划中，突出了核法规、核质量保证手册及程序文件、核文化等方面的培训内容，保证了培训质量和培训效果。2016年，中国一重共举办核体系责任人员培训班102期，参训员工达7 800人次。

一是在核文化、核质量与安全知识培训方面，制发了《核安全文化建设实施方案》，围绕核安全文化建设，培育全员核安全意识，坚持“安全第一”根本方针，杜绝“违规操作、弄虚作假”，确保民用核安全设备制造质量等内容，制订系统培训学习计划。全面提升员工的综合技能，注重法规标准、管理要求和核安全文化的培训宣贯，不断持续增强全员的学习氛围。

二是在核电项目质保大纲培训方面，加大了对核电产品项目质保大纲的培训力度，开展了防城港核电3号稳压器等9个核电项目质保大纲和程序培训。围绕核电项目结合生产制造进度确定培训重点，特别是把项目制造过程中出现的问题、采取的解决措施等内容补充进来，保证培训内容的针对性，并要求各单位以核电项目培训为契机，全面核查本单位在制核电项目培训的开展情况，认真总结和改进不足，不断提高核电产品质量。

三是在核电人才培养方面，紧密结合核电产品生产工作实际和未来发展需要，不断加大培训力度，重点突出了焊接、无损检测等岗位人员的培训和取证工作力度，严格执行持证上岗。同时，积极选派业务骨干参加核能行业质量保证监查员培训班等外部高水平的培训，不断开拓视野，汲取先进的管理理念和实践经验，通过核电制造方面人才的培养，不断提升核电制造的业绩和管理工作水平。

# 国际合作与两岸交流

## 政府方面

### 一、习近平出席第四届核安全峰会并发表重要讲话

4月1日，第四届核安全峰会在美国首都华盛顿举行。国家主席习近平出席并发表题为《加强国际核安全体系，推进全球核安全治理》的重要讲话，围绕构建公平、合作、共赢的国际核安全体系，全面阐述中国政策主张，介绍中国在核安全领域取得的新进展，宣布中国加强本国核安全并积极推进国际合作的举措。

### 二、《核安全公约》《乏燃料管理安全和放射性废物管理安全联合公约》履约

《核安全公约》和联合公约履约按公约要求顺利推进。

环境保护部（国家核安全局）全年召开5次国家报告编审委员会会议，编制完成《核安全公约》第七次审议会议国家报告，充分反映《维也纳核安全宣言》的最新要求，完成对美、俄、法、日等多个国家的100多个提问，展现负责任的大国形象。启动联合公约下一周期履约工作。开发并启用《核安全公约》和联合公约履约数据库，实现履约历史资料收集、整理、研究、分析信息化。

### 三、多边领域

（一）与国际原子能机构（IAEA）合作

1. 接受国际原子能机构核与辐射安全监管综合跟踪评估获得圆满成功

2010年，国际原子能机构对中国开展了第三次核与辐射安全监管综合评估，提出了79条“建议”和“希望”，2016年8月29日–9月9日，国际原子能机构根据其颁布的核安全标准和相关文件，通过审议书面材料、访谈工作人员、开展实地考察等多种方式，对我国核与辐射安全监管总体状况进行了历时10天的系统评估，重点审议了我国对2010年评估所提“建议”和“希望”的落实情况，还特别关注了中国在汲取福岛核事故经验教训方面采取的响应行动和改进措施。

在过去的6年中，中国核与辐射安全监管工作取得了显著进步，对上次评估提出的79项建议中，71项得以完成，还有8项仍需继续落实，集中体现在《核安全法》的制定、放射性废物和乏燃料管理国家长期政策的制定、职业照射监管的部门协调、研究堆和核燃料循环设施法规制修订等4个方面。

2. 与IAEA开展沟通交流活动

4月11日，国际原子能机构第四届核安全监管有效性国际大会在奥地利维也纳召开，环境保护部核安全总工程师刘华率团出席会议并作为大会主席主持本届会议。大会以“全球范围内的持续改进”为主题，来自国际原子能机构各成员国的共计223名代表参加了会议。在当日的“全

球愿景”主题讨论环节，刘华作了题为“全球核安全合作”的主题报告，强调核安全国际合作的重要性，并就如何加强核安全合作提供了中方的经验与建议，包括建立并落实长期核安全战略，促进核安全标准的统一，持续开展同行评估及其他技术交流等。

4月27–29日，国际原子能机构亚洲核安全网络第23届指导委员会会议在华召开。

6月5–8日，国家原子能机构副主任王毅韧率团出席国际原子能机构6月理事会，对机构重大政策和工作计划提出了指导性意见。

7月20日，环境保护部（国家核安全局）邀请国际原子能机构负责核安全行动计划实施和《福岛核事故总干事报告》编写的卡鲁索处长来华就福岛报告进行专题交流。

9月18日，国家原子能机构副主任王毅韧率团赴维也纳，出席国际原子能机构9月理事会，对机构重大决策和工作计划提出建设性意见。

9月24–30日，国家原子能机构副主任王毅韧率团赴维也纳参加国际原子能机构第60届大会，并分别与国际原子能机构总干事天野之弥、美国能源部部长莫尼兹、法国原委会主席沃瓦尔德、巴基斯坦原委会主席纳伊姆、以色列原委会主席斯尼尔、加拿大自然资源部政务次官吉姆·罗德、伊朗副总统兼原子能组织主席萨利希等举行会谈。大会期间签署了2016–2021技术合作国家计划框架，为未来5年与机构开展技合项目合作奠定重要基础。环境保护部核安全总工程师刘华出席大会及15场双边活动，宣传我国核安全监管成就。大会期间还组织举办了“发展核能、造福人类”专题展览、小堆技术和建设规划边会，宣传了中国与机构合作成果及中国核工业发展成就，有力推动了“华龙一号”、小堆技术“走出去”。

11月24日，国家原子能机构副主任王毅韧会见国际原子能机构副总干事瓦约兰塔一行，双方就中国与机构核保障事务合作等事宜交换了意见。

（二）与经合组织核能署合作

环境保护部（国家核安全局）报批并实施《关于进一步加强与经合组织核能署合作的工作方案》，进一步理顺与核能署合作。把“核电厂多国设计评价计划”相关活动作为外事活动重点给予保障，全年51人参加核能署及MDEP活动共16次，在政策组第10次会议和指导委员会第27会议上介绍“华龙一号”自主核电技术和安全监管情况，积极推动设立“华龙一号”工作组。

（三）中日韩合作

11月29–30日，第九届中日韩核安全监管高官会暨第四届高官会专题研讨会在北京召开。环境保护部核安全总工程师刘华出席会议。日本原子力规制委员会秘书长清水康弘、韩国核安全与核安保委员会秘书长曹忠裴分别率日韩代表团与会。在29日召开的高官会上，中日韩三方交流了各国核安全监管工作的最新情况，人力资源开发、在线信息共享以及应急响应3

个工作组组长汇报了一年来各组的工作进展及工作计划。中日两方还分别报告了在中国大亚湾核电厂和日本伊方町核电厂举行的核应急演习和观摩情况，韩国代表团介绍了将于2017年在韩国举行的中日韩第四次应急演习观摩计划。在30日召开的专题研讨会上，中日韩三方分别以“华龙一号”安全审评情况、福岛第一核电厂有关情况、福岛核事故后安全改进为主题介绍了各自工作。会议还围绕“放射性污染修复与放射性废物处置”与“落实《维也纳核安全宣言》避免核电厂事故造成大规模放射性物质释放”两个议题进行了深入讨论。

（四）其他多边合作

3月17日，国家原子能机构主任许达哲与美国能源部部长莫尼兹在京共同主持召开阿拉克重水堆改造六国及欧盟工作组双组长首次会议。会议回顾了全面协议达成以来阿堆改造工作取得的积极进展，就双方推动阿堆改造合作的各项工作程序进行了充分讨论并达成一致。

7月6日，国家原子能机构副主任王毅韧会见美国国务院伊核全面协议执行协调员穆尔一行，双方就共同推进伊朗阿拉克重水堆改造项目深入交换了意见。

## 四、双边合作

（一）中美合作

1. 2月4日，国家原子能机构副主任王毅韧会见美国泰拉能源公司首席执行官麦肯泰·李一行，双方就中美行波堆合作交换了意见。

2. 3月18日，中美核安保示范中心成功举行了展示活动，正式投入运行，中美将充分发挥示范中心作用，为提升亚太和全球核安保能力建设作出积极贡献。

3. 5月6日，国家原子能机构副主任王毅韧会见美国能源部核能助理部长约翰·克奥泰克一行，双方就核废物处理处置、退役治理、核能发展、核领域立法等问题深入交换了意见。

4. 5月10日，国家能源局与美国能源部组织两国有关部门和企业，在美国萨凡纳河国家实验室举行中美和平利用核技术合作联合协调委员会（PUNT）第11届会议。

5. 5月25日，国家能源局、国家原子能机构、中核集团、美国能源部、美国泰拉能源公司在美国西雅图共同举办中美行波堆五方会谈。

6. 6月6–7日，在北京举行的第八轮中美战略与经济对话期间，国家主席习近平的特别代表国务委员杨洁篪与美国总统贝拉克·奥巴马的特别代表国务卿约翰·克里共同主持了战略对话。有关核能领域合作战略对话成果摘录如下：

双边合作

高层交往：双方决定继续按照两国元首达成的共识，拓展合作，缩小分歧，推进中美新型大国关系建设。双方积极评价中美元首在第四届核安全峰会期间会晤取得的成果。双方将保持高层交往，继续用好中美战略与经济对话、中美人文交流高层磋商、中美商贸联委会、中美打击网络犯罪及相关事项高级别联合对话等富有成效的机制。双方将就双边、地区和全球性问题保持密切沟通，推动取得新的务实成果，造福两国和世界人民。

核安全合作：认识到双方在加强核安全方面具有共同利益和责任，为此于2016年2月举行了首次核安全对话，为奥巴马总统主持、习近平主席出席的2016年核安全峰会成功举行作出了贡献。双方重申2016年3月31日发表的《中美核安全合作联合声明》，承诺深化核安全领域协作，并决定在下一轮中美战略与经济对话前举行第二次核安全对话。中美欢迎中国国家核安全示范中心于2016年3月18日在北京正式投入运营，这是两国核安全合作的重要里程碑，也是核安全峰会进程的重要成果，将为核安全的发展作出贡献。双方期待继续在该示范中心开展培训和技术交流合作。双方欢迎对位于中国原子能科学研究院的首座微型中子源反应堆（微堆）实施了成功改造，并重申将根据《中美核安全合作联合声明》，致力于对其他微堆实施低浓化改造。中美还计划就核走私威胁交换意见，并考虑就应对这一威胁扩大合作。

中国海关与美国能源部关于打击核材料走私：中国海关总署与美国能源部国家核安全署决定继续通过技术合作，完善、扩大和支持中国海关的核探测能力建设，打击国际核走私。中国海关总署与美国能源部国家核安全署决定继续开展技术交流合作，支持中国海关在洋山港进境通道安装设备、拟在天津港安装辐射探测设备，以及开发用于海关内部培训和演练的流程。

核法证学分析：中国国家原子能机构与美国能源部/美国国家核安全署自2014年1月起在和平利用核技术第二工作组框架下开展了核法证学分析相关活动。2015年8月，中国国家原子能机构与美国国家核安全署介绍了铀年龄测定项目合作成果，正就该项研究共同制作经同行评议的出版物。双方计划继续在铀年龄测定方面通过审查额外的父子体来更好地解释双方铀年龄测定结果不一致（例如父子体年龄不同）的现象。

应对地区和全球性挑战

朝鲜半岛：谴责2016年1月6日朝鲜核试及之后利用弹道导弹技术进行发射，促朝停止采取违反联合国安理会决议义务及2005年9·19共同声明承诺的行动。双方重申致力于全面执行联合国安理会第2270号决议及安理会其他相关决议。双方强调致力于以和平方式可核查地实现朝鲜半岛无核化，一致认为维护朝鲜半岛和平与稳定十分重要。双方呼吁有关各方共同努力，采取必要行动，为早日重启六方会谈创造条件。双方决定继续就相关问题密切沟通协调。

伊朗核问题：欢迎《联合全面行动计划》（下称“全面协议”）的全面执行，以确保伊核项目目前和将来保持和平性质。全面协议的全面执行是对地区和国际安全以及国际核不扩散体系的积极贡献。双方作为阿拉克重水堆改造工作组双组长，计划就重水堆的再设计和重建继续合作。双方重申国际原子能机构在确保持续核查和监督全面协议核领域承诺方面发挥重要作用。双方重申了在全面协议中各自的承诺，并呼吁六国、欧盟与伊朗继续根据全面协议全面履行各自承诺。

气候变化和能源合作

民用核能研发：在中国国家能源局和美国能源部建立的双边民用核能合作行动计划框架下，决定继续在先进反应堆和燃料循环技术领域开展合作。第八次联合行动计划技术工作组会议于2015年10月在中国举行。下一次行动计划会议计划于2016年9月在美国爱达荷国家实验室举行。中美还决定在中国科学院与美国能源部签署的谅解备忘录框架下继续开展核能科技合作，在两国科学家、实验室、研究机构和大学之间促进先进核能概念方面的合作。第三届中国科学院——美国能源部核能科技执行委员会会议于2016年5月在上海召开。

核安全合作：中国国家核安全局与美国核管会继续开展核安全合作，在AP1000核反应堆开发方面保持监管和技术交流。中国国家核安全局和美国核管会的监督员在中国AP1000核电厂现场开展了监督交流，对美国AP1000供货商进行了联合监督，并完成了双方之间的监督员交流。双方将继续共享关于AP1000建造和调试方面的技术经验，并继续开展人员交流。中国国家核安全局和美国核管会将继续拓展双方之间的合作，在公众沟通、应急准备和响应、放射性废物安全及放射源安全等方面分享经验。

和平利用核技术：决定继续通过中美和平利用核技术合作（PUNT）框架下的核能技术工作组开展下列合作：在核电站运行安全方面开展合作；在概率安全分析领域继续组织相关主题研讨会并在运行核电站实施试点项目；在核电站延寿和材料老化降级研发方面交换信息；在小堆方面加强信息交流；在核责任方面分享信息。双方还决定在关于公共宣传的良好实践和核能战略规划方面交流信息。第11次PUNT联委会会议于2016年5月10至11日在美国萨凡纳河国家实验室举行。

和平核能合作：满意地注意到中美和平利用核能合作协定（123协定）续约协定于2015年10月生效，决定在此基础上进一步加强民用核能合作。去年，双方启动了123协定行政安排和联合培训计划磋商，并寻求尽快达成一致。双方认同建立全球核责任体系的重要性，强调中国、美国、相关亚太国家以及《核损害赔偿补充公约》缔约方的条约关系。双方期待在今年晚些时候在北京举行研讨班继续就《核损害赔偿补充公约》进行交流。

双边能源、环境、科技对话

中国科学院－美国能源部联合协调委员会会议：决定于2016年6月召开中国科学院与美国能源部第五届能源科学联合协调委员会会议。双方回顾了在高能物理、核聚变、核物理、基础能源科学以及其他相关领域的合作进展，并就如何完善合作机制、拓展合作领域进行了探讨。

7. 6月7日，国务院副总理刘延东与美国国务卿克里在北京共同主持第七轮中美人文交流高层磋商全体会议。有关核能领域合作成果摘录如下：

科技领域

哈尔滨工程大学与德州农工大学合作：科技部支持哈尔滨工程大学与德州农工大学深化在核安全与核能和平利用领域科学研究、科技人才培训合作，支持双方联合制订哈工程德州农工联合学院战略方案。

哈尔滨工程大学与田纳西大学合作：科技部支持哈尔滨工程大学与田纳西大学在核安全与核能和平利用领域开展联合科学研究和学术交流，双方积极参与核安全国际联合研究中心的研究工作。

8. 9月19日，国家能源局与美国能源部组织两国有关企业，在美国爱达荷国家实验室举行中美双边民用核能合作行动计划（BAP）指导委员会第3次会议。

9. 9月19–23日，国家能源局与美国能源部组织两国有关部门和企业，在北京举行中美和平利用核技术合作协定（PUNT）框架下二级概率安全分析（PSA）研讨会。

（二）中俄合作

6月1日，国家原子能机构副主任王毅韧在莫斯科会见俄罗斯国家原子能集团公司第一副总理科马洛夫，双方就核领域重点项目及一揽子合作交换了意见。

9月6日，国家原子能机构副主任王毅韧与俄罗斯国家原子能集团公司副总经理斯帕斯基共同主持召开中俄总理定期会晤委员会核问题分委会第二十次会议。双方总结了中俄核领域合作进展，就下一步合作意向达成了共识，并签署了会议纪要。

环境保护部（国家核安全局）强化与俄罗斯在VVER核电厂和放射性废物管理领域的合作。9月6日，参加中俄总理定期会晤核问题分委会会议，10月27日，与俄方联合召开第二次中俄核安全监管工作会议。

11月8日，中俄共同发表《两国政府首脑关于深化核能领域战略合作的联合声明》。

（三）中英合作

4月5日，国家原子能机构副主任王毅韧会见英国能源与气候变化部核能发展办公室主任李·麦克多纳一行。双方就核燃料循环和运输、核设施退役、放射性废物管理和处置等领域合作交换了意见。

6月22日，国家原子能机构副主任王毅韧会见英国核退役管理局局长约翰·克拉克一行，双方就中英核产业链合作交换了意见。

6月23日，国家能源局与英国能源与气候变化部组织两国有关部门和企业，在英国伦敦举行中英民用核能合作工作组第三次会议。

11月9日，中国国务院副总理马凯与英国能源与知识产权大臣内维尔·罗尔夫女男爵在伦敦为中英核联合研发与创新中心揭牌。这是我国和西方发达国家共同建设的第一个核领域联合研发中心，标志着中英核能合作已在核能投资领域的基础上，开始迈向科研、技术、核工业全产业链领域等更全方位的合作阶段。

11月10日，国务院副总理马凯和英国财政大臣菲利普·哈蒙德在伦敦共同主持了第八次中英经济财金对话。中国在英国参与新建核电项目、“华龙一号”技术提交通用设计评审、设立中英联合核研发与创新中心、在核燃料循环后端开展商业合作以及加强核安全监管部门之间的合作等合作事项列入对话政策成果清单。国家原子能机构副主任王毅韧出席对话，并会见英国商业、能源和工业战略部国务部长内维尔·罗尔夫女男爵，双方就中英核工业燃料循环全产业链以及中英核联合研发与创新中心合作交换了意见。

（四）中法合作

4月19日，国家原子能机构主任许达哲与法国原委会主席沃瓦尔德主持召开中法核燃料循环后端双边高级别委员会第一次会议，就进一步加强核燃料循环后端合作达成重要共识。国家原子能机构副主任王毅韧参加会议。

11月14日，国务院副总理马凯与法国经济和财政部长米歇尔·萨班在巴黎共同主持第四次中法高级别经济财金对话。法方为“华龙一号”技术的通用设计评审提供支持、中法核燃料后处理合作以及中方企业入股新阿海珐集团等合作事项列入对话合作成果清单。马凯在对话期间参观阿海珐后处理厂，为下一步推进中法后处理项目合作指明方向。国家原子能机构副主任王毅韧出席对话相关活动。

（五）中欧合作

环境保护部（国家核安全局）圆满完成为期两年的中国和欧盟“加强中国国家核监管机构及其技术支持机构能力”一期200万欧元合作项目，在一期项目实施过程中欧盟50名专家来华培训，中方15人赴欧累计培训50个月，中方超过500人参加项目，有效提升了核安全监管能力，二期300万欧元能力建设项目顺利启动。

（六）中阿合作

6月，G20能源部长会议期间，国家能源局与阿根廷能源与矿产资源部签署部门间《关于合作建设阿根廷核电站的谅解备忘录》，明确了双方重水堆和压水堆合作总体目标。

环境保护部（国家核安全局）邀请阿根廷核安全局人员来华在职培训一年。

9月，国际原子能机构第60届大会期间，环境保护部（国家核安全局）与阿根廷共和国核监管局签署了《中华人民共和国国家核安全局与阿根廷共和国核监管局关于核安全监管技术合作和信息交流的协议》。

（七）中韩合作

5月27日，国家原子能机构主任许达哲出席中韩核能合作联委会第十三次部长级会议，并会见韩国未来创造科学部副部长洪楠基一行。会议签署了《中韩核能合作联委会第13次部长级会议纪要》。

6月9日，国家原子能机构副主任王毅韧率团访问韩国未来科学创造部，与洪楠基副部长进行了会谈，并访问了韩国原子能科学研究院等，提出了加强两国核科技交流的“百项千人合作计划”以及与韩国核安全委员会签署核安全、核安保、核应急合作谅解备忘录的建议。

（八）其他双边合作

1月13日，环境保护部副部长、国家核安全局局长李干杰在京会见了罗马尼亚驻华大使多鲁·科斯泰亚先生。双方就共同关心的核电安全与核电发展等问题进行了交流，并签署了《中华人民共和国国家核安全局与罗马尼亚国家核管制委员会关于核安全合作和技术信息交流的协定》。

1月22–26日，在国家主席习近平和伊朗总统鲁哈尼的共同见证下，国家原子能机构主任许达哲与伊朗副总统兼原子能机构主席萨利希签署《中伊和平利用核能合作的谅解备忘录》，为后续中伊合作奠定重要基础。

4月7日，国家原子能机构副主任王毅韧会见加拿大卡梅科公司总裁兼首席执行官蒂姆·吉泽一行，双方就中加天然铀合作及保障监督等问题交换了意见。

5月23日，国家原子能机构副主任王毅韧会见巴基斯坦原子能委员会主席纳伊姆一行，双方就中巴核能合作交换了意见。

6月，G20能源部长会议期间，国家能源局与土耳其能源部签署部门间《关于民用核能合作的谅解备忘录》，为下一步指导双方企业开展具体项目合作奠定了框架基础。

7月25日，国家原子能机构主任许达哲会见加纳原子能委员会主席尼亚科一行，双方就推进加纳微堆低浓化改造，加强核能领域合作等问题交换了意见。

8月28日，环境保护部副部长、国家核安全局局长李干杰在北京会见了加拿大核安全委员会执行副主席拉姆齐·嘉美儿先生。双方就中加核安全合作等共同关心的问题交换了意见，并签署了《中华人民共和国国家核安全局与加拿大核安全委员会关于核安全监管合作和信息交流谅解备忘录》。

9月21–23日，国家原子能机构副主任王毅韧率团访问西班牙，分别与西班牙核废物管理公司董事长戈麦斯、西班牙核设备公司总裁冈萨雷斯举行会谈，就乏燃料和放射性废物管理进行了交流，推动乏燃料容器合作项目。

9月，G20杭州峰会期间，环境保护部（国家核安全局）与土耳其原子能机构签署了《中华人民共和国国家核安全局与土耳其原子能机构关于核安全领域合作的安排》。

9月，国际原子能机构第60届大会期间，环境保护部（国家核安全局）与捷克共和国国家核安全局签署了《中华人民共和国国家核安全局与捷克共和国国家核安全局关于核安全技术信息交流与合作的谅解备忘录》。

10月4–9日，环境保护部（国家核安全局）派员赴南非支持南非建立核安全技术中心。

11月16–17日，环境保护部（国家核安全局）与德国环境与核安全部共同在华举办首次中德核安全监管研讨会，在核电厂运行经验反馈、现场监督、放射性废物管理、核设施退役等4个领域进行深入交流。

11月4日，国家能源局与土耳其能源部签署部门间《关于在土耳其开发核电站项目及当地核电产业的谅解备忘录》。

12月14–15日，环境保护部（国家核

安全局）组织召开中国巴基斯坦核安全监管合作指导委员会，继续为巴方提供技术支持。

## 部分企业集团

### 一、中国核工业建设集团公司

1月19日，在国家主席习近平与沙特阿拉伯国王萨勒曼的见证下，中国核建与沙特核能与可再生能源城签订《沙特高温气冷堆项目合作谅解备忘录》。此次项目合作谅解备忘录的签订，是中沙两国共同落实“一带一路”倡议的重要举措，同时标志着在“十三五”开局之年，我国第四代核电技术高温气冷堆项目实现了“走出去”的重大突破。

8月1日，在国务院副总理刘延东和印尼人类发展与文化统筹部长Puan Maharani的见证下，中国核建与印尼原子能机构签署《中国核建集团与印尼原子能机构关于印尼高温气冷堆发展计划的联合项目协议》，初步明确了双方就印尼高温气冷实验堆项目、培训等方面的合作意向。

9月12日，中国核建董事长王寿君、总经理顾军在总部会见了摩尔多瓦共和国副总理兼经济部部长卡尔梅克一行，就推进清洁能源项目、基础设施建设等方面合作进行了深入交流。双方一致表示，将充分发挥各自优势，共同推动经济合作关系不断向前发展。

10月24日，中国核建与西班牙ENSA公司签署关于合作高温堆项目国际推广的合作谅解备忘录。

### 二、中国广核集团有限公司

（一）英国项目

9月29日，中国广核集团（简称“CGN”）与法国电力公司（简称“EDF”）在伦敦正式签署了英国新建核电项目一揽子合作协议，同步与英国政府签署了欣克利角C（Hinkley Point C）核电项目收入及投资保障等政府协议，并完成了相关公司的股权交割。同时，根据CGN与EDF签订的协议，CGN将开始推进布拉德维尔B（Bradwell B）项目的各项准备工作，以及拟使用在该项目的“华龙一号”技术的通用设计审查（GDA）工作。

（二）罗马尼亚项目

1月13日，中罗两国签订《中华人民共和国国家核安全局与罗马尼亚国家核管制委员会关于核安全合作和技术信息交流的协议》。

1月20日，罗马尼亚政府向中广核递交了由罗马尼亚总理签署的罗核项目专项政府支持函（Letter of Support）。该支持函以罗核项目全寿期框架协议为基础，明确了罗马尼亚政府在电力市场改革、电价机制、电力销售、国家担保、财政优惠、保持政策连续性等方面对项目的支持与承诺。

8月，国资委主任肖亚庆专门赴罗马尼亚了解项目情况，并与罗政府相关领导和部门交流了意见，对罗核项目具有推进和指导作用。

2015年12月至2016年12月，就股东协议和公司章程，中广核与罗马尼亚谈判委员会开展了11轮协商谈判。目前，由于罗马尼亚政府更迭，罗方谈判委员会已无继续谈判的授权，并书面通知我方暂停股东协议谈判工作。罗核项目谈判将在新政府授权后继续开展。

（三）捷克项目

3月30日，在国家主席习近平和捷克共和国总统米洛什·泽曼的共同见证下，中广核与捷克能源集团（CEZ）在布拉格签署了《关于在核能及可再生能源领域全面合作的谅解备忘录》。2016年7月，捷克工贸部将征询信息（RFI）文件发给各潜在投标方。中广核于2016年9月和10月分别向捷方提交了对该文件商务部分和技术部分的答复。中广核已经成立了捷克项目准备阶段工作组，并在布拉格设立了办事处。2017年2月6–7日，中广核参加了捷克工贸部举办的澄清会，就商务方案、技术方案进行了阐述和澄清。

（四）其他海外核电市场开发

1. 肯尼亚核电市场开发

根据肯尼亚核电规划，肯尼亚在2033年前建成4 000 MW，并专门成立了肯尼亚核电局负责核电项目推进工作。

1月，中广核与肯尼亚核电局就双方保密协议、双方企业间人才培养框架协议、留学生培养协议等达成一致。

2. 印尼核电市场开发

中广核已向印尼合作方提交了建设“华龙一号”机组一揽子合作方案建议书。中广核印尼办事处已挂牌开始运作，与印尼能源与矿产资源部、国家核技术公司、当地企业保持密切联系，就核电项目开发、核技术设备出口、核技术知识共享等领域开展广泛交流。

3. 马来西亚核电市场开发

2016年底，中广核成功收购EDRA项目并成立了东南亚分公司，至此中广核成为马来西亚第二大发电商和最大的外国投资商，“以常促核”局面初步形成。中广核东南亚分公司将在马来西亚吉隆坡挂牌运作。中广核将与马来西亚核能署、原子能许可委员会、马来西亚电力公司、马来西亚国家核电公司搭建有效联络渠道并保持密切沟通，全力推荐“华龙一号”技术路线。

## 三、国家电力投资集团公司

国家核电积极贯彻落实国家能源外交和“一带一路”倡议，大力推动南非、土耳其、英国、巴西等国家核电市场开发工作，取得了积极进展。

在土耳其市场，推动两国间政府签订了关于核能合作的一系列政府间文件；南非项目，完成零版备标方案编制和第二阶段民用核能培训，南非国家电力公司已发出投标方信息征集函；保加利亚项目，与保能源部、西屋公司完成四轮三方谈判。继续跟踪英国、巴西等市场。

## 四、中国华能集团公司

4月21日，印度尼西亚核能监管局副主席胡达（Khoirul HUDA）一行到华能山东石岛湾核电有限公司参观考察。胡达副主席一行参观了展示中心、高温气冷堆示范工程施工现场，了解了高温气冷堆示范工程技术特点和建设进展、扩建工程前期工作开展情况，并就共同关心的问题进行了交流探讨。

4月22日，世界核电运营者协会亚特兰大中心（WANO AC）运营总监盖姆布瑞尔（Bob GAMBRILL）一行到华能山东石岛湾核电有限公司访问。双方就启动前同行评估活动准备情况及亚特兰大中心2017年改革计划进行了交流。

5月16–18日，华能山东石岛湾核电有限公司赴英国法电能源公司开展管理对标调研，参观了欣克利角B核电站，详细了解了英国先进气冷堆核电站工作原理、组织机构、运行业绩及运行经验反馈、设备可靠性和潜在风险等情况，双方就高温气冷堆核电站的调试、运行、设备管理等相关领域进行了交流，就潜在合作领域进行了探讨。

8月24日，WANO AC代表科瑟（Ralph KOTHE）一行到华能山东石岛湾核电有限公司访问。科瑟一行参观了公司展示中心，实地勘察了高温气冷堆示范工程现场、全范围模拟机房，了解了高温气冷堆示范工程项目技术特点和进展情况，充分肯定了公司的核安全文化建设、高温气冷堆示范工程建设取得的成果，表示WANO将全力支持石岛湾公司做好高温气冷堆示范工程管理工作。

9月8日，波兰Polenergia能源集团监事会主席斯卡维科迪特（Hans E. SCHWEICKARDT）一行到华能山东石岛湾核电有限公司访问，双方就高温堆技术推广合作进行了交流。

9月13–15日，华能集团公司参加世界核电营运者协会（WANO）亚特兰大中心理事会会议，并调研了美国Watts Bar核电厂的装料前评估准备工作。期间与WANO AC总监戈尔乔（David GARCHOW）会谈，深入了解WANO AC电站绩效监督项目、运行及建设经验报告和重要运行经验报告制度实施情况、WANO运行绩效、运行准备协助和同行评估及美国对包括中国在内的部分国家实施核技术出口管制的条例，并就企业评估相关事宜进行商讨，参观了WANO AC事件响应中心。

9月17–25日，华能山东石岛湾核电有限公司开展运行准备协助（ORA）活动。由WANO AC组织的来自WANO、美国核电运行研究所（INPO）及美国LaSalle核电站等单位9名专家参加此次活动。活动范围覆盖了组织与管理、维修、工作管理、技术支持、设备性能与状态、辐射防护、经验反馈、化学、培训与资格认证、消防、应急准备、SOER共12个领域。

11月23日，国际原子能机构（IAEA）核保障司司长一行到华能山东石岛湾核电有限公司参观访问。双方表示，世界首台球床式高温气冷堆核电站列入交保设施，对未来开展类似堆型电站的保障监督工作具有重要意义，中国政府、IAEA及石岛湾公司都在为此做出积极努力。

## 五、中国东方电气集团有限公司

1. 东方电气和国核工程、陆丰核电共同作为买方，从西屋电气采购陆丰核电1号机组堆内构件和控制棒驱动机构设备及服务，东方电气作为管理接口方。2016年，西屋电气继续就陆丰核电2号机组CRDM 、RVI设备向东方电气提供技术支持服务。

2. 东方电气与EDF签订的法国电力R3低压加热器设计制造合同，9月20日完成水压，10月完成清理、油漆、包装。这是东方电气首个核电出口合同。

## 中国核能行业协会

### 一、国际交流与合作

（一）受国防科工局委托，承办了涉及核法律会议和国际原子能机构合作项目会议，并协助政府做好对日本和韩国的相关工作。

1. 3月9日，受国防科工局委托，协会在京承办了国际核责任问题研讨会，这是连续第三年召开核损害责任问题的研讨会。本次会议邀请了国际原子能机构的专家介绍核损害民事责任国际法律机制、核责任问题基本原则与发展趋势以及核损害补充赔偿公约；邀请国内专家介绍了中国法律框架下的核损害民事责任。来自国务院法制办政法司、环保部等政府部门，相关技术支持中心、集团公司和大学院校40余人参加了会议。

2. 11月17、18日，受国防科工局委托，协会在京承办2016年核进出口法律法规宣贯会。会议邀请外交部、商务部等政府部门以及相关企事业单位专家，共作报告12篇。共有来自近80家单位250余人参加会议。与以往不同的是，本次会议有部分民营企业代表参会，为他们了解国际形势、政府要求提供了条件。

3. 5月25日，受国防科工局委托，协会在京承办防核扩散履约和核能合作项目评审会。

4. 6月27日，受国防科工局委托，协会在京承办国际原子能机构2018–2019周期技术合作项目专家评审会。

5. 受国防科工局委派，11月29、30日，协会副秘书长龙茂雄代表中国政府参加了在日本东京召开的亚洲核合作论坛（FNCA）第17次部长级会议，介绍中国参与FNCA工作的进展情况与核能发展现状。

6. 应国防科工局要求，协会于5月26、27日参加了在北京召开的中韩核能合作联委会第十三次会议，并提供会议支持。

（二）受国家能源局委托，首次承办中阿核能合作论坛；参加中英政府间核能合作工作组会议。

1. 受国家能源局委托，10月25、26日，协会在京承办了第五届中国-阿盟能源合作大会。大会共设五个板块，分别是石油石化、电力、核能、金融、新能源。协会负责核能板块。会议围绕中国核电产业发展以及中阿核能合作现状与机遇发表了6篇报告，并就如何确保中阿核能合作的可持续性展开讨论，共有来自中国和阿盟核能领域的近百人参加了会议。

2. 6月23、24日，应国家能源局要求，协会首次参加了在英国伦敦召开的中英政府间核能合作工作组第三次会议，并就中英核能行业协会间合作现状与未来展望作报告。国家能源局和英国能源与气候变化部共同签署了《中英民用核能伙伴关系2016年推进计划》。在《推进计划》双方企业可参与的活动中，包括了协会将于2017年4月在北京举办的第十二届核电展暨第二届世界核能发展论坛。

作为会议纪要的一部分，应英方要求，协会负责编制《中国核能行业指南》，内容包括中国核电市场概述、主管政府部门与相关政策、核安全文化与监管、核电项目与合作需求、行业相关单位介绍等，共计10万余字。

（三）与会员单位、合作伙伴合作举办研讨会，推动核能安全发展。

1. 3月11日，应美国艾默生电气公司的请求，以福岛核事故五周年为契机，协会与艾默生公司在深圳共同主办中国核能安全发展研讨会，探讨核安全文化和核级设备监管。会议邀请环保部、美国能源部、协会、美国艾默生电气公司等中外专家，介绍中国最新的核安全监管情况、美国核能发展政策与规划、中国核电发展现状以及对核安全文化的再思考。在核级设备监管议题方面，环保部核设施安全监管司和国家核安全局华北站，就境外核级设备监管规定与实践回答了相关问题。来自近40家单位的140余名代表参加了研讨会。

2. 7月25–29日，协会与美国核电运行研究所（INPO）在山东石岛湾共同主办核电评估与经验交流研讨会。来自INPO的三位专家分别就美国核工业、INPO战略规划、电厂评价、绩效提升、运行经验、援助与培训、绩效指标等内容作专题报告。共有来自中核集团、中国广核集团等27家单位的70多名代表参加了会议。中美两国专家和代表就核电厂同行评估、经验交流、培训论证、核电运行指标体系、业绩提升等议题进行了深入探讨与广泛交流。

（四） 加强人才培养，拓展国际视野。

7月12–14日，中国核能行业协会、世界核大学、清华大学在福州共同主办第十届世界核大学清华周培训研讨会。共有来自40多家核能相关企事业单位、高等院校的110余名代表参加会议。本次研讨会邀请来自世界核协会、国际原子能机构、法国电力公司等机构和企业的5位外方专家，分别就世界能源与核能、核电项目融资、核电经济性、核燃料、公众沟通、辐射防护、应急响应、核电厂运行安全等9个议题作报告；协会专家委员会副主任赵成昆、国家核安全局核设施安全监管司副司长赵永康、清华大学核研院副教授刘学刚，分别就世界与中国核电技术发展演变、核安全监管、核废物管理等内容作专题报告。

（五） 继续推动两岸交流，寻找潜在合作机遇。

9月26、27日，由中国核能行业协会与台湾核能科技协进会共同主办的第四届海峡两岸核能合作研讨会在山东石岛湾召开。来自两岸近40家单位的约110人参加会议。会议围绕核电新技术研发与应用、核电厂运行与维护安全、核电厂放射性废物与乏燃料处理、两岸核能行业合作展望等议题发表报告21篇。

## 二、GIF 联络办工作

（一）组织召开2016年度中国参与第四代核能系统国际论坛工作研讨会，协助政府部门研究部署GIF相关工作。

3月3日，协会在上海组织召开了“2016年度中国参与第四代核能系统国际论坛（GIF）工作研讨会”。

会上，GIF联络办介绍了2015年我国参与GIF工作情况及2016年工作设想；中方代表介绍了产业咨询高级委员会的工作情况；GIF专家组成员介绍了GIF政策组代表团赴澳大利亚考察情况；有关单位代表分别介绍了高温气冷堆、钠冷快堆、超临界水堆、铅冷快堆、熔盐堆等研发动态和系统安排下的合作项目的进展情况。与会代表还就现有堆型的第三方评价、GIF活动在核能领域的扩展、人才储备和建设、中方应积极参与GIF秘书处工作等问题进行了交流和讨论。

（二）组织举办或协调参加GIF相关会议，进一步扩大中方影响，促进研发合作项目不断扩展。

1. 组织出席GIF政策组、专家组和产业咨询高级委员会等会议，参与GIF重要事项的研究，增强了中方的话语权。

4月25–28日，GIF联络办组织中国代表参加在法国巴黎召开的第41届政策组会议、第35届专家组会议、产业咨询高级委员会会议。

10月17–21日，组织中国代表参加在韩国首尔召开的第42届政策组会议、第36届专家组会议、产业咨询高级委员会会议。

2. 协办并出席GIF在我国举办的项目管理会议，跟踪、协调、推进中国参与GIF研发项目取得新进展。

3月14、15日，第十一届GIF超临界水冷堆信息交流会在成都举办。与会专家围绕超临界水冷堆的设计、热工水力、材料、水化学、燃料、安全及控制系统等专题作了27篇报告。

3月21–23日，GIF钠冷快堆先进燃料项目第17次会议在北京举办。与会专家围绕超先进燃料（AF）项目进展、钠冷快堆先进燃料选择、AF项目计划更新以及其他项目组事务等议题进行了分享和讨论。

此外，GIF联络办还积极协调组织国内相关单位代表和专家出席GIF钠冷快堆、超高温气冷堆、超临界水冷堆、熔盐堆、铅冷快堆系统指导委员会会议和项目管理委员会等专题会议。

（三）协助完成中方签署GIF框架协议的延期协议，协助开展GIF系统安排延期和项目协议授权签署的相关工作。

GIF联络办全程跟踪并努力推动中方尽早完成签署工作的国内审批进程。6月23日，中国驻法国大使翟俊代表中国政府在巴黎签署了《第四代核能系统研究开发国际合作框架协定的延期协议》。

GIF联络办积极协调国内参与单位完成系统安排协议的延期工作。8月3日，科技部代表我国正式在GIF 钠冷快堆核能系统研发国际合作系统安排延期协议上签字。GIF联络办正在进行科技部和国防科工局对超临界水冷堆和高温气冷堆延期协议的签署。

6月和7月，GIF联络办完成科技部对中国核动力研究设计院和上海交通大学分别代表中国超临界水冷堆研发机构，加入并签署GIF超临界水冷堆热工水力安全和材料与化学项目协议的授权。

（四）开展GIF中方代表的更换工作，继续加强中方代表在GIF组织中的参与程度。

为确保中方代表参会，根据中方相关单位的书面请示，GIF联络办协助完成中方在GIF专家组、政策组、产业咨询高级委员会、钠冷快堆系统指导委员会的代表更换。

目前，共有26名中方专家参与GIF相关工作。

（五）进一步加强GIF信息的交流，增强国际与国内、行业与公众之间的沟通力度。

GIF联络办编写了用于第41届和第42届政策组会议用《中国核能进展状态报告（国家报告）》（英文）；完成了《GIF 2015年度报告》（中文稿）的翻译工作，总计10万余字。

## 三、国际展览及其他工作

1. 6月28–30日，协会再次组织我国企业以国家展团的形式参加了在巴黎举办的第二届法国世界核工展，共有15家单位参展。在参展的13个国家展团中中国展团的规模名列第二（仅次于美国），展示了作为核电大国的良好形象。

2. 2016年，协会领导和有关同志会见了美国、法国、日本、韩国、英国等国家以及经合组织核能署、世界核协会等国际组织代表共32次，参加国际会议15个。

# 国际热核聚变实验堆（ITER）计划中方工作

随着2016年11月中方与ITER国际组织（IO）签署《第一壁模块采购安排协议》，中方承担的18个采购包的“采购安排协议”（PA）全部签署完毕，中方的实物贡献额达到281.3 kIUA（“kIUA”为1998年不变价“百万美元”）。

截至2016年12月底，中国国际核聚变能源计划执行中心（ITER计划国内机构，以下简称“核聚变中心”）与国内供应商签署合同数目77个，其中一级厂商达22家以上（包括科研院所、大型国企、民企和合资企业）。自2014年以来，已有16个合同通过核聚变中心的验收（其中2016年度执行完毕的合同11个）。目前，“环向场线圈超导导体”和“校正场线圈及磁体馈线超导导体”两个采购包已经完成所有生产和交付任务。

## 一、参与高层管理，维护中方权益

1. 积极参与理事会及其附属机构高层决策

2016年共召开了三次ITER组织理事会会议，其中，科技部副部长侯建国率团出席了3月召开的特别理事会，科技部副部长阴和俊率团出席了6月召开的第十八届和11月召开的第十九届理事会。会议期间，中方参会代表积极履行理事会的议事决策权利和义务，与欧盟、印度、日本、韩国、俄罗斯和美国等其他六方就推进ITER计划进程和加强计划进度管理进行了商谈，充分发挥了中方的话语权和影响力。在理事会附属机构方面，核聚变中心分别组团参加了两次管理咨询委员会（MAC）会议、两次科技咨询委员会（STAC）会议、两次实验包层模块项目委员会（TBM-PC）会议和两次财务审计委员会（FAB）会议。其中，FAB主席一职由我方推荐的国家审计署境外审计司的胡学文副司长担任。在参加ITER理事会及附属相关会议时，核聚变中心精心组织国内相关部门和单位，会前认真研究解读文件，分析各方对重大问题的立场，汇集意见，充分准备对案口径，协调中方参会人员立场。会中积极利用各种机会与其他方交换意见，切实维护中方权益，促进ITER计划整体推进。

2. 积极参与ITER国际组织高层协商和管理

一年来，核聚变中心罗德隆主任多次出席IO的项目执行委员会（EPB）会议和联合项目协调组（JPC）会议，每次会议做好会前准备、沟通和会后落实，积极参与重大事项的平等磋商和决策，确保中方权益。在ITER国际组织管理方面，我方推荐专家作为ITER组织的管理评估员，于2015年至2016年间负责对ITER组织进行了管理评估。管理评估员的高效工作及高质量的报告得到了理事会赞赏与认可，使我方在IO内部管理中发挥了重要作用。

3. 开展ITER框架下的双边及多边国际合作

核聚变中心作为核聚变领域国内统筹协调单位，会同科技部相关司局、国内科研院所和高校，在ITER计划的框架下，开展了一系列双边及多边的国际科技合作与交流。中日、中韩、中欧、中美、中俄等双边核聚变合作，以及中日韩三方ITER技术工作组会议如期成功召开，均取得预期效果。此外，核聚变中心还派员参加了第二十九届聚变技术大会、第二十六届国际原子能机构“聚变能大会”等多边合作框架会议，充分利用多边框架加强核聚变领域的技术和管理方面的合作。

4. 加强ITER国际组织中方员工的管理

IO人力资源处按季度向国内机构通报IO职员总体情况，核聚变中心认真核对数据，推荐中方人员参与岗位竞聘。通过一系列极有成效的人才培养和选拔措施，我方向ITER组织派遣国际职员工作取得持续进展，截至2016年11月，ITER 组织中方职员人数增至64人，比例提升至8.8%，位于欧盟外其余六方之首。核聚变中心还委托上海财经大学组建专家团队，协助科技部对ITER组织财务管理提供技术支撑，系统研究IO的财务管理、年度预算编制和执行。随着ITER计划进入全面工程建设阶段，经过核聚变中心推荐和中方团队的努力，中国广核集团成功竞标ITER蒸汽冷凝罐的设计供货合同，这是我国企业首次中标ITER组织的全球公开竞标项目。

## 二、加强过程管理，全面完成采购包年度目标任务

1. 全面完成采购包年度目标任务

根据年初确定的工作目标，ITER采

购包的年度计划完成率80%以上，产品一次交验合格率90%以上。截至2016年底，实际的年度计划完成率81%（其中因IO重大设计变更、技术原因或前续审查活动过长等原因导致部分“节点目标”推迟），一次交验合格率达100%。为了加强采购包的质量、进度和成本管理，核聚变中心严格按照政府采购程序组织开展采购活动、加强对合同项目的过程管理，在监造商的协助下严格监控合同执行，与IO一道不断完善对采购包合同的管理和控制，要求国内供应商严格按照约定的加工和检测程序开展制造活动，定期检查和监督供应商合同执行进度，确保实现中方采购包年度进度目标和质量目标。

2. 实验包层模块（TBM）项目取得进展

年内，中方代表两次出席TBM项目委员会（TBM-PC）会议，积极参与ITER TBM的高层协商活动。核聚变中心协调国内相关力量，为中方履职的TBM-PC副主席工作提供强有力支持。此外，中方还主持两次2号窗口的“窗口管理工作组”（PMG–02）会议，与印度密切合作，探讨加强中印TBM合作事宜。中国TBM团队通过TBM项目委员会和窗口管理工作组会议，认真履行义务，捍卫中方权益。此外，核聚变中心还通过中韩双边TBM学术交流平台，交流TBM实施过程中的技术及管理方面的心得。

在ITER计划6个参试实验包层模块中，中国TBM团队首先完成概念设计评审，并于2016年3月4–5日在北京举行“中国氦冷锂陶瓷增殖剂实验包层模块”（CN HCCB TBM）项目初步工程设计启动会，会议由IO“氚增殖包层”（TBB）部门的技术专家主持，至此，中方TBM正式进入初步工程设计阶段。按照前期对TBM项目的任务分解，核聚变中心将参照目前采购包管理模式，通过竞争方式确定各个子项目的承担单位。核聚变中心将参考采购包的管理特点并结合ISO 9001质量管理体系建设的要求，制定适合TBM项目管理的要求和规则，加强对TBM项目计划进度、质量管理和经费的管理。2016年度，核聚变中心对TBM项目实行采购包管理模式，对出现的问题进行及时沟通，保障了中方TBM项目顺利实施，完成了年度节点目标任务。

## 三、积累过程资产，打造一流管理团队

2016年，核聚变中心不断修订和完善质量体系，确保体系稳定运行。按照核聚变中心质保体系的要求，认真制定年度质量目标和工作计划，组织开展体系运行日常监测、内部审核、顾客满意度调查、管理评审等，举办新版质量标准知识培训和体系审核知识培训。中心质量管理体系建设运行的符合性、适宜性和充分性得到了一致认可。此外，还对中方采购包供应商开展了6次较大规模的专业培训和交流活动，涉及材料、质量管理、标准、核安全等多个领域。

推动核安全规范化管理，积极宣传核安全文化。对所有涉核的采购包认真宣贯法国政府及ITER组织核安全管理要

求，组织开展了中方第一轮核安全检查工作。根据核安全管理需要，牵头实施了MELCOR核安全分析软件申请工作，目前已进入美国核管会外事部门审核环节，有望近期正式授权中方使用。

积极做好ITER项目标准化顶层设计，组织开展了ITER标准体系研究工作。通过及时固化中方采购包研发成果，为抢占未来聚变能产业发展的制高点，中心及时启动了专项标准的编制工作，并在10月组织开展了国内核聚变领域首批专项标准的审查工作。完成了《ITER标准体系框架（初稿）》的编写。积极参加法国核岛设备设计建造规则协会在国内建立的法国核聚变关键标准RCC系列规范技术交流活动，组织召开了法国RCC-MRx标准中国用户组首届会议暨培训，就如何促进该标准在中国的推广和应用进行了深入交流。开展RCC-MR专项标准研究分析工作，协助中方供应商执行RCC-MR相关标准。

（本部分材料由中国国际核聚变能源计划执行中心提供）

# 核能骨干企业

# 中国核工业集团公司

2016年是中国核工业集团公司改革发展取得新进展的一年。一年来，集团公司努力克服核电降负荷降价，天然铀、核燃料市场下行，人民币贬值，铀产品增值税政策调整等不利因素，积极提质增效，全力以赴保增长，产业经济实现了稳中有进。2016年，全年实现营业总收入776.7亿元。利润总额128.4亿元，比2015年奋斗目标增长32.4%。经济增加值（EVA）76亿元，同比增长5.9%。主要经济指标创历史最好水平，各项指标均超额完成国资委的考核目标，连续11年获得国资委考核A级。

## 一、改组改制

中核集团积极贯彻落实全面深化国有企业改革的各项要求，加快现代企业制度建设，以推进供给侧结构性改革为主线，积极推动瘦身健体、提质增效，压减管理层级，提高管理效能，发展的质量和效率得到进一步提升。

建设规范董事会试点有序推进，公司治理不断完善，董事会议大事、把方向、防风险的作用更加突出，党建工作要求纳入了集团公司章程。进一步完善核电公司和中核控股的产业定位，优化产业发展机制，完成中核控股公司化改制。中国同辐公司股改上市取得积极进展，增资扩股方案得到财政部和国资委批复。对接多层次资本市场，中核凯利、中核控制的新三板挂牌工作有序推进。积极推动职业经理人市场化选聘工作，同辐公司中同蓝博成为集团公司首家试点单位。事业单位分类改革不断深化，形成军工科研院所分类方案。

积极稳妥处置“僵尸企业”，确认10户企业纳入国资委“僵尸企业”及特困企业名单，衢州铀业、金宏铀业人员分流安置工作全面完成。西核公司综合改革方案通过党组审议。进一步优化产业结构，提升资产质量，全系统通过注销、股权转让和破产等方式压减8户企业法人，获得国资委肯定。深入开展亏损企业专项治理，狠抓责任落实，建立长效机制。积极推进“三供一业”分离移交，妥善解决历史遗留问题，争取财政补助资金4.3亿元，已签署30项分离移交（框架）协议。高度重视改革调整中的信访维稳，有力保障了各项改革措施平稳推进。

## 二、重大项目

核电安全高效运行，在建项目有序推进。在运核电机组达到16台，总装机容量1 326.1万千瓦，全年实现发电量875.26亿千瓦时，整体运行指标连续4年国内领先，达到世界先进水平。昌江核电2号机组、福清核电3号机组建成投产。自主三代核电项目“华龙一号”示范工程建设顺利，工程节点全部按期实现，首台蒸汽发生器研制成功，首炉元件实现批量生产，标准梳理全面铺开，“华龙一号”融合工作稳步推进。三门核电1号机组完成热试。田湾核电6号机组实现FCD，2号机组十年换料大修创国内最短工期纪录。秦山核电圆满完成G20峰会保安全保发电任务，受到国家核应急办公室通报表扬。

核燃料循环产业取得新进展，生产任务全面完成。国内首个千吨级绿色铀矿山新疆伊犁大基地全面建成。加强与中石油、中石化、神华集团等合作，巴彦乌拉、大营、纳岭沟等重要铀矿权掌控工作取得重要进展。全球首条工业规模高温气冷堆燃料元件生产线投产，AP1000燃料元件自主化生产线全面建成，具备生产能力。

核技术应用及相关产业加快发展。同辐公司医药中心全国布局稳步推进。中核控股首个国产化质子治疗示范中心项目落户天津，医疗产业资源整合取得进展，健康管理业务开拓不断加快，消防工程市场占有率大幅提升。新能源产业稳步发展，山东潍坊风电二期等3个风电项目、河北临城光伏项目成功并网发电，在运装机容量达到120万千瓦，新增资源储备超过300万千瓦。中核融资租赁公司正式运作。

大力推进与各级政府的合作，达成广泛的共识和意向。与多家中央企业签署战略合作协议，推动浮动堆、高温气冷堆、低温供热堆、快堆等重点领域的科研和产业合作。

## 三、重大创新

2016年，集团公司坚持以科技创新为抓手培育核心竞争力，持续加大科技研发投入力度，全年投入24亿元，其中自主投入超10亿元。大力实施“龙腾2020”科技创新计划，一批科技项目取得新突破。

ACP100通过IAEA通用反应堆安全审查，海南示范项目厂址可研和设计取得积极进展。核电DCS工程样机研制取得突破，首台套产品成功对接快堆示范工程。核电厂老化管理科研项目取得成效，有力支撑秦山一期核电许可证延续工作。

2016年，集团公司获得国家科技进步二等奖1项。获国防科技进步奖43项，其中一等奖7项。获中国专利优秀奖2项，完成专利申请2 100件，获得发明专利授权1 180件。“华龙一号”总设计师邢继获中国科协“全国优秀科技工作者”称号。通辽铀业$CO_2+O_2$原地浸出采铀工程项目获得中国工业大奖提名奖。

## 四、人才队伍建设

完善《集团公司“十三五”人才发展专题规划》，按年度分解落实重点任务。结合关键领域人才短板，组织制订《院士及高层次人才培养专项计划》等6项专项人才计划，确保人才规划目标和任务逐步落地。组织编写“两院”院士推选重点战略任务实施方案，提出了各板块和单位的具体目标、实施计划、激励机制和保障措施。指导各板块编制重点领域人才发展计划，形成全集团联动的动态规划实施体系。

遴选推荐“千人计划”3人、“万人计划”7人，向科技部推荐重点领域创新团队1个、创新人才培养基地1个，向人社部申报享受国务院特贴专家51人。组织完成集团首席专家、科技带头人和首席技师任期考核。首次举办国家级技能大赛——2016年中国技能大赛，属集团公司规格最高、规模最大、人数最多的大赛。通过遴选1人获得中华技能大奖，5人获评全国技术能手，评选表彰第七届集团公司技术能手17人。

聚焦集团改革发展重点难点，有针对性地组织了赴台塑精益管理、赴英退役治理、行政一把手党务培训、总会计师素质能力提升、新任一线管理者、新任处级干部等10多项重点培训。助力集团国际化、市场化战略，举办国际化人才培养战略研修班、“互联网+”与创新思维培养研修班。圆满完成2 200余名新员工集中入职培训。完成“一校七院”51名培训学员选送工作。深化校企合作，与清华大学、哈尔滨工程大学签署合作协议。

# 中国核工业建设集团公司

2016年，中国核工业建设集团公司承担着提质增效稳增长和调整结构促转型的双重任务。面临着复杂的外部环境和严峻的经营压力的双重挑战，中国核建党组带领广大干部职工，齐心协力、开拓进取，统筹开展"两学一做"学习教育，全面推动深化改革、着力推进转型升级，有针对性地解决突出问题和矛盾，千方百计化解下行风险，完成了稳增长的硬任务，改革发展各项工作取得了一定的成绩，凸显出不少亮点。

## 一、登陆资本市场，股份公司成功上市

股份公司上市是中国核建集团多年来的重要目标任务。2016年进入IPO冲刺阶段，中国核建高质量完成了中国证监会的反馈意见回复、初审会和发审会的问题澄清、封卷、路演、询价以及募集资金的使用和安排。6月6日，中国核建成功登陆A股市场，发行5.25亿股流通股票，资本市场反应热烈，给出了较好的评价和较高的估值。上市第二月纳入摩根斯坦利中国指数。至2016年底，二级市场股价平稳、信息披露充分、完整合规，符合监管要求，市场形象良好。股份公司成功登陆A股市场，有效提升和改善了公司治理结构和资本结构，这是中国核建集团发展史上的一个里程碑，也标志着中国核建集团开启了资本市场发展新阶段。

## 二、优化存量，建筑业务稳中有进

军工工程保质保量。积极履行保军职责，加强工程管理，以高度责任感完成在建工程建设任务，军工工程合同履约率100%。

核电工程稳中提质。坚持做强做精，在建国内外核电机组23台，年度内同时在建机组数最高峰值达到27台，工程进度、质量、安全管理总体受控。2016年多次召开核电市场开发研讨会议，加大市场开发力度和深度，积极化解遗留的商务结算问题。坚持成本领先，全面开展核电新项目的前期准备工作，通过推进土建安装一体化，优化工序、集约资源，不断降低成本，新签核电合同额同比增长61%。

工业与民用业务优化升级。聚焦中高端市场和项目，大项目逐步增多，全年新签合同额保持增长态势。优化业务结构，向基础设施领域发力，在道路桥梁、地下综合管廊等领域取得进展。

优化区域布局，拓展新疆、宁夏、青海、东北等市场区域。国际化经营稳步发展。紧跟国家"一带一路"倡议，大力拓展国际市场，深耕蒙古、马来西亚等市场，国际工程市场布局稳步发展。优化国际市场开发模式，探索尝试BOT、F+EPC等模式。打开国际贸易大宗商品进口业务

领域，探索国际业务产融结合。

安全质量环保水平全面提高。完善安全质量监管体系，落实四项安全生产管控指标要求，与各单位签订《安全生产责任书》，落实主体责任，强化安全考核。加强过程管控，按照“全覆盖、零容忍、严执法、重实效”要求，组织多次全系统安全质量检查和专项督查。持续推进安全生产标准化建设，持续开展“安全月”“质量月”活动，全面宣贯安全文化。

## 三、积极引导，清洁能源业务稳步发展

高温气冷堆推广取得突破。在国家主席习近平与沙特阿拉伯国王萨勒曼见证下，中国核建集团与沙特能源城签订了《沙特高温气冷堆项目合作谅解备忘录》；在国务院副总理刘延东见证下，中国核建集团与印尼原子能机构签订了《关于印尼高温气冷堆发展计划的联合项目协议》，海外市场宣传与推广取得明显成效。国内高温气冷堆项目开发建设积极推进。

水电业务持续向好。在电力供需矛盾突出、国内电价下行的压力下，全力优化电站运行，加强电力营销，实现发电机组安全可靠运行，全年发电突破65亿千瓦时。新疆阿尔塔什等重点工程项目有序推进。加大优质清洁能源获取力度，完成陕西合阳光伏等项目收购，一批风电、光伏项目按计划投产运行。不断优化布局，借助电改东风，积极开发售配电市场。电源开发坚持向电力负荷中心转移，清洁能源产业平台的作用得到进一步凸显。

## 四、适度多元业务全面成长

环保水务产业链进一步完善。持续扩大环保水务及产业链规模，日水处理能力达到165万吨。光伏业务营收同比增长67%，进入国内光伏EPC品牌前列。

金融平台助力作用初显。资本控股、产业基金和融资租赁公司先后成立，金融业务布局形成。2016年，首次在香港发行离岸人民币债券15亿元，打通境外融资渠道。资产管理工作稳步推进。绵阳老基地项目、宜昌老基地项目和青岛科技园项目总体进展顺利。仪征振华资产处置工作完成整体产权挂牌，加大了不良资产处置力度。

## 五、推进精细化管理，向强化管理要效益

基础管理持续夯实。强化运营管理基础，加强经济运行分析，增强指标压力传递，及时出台“保增长”方案，全力保障年度稳增长任务。完善财务管理体系，深化会计标准化建设，财务报表网报平台基本建设完成，财务分析支撑决策作用进一步增强。“营改增”工作顺利推进。不断提高资金集中管理水平。

信息化管理流程持续优化。提高信息化管理水平，重点推进核电多项目管理信息系统（ENPower）的推广与应用，综合

项目管理信息系统上线，加快财务核心业务系统的建设，管理的信息化、流程化基础愈加扎实。

投资管理持续改进。加强制度建设，制定《投资项目审核权限（试行）》等制度，进一步规范投资项目的权限边界。强化股权管理，系统梳理了所属企业股权结构、法人层级和管理层级。综合考虑子公司对股东的利润贡献及开拓市场实际，统筹开展增资工作。夯实计划管理，促进投资审核工作前移，增强投资计划的科学性和有效性。2016年中国核建集团投资计划执行率同比提高12%。

降本减费持续推进。建立更加有效的资金配置机制，全力保障投融资业务资金需求，灵活运用多种融资工具，降低融资成本，2016年中国核建集团综合融资成本同比下降0.5个百分点。合理安排和调剂资金，在符合规定范围内使存款形式多样化，存量资金实现效益最大化。加强预算执行的有效性和准确性，严控“三公”经费支出，年度费用增速减缓。

风险防控工作凸显成效。落实中央法治建设精神，部署法治央企建设，持续开展工程项目规范运行情况检查，工程规范管理长效机制逐步建立，“依法经营、规范管理”水平进一步提高。加强法律审核，对法律纠纷案件化解和加强法律风险防控作出全面部署，完善总部规章制度体系建设，对现有规章制度开展全面立改废，逐步改变制度多、执行少的现象。将风险管理融入日常经营管理，通过加强财务预警分析，定期召开经营例会，保证公司健康运营。加强内控审计管理，针对重要业务流程及管理薄弱环节进行整改，实现内控全覆盖。

## 六、全面深化改革，激发企业发展活力

完善深化改革顶层设计与配套衔接。为深入贯彻落实党中央、国务院关于深化改革指导意见，研究制定深化改革的总体方案，完成“1+9”文件体系的“1+7”配套文件，明确了改革总体要求和主要目标，从加快完善现代企业制度、坚定推进内外部资源重组整合、积极发展混合所有制经济等七个方面推出了42项具体举措；制定发布中国核建集团《深化改革实施方案督查考核办法（试行）》，形成推动深化改革督办协调的配套办法，有力有序统筹推进深化改革措施落地。

积极探索党的领导与公司治理有机统一。贯彻党的十八届六中全会和全国国有企业党的建设工作会议精神，在各级公司章程中明确党建工作总体要求，明确党组织在决策、执行、监督各环节的权责和工作方式，使党组织发挥作用组织化、制度化和具体化。按照规范董事会试点要求，完成中国核建集团董事会组建，健全公司治理体系和工作制度，重大决策事项得到有效落实。各单位建立党委书记、董事长一肩挑领导机制，从机制上解决了党的领导和公司治理两层皮的问题。

改革试点有序推进。中国核建集团列入混合所有制改革试点单位之一。内部试

点进一步扩大，推出第二批9家深化改革试点单位。中核新能源混合所有制改革战略投资人引入工作圆满收官，募集资金12亿元；中核晶环实施契约化经营管理及职业经理人制度；其他单位结合自身特点，积极研究深化改革的工作方案。

压减工作全面推进。为贯彻落实党中央、国务院关于促进中央企业深化改革瘦身健体的要求，研究制定工作方案，对扭亏无望、持续亏损、不符合战略发展要求的，坚决清理关闭。

## 七、强化技术引领，探索集约创新模式

积极响应国家创新驱动发展号召，以“双创”为载体，集约创新资源，探索模式创新，成立股份公司科技创新中心、检维修技术研发中心，并与南华大学、上海交大等共同设立协同创新中心13家。注重技术创新，突破了巴基斯坦高温条件下混凝土配合比的技术问题；参与编写制定了LNG领域首个国家设计规范；在核电不锈钢水池自动焊、混凝土裂缝控制技术等方面，保持国际先进水平。积极鼓励内部创新，营造创新氛围，面向一线立项科技创新项目22个。2016年共获专利授权106项，其中发明专利35项，获得省部级科技奖12项。

## 八、人才选拔与企业文化建设扎实开展

2016年，通过内部选拔和外部引进相结合方式组织开展党组管理干部选任工作。统筹推进各类人才队伍建设，畅通人才成长通道，不断激发人才队伍活力。中核五公司罗开峰荣获“中华技能大奖”称号，是中国核建集团第二位获此殊荣的技能人才；中核二三公司魏海涛荣获“全国技术能手”称号。

坚持正确舆论导向，创新文化传播方式，通过宣传展示先进典型、举办“七一”升旗仪式、开展“弘扬工匠精神寻找中国核建工匠”活动等方式，力促企业文化核心理念深入人心，中国核建集团核级焊工中核二三公司未晓朋亮相中央电视台《新闻联播》“大国工匠”栏目。大力实施品牌建设工程，发布并更换集团公司标识，升版VI手册，赋予品牌丰富内涵，提炼“美好生活核你共建”品牌口号，参加大型展览，展示品牌形象，提升品牌美誉度。切实履行社会责任，开展扶贫帮困、援疆援藏等公共事业。组织开展丰富多彩的群团工会活动，激发员工活力。

# 中国广核集团有限公司

2016年，中广核在国务院国资委的领导下，在各相关部委的指导下，深入贯彻落实十八届六中全会精神和全国国有企业党建工作会议精神，认真开展“两学一做”，坚持党的领导，加强党的建设，固本强基，创新发展，总体经营业绩保持平稳较快增长，基本完成年度各项工作任务。中广核资产总额和经营业绩稳定保持在央企第一方阵，成为国务院国资委重点盈利企业和重点增利企业，实现了“十三五”良好开局。

截至2016年12月31日，中广核资产总额5 205亿元，同比增长20.3%，净资产1 473亿元，同比增长14.0%。受益于核电新机组投产和可再生能源装机规模持续增长，中广核2016年度实现营业收入657.9亿元，利润总额125.9亿元，分别同比增长30.0%和12.0%，实现规模与效益同步增长。

## 一、核电工程建设

2016年，中广核坚持安全高效发展，核电业务保持行业领先。全年核电新投运3台机组，开工1台机组。在运19台容量达到2 038万千瓦，保持我国最大、全球第五大核电运营商地位；在建9台容量1 134万千瓦，保持全球最大的核电建造商地位。

2016年，中广核核电工程建设业绩持续提升。自主核电技术“华龙一号”示范项目防城港核电3号机组顺利开工；防城港核电1号机组、宁德核电4号机组和红沿河核电4号机组，全部实现从调试到商运非计划跳机停堆为零的目标；阳江核电4号机组实现首次临界，多个节点创历史最优，成为中广核CPR1000的标杆工程。

2016年，ACPR50S海上实验堆平台，签署了反应堆压力容器订货合同，启动开工建设；和睦系统（仪控系统）首台套成功交付阳江核电5号机组，并实现向高温气冷堆示范工程供货。

## 二、核电生产运营

2016年，中广核狠抓安全管理，坚守安全底线。全年安全状态总体稳定，在国务院国资委安质环考核中连续保持零扣分。核电成熟机组57%的WANO指标达到卓越值（前1/10），新机组76%的WANO指标达到先进值（前1/4），保持了高端水平。非计划停堆2015年是16台机、2次，2016年为19台机、1次，是多基地运营以来的最好水平。核电工程建设连续三年零死亡，中广核20万工时事故率持续保持国际先进水平。

2016年，中广核开展了“固本强基，让安全成为习惯，核安全高于一切”的主题论坛，各单位一把手对安全承诺并庄严宣誓，以此为契机，拉开了全年加强核安全文化建设的大幕。经过一年的努力，“遵守程序、诚信透明”“做合格的中广核人”“红线意识”深入人心，领导在现场成为工作常态。2016年，8家主要核电公司一把手落实“解决问题在现场”，5月份以来累计在现场832次，人均每月13次，巩固了坚守安全底线的基础。

## 三、改革发展

产权管理方面。一是稳妥有序推进混合所有制改革。2016年，中广核立足优势互补，注重可持续发展，坚持分层分类发展混合制，混改取得积极成效。下属子企业核技术公司通过并购、合作设立新公司等方式共设立子公司6家；核服集团1家子公司实现混合所有制改革。二是积极开展企业法人压减工作。2016年，中广核以低效资产管理为抓手，通过新能源板块重组、水电行业战略性退出、境外平台公司整合、空壳公司注销等途径，按照“总部统筹，板块落实”的指导思想，落实责任，分步有序推进压减工作。三是充分发挥上市平台资源配置功能。2016年，中广核综合运用股票市场开展资本运营运作，完成核电板块注资、核技术重大资产重组上市、中广核矿业首次增发。四是综合运用产权市场优化产权结构。通过转让阳江核电17%股权，引进战略投资者，优化阳江核电股权结构。2016年，中广核低效资产下降率达35%，较好地完成了年初既定的低效资产管理目标。

对外投资与经营方面。2016年，中广核以扩大生产、实现战略目标为载体，对投资项目经济性制定了投资定量指标体系，明确了不同领域、国家地区等条件下各类投资项目的经济性指标要求。2016年，中广核完成审批投资并购项目88项（未包括设立项目公司），包括境内项目80项，境外项目8项，投资总额约900多亿元。其中，并购项目8项；股权投资31项，主要是包含了参股英国HPC核电项目，占股权投资总额70%以上；自建工程42项；设立新业务公司4项。

并购重组方面。目前，中广核业务划分为核电、新能源、核燃料、核技术等4个板块。2016年，中广核投资并购项目，主要投向国际核电项目，其次是非核清洁能源方向，另外包含铀资源及核燃料、核技术应用及金融领域方向，主要是参股商业银行、证券公司及参与上市公司增发等。

经营与考核方面，落实“管一级，看一级”的管控原则，以经营业绩为主线，同时划定安质环、合法合规、党建和廉洁从业的红线底线，综合确定考核组织绩效；强化激励约束联动机制，确保经营业绩与公司工资总额、负责人薪酬双挂钩，体现“业绩涨、薪酬涨，业绩降、薪酬降”的导向；积极开展行业对标，引导成员公司以行业领先水平为标杆，精益管理，追求卓越，推动成员公司强化成本意识，主动对接市场。

## 四、市场开发

2016年，中广核高度重视国内核电

市场开发工作，组织成立核电投资开发中心，统筹全局，发挥“火车头”作用。2016年，中广核山东招远、河北长河、贵州铜仁三个核电新厂址增补列入国家规划。陆丰项目仅用8个月即完成用海预审延期，5个月完成重新论证并取得意见，成功解决用海问题，顺利进入AP1000后续项目第一梯队；宁德二期项目突破海岛核电站审批障碍，顺利获得国家海洋局对项目用岛用海的支持意见；惠州项目完成海洋功能区划及近岸海域环境功能区划调整，项目选址“两评”审查和主厂区征地拆迁；苍南项目完成征地拆迁协议签署、首批用地移交及公众沟通全部规定动作并成功处置突发网络舆情。烟台核电研发中心正式成立，为新时期厂址开发、融合发展探索出新路子。

2016年，中广核以国家“一带一路”倡议为契机，加快核电开发全球布局，全力开拓英国、捷克、肯尼亚、泰国、约旦等国核电市场，“走出去”取得成果。

一是英国核电项目落地。9月29日，中广核与EDF、英国政府签署英国新建核电项目一揽子合作协议，确定中广核参股投资HPC和SZC，控股投资建设BRB项目。“华龙一号”GDA（通用设计审查）工作全面启动。英国核电项目由开发阶段转入实施阶段，标志着“华龙一号”出海首个项目落地，中广核落实习近平总书记重要指示，打造国际核电领域示范性“旗舰项目”，取得成果。

二是湖山铀矿建成投产。经过三年多的艰苦奋斗，湖山矿产出第一桶合格的天然铀。

三是积极开拓捷克核电市场。3月30日，在国家主席习近平和捷克共和国总统米洛什·泽曼的共同见证下，中广核与捷克能源集团（CEZ）在布拉格签署了《关于在核能及可再生能源领域全面合作的谅解备忘录》。为持续开发捷克核电市场，中广核在捷克布拉格设立了办事处，与捷克合作伙伴保持密切沟通和协调。

四是埃德拉项目顺利交割、成功整合。中广核成为我国在海外清洁电力装机容量最大的能源企业之一，并以埃德拉为支点，积极推进马六甲气电等新项目开发，打开了在东南亚和“一带一路”沿线国家发展的广阔空间。

## 五、重大创新

2016年，中广核持续完善科技创新体系，着力推进中广核战略专项、尖峰计划，强化国家科研项目和研发中心管控，推动科技成果市场转化，取得了丰硕成果。

在重大科研开发项目方面，“华龙一号”融合方案获得国家领导人圈批，为宁德核电二期按计划推进扫除障碍，切实保障英国项目落地。2016年9月29日，中广核与EDF启动“华龙一号”技术的通用设计审查（GDA）工作。海上实验堆平台（ACPR50S）工程建设全面启动；2016年9月，海上小型堆ACPR50S成功列入IAEA小型堆名录。2016年2月，STEP系列自主燃料组件及锆合金成功入堆，研发工作取得关键性突破；国家科技重大专项“事故容错燃料关键技术研究”稳步推进，成功制备出多种金属型和陶瓷型包壳管。2016年3月，中广核与中科院就共同推进ADANES先进核能系统研发开展合作，布局未来核电技术；中广核正式启动智能核电项目，打造具有中广核特色的“核电工业4.0”。

在研发平台建设方面，2016年，中广核积极培育并建立了第二批共4个集团级研发中心，成立放射性废物处理及处置研发中心、电子加速器技术及应用研发中心、铀矿采冶技术研发中心、核电信息安全研发中心，为后续专项技术研发提供平台和支撑。

科研经费保障及成果方面，2016年，中广核全年科技活动总投入达29.8亿元，研发投入达15.8亿元，保持连年增长态势，科技活动总投入占营收比重连年保持5%左右。中广核大力推进科技成果转化，近3年验收的尖锋计划和预研项目成果转化率达91%。2016年，中广核科技成果转化额为17.2亿元，同比增250%，孵化出包括“三维可视化电缆敷设系统”“核安全级显示装置”“和睦系统虚拟仿真软件”“反应堆压力容器检修及主螺栓卡涩应急拆卸成套装备”“大功率高频高压型电子加速器”在内的5项自主创新产品，中广核自主创新产品目录累计达42项。

截至2016年底，累计承担892项国家行业标准制修订与研究（2016年新增117项），牵头完成456项，累计申请专利3 399件（2016年新增830项），拥有有效专利1 856件（2016年新增502项），2项专利先后获得中国专利金奖，8项专利先后获得中国专利优秀奖；2016年，获得国家科技进步二等奖1项，国家省部级奖励26项。

## 六、信息化建设

2016年，中广核IT基础能力稳步提升，信息化总体建设情况良好，全面保障了信息安全和系统稳定运行，有效支撑了中广核战略和业务发展。

一是全年中广核未发生信息安全三级及三级以上事件，顺利完成G20高峰论坛等重大活动信息安全保障，完成了中央网信办、广东省网信办和深圳市网信办对关键基础设施网络与信息安全的工作检查，完成核电信息安全实验室基础环境建设，以及核电站信息安全现状分析及应对措施研究。

二是实现中广核资金集中管控，成员公司在财务公司境内开户率达98%以上，境外开户率达80%，境内资金集中度达75%，境外资金集中度达65%。

三是完成中广核电子商务平台项目二期上线。截至2016年底，在线合同金额已超过100亿人民币，活跃的供应商总数量达到1.1万家，线上招标项目达到400个。未来中广核采购业务全面上线后，该平台预计每年可为中广核节约1.38亿人民币。仅在公共物资采购方面，该平台每年可为中广核节约750万元人民币。

四是完成员工电子学习平台优化项

目。初步建成基于互联网、社区化、移动化的员工综合学习平台，网络总学时从2015年度的4%增加至2016年度的10%，互联网和移动终端在培训中发挥越来越重要的作用。

# 国家电力投资集团公司

2016年是国家电力投资集团公司重组后第一个完整工作年，也是“十三五”弯道超车的第一年。国家核电技术有限公司（简称“国家核电”）全体员工在集团公司的坚强领导下，秉承和发展三代核电自主化精神，真抓实干，超额完成了集团公司下达的年度目标任务，在科技研发、市场开发、“走出去”等领域取得丰硕成果。

## 一、经营发展工作成果显著

2016年，国家核电全系统进一步增强经营意识，积极应对经济下行压力，所属经营单位均实现利润增长。

电站服务业单位克服火电“三个一批”等不利影响，认真落实集团公司促进电站服务业发展指导意见，在市场大幅萎缩的形势下保持了较高增长。核电产业也克服了项目核准滞后等不利影响，市场开拓取得进展。上海院成功签订恰希玛二期PSA技术服务合同；国核运行进入红沿河核电运行技术服务市场，并积极开拓常规电寿期服务市场；国核设备成功竞标沧州核电和桃花江核电，并积极开展非核业务；红沿河核电首次实现供暖季3台机组满功率运行，圆满完成全年电量目标。

## 二、依托项目建设扎实推进

依托项目三门核电和海阳核电1号机组冷试热试顺利完成。国家核电加大了对设计变更、不符合项和调试问题的处理力度，完成三门核电和海阳核电1号机组的冷试、热试，系统设备功能满足设计要求，已经具备装料条件，生产工作扎实推进，预计2018年投入商运。

三门核电和海阳核电2号机组关键设备基本安装完成，处于大宗材料安装收尾和单体调试阶段。三门核电2号机组完成了4台主泵安装、PMS移交、屏蔽厂房穹顶施工建造，系统移交率已达84%。海阳核电2号机组处于调试移交高峰期，已完成了SG二次侧水压试验、PMS安装、首台主泵安装，系统移交率已达60%。

## 三、CAP1400研发与示范工程建设

### （一）CAP1400研发

CAP1400核电技术的研发、设计是国家三代核电自主化最重要的步骤，是实现核电技术“再创新”的关键。国家核电组织国内150余家单位，2万余名科研人员参与到CAP1400的研发工作中。2016年，重大专项课题验收顺利推进，在研课题有序实施，“CAP1400核岛重大设备技术研究”等7个课题通过国家能源局正式验收，取得包括“CAP1400燃料定型组件顺利下线”在内的一系列阶段性成果。明确“自主化、覆盖性和可持续发展”的能力

要求，有序开展114项科研外协工作，保障工程采购、建安等工作有序实施，有效落实了国家核安全局专家审评承诺项各项工作。

国家核电以重大专项CAP1400课题申报为基础，坚持推动科研立项多元化。2016年，组织完成了重大专项5项牵头，17项联合参研课题的申报工作，其中5项牵头课题已通过国家能源局评审。

### （二）示范工程建设

示范工程核岛各厂房零版工程设计已基本完成，常规岛及BOP施工图设计已完成70%，满足FCD后连续施工需要。

2016年2月25日，环境保护部第三次核安全与环境专家委员会部分委员会议建议颁发CAP1400示范工程建造许可证，CAP1400示范工程核安全审评圆满结束。2016年3月25日，国家发改委完成项目申请报告审查意见审签，并报至国务院等待核准，工程现场具备国家核安全局FCD前现场检查条件。

## 四、CAP1000标准化和关键设备国产化

### （一）CAP1000 标准化

CAP1000标准化设计已经完成，将投入规模化建设。通过引进、消化、吸收AP1000技术和建设依托项目，实现AP1000的国产化和标准化是三代核电自主化的重要任务之一。国家核电汲取了依托工程建设中的经验反馈，对AP1000进行了布局优化和设计完善，形成了中国标准化的CAP1000技术。

国家核电不断进行CAP1000后续项目的优化设计，保证后续发展竞争优势，初步形成CAP1000+优化方案，完成海阳核电二期、陆丰核电一期核准及PSAR审评，三门核电二期进入审评最后阶段，为后续项目的开工建设做好了充分准备。

### （二）关键设备国产化

CAP1000、CAP1400关键设备研制取得了阶段性成果，长周期设备制造进度完全满足电厂建设需要，现场开工条件已经全部准备就绪。

三代核电屏蔽主泵、爆破阀、仪控系统、反应堆压力容器、蒸汽发生器等关键设备、系统的研制工作取得了一系列重大成果，推动了我国基础工业和装备制造业的能力提升和产业升级，有力地支持了我国三代核电工程项目建设。

## 五、国际市场开发与合作

国家核电积极贯彻落实国家能源外交和“一带一路”倡议，大力推动南非、土耳其、英国、巴西等国核电市场开发工作，取得了积极进展。

在土耳其市场，推动两国间政府签订了关于核能合作的一系列政府间文件：中土两国能源主管部门签署了《中国国家能源局和土耳其能源与自然资源部关于民用核能合作的谅解备忘录》《关于在土耳其开发核电站项目及当地核电产业的谅解备忘录》，中土两国核安全主管部门签署了《关于核安全领域合作的安排》。在南非

项目，完成零版备标方案编制，成为国家能源局支持认可的中方唯一投标方，南非国家电力公司已发出投标方信息征集函；圆满完成南非民用核能培训项目第二阶段工作，为来自南非政府部门、核电企业的108名学员进行了为期4个月的核电基础知识培训，培训工作得到了南非方面的高度评价。

保加利亚项目，与保能源部、西屋公司完成四轮三方谈判。继续跟踪英国、巴西等市场。

## 六、积极开展人才培训和职工培训

调整培训管理体系。整体修订了教育培训系列制度，按照统一领导、分级管理和分工负责的原则，完善了国家核电教育培训体系，在利用好集团公司“一校两院”培训资源的同时，充分发挥国家核电及所属单位培训主体作用，推动培训工作扎实有效开展。

加强校企合作。与华北电力大学联合举办的核电高级专业技术人员培训班，拓宽了培养科技专业技术人才的新途径。核电国际骨干人才班及科技青年人才培训班开拓了学员的专业视野，提升了业务能力。与清华大学联合培养国际核电硕士，已启动招生工作。

组织实施好重点培训项目。28名年轻干部参加了为期两个月的培训，学员的领导力得到系统提升。举办南非民用核能培训专业培训，共计108人次参加了培训，树立了国家核电良好的品牌形象。

坚持抓好人才引进工作。加强高层次人才、智力引进和人才培养，有3人获得国务院政府特殊津贴。

积极开展核专业人才培养。核电项目单位高度重视核电专业人员的培养，按照专门的培养方案不断推进并开展取证工作。山东核电140名操纵员通过取照考试并开始主控室值班，国核示范首批46名操纵员学员通过核电站操纵员资格考试。

# 中国华能集团公司

2016年，中国华能集团公司坚持“五个突出抓”和“四个狠下功夫”，攻坚克难，真抓实干，在安全生产、提质增效、资本资金运作、结构调整、改革创新、全面从严治党、干部队伍和人才队伍建设等方面均取得新的成绩，圆满完成了年度目标任务。2016年，华能集团完成国内发电量6 108亿千瓦时，煤炭产量6 214万吨，供电煤耗同比下降3.44克/千瓦时；合并利润保持行业领先，圆满完成了国资委下达的稳增长奋斗目标。截至2016年底，华能集团境内外全资及控股电厂装机容量达到16 554万千瓦，低碳清洁能源装机比重达到29%，2016年世界企业500强排名第217位。

华能集团坚持全面从严治党，全面推进依法治企，以安全高效发展核电为宗旨，强化体系建设和能力建设，全力推进石岛湾高温气冷堆示范工程建设，扎实开展核电前期工作，切实提升核电安全管理水平。

## 一、高温气冷堆核电站示范工程建设

### （一）工程建设

主体工程建安施工安全顺利开展。华能集团与中国核建、清华大学核研院共同努力，全面推行“三个第一时间”管理，坚持第一时间出现在现场、第一时间分析解决问题、第一时间总结经验教训，全力推动示范工程建设不断前进。土建工程处于收尾阶段，安装全面展开进入高峰，调试工作逐步开展，工程已全面转入安装调试阶段。现场各子项厂房已全部封顶，房间基本完成移交，两台反应堆压力容器分别于2016年3月和9月吊装引入，首台金属堆内构件于2016年4月完成吊装引入，首堆陶瓷堆内构件安装结束，其余核岛、常规岛子项正在积极组织施工。

工程设计与技术研发工作基本完成。示范工程核岛、常规岛设计文件基本提交完成。燃料装卸系统试验、蒸汽发生器、主氦风机设备验证主要试验已完成，关键技术研发及试验验证工作基本完成。

主设备制造有序进行。两台反应堆压力容器到货，标志着目前世界上制造难度最大、尺寸最大、重量最重的反应堆压力容器制造圆满成功。两台金属堆内构件到货。两台蒸汽发生器壳体完成水压试验，38套换热单元全部制造完成。首台主氦风机总装完成。首批石墨堆内构件和炭堆内构件、燃料装卸系统首台卸料装置、汽轮机及发电机全部到货。70万个石墨球全部到厂。建安阶段281个采购包已经到货200个，各主设备的制造质量和进度总体受控。

### （二）调试接产

工程调试工作有序开展。成立了调试启动委员会以及联合调试队。《调试大纲》通过国家核安全局两次审评对话，系统调试大纲全部提交，调试试验程序基本编制完成。调试管理信息系统正式上线运行。除盐水处理系统完成调试，产水水质达到设计要求。110 kV倒送电完成全部试验，倒送电一次成功。主控室已经投用。根据两大系统的调试管理经验，进一步总结、提炼了调试实施标准化流程，为下一步各系统调试移交管理打下了坚实的基础。

装料许可证条件各项准备工作进展顺利。首次装料批准书申请文件进入审评阶段，按计划完成《最终安全分析报告》《调试大纲》等16份文件报送，各专题审评工作按计划进行。核燃料元件正式开工制造。全厂实体保卫系统安装完成，示范工程核应急组织机构成立，环境保护和职业卫生“三同时”设施及体系建设按计划开展。高温气冷堆示范工程首批63名预备操纵员完成操纵员取照考试。

启动前评估（PSUR）工作按计划开展。高温气冷堆示范工程项目开展了覆盖PSUR全部13个评估领域、4个绩效目标及343条准则的自查工作，并开展第1次自我评估，组织WANO ORA（运行准备协助）活动。组织参加WANO技术支持项目（TSM）英国先进气冷堆调研，正在结合调研情况进一步完善示范工程项目调试、运行管理体系。PSUR总体工作进度符合计划要求。

### （三）项目管控

安全管理稳步开展。按照“五落实五到位”和“党政同责、一岗双责、失职追责”的要求，进一步完善了安全生产委员会组织机构，细化了调试安全管理体系，全面落实安全生产责任制。强化独立监督机制，通过日常巡视检查、月度联合安全大检查以及安全专项检查，落实业主的安全监管主体责任。坚持人人都是安全“第一责任人”，人人管安全，安全人人管，自2012年12月9日开工以来，实现了连续安全生产施工1 500天。有效开展安全风险管控，全面开展重大危险源辨识，制定严禁的防控预防制度措施，确保重大吊装作业、交叉施工作业、动火作业的安全。按周实施重要危险源滚动监控管理，对密闭空间作业等高风险点进行安全旁站监督，高风险作业安全措施落到实处。建安、调试安全文明标准化施工管理水平保持高标准，顺利通过山东省电力企业协会安全生产标准化达标一级考评。

质量管理深入推进。坚决贯彻“凡事有章可循，凡事有人负责，凡事有据可查，凡事有人监督”，实施以问题为导向的全面质量管控。实行以精细化、清洁化安装为核心的施工质量控制，严格执行消点放行制度，杜绝为抢进度导致安全质量隐患。按照“样板先行、亮点引领、工程实体达到创优标准”的质量管理模式，以主设备和系统安装为重点，从严审查施工方案、质量计划、工作计划及任务单；以除盐水系统等样板工程为安装移交验收依据，建安施工质量满足设计文件及标准规范要求。严格不符合项的管理管控，强化项目质量工艺、外观工艺管理标准管理，全面复核完善设备监造大纲及质量计划，严格按照导则开展设备监造，常规岛设备监造基本完成。顺利通过环保部华东监督站组织的反应堆压力容器吊装前控制点检查、年度例行核安全检查等12次核安全监督检查。全年未发生质量事故，工艺质量和实体质量均达到设计要求，工程建设质量可控、在控。

进度管理有效实施。依托高温气冷堆示范工程现场指挥部、高层协调会、工程月度协调会等分级协调机制，及时解决了蒸汽发生器内件制造、燃料装卸系统设备制造等制约工程关键路径的重点、难点问题，及时调整施工组织和资源配置，确保工程建设有效推进；根据示范工程实际进展情况，系统分析评估了关键路径及工期，完成了工程二级进度计划优化调整。

投资管理不断强化。高温气冷堆示范工程初步设计概算获得批复。以高温气冷堆示范工程管理概算和压水堆扩建工程可研估算为基础，严格超概算审批，实行季度概算执行情况报告制度，及时预警并预控超概风险。严格执行合同全过程管控，有效识别风险。所有采购项目均按制度实施，各项指标均达到国资委良好水平，招标合规率达100%。统筹落实股权调整、资本金、国拨资金和贷款使用工作，大幅节约财务费用，实现了“保量控价”的目标。通过预算滚动管理模式，动态跟踪预警并严控超预算费用。年度投资控制和预算管理按计划执行，年度投资控制目标完成情况良好。

## 二、核电项目前期开发和投资

### （一）核电项目前期开发

1.石岛湾压水堆扩建工程。按照华能集团与国家电力投资集团公司签订的《关于进一步深化核电领域战略合作协议》，对石岛湾核电厂址开展总体规划、厂址总平面、施工组织方案的调整。开展压水堆扩建工程厂址安全分析报告和选址阶段环评报告的修编工作，初可研报告通过评审并完成收口，项目建议书已上报国家主管部门。

2.CAP1400示范工程。积极开展各项前期准备工作，具备项目核准开工的条件。

3.霞浦核电项目。优化霞浦核电厂址总平面规划，完成可研阶段总平面布置方案。可研专题论证工作逐步开展，完成海域勘察、工程可行性研究报告、初步设计、海域使用论证与海洋环评报告初稿。

4.辽宁普兰店核电项目。完成项目初步可行性研究报告的评审，为下一步列入国家核电发展规划奠定基础。

### （二）核电项目投资。

华能集团参股49%的海南昌江核电一期工程全面建成投产。参股5%的山东海阳核电一期工程完成冷试，首台机组已进入最后测试收尾阶段。

## 三、核安全文化建设

核电安全是国家安全。自高温气冷堆示范工程开工以来，华能集团始终坚持“安全第一，质量第一”的方针，按照“高起点规划、高标准建设、高水平管理、高效率产出”的要求，不断加强体制机制建设，持续培育核安全文化。一是建立健全安全生产责任体系，华能集团积极引入国内外核电同行安全管理的良好实践，有效融合电力行业安全管理的经验，构建了符合国家核安全法规要求的华能核电安全管理体系。严格贯彻落实《安全生产法》，扎实培育全员核安全文化，认真开展安全生产月活动，不断提高从业人员的安全生产意识。二是强化安全生产责任制考核，扎实推进安全生产长效机制建设，安全风险防范机制与隐患排查治理机制有机结合，强化安全管理制度执行与安全文明施工标准化工作，深入开展安全专项方案审查、安全交底及安全大检查，加强安全责任制考核。三是加强安全培训与授权管理，不断提高安全意识和事故防范技能，严格实施三级安全教育，加强作业场所门禁管理，安全培训合格的授权人员方可进入施工现场。四是加强对参建单位的管理，规范承包商的资质审查、工程组织管理，加强现场巡视，落实区域责任制，杜绝违规分包，加强安全投入监督，确保安全费用足额、合规用于安全生产。五是加强危险源辨识和防范措施的有效性监督，针对大型机械设备、起重吊装、施工用电、受限空间、危险化学品等薄弱环节加强管控，确保施工安全。

中国华能集团公司将继续牢固树立和贯彻落实新发展理念，始终坚持以提高发展质量和效益为中心，以推进供给侧结构性改革为主线，以提升竞争力为总抓手，以深化全面从严治党为重要保障，着力做好提质增效、转型升级、防范风险、深化改革，确保行业领先，加快创建具有国际竞争力的世界一流企业步伐，为社会发展提供更加可靠、清洁、经济的能源保障。作为核电站的投资者和运营商，华能集团将全力以赴推进国家科技重大专项高温气冷堆示范工程项目的建设；争取尽快获得国家核准开工建设大型压水堆核电站；继续储备和开发新厂址，为国家实现核电中长期发展规划作出贡献。

# 中国大唐集团公司

中国大唐集团公司成立之初就将发展核电作为战略方向之一，经过多年的发展，集团公司核电产业在参股合作、控股平台、厂址开发、体制建设等方面都取得了一系列积极进展。

## 一、管理体系基本确立

集团公司于2008年成立核电部，同时设立核电领导小组和核电专家委员会。2013年9月，集团公司组建核电公司，与核电部合署办公，成为集团公司统一核电管理和投资平台。同时依据国家、行业有关法规、要求，在参考其他核电企业先进经验的基础上，形成了一套与国家核安全法规和核电质保体系要求相适应的系统和完整的程序体系，并通过了中国核能行业协会的同行评估，为集团公司安全、健康、有序控股发展核电奠定了良好基础。

目前集团公司核电板块专职从业人员44人，向宁德核电项目派出中高级管理人员40人，此外，集团公司共有500多人参与核电检修工作。

## 二、参股项目取得突破

完成福建宁德核电项目前期工作，并按照44%比例参股福建宁德核电有限公司。一期工程于2008年2月18日开工建设，4台机组已全部投运，实现了集团公司在役核电机组权益容量零的突破。

完成辽宁徐大堡核电项目前期工作，并按照24%比例参股中核辽宁核电有限公司。目前辽宁徐大堡项目一期工程已完成核准前的所有准备工作，项目申请报告已上报国务院，等待核准开工。

## 三、厂址开发扎实推进

集团公司先后在辽宁、广东、湖南、江西、重庆、安徽，以及浙江、湖北、黑龙江、贵州、海南等地开展了选址工作，目前仍在自主开发的核电前期项目15个。其中，进入可研阶段的5个，处于初可研阶段的4个，其余6个处于厂址普选阶段。其中，辽宁庄河南尖、湖南株洲龙门、江西吉安何魁、广东阳西福湖岭进入国家核电中长期发展规划重点论证厂址目录。

## 四、合作交流全面开展

集团公司先后与国内主要涉核集团签署了核电领域的战略合作协议。2016年5月18日，与中国广核集团签署了进一步深化战略合作协议，明确了由集团公司控股建设宁德二期，同时确定按照双方整体均股方式加快推动阳西项目。还就宁德一期遗留问题解决方案、参股陆丰项目时机等问题达成一致。该协议的签署，不仅对宁德二期、阳西项目有积极推动作用，也为集团公司争取核电控股资质创造了更好的条件。目前，宁德二期首次“三会”已召开，12月9日，公司完成工商注册。核电部正积极联合相关股东方，推进宁德二期核准准备和阳西公司注册等事宜。

## 五、控股平台正在建设

经过多年努力，辽宁庄河核电项目取得重要进展。国家能源局正式发文，明确将庄河厂址纳入国家核电“十三五”规划厂址保护目录；辽宁省发改委发文，明确了集团公司对庄河项目的投资开发主体地位，并要求集团公司组建专门的核电项目公司，落实责任，推进工作。以上批文标志着辽宁庄河核电项目正式进入辽宁省和国家核电建设规划序列，对推进集团公司核电控股平台建设具有重要意义。结合项目进展情况，核电部启动了辽宁庄河项目公司的筹备工作。一是上报了设立公司、公司章程和组织机构设置的请示并相继取得集团公司的批复；二是初步启动了厂址保护工作，完成了现场航拍取证、地上物清点统计工作，编制了征地动迁方案的初稿；三是组织梳理了可研专题，初步编制了FCD前项目推进工作计划，启动了“五通一平”设计招标工作；四是与地方政府积极沟通，并组织其赴漳州核电进行现场调研，交流核电项目征地拆迁的相关经验，推动庄河市政府8月成立了核电工作指挥部，以协调配合项目推进工作。

# 中国华电集团公司

2016年，在经济下行压力不断加大、电力产能总体过剩的不利条件下，中国华电集团公司在党中央、国务院和国资委的正确领导下，团结一致，攻坚克难，加快结构调整，着力提质增效，深化改革创新，加强党的建设，各项工作取得积极成效，实现了“十三五”良好开局。公司全年实现利润131亿元，超额完成国资委年度考核目标，销售收入1 893亿元，资产负债率81.45%，发电量4 919亿千瓦时，发电装机达1.43亿千瓦，其中清洁能源装机占37%，2016年公司在世界500强企业中排名第331位。

## 一、结构调整取得积极进展

中国华电认真落实国家能源战略和产业政策，滚动调整公司“十三五”发展规划，优化调整结构布局。一是电源结构进一步优化。全年新核准电源项目中，清洁能源占比达76%。抓住国家推进大型水电基地建设契机，加快水电发展步伐。积极布局天然气发电和燃气分布式能源，落实国家煤电调控“三个一批”要求，严控常规煤电建设。积极开拓热力市场，供热规模稳中有增。坚持“优选、严控、精建”和“四策划一优化”原则，严格把好工程建设质量关，合理控制工程投资。二是煤炭、金融、科工及新兴产业稳步发展。落实国家煤炭去产能要求，圆满完成当年责任目标。金融产业保持稳健发展，风险防控不断加强，当年没有新增不良资产。科工产业进行交叉业务整合，加快培育水务、环保、信息技术等战略性新兴业务，推动重工装备制造转型升级。三是国际业务拓展力度加大。落实国家“一带一路”倡议，积极推动境外绿地项目开发，大力拓展工程承包、技术服务和国际贸易业务，印尼和柬埔寨等项目运营稳定。

## 二、经营管理成效明显

深入开展提质增效工作，内挖潜力，外拓市场，提升效益，归属母公司净利润、净资产收益率、保值增值率等主要经营指标继续保持同类型企业前列。一是市场营销成效明显。坚持以用户为中心，加大市场营销力度，积极争取计划电量和优先发电权，抓好大用户直接交易，积极参与配售电业务。二是成本费用有效控制。组建燃料物流公司，发挥集约优势，保障燃料供应，推进招标和物资集中采购平台建设，加大集中采购力度，降低采购成本。三是资本运作取得进展。华电水务成功引入战略投资，华电国际、华电福新H股增发获证监会批准。抓好“僵尸企业”处置和特困企业专项治理，积极推进“瘦身健体”，压缩管理层级，减少法人企业户数。四是基础管理不断夯实。深化7S管理和星级企业创建，各产业、各企业管理水平进一步提升，深入开展对标管理，初步形成内部区域对标、行业对标和国际对标三大对标平台。五是风险控制得到加强。推进全面风险管理体系建设，抓好内部试点单位督导，强化负债率和负债规模双控管理，积极配合监事会开展外部监督检查，组织开展环保技改、火电亏损企业等专项审计，促进企业依法合规经营。

## 三、安全环保水平稳步提升

深入贯彻国家安全生产工作部署和要求，强化组织领导，健全管控体系，全面落实安全生产责任制，强化“四不两直”暗查暗访，深入开展环保技改和输卸煤系统“双治理”，扎实推进煤矿安全质量标准化建设，提升现场安全管理水平。落实国家环保要求，新投煤电机组全部实现超低排放，推进现役煤电机组超低排放改造。进一步健全环保监督管理体系，做好碳排放权交易准备，推动“互联网+环保监管”信息化平台建设，强化环保监督检查，有效防控环保风险。

## 四、改革创新不断深化

按照国家全面深化改革和创新驱动战略部署，持续加大改革创新力度。一是体制机制改革深入推进。继续深化总部“抓总”、区域“做实”、基层“强基”管控体制改革，进一步加大对二级单位授权力度。二是科技创新取得新进展。开展智能发电技术研究和两化融合试点工作，推进“分布式能源技术”“火电能效检测平台”等国家级研发平台建设，成功加入“中国互联网与工业融合创新联盟”。三是信息化建设步伐加快。网络安全统一管控项目列入国家信息安全专项，在央企中率先实现集团级互联网、广域网和移动网接入的安全统一管理，办公自动化、档案、商密“三合一”信息系统上线试运行，信息化管理水平得到提升。

## 五、积极参与核电相关工作

2016年，中国华电继续积极参与并配合做好核电有关工作，参加中国核能行业协会组织的相关会议和活动，加强与中核集团等单位的合作交流，在具体项目合作上发挥好股东方的支持、配合作用，为顺利推动相关核电项目开发奠定良好基础。积极参加“华龙一号”示范工程建设协调小组和福清项目办公室有关会议，及时了解项目进展和核电发展态势。

# 中国国电集团公司

2016年，中国国电集团公司在党中央、国务院的坚强领导下，深入学习贯彻十八届六中全会和全国国有企业党建工作会议精神，认真落实国资委的各项工作部署，全面加强党对国有企业的领导，坚定不移实施“一五五”战略，深化“双提升”工作，全体干部职工团结一致，努力奋斗，有效应对政策市场环境变化的严峻挑战，生产经营、改革发展和党的建设取得明显成效。2016年，累计完成发电量5 052亿千瓦时，可控装机容量达到1.42亿千瓦，实现资产总额8 031亿元，营业收入1 828亿元，利润总额131亿元，全面完成年度目标和“保增长”任务。

## 一、深入贯彻“一五五”战略，坚定不移做强做优主业，发展质量和效益明显提升

一年来，国电集团保持战略定力，加强投资管控，着力优化布局结构，优质资源继续向主业集中，全年完成投资582亿元，严格控制在600亿元的年度目标之内。严控火电投资规模，坚决贯彻煤电“三个一批”等政策措施，停缓建项目10个（1 180万千瓦）。优化风电发展，全年投产300万千瓦，总装机达2 578万千瓦，继续保持世界第一。加快水电重点项目开发，金沙江上游旭龙、奔子栏项目取得重大进展，坚决退出效益不达标的水电项目。电源结构调整成效明显，清洁可再生能源占比达30.3%，60万千瓦及以上火电机组占比达50.4%。英力特化工和英力特煤业捆绑转让方案已经国资委批复，并在市场公开挂牌转让，向国电电力注入新疆、宁夏等区域7家企业资产，评估增值32.4亿元，国电光伏重组方案通过董事会审议，联合动力、30/52煤化工等项目正在积极洽谈重组，加快低效无效资产处置，完成处置18项。稳健实施“走出去”，加强国际交流合作，积极开展可再生能源与清洁能源领域的合作。

## 二、深入推进“双提升”工作，提质增效攻坚战取得阶段性重大进展

在严峻复杂的经营形势下，国电集团认真落实国资委的工作要求，全力以赴开展提质增效工作，加强组织领导，制订工作方案，明确58条具体措施，强化工作推进。坚持以“双提升”为抓手，主动应对市场变化，持续深化对标，抓好关键指标管控，夯实生产运营基础，筑牢营销、燃料和成本资金“三条防线”，实施“新机生效、治亏见效、降本增效”经营策略，存量资产经营水平进一步提高。国电电力、龙源、江苏、山东、资本控股、华北等单位在集团公司A级评定中位居前列，为打好提质增效攻坚战作出了突出贡献。

深入推进安全生产标准化建设，加强设备治理和节能环保改造，供电煤耗308.5克/千瓦时，同比降低1.9克/千瓦时，安全环保形势总体平稳，未发生较大及以上安全事故，98%发电企业安全生产无事故，279家发电企业连续安全生产1 000天以上，脱硫、脱硝机组比重都达到100%，超低排放机组超过50%，全面完成规划目标。加快综合产业瘦身健体和转型升级，煤炭产业着力稳产控亏，金融产业优化资金投向，科技环保产业加快推进业务整合，燃料、物资物流产业加快业务转型，服务发电主业，置业公司坚持服务集团，积极履行好行政后勤服务保障职能。实施创新驱动战略，获得中国电力科学技术奖7项，其中科技进步一等奖和技术发明一等奖各1项，电科院围绕发电主业，开展重大科研和技术难题攻关，扎实做好技术支持与服务工作。

## 三、稳妥有序推进改革工作，企业内生动力进一步增强

紧密跟踪国资国企“1+N”改革和电力体制改革动态，制定出台集团公司全面深化改革实施方案，统筹有序推进改革。积极争取董事会授权试点，进一步完善法人治理结构，更加注重发挥专业委员会的辅助决策作用。各位董事特别是外部董事勤勉尽责，依法履职，认真审核重大议案，加强沟通交流，深入基层调研，提出了很多宝贵的意见建议，董事会自身建设进一步加强，决策质量明显提升。认真贯彻中央企业监事会工作会议精神，落实“两个融入”和“五个必须”的工作要求，加强配合监事会工作组织和制度建设，切实抓好问题整改。认真落实国资委的工作部署，深入开展“压缩管理层级、减少法人户数”工作，集团所属五、六级企业全部撤销，管理层级控制在四级以内，减少法人户数27户。积极推动煤炭去产能工作，制订实施方案，扎实有序推进，关闭煤矿4座，涉及产能69万吨，安置分流职工3 381人。制订“三供一业”移交方案，7户基层企业提交中央财政补贴申请，9户基层企业签订了分离移交协议。结合中央专项巡视整改，继续深入实施“四个集中管控”，优化管控流程，堵塞管理漏洞，防范国有资产流失。积极应对电力市场化改革，完善市场营销组织体系。加强后备干部队伍建设，实施“英才计划”，建立干部双向挂职交流机制，开展集团公司本部与基层、东部与中西部干部的交流挂职，着力加强青年干部培养，提升干部能力素质。

## 四、稳妥推进核电项目前期工作

### （一）将漳州核电项目调整为“华龙一号”技术路线并开展前期工作

2016年1月29日，国电集团、中核集团与福建省发改委三方联合向国家能源局上报《关于恳求将漳州核电项目调整为“华龙一号”技术路线并开展前期工作的请示》。国家能源局表示，根据国务院有关要求，建议漳州项目采用中核集团和中

国广核集团融合后的“华龙一号”技术。2016年3月31日，漳州公司与华龙国际核电技术有限公司签署了《漳州核电一期工程采用“华龙一号”融合技术方案协议》。此后，漳州项目按照“华龙一号”融合后的技术方案开展相关前期论证工作。

“华龙一号”融合技术作为国务院确定的自主国产三代核电技术，有长期科研和工程实践基础，关键设备均可实现国产化，是实施国家核电技术装备“走出去”战略的重要支撑。将漳州核电项目列为“华龙一号”融合技术示范项目意义重大。

同时，全力推进国电智深公司参与漳州核电DCS开发工作，协调组织相关调研活动。参加漳州核蓄一体化开发运营模式研究课题启动和工作大纲讨论会，要求项目承担单位做好各方案的对比和经济性分析，为项目后续决策夯实基础。

**（二）协调山东海阳核电项目一期工程调概工作，完成资本金注入**

山东海阳核电一期工程2×125万千瓦机组是世界首批AP1000核电机组，2009年9月正式开工建设，国电集团参股股比5%。

项目建设过程中，受设计固化、关键设备供货不能如期交付等主要因素影响，工程拖期，项目总投资增加。山东核电有限公司与中国国际工程咨询公司沟通后，计划分阶段调概，国电集团按5%的股比配合调概、增加资本金。

**（三）稳步开展核电前期研究以及相关业务**

调整2016年度核电前期费。完成核电前期项目数据库清单，梳理集团公司核电筹建机构。完成沿海核电省份的电力市场分析。推进安徽核电长周期专题招标工作。

与其他涉核集团协商马鞍山、平顶山、上饶等前期项目合作事宜。参与跟踪中核集团小堆示范项目从莆田迁到昌江有关情况。

参与中国核能行业协会、电机工程学会核能分会、电促会核电分会相关活动，获取资讯。参加第十四届中国国际核工业展览会暨第二十届太平洋地区核能大会。

# 中国长江三峡集团公司

2016年，中国长江三峡集团公司全体干部职工凝心聚力、攻坚克难，扎实推进改革发展各项工作，全力以赴打好瘦身健体、提质增效攻坚战，全面超额完成国资委年度经营业绩考核指标，主要经济指标再创新高，各项重点工作均取得新进展。

## 一、国内重点工程项目建设取得新成果

2016年，三峡升船机成功试通航；在建规模第一大的白鹤滩水电站全面完成核准前的各项准备工作；溪洛渡、向家坝水电站收尾有序，溪洛渡水电站荣获菲迪克2016年工程项目杰出奖，向家坝水电站通过枢纽工程竣工安全鉴定，向家坝升船机全面转入设备安装调试阶段。

## 二、流域梯级枢纽运行管理创造新纪录

国务院三峡工程整体竣工验收委员会审议通过三峡枢纽工程竣工验收报告，充分肯定了三峡工程的综合效益。2016年汛期，面对长江中下游地区特大洪涝灾害，积极实施流域梯级枢纽联合调度，累计拦蓄洪水123亿立方米，防洪及补水效益显著发挥。坚持以市场需求为导向组织水库调度、电力生产和电能消纳，长江干流4座梯级电站持续安全稳定运行，年发电量首次突破2 000亿千瓦时，电力生产再创佳绩。三峡船闸安全高效运行，过闸货运量1.2亿吨，再创新高。向家坝水电站翻坝转运货物量366万吨，创历史新高。积极实施生态调度，促进了长江四大家鱼繁殖。航运及生态效益稳定发挥。

## 三、新能源业务实现新发展

三峡集团首个海上风电项目江苏响水海上风电项目全部建成投产，填补了国内多项技术空白，积累了海上风电开发的宝贵经验。成功收购德国梅尔海上风电项目80%股权，成为我国首家控股境外已投运海上风电项目的企业。全力推进福建海上风电开发，开工建设福清兴化湾样机试验风场和福建三峡海上风电产业园。成立海上风电研发中心，筹建海上风电检测中心和认证中心，提升了海上风电核心关键技术研发能力。

## 四、国际化经营迈上新台阶

充分发挥集团公司资金、技术、品牌优势，积极实施“编队出海”，探索出多种国际化经营模式和内部专业化协同机制。加强国际交流与合作，在国家领导人的见证下签署多项合作协议，成为“一带一路”建设的排头兵和主力军。截至2016年底，三峡集团境外可控、在建、权益总

装机1 548万千瓦。同时在国际业务投资并购、国际工程承包业务等方面取得优异成绩。

## 五、资本投资业务取得新突破

圆满完成溪洛渡、向家坝水电站资产证券化工作，实现水电开发与资本市场的有机对接。战略重组湖北能源效益显著，湖北能源发电量、利润总额均创新高。创新债券融资方式，成功发行15亿美元债券、60亿元绿色公司债券和零利息可交换债券，创同类产品多项纪录。

## 六、核电业务主要工作情况

### （一）做好已投资核电项目的管理

三峡集团已明确长江电力作为集团公司核电投资的唯一平台，以长江电力为主体，负责核电业务的研究、投资开发和管理工作。2016年，长江电力积极做好现有参股企业中国核能电力股份有限公司、湖南桃花江核电公司、中核霞浦核电有限公司的股权管理工作。

### （二）积极与核电企业开展合作，寻求发展机会

三峡集团重视与国内外核能企业开展合作与交流，寻求合作机会。三峡集团、长江电力与中核集团、中国核电签订战略合作协议，约定以股权为纽带，推进传统核电项目、核电产业上下游合作以及核电新技术开发研究工作；同时，积极推进与中国广核集团、中国核建开展合作，共谋发展。

### （三）重视业内交流，扩大行业影响力

三峡集团以副理事长单位加入中国核能行业协会以来，积极参加核能行业协会组织的年会、核电展等活动，参与内陆核电相关研究，通过行业协会平台加强与政府机构及业内同行的交流和沟通，取得良好效果。

# 哈尔滨电气集团公司

2016年，是哈电集团核电产业谋篇布局的元年，是哈电集团大部制改革的元年，是哈电集团“十三五”核电产业发展的元年。这一年，哈电集团市场开发指标超额完成，项目管理取得新突破，质量保证稳步提升，科研开发创造新成果，基地建设完成计划指标。

## 一、主要指标完成情况

2016年，哈电集团正式合同签约额考核值30亿元，实际完成59.734亿元，为年计划的199%；应收账款考核值5 000万元，实际完成7 163万元，为年计划的143%；货款回收额考核值64 934万元，实际完成86 787万元，为年计划的134%；合同兑现率考核值32个节点，实际完成28个节点，为年计划的88%；经营费用考核值248.5万元，实际完成246万元，为年计划的99%。

## 二、市场开发工作喜报频传

2016年，哈电集团签订主要合同23项，合同额82.33亿元。

哈电股份签订福清核电5号、6号机组核主泵增补采购订单，签订国家电投广西白龙核电1号、2号汽轮发电机组合同，中标河北低温供热堆常规岛汽轮发电机组初步设计方案，中标海南昌江多用途模块式小型堆汽轮发电机组项目。

哈电重装公司签订海兴核电1号、2号，漳州核电1号、2号，宁德核电5号机组蒸发器设备，中标率56%；签订防城港核电3号、4号机组蒸发器支承，稳压器支承，核主泵支承合同和海兴核电1号、2号机组蒸发器支承合同，在核岛重型设备支承领域取得突破。

哈电动装公司签订徐大堡核电2号机组屏蔽式核主泵电机，在屏蔽式核主泵电机领域持续保持领先地位；参加宁德核电5号、6号机组（“华龙一号”）核主泵投标，首次参与中国广核集团的核主泵项目公开招标。

佳电股份获得中核集团“华龙一号”（福清核电5号、6号机组）主要核级电动机订单和中国广核集团“华龙一号”（防城港核电3号、4号机组）非核级主给水泵用电机订单。

## 三、项目管理工作满足用户需求

### （一）主要核电产品进度可控

1. 蒸发器项目

高温气冷堆蒸发器，顺利完成首台壳体水压试验。K2、K3蒸发器已进入最终的总装阶段。陆丰核电1号机组蒸发器进展正常。

2. 核主泵项目

C4项目2台核主泵交货。C2备品转子

也于2016年8月交付。福清核电4号机组3台核主泵完成交货，哈电动装公司完成由合同分包商向总包方的角色转化。田湾核电5号、6号机组核主泵，处于材料采购阶段。AP1000核主泵项目全面复工，标志着哈电动装公司具备独立制造能力。CAP1000屏蔽主泵电机项目主线部件制造进展满足要求。CAP1400主泵屏蔽电机样机已发运沈鼓进行装配及台架试验。福清核电5号、6号机组核主泵进度优于整体需求。K2、K3项目核主泵已开工制造。

3. 汽轮发电机组

三门核电、海阳核电1号机组完成非核蒸汽冲转。昌江核电1号、2号机组正式商运。昌江核电1号机组101大修备件末级叶片即将发货。田湾核电1号机组发电机定子改造项目，定子总装具备插转子条件，备品转子动平衡。田湾核电3号机组主设备全部交货。田湾核电4号机组实现主要部件年末交付的工作目标。陆丰核电1号机组首批预埋件制造完成。

4. 辅机设备

田湾核电3号、4号高加和除氧器项目，石岛湾核电启动停堆项目，田湾核电汽水换热器项目，福清核电5号、6号及K2、K3项目电机支座及冷作件项目处于发货阶段。福清核电5号、6号机组电动机制造进展正常。阳江核电、红沿河核电、防城港核电、田湾核电大修增补阀门陆续发货。

**（二）现场服务工作得到用户认可**

哈电重装公司售后服务满意率为100%。

哈电动装公司创造21天完成C4机组总装工作并具备调试条件的记录。

哈汽公司较原计划提前20多天完成田湾核电3号机组TG扣缸；海阳核电1号机组非核蒸汽冲转指标优异；秦山核电优化型次末级叶片成功通过18个月长周期机组运行验证，彻底消除原外方设计缺陷。

哈电机公司的昌江、田湾项目收到表扬信。

哈锅公司对用户反馈给予周到的服务和妥善的解决。

## 四、产能提升工作进展顺利

哈电重装公司共完成投资578万元。其中高温气冷堆蒸发器、回热器与试验本体工艺研发与产品制造项目完成投资257万元。技措技改项目完成投资321万元，主要用于购置设备。

哈电动装公司核电三期建设，扩建两跨厂房、厂房辅房及档案中心，购置数控铣镗床等大型机床设备、试验测量仪器，总投资54 192万元。提前完成哈电集团经营业绩考核管理指标及核电三期建设目标。

哈汽公司核电汽轮机核心能力建设技术改造项目，新增数控重型卧式车床等110台设备，其中53台设备投入使用。完成铸钢厂房改造工作，完成中小件加工设备搬迁工作，完成新建核电重型厂房暖封闭工作。

哈电机公司针对田湾核电改造、石岛湾核电总装型式试验，进行试验站的改造；针对核电端盖、小轴加工，安装NC160数控镗床；完成成品储运部厂房内喷漆、设备安装调试等工作。

哈电阀门公司完成CAP1400主蒸汽安全阀试验台改造项目。

## 五、核安全文化建设工作稳步推进

哈电集团整体核安全文化水平稳步提升，各涉核单位加大核安全文化建设力度。

哈电重装公司开展第四期核安全文化培训，全员脱产培训一周。目前已完成所有39期的培训内容，包括32期员工班培训和7期主管班培训。

哈电动装公司开展“核安全文化+”主题系列活动，在公司内营造重视质量、追求质量、人人关注质量的氛围。

哈汽公司按照核安全文化建设工作计划，完成了质保体系完善、核电项目质量分析、核电项目经验反馈体系完善、出厂联检制度、班前班后会和员工质量信誉档案制度、推行质量计划、检验记录完善等工作。

哈电机公司发布《2016年核安全文化建设工作计划》。开展7场“核安全文化”与“四个凡事”培训；召开核电供应商质量诚信大会；针对核文化建设方式、核文化与班组建设、核电质保分级、核电供方管理等方面进行了学习；举办了《落地核安全文化提升核电项目执行》培训；在办公区、生产区张贴核安全文化标语，发放核安全文化书签，提高员工核安全文化意识；将典型案例在质量例会中实时通报。

哈锅公司《核安全文化建设工作计划》中各项行动项全部完成。

哈电阀门公司编制并实施了《核安全文化建设专项工作计划》，专项工作持续8个月（2016年5月–12月），分四个阶段实施。

佳电股份从核安全文化宣贯、核安全文化培训、核安全文化行为监督检查、经验反馈、核安全文化工作等五个方面总结，制定了12个行动项。

## 六、“火烧质量”行动得到有效落实

根据哈电集团董事长对质量工作提出的要求，为全面贯彻落实“向质量问题宣战，要抓铁有痕”等讲话精神及哈电集团对质量管理工作的有关要求，各涉核单位自7月份开展“火烧质量”活动。高层领导高度重视，积极组织学习、分解和落实，并制定了相应的工作方案。

哈电重装公司通过学习、传达、讨论、落实董事长讲话精神，使员工进一步认识到责任意识、质量意识和核安全文化对提升公司产品质量的重要性。

哈电动装公司以问题为导向，围绕“民品做优、核电做强、军品做精，提升产品质量”，以实现核电产品质量安全管控为目标，强化精益管理，持续改进，狠抓工作质量，推动产品质量提升。开展“火烧质量”系列活动，成立了以公司董事长、总经理、党委书记为组长，领导班子为组员的领导小组，明确了质量一把手工程责任。

哈汽公司向习惯性违章宣战。根据典型质量问题，整理制作图片展，图片展包含重进度轻质量、质量问题野蛮违规处理、检验把关不严、铸件原材料入厂控制不到位、工作标准/程序/技术文件执行不到位、包装运输厂内转运防护不当等方面，以真实事例向职工展示习惯性违章带来的危害。

哈锅公司制定了下半年质量管理专项工作计划，包含九个方面质量改进项目，具体措施98项，与核电有关46项，公司各相关部门严格按方案要求开展各项工作，取得了阶段性成果。

哈电阀门公司完善质量检验部门内部管理制度，编制完成《首检、自检、专检、巡检检验规程》，严格实施首检、自检、专检、巡检制度。完善用户手册，组织服务人员进行专项培训，提高服务人员技能水平。制定哈电阀门公司质检队伍及采购队伍整顿工作计划，按计划完成人员培训、理论考试和民主测评工作，整顿优化两支队伍建设。重新修订《质量事故责任追究实施细则》，严格按照细则实施质量事故责任追究。

佳电股份对“常见病”“多发病”和习惯性违章行为进行分析、研究，编制改进计划并严格控制，随时改进整改。

# 东方电气股份有限公司

2016年，是“十三五”规划实施的开局之年，也是东方电气股份有限公司逆势求进、创新求变、转型升级、做强做优的关键之年。2016年，东方电气实现营业收入332.9亿元，新增订单366亿元，完成发电设备产量2 900万千瓦。

2016年，东方电气核电产业取得可喜的成绩：由东方电气供货的防城港核电1号机组、阳江核电3号机组、红沿河核电4号机组、宁德核电4号机组、福清核电3号机组共5台机组投入商业运行，东方电气承接的“华龙一号”设备制造取得重要进展，核设备研制能力得到进一步提升。

## 一、市场开拓

2016年，东方电气汽轮发电机组优势继续保持，获得宁德核电5号、6号机组，海兴核电1号、2号机组，快堆示范三个项目汽轮发电机组订单。获得了钠-空气热交换器总体设计及试验验证研发服务项目、昌江核电3号/4号机组蒸汽发生器、中广核ACPR50S实验堆压力容器等核岛设备合同。此外，核岛、常规岛中小设备中标率有所提高。

## 二、设备制造

2016年，在项目多、工期紧的情况下，东方电气围绕用户关注焦点，抓协调，保重点，全力确保交货、投运。集中力量抓好“华龙一号”福清核电5号安注箱、硼注箱设备项目管理，为克服制造周期短、资源紧张的不利因素，通过组建专门领导小组，实施专项计划，最终实现了3台安注箱和2台硼注箱提前交货，确保了福清核电5号机组反应堆厂房关键路径施工顺利进行。11月25日，福清核电5号机组全球首台“华龙一号”ZH–65型蒸汽发生器顺利通过出厂水压试验。11月16日，AP1000首台蒸汽发生器——陆丰项目第一台蒸汽发生器水压试验一次通过。12月27日，防城港核电3号机组首台蒸汽发生器开工制造。“华龙一号”、CAP1400、AP1000等堆型常规岛、核岛设备进度均处于受控状态。

2016年，由东方电气供货的防城港核电1号机组、阳江核电3号机组、红沿河核电4号机组、宁德核电4号机组、福清核电3号机组投入商业运行，机组实际出力优于合同要求值。

## 三、质量管控

扎实推进东方电气提升中广核供应商绩效评价专项行动工作，努力提升质量管理水平；持续推进核安全文化宣贯专项行动，使核安全文化理念内化于心、外化于形；加强核电经验反馈工作，减少重复性质量问题发生；加强对供方的管理，重点加强对关键供方的质量监督工作。

## 四、科研管理

东方电气承担的CAP1400常规岛关键设备自主设计和制造课题按合同计划有序推进，各子课题和专题结题技术总结报告等验收文件于2016年11月完成；承担的“CAP1400蒸汽发生器研制”课题2个子课题8个专题结题技术总结报告等验收文件已完成自验收；承担的“CAP1400堆内构件制造技术研究”专题于2016年6月22日通过了国家电投重大办组织的预验收。

积极推进示范快堆蒸汽发生器、中间热交换器课题研发工作，所有15个课题已全部通过验收，研发服务合同已顺利通过项目验收。

# 上海电气（集团）总公司

2016年，多种堆型产品、批量化生产的项目管理模式依旧是核电项目运作的特点，项目运作态势整体平稳。上海电气各企业保持着“管理常态化、质量稳定化”的运作态势，以保证质量、满足工程需求为第一前提，宏观调控和微观运作，很好实现了当年出产任务。

截至2016年底，上海电气累计承接包括二代改进，AP1000、EPR、“华龙一号”和CAP1400等三代以及高温气冷堆等不同堆型的核电主设备（压力容器、蒸汽发生器、稳压器、堆内构件、控制棒驱动机构、主泵、汽轮机和汽轮发电机）共计301台/套；车间在制维持在70~80台/套水平，专业化基地的产能效益得到有效体现。

## 一、核电项目管理

2016年，实际交付或完工主设备达38台/套。与前三年比较，出产略有下降。

项目执行的亮点是高温气冷堆主设备顺利出产，包括1台压力容器和2套金属堆内构件；国家科技重大专项CAP1400项目1号机组驱动机构第一套部件——钩爪壳体组件实现设备交付。新的三代项目陆续启动，包括采用CAP1000核电技术的白龙项目，采用“华龙一号”核电技术的防城港核电二期、漳州核电一期等项目，其主设备已开始了前期准备工作。

1. 核岛设备共交付或完工22台/套，包括：高温气冷堆压力容器1台、金属堆内构件2套；CAP1400项目1号机组驱动机构第一套部件——钩爪壳体组件；二代加蒸汽发生器1台以及堆内构件3套、控制棒驱动机构1套、核二、三级泵16台。

2. 常规岛设备共完工交付汽轮机1台、发电机1台、核二、三级容器13台/套和常规岛辅机1套。

3. 仪控仪表类设备已完成或交付各类仪表和器件、主控制台盘、接线盒、调节阀、电动执行机构共计约3000台/套。

## 二、核电质量管理

2016年，注重、完善核电质量管理的经验反馈共享平台，做好质量案例分析工作，分享质量经验，起到举一反三、防患于未然的作用。

根据项目执行、质保监查、用户监督、项目运行情况，对核电项目管理进行有效管控；对产品实物和软件质量进行有效控制，实现了项目质量目标。核电项目质保体系运行有效，注重过程中存在的问题，完善核电质量经验反馈工作。

质量管理得到相关方认可。在2016年上海市核电质量工作会议上，上海电气凯士比核电泵阀有限公司、上海电气电站设备有限公司发电机厂获得“2016年上海市核电设备制造质量先进单位”称号；来自上海电气核电设备有限公司、上海第一机床厂有限公司、上海电气电站设备有限公司汽轮机厂、上海电气电站设备有限公司发电机厂等单位的5人荣获“2016年度上海核电设备制造质量先进个人”称号。

质量管理的工作抓手落在：

1. 定期评估质量管理体系的适宜性、充分性和有效性；

2. 完善并严格质量预警机制和处理机制；优化质量奖惩体系，完善质量考核问责制；

3. 开展专项监查，并进行量化评估；

4. 建立不符合项原因分析和损失统计制度；

5. 抓住典型案例，剖析根源，制定整改和规避措施。

## 三、核电技术进步

通过科研攻关和产品开发，上海电气的核电制造技术能力在近几年的批量供货中得到了初步验证。AP1000核岛关键设备制造技术已全面掌握，包括压力容器、蒸汽发生器、堆内构件、控制棒驱动机构、稳压器、安注箱、装卸料机等均已实现了产品制造交付。高温气冷堆关键设备压力容器、金属堆内构件、主氦风机也已具备了制造能力，实现了产品交付。

为使核电技术能适应未来市场需求，上海电气重点聚焦大型先进压水堆（自主三代）和高温气冷堆技术，同时积极参与快堆和钍基熔盐堆等堆型的前期研发。以国家科技重大专项及先进核能系统研发项目为抓手，以项目为导向（高温气冷堆项目的压力容器、蒸汽发生器、金属堆内构件、控制棒驱动系统、主氦风机和汽轮机等；CAP1400项目的蒸汽发生器、堆内构件、控制棒驱动机构、主泵和稳压器等），以技术瓶颈为突破口，加大加快新技术的开发。2016年，国家压水堆重大专项部分课题工作已近尾声，等待验收。同时，上海电气申报的上海核电装备焊接及检测工程技术研究中心2016年底通过上海市科委验收，正式授予上海市科委工程中心。

## 四、核电市场成果

积极跟踪、开拓国内外市场。2016年仅有2台机组开工建设，新项目招投标以“华龙一号”为主，其次是CAP1000。在激烈的竞争环境中，全年承接蒸汽发生器、主泵、控制棒驱动机构、装卸料机、汽轮机、发电机等共计18台套。

工作亮点是斩获了“华龙一号”首套主泵订单，并获得“华龙一号”汽轮发电机组订单4套。

## 五、今后发展目标

### （一）明确目标，苦练内功，适应新态势下核电技术装备产业的新趋势

1. 打造三大愿景：

打造核电制造业核安全文化示范基地；

打造设备集成供货和综合服务的装备

集团；

打造国内领先、受行业尊敬的品牌供应商。

2. 落实四大目标：

质量：稳定受控，安全可靠；

项目：确保工程，树立口碑；

市场：国内领先，国外突破；

科研：瞄准主流，超前投入。

3. 强化核安全文化：

行为准则：凡事有章可循；凡事有据可查；凡事有人负责；凡事有人监督。

核心价值观：担当、诚信、透明、规范。

**（二）巩固优势，加快转型，迎接新态势下核电技术装备产业的新发展**

1. 技术升级

从三代制造技术（AP1000、EPR、CAP1400、“华龙一号”）到四代制造技术（高温气冷堆、快堆、钍基熔盐堆）；从主设备制造到核电站服务等多种产品供货等。

2. 系统集成

从单个、小批设备合同尽可能地扩大设备集成供应范围。

3. 业务链拓宽

从目前以核岛和常规岛主设备供应为主体的业务链逐步建立产品性能试验和电站运行服务等业务。

4. 产业模式转变

通过研发合作平台，培育产业创新能力，从单纯设备销售向“设备集成＋技术服务”的产业发展模式发展。

5. 智能化制造

搭建数字化制造协同管理平台，实现核电产品从“传统离散型制造”向“数字化高端装备制造”的生产模式转变。

# 中国第一重型机械集团公司

中国第一重型机械集团公司始建于1954年，是国家创新型试点企业、国家高新技术企业，现拥有世界一流的核电装备生产线，已具备年产5台套百万千瓦级反应堆压力容器、10台主泵泵壳的能力，掌握了CPR1000、AP1000、CAP1400、“华龙一号”等堆型核岛主设备的制造技术。主要核电产品为全套核岛锻件、压力容器、稳压器、蒸发器、堆芯补给箱、主泵锻造泵壳、堆内构件以及常规岛转子和气缸体等，先后为中核集团、国家电投、中国广核集团等企业提供产品及服务。

2016年，中国一重签订了中核龙原示范快堆容器和堆内构件及旋塞设备、福建漳州核电工程项目1号和2号机组（“华龙一号”）反应堆压力容器设备等项目，新签订货合同20.47亿元。

## 一、核电生产

2016年，中国一重先后完成了防城港核电3号、4号压力容器锻件，彭泽核电1号和2号、防城港核电4号、咸宁核电1号和2号等蒸发器锻件，K2、K3及防城港核电3号稳压器锻件，田湾核电泵壳等各类核电锻件，产品共计72件，为满足客户的锻件需求和成套压力容器出产提供保障。同时，在成套容器制造方面，完成阳江核电6号1台压力容器制造，3台堆芯补水箱制造和交货。

## 二、大型锻件的研制

2016年，中国一重在新一代核电大型铸锻件的研发中取得了多项技术创新，牵头承担了国家科技重大专项“CAP1400反应堆压力容器”研制，并参加了“CAP1400反应堆蒸汽发生器”研制，创造性地开展了超大型核电锻件的绿色制造技术研发工作，通过大量1:1锻件的解剖评定及锻件各部位、全截面性能数据的检测、整理，不仅承制了具有完全自主知识产权的CAP1400压力容器一体化顶盖及一体化底封头锻件，而且积累了压力容器接管段及蒸汽发生器管板、水室封头等超大型核电锻件全截面性能的大数据，为后续研制奠定了基础。

科研和攻关工作取得突破：1.中核集团“华龙一号”特厚复杂结构泵壳锻件研制，实现国内首次制造，锻件全壁厚性能一次合格。2.主管道锻件研究在冶炼、锻造、弯制等环节取得重大突破，为核电不锈钢主管道的订货拓宽了道路。中国广核集团“华龙一号”主管道研制成功，顺利通过评定，标志着中国一重攻破了核电站核岛一回路锻件的制造瓶颈，为后续防城港核电4号机组主管道合同的顺利执行打下坚实基础；CAP1400主管道研制，实现了不锈钢主管道热段锻件采用空心锻造技术的突破，并可推广应用于大型不锈钢空心锻件锻造。3.CAP1400蒸发器锻件研制：采用三向压力整体胎模锻技术制造出蒸汽发生器管板锻件，完成管板试制件试料分解、硬度检验、性能检验和数据总结；采用整体仿形锻造方法制造出带非对称非等高接管的超大厚壁蒸发器一体化下封头锻件，完成试制件的性能热处理，正在进行性能试料分解。

在研制过程中，中国一重形成以下专有技术，并成功应用到产品的制造中：一是针对“头上长角”的超大型封头类锻件及特厚巨型饼类锻件无法实现仿形锻造的世界性难题，突破传统成形方式，首创了“模具内分步旋转锻造”“渐变拉伸锻造”“压挤结合的特殊锻造”等技术，全面实现了超大型实心锻件的“近净成形”。二是针对超大、超厚、变截面异形锻件无法实现“同步变形”的世界性难题，发明了“组合附具”及“控制变形方向”锻造技术，实现了特大型接管段锻件内外法兰同步成形，特大型锥形筒体锻件的两端直段与锥段同步变形。三是针对超大异形锻件无法实现全截面均匀冷却的世界性难题，首创并不断改进优化了“非能动”立式喷淬装置，实现了对工件内外表面近距离全覆盖淬火。四是针对超大壁厚锻件（壁厚＞280 mm）冷速无法达到要求，首创了亚温淬火技术，使复杂形状的超大型厚壁锻件的性能合格率达到98%以上，锻件的RTNDT高于国外同类产品性能指标；发明了带有挡渣堰、整体塞棒等优质耐火材料的新型真空铸锭用浇注系统，破解了浇注过程中钢水的二次氧化及钢渣卷入钢锭模的难题，研制出700吨级世界最大的超纯净性钢锭，为超大型锻件的极端制造奠定了坚实的基础。五是针对超大型钢锭宏观及微观偏析严重的世界性难题，发明了100吨椭圆形中间包和低Si控Al冶炼及铸锭技术，提高并稳定了核电大钢锭的内在冶金质量，使得核电超大型锻件精加工UT检测合格率达到了100%。六是通过与国外同类企业相同产品制造方式及制造水平的对比，开发了世界最大715吨特大钢锭制造技术，在国际上独一无二，居领先地位；开发了蒸发器水室封头、锥形筒体、压力容器带内外法兰的一体化接管段锻件仿形锻造及特厚巨型管板胎模锻造等制造技术，均处于国际领先水平；发明的带接管的一体化顶盖及一体化下封头锻件均属世界首创。七是“超大型钢锭（600吨级以上）研制及共性技术研究整体技术”“大型先进压水堆核电核岛主设备超大型锻件制造技术”，经行业专家鉴定与评价，均达到了国际领先水平。

同时，中国一重积极发展自主知识产权，2016年申请专利42项，拥有有效专利37项，其中发明专利22项。中国一重作为牵头单位制定国家核电行业标准，完成了《三代核电反应堆压力容器制造（标准文本草案）》、能源行业《压水堆核电厂核岛机械设备焊接规范 第3部分 焊接工艺评定》标准编制；主编《压水堆核电厂反应堆压力容器设计制造规范》。

为加强核电产品研发与技术转化能力，2016年，中国一重在大连核电石化生产基地成立了焊接技术中心，完成了核电主设备制造升级改造项目的前期论证，优化核电主泵泵壳生产流程，焊后中间热处理的入炉次数减少3次，节约制造周期45天；环焊缝采用感应加热局部热处理，降低能源消耗30%，解决大型工件入炉难题；研制J型坡口自动堆焊技术，隔离层堆焊后PT检测合格率100%。

2016年，中国一重经过自主创新，解决了制约我国能源发展战略的核岛主设备关键超大型锻件制造瓶颈难题，实现了核电锻件的全部自主化和批量化生产，降低了核电站工程投资40%以上，使我国核电锻件的制造能力跃居世界第一，有力地推动了我国装备制造业的整体技术进步。同时，完成了国家级课题验收或预验收9项，其中："三代核电反应堆压力容器及核岛主设备大型锻件制造标准体系研究""核电设备用焊接材料研制"两项核电重大专项课题，顺利通过国家能源局、国家电投等组织的课题验收；"CAP1400反应堆压力容器研制"课题顺利通过了课题中期检查；完成国家"十二五"科技支撑计划"城市固体垃圾处理系统开发""城市分选设备研制"项目验收，中俄科技合作专项"反应堆压力容器制造技术联合研发"项目预验收；完成国家专项"高性能508–3钢特厚大锻件研制""堆内分流结构材料及制造技术工程化研究""一体化反应堆压力容器主泵接管研究""超大厚度钢锭火焰切割设备"等课题财务审计，为课题验收奠定了基础。

## 三、质量管理提升

2016年，中国一重不断完善质量体系建设，加强管理，严格考核，在核电产品质量保障上，严格进行工艺固化，加快研发进度再固化，通过理顺工艺彻底解决核电项目中出现的问题，保证核电产品质量。

一是修订了《质量管理手册》及52个管理程序文件，开展了质量管理体系内部审核和专项内审工作。二是深入推进两级质量监督和专项质量监督工作，并开展产品专项监制，对发现的质量问题，认真分析原因，及时进行纠正，有效降低了质量损失。三是制定2016年《质量管理考核办法》并严格执行，每月对子公司、事业部进行质量目标、质量损失和工作质量考核。四是完成了民用核安全机械设备制造资格证的换证工作，变更了民用核安全设备制造许可证制造范围。五是开展了"质量就是生命"主题实践活动，活动内容包括：质量问题展览、厂长授课、全员质量大讨论等。通过加强核电产品质量宣传，营造了人人重视质量、人人保证质量、人人提升质量的良好氛围。六是开展了10期核电产品质量风险防范工作，共涉及制造活动109项，提出风险问题208项，制定预防措施891项。根据核电产品生产进度，完成率为77%，风险预防有效率为97.6%。

## 四、人才培养和培训

中国一重始终高度重视核电设备制造人才的培养和岗位培训工作，在制订的培训计划中，突出了核法规、核质量保证手册及程序文件、核文化等方面的培训内容，保证了培训质量和培训效果。2016年，中国一重共举办核体系责任人员培训班102期，参训员工达7 800人次。

一是在核文化、核质量与安全知识培训方面，制发了《核安全文化建设实施方案》，围绕核安全文化建设，培育全员核安全意识，坚持“安全第一”根本方针，杜绝“违规操作、弄虚作假”，确保民用核安全设备制造质量等内容，制定系统培训学习计划。全面提升员工的综合技能，注重法规标准、管理要求和核安全文化的培训宣贯，持续增强全员的学习氛围。

二是在核电项目质保大纲培训方面，加大了对核电产品项目质保大纲的培训力度，开展了防城港核电3号稳压器等9个核电项目质保大纲和程序培训。围绕核电项目结合生产制造进度确定培训重点，特别是把项目制造过程中出现的问题、采取的解决措施等内容补充进来，保证培训内容的针对性，并要求各单位以核电项目培训为契机，全面核查本单位在制核电项目培训的开展情况，认真总结和改进不足，不断提高核电产品质量。

三是在核电人才培养方面，紧密结合核电产品生产工作实际和未来发展需要，不断加大培训力度，重点突出了焊接、无损检测等岗位人员的培训和取证工作力度，严格执行持证上岗。同时，积极选派业务骨干参加核能行业质量保证监查员培训班等外部高水平的培训，不断开拓视野，汲取先进的管理理念和实践经验，通过核电制造方面人才的培养，不断提升核电制造的业绩和管理工作水平。

## 五、加强核电产品对外合作

2016年，先后与中国核建、中国节能签订了战略合作协议，分别就高温气冷堆项目和垃圾焚烧项目进行合作，目前均已启动。同时，成立了俄罗斯办事处，重点开发东欧市场，成立伊朗伊斯法罕容器项目组，负责容器项目的操作与执行。。

# 中国第二重型机械集团公司

2016年，中国第二重型机械集团公司以“装备中国，创造卓越”为己任，积极承担起解决国家高端核电设备“有与无”的责任，通过技术研发、质量提升和制造技术再创新，为我国在建核电工程提供了大批各机型核电产品和关键零部件，为推进核电装备国产化进程作出了应有贡献。

## 一、核电产品生产取得的主要成绩和进展

1. 与中国核动力研究设计院紧密合作，完成了“华龙一号”主冷却剂管道的工艺技术评定。

2. 完成“华龙一号”机型锻造泵壳的工艺技术评定。

3. 实现“华龙一号”蒸发器、稳压器全套锻件的批量供货，且产品质量稳定。

4. 首台CAP1400堆芯补水箱设备制造完成，中国二重核电供货范围从单纯提供锻件延伸到核电整台设备。

5. 完成国内首台CPR1000铸造泵壳体的研制，主泵关键设备国产化实现新突破。

6. 核电站常规岛产品方面，中国二重制造的国内CAP1400型压水堆核电机组发电机转子锻件顺利完工发货，中压排气缸、高压外缸生产突破瓶颈顺利推进。

## 二、核电产品科研开发

2016年，围绕国家产业战略，中国二重立足于自主创新，加大科研投入，深挖核电技术研发潜力，承担了6项国家级及四川省级课题的研究工作。与各设计院和工程公司合作，开展了高温气冷堆、小型堆、高放射性玻璃固化核废料罐、“华龙一号”反应堆压力容器、“华龙一号”锻造泵壳及泵壳成套产品的技术交流。

完成了CPR1000铸造泵壳评定，“华龙一号”ZH–65型蒸汽发生器下封头、“华龙一号”锻造泵壳、福清项目主管道取得评定证书。

“华龙一号”核电主泵锻造泵壳通过中国核动力研究设计院评审并实现成果市场化。

成功通过ASME“N”及“NPT”认证审核。

参与了4项国家能源局核电标准的编制，2项标准已完成报批稿审批流程，获颁布实施。

在成台设备制造方面，中国二重承担制造的CAP1400堆芯补水箱完成设备制造及验收。通过组件堆焊、热处理、机加工、尺寸控制、无损检测等关键技术的实施，获得了核电成台设备制造经验。

## 三、核电质量保证体系建设

1. 中国二重组建了核电质量工程师队伍，制定了核电质量工程师岗位职责，同

时按照核电质保要求，在质量管理、核电开工培训、核安全文化、业务知识培训方面培训员工1 000余人次，提高了员工质量意识，保证了核电产品制造过程合规受控、产品质量稳定。安排质保工程师到专业核电设备厂就核文化、现场管理等方面进行交流学习，并邀请用户相关人员对核电文控工作进行交流探讨。

2. 做好与监造的沟通管理，与各单位驻厂监造密切配合，生活上主动关心，工作中保持互动，使各用户单位监造配合、支持中国二重核电产品制造，为各项目顺利实施创造条件，提高了顾客满意度。

3. 加强培训教育，进一步提升员工安全质量意识和操作技能。开展核安全文化建设提升活动。中国二重响应监管部门要求，按照国家对核安全持续完善的监管政策，开展了多轮次核安全培训，为企业核文化建设提供了支持。

# 行业协会与学会

# 中国核能行业协会

## 一、做好协会理事会换届选举相关工作

（一）推荐和选举新任秘书长候选人

1月24日，协会开展了第三届理事会秘书长候选人的推荐和选拔工作。在有关单位的支持下，秘书处收到有关单位报送的秘书长推荐人选4名。

3月15日，中国核能行业协会秘书长选举领导小组在北京召开全体会议。会议经无记名投票方式，选举中国华能集团公司张廷克同志为新任秘书长候选人。

按照民政部有关要求，协会向主管部门履行了秘书长候选人报批手续，4月14日，协会收到国防科工局《关于中国核能行业协会秘书长候选人的批复》（科工干〔2016〕30号）。

（二）组织召开了理事会第六次会议

4月15日，协会召开了第二届理事会第六次会议，会议决定以下事项：

1. 对新任理事会秘书长进行投票选举。通过投票，张廷克同志当选为中国核能行业协会新一届理事会秘书长。

2. 会议依据《中国核能行业协会理事长轮值管理办法（试行）》，通过抽签决定了五个副理事长单位的轮值顺序：1. 中国核工业集团公司；2. 中国华能集团公司；3. 中国核工业建设集团公司；4. 国家电力投资集团公司；5. 中国广核集团有限公司。

依据《中国核能行业协会理事长轮值管理办法（试行）》，由于张廷克同志已当选新任秘书长，华能集团公司本轮轮空。

3. 依照协会章程，会议审议并通过了第三届理事会组成方案，即：理事会由107名成员组成，其中：理事长1名，副理事长22名，常务理事27名，理事57名。名额分配原则与上届理事会相同。

## 二、针对行业发展的重点问题开展研究

1. 放射性金属废物再循环再利用研究工作。

放射性金属废物如何再循环利用，是我国核电持续发展要解决的紧迫问题。应会员单位的要求，在江苏核电有限公司的大力支持下，协会组织相关单位成立专题工作组，开展了废金属再循环再利用的可行性研究工作。并会同熔炼单位——湖南宏华机械有限公司开展熔炼试验研究，组织专家编制了熔炼试验方案。

2. 编写《内陆核电环境安全有关的常见问题回答》。

经过近两年的努力，协会组织开展的《内陆核电建设中几个重要问题的再研究各课题》的研究取得丰硕成果，编写了18份课题研究报告，并通过了专家评审。

在上述工作的基础上，针对社会公众对内陆核电的某些疑虑，协会组织专家编写了《内陆核电环境安全有关的常见问题

回答》，就行业内外关注的 170 个问题一一做了科学的回答。

## 三、进一步做好为政府部门服务工作

（一）开展课题研究，为政府部门提供技术支持

1. 完成了国家发改委布置的《“十二五”期间战略性新兴产业发展回顾》一书核电产业篇，和《2016—2017 战略性新兴产业发展展望》一书核电产业篇的编写工作。

2. 按照国家发改委《关于请部分行业协会商会开展 2016 年度“十三五”规划实施评估工作的通知》要求，完成了核能行业 2016 年度“十三五”规划实施评估报告的编写工作。

3. 按照国防科工局的要求，完成了国务院法制办提出的第二批原子能法基础材料清单的编写工作；完成了涉核法律法规及部门规章汇编的编辑工作并向有关单位印发。

4. 完成了中国工程院研究课题《我国能源技术革命的技术方向和体系研究》中《基于热中子堆核电技术方向》专题的有关“我国核电装备支撑能力”板块的研究报告的编制工作。

5. 与有关单位共同完成的《我国核燃料保障战略情报支撑研究》《我国铀资源勘查行业技术创新能力评价体系与模型研究》两项课题报告，并通过了国防科工局组织的验收。

6. 完成了与苍南核电公司 2014 年共同承担的国家能源局《新形势下提高核电新项目公众可接受性研究》课题。

7. 受国家核安全局的委托，完成了《核电厂概率安全分析报告的同行评估》《核电厂严重事故管理的同行评估》《核电行业主要风险及应对课题》《核安全文化建设示范基地评价标准》等 4 个课题的研究工作。

协会分别对秦山第一核电厂开展功率工况内部事件一级、低功率和停堆工况内部事件一级概率安全分析（PSA）进行了同行评估，对秦山第三核电厂严重事故管理工作进行了同行评估。

（二）政府部门委托的咨询服务工作

1. 按照国务院法制办秘书行政司《核电管理条例（送审稿）》征求意见单的要求，经征求行业内有关单位意见，对《核电管理条例（送审稿）》提出了修改意见和建议。

2. 受全国人大环资委委托，组织召开核安全立法座谈会，全国人大环资委领导听取了核领域专家对《核安全法（草案）》征求意见稿的意见和建议。

3. 完成了国家能源局《核电企业信息公开实施办法（草稿）》的意见征求工作。

4. 协助国防科工局核应急司召开内陆核电发展核安全应急问题专家咨询会。此外，与该司签订了核应急演习评估服务、核应急协调委专家委咨询服务合同。

5. 在国防科工局核应急司的支持下，与重庆国防科工办联合举办核应急装备发展供给侧与需求侧技术研讨会。来自政府

有关部门、军队、集团公司、科研院所等单位的200余名代表参会。

6. 自6月起，在国家核安全局的统一安排下，协会组织专家对一重大连加氢反应器制造有限公司、东方电气（广州）重型机器有限公司、上海电气核电设备有限公司、上海凯士比泵阀有限公司、江苏神通阀门有限公司等单位的核安全文化建设情况作实地考察，进行评价。此外，协会还对13家单位进行实地评价，并从中推荐核安全文化建设示范基地备选单位，为后续核安全文化示范基地建设提供参考。

7. 受国防科工局委托，完成了《中华人民共和国年鉴》“核工业发展综述”部分的撰写工作。

8. 受国防科工局委托，在北京承办核进出口法律法规宣贯会。

（三）做好第四代核能系统国际论坛联络办相关工作

1.3月3–4日，在上海举办2016年中国加入GIF工作研讨会。

2.3月14–16日，与中国核动力研究设计院在成都共同举办第十一届超临界水冷堆信息交流会。

3.4月25–28日和10月17–21日，组织中方代表参加了在法国巴黎、韩国首尔召开的GIF第41届、42届政策组会议和第35届、36届专家组会议。

4. 协助科技部完成了对中国核动力研究设计院和上海交通大学签署超临界水冷堆项目安排的授权，以及科技部对钠冷快堆、超临界水堆系统安排延期协议的签署；协助国防科工局对超高温气冷堆系统安排延期协议的签署。

5. 协助科技部完成了中国正式签署GIF框架协议的续签协议，GIF政策组、专家组、高级行业顾问组、钠冷快堆系统指导委员会的中方代表的更换，以及中国缴纳2016年GIF会费等工作；翻译GIF 2015年年度报告，编制并印发《GIF联络办工作动态（第1期）》等。

## 四、进一步做好三个核心业务工作

（一）核电厂同行评估及经验交流工作情况

开展运行核电厂和核电建设工程项目的同行评估工作。编制完成了《2016—2020年核电厂同行评估与经验交流委员会（以下简称“委员会”）5年同行评估滚动计划》。组织9场核电评估活动：3场核电建设项目评估、4场运行核电厂专项评估、2场同行评估的筹备工作。开展了4期核电厂同行评估培训班。组织完成了对《核电工程建设管理业绩目标与评估准则》的修订出版工作。

开展核电厂经验反馈与交流工作。编制完成了《核电厂运行与建设年度报告》《核电厂关键业绩指标报告》《中国运行核电厂事件经验反馈报告》等年度报告；组织编制了《2015年全球核电概述》；定期编印《运行核电厂生产季报》《中国核电工程建设季报》《全国核电运行情况》以及《委员会信息简报》。

加强委员会自身建设。2016年2月，

在北京召开了委员会负责人会议，会议提出，将核电评估与经验交流委员会改为中国核能行业协会核电运行分会的建议。2016 年 10 月，再次召开了委员会负责人扩大会议，审议了《中国核能行业协会核电运行分会组织管理办法》《我国核电安全发展行业自律中长期战略规划》等文件。

做好专题工作组技术与经验交流工作。为进一步完善工作组规范管理，委员会秘书处更新了《工作组考核表》；2016 年，委员会各专题工作组召开 22 场各类技术、经验交流研讨会和专业培训，共计 1 700 余人次的专业人员参加；编制了《核电厂常规岛及辅助设施在役检查指南》。

开展软课题研究工作。4 月 20–22 日，委员会召开 2014–2015 年度软课题验收暨 2016–2017 年度软课题立项评审会，25 项软课题通过评审立项。秘书处分别与软课题承担单位签订了软课题研发协议。

（二）科学技术奖评审和科技成果鉴定工作

完成设奖者委员会换届工作。中国核能行业协会科学技术奖第三届设奖者委员会（2016–2018 年）由中国核能行业协会、中国核工业集团公司、中国广核电力股份有限公司、国家核电技术公司、中国华能集团公司、中国大唐集团公司、中国核工业建设集团公司、上海电气（集团）总公司、哈尔滨电气集团公司等 9 家单位组成。

2016 年度中国核能行业协会科学技术奖共收到申报成果 223 项，最终共有 80 项成果获奖。

完成了《2014–2015 年度中国核能行业协会科学技术奖励公报》的编辑、印发工作。按照国家奖励办的要求，为《2015 年中国科学技术奖励年鉴》《2015 年度社会力量设奖工作报告》报送了中国核能行业协会科学技术奖的有关材料。

受会员单位和有关单位委托，共组织召开了 42 个科技成果鉴定会，对 151 项科技成果进行了鉴定。

（三）进一步做好行业培训工作

根据行业发展的需要，协会坚持以高质量、高要求为标准，规范运作，继续开展质量保证培训、项目经理人员培训等专业培训工作。

全年举办了 13 期各类培训班，参加培训人数 1 000 余人。

积极推动与法国核电标准委员会（AFCEN）和美国机械工程师协会（ASME）的授权培训。2016 年 9 月通过了法国核电标准委员会（AFCEN）的授权培训。6 月，协会与清华大学核能与新能源研究院共同举办了由美国机械工程师协会（ASME）授权的设计篇培训班。

## 五、做好为会员单位的服务工作

（一）完成会员单位委托的课题研究

为配合国家核电技术公司上市的需要，按照有关要求，完成了行业报告第三稿的编制工作；受三明核电公司的委托，完成了《福建三明 BN–1200 快堆项目论证报告》编制工作；组织行业内相关专家开展了《AP1000 设计可靠性大纲课题研究》，已完成了全部课题研究任务；组织开展了《核能行业质量保证监查员培训大纲》及《核能行业质量保证监查员培训教材》升级版的研究工作；受苍南核电公司的邀请，参加了苍南核电项目环境影响评价公众参与、公众沟通以及社会稳定评价公众参与活动。

（二）为会员单位提供技术咨询服务工作

受中广核工程公司委托，召开乏燃料贮存设备国产化方案评审会；受四川汇通能源装备公司委托，召开核电管道标准支吊架鉴定试验大纲评审会；受哈尔滨汽轮机厂有限责任公司委托，召开“华龙一号”常规岛汽轮机及辅机设计方案技术评审会；受哈电集团重装公司委托，召开核电厂主泵外置热交换器设计评审会；受中广核工程设计有限公司与上海阿波罗机械股份有限公司委托，召开乏燃料干式贮存容器工程样机鉴定大纲评审会；受江苏麟龙新材料公司委托，召开核电工程防腐技术研讨会；受江苏核电有限公司委托，为田湾核电1~6号机组提供技术服务，组织召开了25场相关技术专题研讨会；受中国核电运行公司委托，完成了为秦山科技馆提供专家咨询和资料审查等工作；组织专家开展了大亚湾核电运营公司资产报废技术鉴定工作；受爱默生电气（中国）投资有限公司委托，在深圳召开了中国核能安全发展研讨会。

（三）搭建平台，促进中小企业更好发展

在协会400多家会员单位中，中小企业占有相当大的比重。在核电安全高效发展的形势下，如何利用协会这个平台，使中小企业更好地为核能发展服务，同时促进中小企业的发展？围绕这个主题，协会于11月初在杭州召开了核能行业中小企业座谈会，来自北京、上海、辽宁、河北、江苏、浙江、安徽、湖南、广东等地的30余家中小企业代表参加了会议。会上，浙江宏伟供应链股份有限公司提出在协会内设立中小企业专业委员会的相关倡议，得到参会代表的一致认可。

（四）召开在建核电项目质量管理工作研讨会

5月，协会召开了在建核电项目质量管理工作面临的挑战与应对措施研讨会。共有来自73家单位的140多名专家和学者参加会议。

（五）信息化专业委员会各项工作按计划开展

2016年，为促进先进信息技术在核能行业的应用，信息化专委会积极开展工作，共举办会议、培训6场，技术评审会议1次，咨询科研项目2项。

## 六、促进国际交流与两岸合作，推动核电走出国门

（一）承办政府部门委托的重要国际会议

全年承办政府部门委托的重要国际会议共14次，主要有：受国防科工局委托，协会先后承办了“国际核责任问题研讨会”“防核扩散履约和核能合作项目评审会”“国际原子能机构2018–2019周期技

术合作项目专家评审会”“2016 年核进出口法律法规宣贯会”。按照国家能源局要求，协会参加了在英国伦敦召开的中英民用核能合作第三次工作组会议；受国家能源局委托，协会在北京承办“第五届中阿能源合作大会核能合作研讨会”。

（二）圆满完成第二届法国世界核工展中国展团的参展工作

协会再次组织我国企业以国家展团的形式参加了 6 月 28–30 日在巴黎举办的第二届法国世界核工展，共有 15 家单位参展。

（三）启动第十二届核电展暨第二届世界核能发展论坛的各项筹备工作

（四）召开第四届海峡两岸核能合作研讨会

9 月 26–27 日，由中国核能行业协会与财团法人核能科技协进会（台湾）共同主办的第四届海峡两岸核能合作研讨会在山东石岛湾召开。

（五）加强与各国核能组织的合作与交流

2016 年，协会领导会见了美国、法国、日本、韩国、英国等国家以及经合组织核能署、世界核协会等国际组织代表共 32 次，参加国际会议 15 个。其中：协会与美国核电运行研究所共同举办了核电评估与经验交流研讨会；与世界核大学、清华大学共同举办了第十届世界核大学清华周培训研讨会。

## 七、围绕行业重点做好核能宣传工作

（一）按计划完成《中国核能》《核能新闻》《中国核能年鉴》的编辑出版发行工作

会刊《中国核能》重点关注了全国“两会”、“华龙一号”、世界核燃料循环产业、核应急、法国世界核工展、核安全监管、英国核电项目等内容，对重大节点进行及时报道，对主题进行深入挖掘。2016 年，核电建设取得了许多新进展，会刊报道了在建核电项目工程建设进展情况。

同时，充分利用部门的专业能力，发挥专家队伍的作用，在重大问题上发出权威的、科学的、专业的声音。例如，针对产业发展态势，利用协会的课题研究成果，陆续刊发了《2015 年的全球核电》《2015 年的中国核电》《世界核燃料循环产业现状》《“十三五”我国核电产业发展展望》等多篇稿件；围绕内陆核电问题，刊发了《就有关内陆核电安全的质疑谈谈我们的看法》；利用两岸核能合作渠道，编发了台湾核能专家的文章《比利时的核能后端营运》《一位日本小学老师所进行的辐射实践课》等。

完成了 12 期《核能新闻》的编辑出版发行工作，共计约 22 万字。

完成了《中国核能年鉴》2016 年卷的编辑出版发行工作，共计约 73 万字。

（二）保证协会网站安全运行，充分发挥新媒体作用。

协会十分重视互联网的作用，积极发挥网站的传播功能。网站重点关注国家核能发展政策，聚焦核能行业热点，宣传核能发展成果和核能科普知识。2016 年协会网站共发布 2 200 条信息。

2016 年，协会英文网站版面进行了改版，选取适合国外读者阅读的信息，提高了时效性和表现力。

2016 年，对协会微信公众号进行了认证、更名（更名为“CNEA 核能协会”），使微信公众号与协会的对应性更强。

协会新媒体工作有新进展。2016 年协会微信公众号共发布信息 250 天，发布新闻 800 条，总阅读人数 113 462 人次；至 2016 月底，关注人数由 2015 年底的 3 127 人增至 5 010 人。协会微博共发布信息 680 条。

## 八、继续加强秘书处建设，进一步提高办会能力和水平

（一）进一步加强协会制度建设

为适应国家对协会负责人任职管理的规定，根据理事会的决议，秘书处完成了对《中国核能行业协会章程》《中国核能行业协会理事会选举办法》《中国核能行业协会常务理事会和协会负责人选举办法》的修改，同时，新起草了《中国核能行业协会理事长、秘书长选举办法》，经第二届理事会第六次会议审议，同意将修改后的协会《章程》和《中国核能行业协会理事会选举办法》提交会员代表大会审议。

（二）协会组织管理工作

适时召开协会理事会、组织管理委员会和经费管理委员会等有关会议，研究协会重要事项。批准了 11 家单位的入会申请；依据协会章程对两年不缴会费的 10 家单位按自动退会处理。

完成了组织管理委员会和经费管理委员会五年来的工作报告。

完成了协会社团登记证书的年检及财务审计工作。

（三）继续加强协会秘书处建设

根据秘书处各部门的职责，进一步加强内部管理和队伍建设，为适应行业发展需要和会员单位的需求，在恪守协会宗旨的前提下，转变工作思路，拓展服务领域，创新服务方式，提高工作实效，认真完成理事会交办的各项工作，秘书处工作取得新的进步。按照上级党委的要求，继续加强协会秘书处党的组织建设和工会工作。

2016 年 10 月 10 日，完成了核能协会北京技术服务有限公司的工商注册。

# 中国核学会

2016年，中国核学会在中国科协的正确领导下、在第八届理事会的带领下，在国内外学术交流、工程教育认证、决策咨询、科普宣传、国际合作、组织建设与会员服务等方面取得了显著成绩。

## 一、学术交流

（一）举办第十四届中国国际核工业展览会

4月6–9日，第十四届中国国际核工业展览会在北京国家会议中心举办，来自40余个国家的3万余名观众参观或洽谈，为促进国际核能产学研的合作发挥了重要作用。

（二）举办第二十届太平洋地区核能大会（PBNC2016）

4月6–9日，第二十届太平洋地区核能大会在北京国家会议中心召开。李克强总理向大会致贺信，世界主要涉核国家能源部门及大型跨国企业领导人出席会议，来自40余个国家的800余名代表参会，扩大和深化了中国与太平洋地区及世界各国的核能技术交流。

（三）举办第九届国际青年核能大会（IYNC2016）

7月25–28日，第九届国际青年核能大会在杭州举办，来自32个国家和地区的182个国际组织、政府、企业、科研机构的近500名青年核科技专家参会，促进了我国青年核科技人才的培养和成长。

（四）举办第十二届中国核学会“三核”论坛

10月26–29日，第十二届中国核学会核科学、核应用、核经济“三核”论坛在安徽绩溪召开。方守贤、万元熙、李建刚等3位院士及专家学者150余人参会。

此外还组织召开了第二届中国锕系物理与化学学术交流会、核燃料技术发展研讨会、西部核学会联合体首届年会等前沿学术会议。

（五）出版多个报告

出版《中国核科学技术进展报告（第四卷）》《2014—2015年核科学技术学科发展报告》《核技术仪器设备学科发展研究报告》。开展中国科协科技期刊年度优秀论文（能源、化工与环境学科集群）推荐工作，两篇入围中国科协评选出的前100篇优秀论文。

（六）实施创新助力工程

12月22日，举办德阳市服务站揭牌暨签约仪式，同期举办“企业合作与发展论坛”。中国核学会将与德阳市人民政府、德阳市科协在《关于助力德阳核工业装备制造及核技术应用产业发展合作协议》《中国核学会德阳学会服务站共建协议》的框架下开展相关工作。

## 二、工程教育认证

2016年，中国工程教育认证协会正式将核工程专业类认证委员会秘书处设在中国核学会。哈尔滨工程大学核工程与技术专业作为首个试点专业于12月8日顺利完成认证，达到了《华盛顿协议》的标准，由此拉开了核专业本科教育国际认证工作的序幕。

## 三、决策咨询

8月，中国核学会组织王乃彦、邱爱慈等10余名院士专家在陕西西安、宝鸡、渭南等地开展了“利用核能取代燃煤锅炉治理关中城市大气污染”调研。在9月25日召开的第十八届中国科协年会陕西省党政领导与院士专家座谈会上向陕西省党政领导作建议报告，并作为2016年科技工作者4个建议之一上报中央相关部门。

承担的其他重点项目有：《新形势下，我国核能安全利用的中长期发展战略》课题、《2016—2017年中国核技术及应用学科发展现状分析和战略研究》课题、《核物理与等离子体物理学科发展战略研究》课题、《新一代核能用材发展战略研究》课题、《2049年中国科技与社会愿景展望》课题、《2016年双创科技信息应用服务——科技文献信息加工》项目、编写《核科学技术名词》项目、中国科协《国家引才目录》项目，组织“加强核电厂紧固件等大宗材料质量管理”研讨会、“核供热项目技术方案”研讨会、《核安全法（草案）》研讨会等。

## 四、科普宣传

2016年，核学会科普部荣获“《全民科学素质行动计划纲要》‘十二五’实施工作先进集体”称号。核学会荣誉理事长王乃彦院士荣获“《全民科学素质行动计划纲要》‘十二五’实施工作先进个人”称号。科普部连续四年荣获中国科协“全国学会科普工作优秀单位”。

（一）品牌活动

1. 举办第四届“魅力之光”杯全国中学生核电科普知识竞赛及夏令营活动。全国34个省（自治区、直辖市）的38万名参赛者参与网上答题，新媒体平台点击量突破4 000万次。

2. 开展“院士行”活动。7月6日，中国核学会组织杜祥琬、王大中、黄其励、叶奇蓁、倪维斗、赵文智、欧阳晓平等7位院士及16位相关行业的专家开展山东院士行活动。

3. 举办首届中国核科普奖评选活动。共有40家涉核单位84个作品入围，评出特等奖1名、一等奖5名、二等奖7名、三等奖16名等53个奖项。

（二）人才培训和基地建设

1.10月23–29日，举办2016年全国核科普讲师培训班。来自全国近40家核电厂、公司企业、科研院所的60余名核科普宣传人员参加了培训。

2. 开展全国核科普教育基地评选认定工作。中国核工业科技馆等10家单位当选首批全国核科普教育基地。

（三）媒体宣传

1. 组织策划拍摄国内首部内陆核电站科普宣传片《核电安全吗？》，在中外对比中引导公众认识核电。

2. 参与编写中国科协重点科普图书《新科技知识干部读本》，承担“核能引领绿色能源发展”章节的组稿任务。

3. 在新华网“科普中国”平台推出“盘点我国核技术自主创新之路”专题。

4. 弘扬和传承“两弹一星”精神，在中央电视台制作缅怀“两弹元勋”陈能宽院士专题。

5. 为中国科协《科技导报》“核能安全”专刊、中共中央党史研究室《百年潮》杂志“改革开放后的中国核电”专题、中国青年出版社《百年追梦——共和国科学拓荒者传记》系列丛书组稿。

## 五、国际合作

4 月 7 日，在北京举办中美核安全文化行业研讨会。

4 月 8 日，在北京与国际辐照加工协会签订合作协议。

6 月 28 日 –7 月 2 日，中国核学会副理事长雷增光赴美国参加第二十四届国际核工程大会，担任大会主席。

10 月 17–22 日，中国核学会秘书长王德林率团赴马来西亚参加中国核能技术推介会。

11 月 20–23 日，中国核学会率团赴阿联酋参加第二十四届世界核妇女大会。

## 六、组织建设与会员服务

（一）组织召开八届九次、十次常务理事会（通讯方式），八届四次理事会。审议通过新增一个专业分会“锕系物理与化学专业分会”，新增两个团体会员单位。

（二）组织并完成中国科协第九次全国代表大会代表及第九届全国委员会委员候选人推选工作。中国核学会副理事长雷增光同志当选为第九届全国委员会常委，李朝晖、宋代勇二位同志当选为中国科协第九次全国代表大会代表。中国核学会常务理事樊明武院士被授予中国科协荣誉委员。

（三）3 月 26 日，成立第八届理事会标准工作委员会，通过《辐射加工用电子加速器装置运行维护管理通用规范》《卓越核安全文化基本原则》两项团体标准。

（四）分别于 3 月 5 日、11 月 27 日，召开第八届理事会科普咨询教育工作委员会第二次、第三次会议，对首届中国核科普奖和全国核科普教育基地申报材料进行评审。

（五）3 月 8 日，召开第八届理事会妇女工作委员会第四次会议，讨论妇女工作委员会 2016 年工作计划及 2017 年世界核妇女大会筹备工作。

（六）表彰举荐优秀科技工作者。承担国防科技社团联盟“青年人才托举工程”项目，推荐中科院上海应用物理研究所邓海啸等 5 名青年核科技工作者成为“青年托举对象”。承担中国科协“国家引才目录”项目。

（七）中国核学会与中国兵工学会、

中国航空学会等8家学会联合发起中国科协军民融合学会联合体；与中国能源研究会、中国环境科学学会等9家学会共同发起成立中国科协清洁能源学会联合体。承办第十八届中国科协年会军民融合科技创新展览会、军民融合高端论坛及军民融合院士专家座谈会。

（八）重新登记和新发展的会员总人数接近4 000人，为2 000名会员发放了会员证。出版《中国核学会会刊》4期。

# 中国核仪器行业协会

2016年，中国核仪器行业协会贯彻和执行第四届会员大会精神，在各理事单位、会员单位和代表的积极参与和大力支持下，基本完成了计划的工作。

## 一、定期召开理事会、常务理事会

根据协会章程规定，协会2016年6月在西安召开了第四次常务理事会，审议通过了由协会秘书处起草的2016年度工作安排、预算及协会常务理事会换届等事宜。会议确定了11月在武汉召开协会第四届会员大会第五次理事会。

## 二、召开核仪器行业交流会

协会每年召开一次行业会议，为会员搭建交流平台，已成为协会重要活动之一。2016年11月，“中国核仪器行业协会2016年交流会暨第五次理事会”在武汉召开。会议通报了协会工作情况，还邀请部分会员单位发表行业动态、科技进步、科研成果报告。

## 三、积极推进行业培训工作

5月5–13日，中国核仪器行业协会和南华大学共同举办“第四期核仪器与辐射探测技术培训班”。参加培训共计36人。培训班系统地讲解了原子核物理基础、核电子学、核辐射探测、核仪器仪表、电离辐射剂量学等专业课程。

协会举办的4期培训班共计有150名学员参加了培训。协会将进一步了解行业培训需求，使协会培训工作能切实满足会员单位生产、科研、设计和最终用户的需求。

## 四、开展新产品鉴定

应行业有关单位要求，协会开展了新产品、新技术鉴定的准备工作。该项工作的开展，将使协会充分发挥行业平台的作用，为会员单位的产品和技术树立具有行业权威地位的品牌形象，为用户在产品使用上建立更充分的信心。新产品、新技术鉴定工作将成为协会今后发展的重要内容。为此，协会制定了产品鉴定管理办法。经协商，2016年已经开始对一个项目进行鉴定准备工作。下一步，将成立由各单位专家组成的产品鉴定委员会，进一步完善此项工作的机制，逐渐做到常态化、制度化。

## 五、启动中国核仪器产品目录编撰工作

2016年开始了《中国核仪器产品目录大全》编撰的策划准备工作，并在第

四次常务理事会上提交了编撰方案。经常务理事会审议，认为开展《目录》编撰工作很有意义，对于方案中关于经费筹集的方式、开发周期、协会网站上线后的数据中长期维护等方面的问题还需要进一步完善。

## 六、进一步完善和扩大专家库

2015 年，协会建立了专家库，专家库经常务理事单位推荐，60 名专家成为首批协会专家，并获得证书。2016 年协会进一步向会员单位征求专家人选，以扩大协会专家库。

# 中国核工业教育学会

2016年，中国核工业教育学会根据年度工作计划安排和上级主管部门要求，较好地完成了一系列相关工作。

## 一、积极开展独具特色的教育培训工作

2016年，中国核工业教育学会及各理事单位积极开展独具特色的核教育培训工作，主题突出，特色鲜明，取得了成绩。

1. 高校方面：各涉核高校在提升核专业人才培养力度和特色方面，取得了显著的成绩。如南华大学设立了“中国核工业集团公司人才培养基地”，采取订单式培养、继续教育和岗位培训等方式联合培养专业人才。哈尔滨工程大学核工程与核技术专业在2016年接受了工程教育专业认证，成为我国核工程类专业第一个接受工程教育认证的试点专业。南华大学和哈尔滨工程大学的核类专业实施卓越工程师培训计划。东华理工大学强化人才培养特色，对接核工业发展人才需求，根据中核集团“十三五”人才发展要求和江西省委建立昌抚鹰赣核工业产业集聚区的规划，优化人才培养计划，设置专业特色模块，突出人才培养的专业特色；利用学校与核行业系统多个单位联合建立的“产学研用”基地，强化学生实践能力和奉献精神的培养；依托中核集团设立的“海外人才培训基地”为核工业“走出去”战略培养急需人才。

2. 涉核集团、研究院方面：中国核工业集团公司2016年建立了集团公司集中教育培训经费使用管理体系，承接了集团公司重大战略和各产业发展分层次开展全局性和业务性培训共计124项；为培养新员工对“中核人”的价值认同，采取统一组织、统一标准、统一教材、统一考试、统一标识的“五统一”模式，完成了第三个年度的新员工集中入职培训，分7个营地共培训新入职员工2 200余名，由集团总部主要部门领导及经验丰富的专业讲师组成的内训师队伍为新员工授课。

国家电力投资集团公司总结核电培训13年实践经验，提出以“开拓力、工程力、海外力、运营力、提升力、扩展力“为核心的“六力”核电培训模块，为后续精准开展集团公司核电培训输出标准模型。同时，围绕“开拓力”模块，开展了核电前期管理培训及工作研讨会；围绕“海外力”模块，圆满完成南非民用核能培训项目专业培训；围绕“提升力”模块，认真开展核安全文化及核安全与质量培训。

中物院培训中心2016年通过标准化课程建设工作，既将业务专家培训为内训师，又将专家的专业知识和经验进行了挖掘和整理，起到了一举两得的作用；国家级高技能人才培训基地的示范作用日益显著，承办了四川省及成德绵全创区的多项重要培训和比赛组织工作；加强“两弹”精神研究，开发了多门现场教学课程，受

到学员的好评。

## 二、组织召开常务理事会，举办核人才论坛

10月16–17日，由学会主办、东华理工大学承办的学会2016年常务理事会召开。同期举办了“核人才教育培养及展望”论坛，得到了各涉核集团公司、中物院、部分涉核高校的大力支持。7家涉核高校、4家涉核企业集团和中国工程物理研究院等12家单位就论坛主题进行了深入的交流探讨，做了精彩报告与经验分享，从不同角度展示工作成果与经验、对未来核行业人才教育培训工作提出了很好的思路与想法。

## 三、举办主题研讨征文活动

学会组织开展以“核工业教育培训新形势、新发展、新举措”为主题的研讨征文活动，得到了各会员单位的高度重视，通过查重、专家评审等评选出了13篇获奖论文，并在学会理事会年会上进行了表彰颁奖。

## 四、积极开展项目咨询

与核工业管理干部学院合作完成了中国核工业集团公司2015年新员工集中培训跟踪反馈调查。完成了方案的设计、调查的筛选、问卷的下发和回收、数据的统计整理和汇总、调查报告的撰写等工作。

# 中国核工业档案学会

在国防科工局、中核集团公司的指导下，在学会理事的大力支持下，核工业档案学会较好地完成2016年的工作。

1. 积极组织会员单位参加中国档案学会组织的各种学术活动，组织核工业系统的30个会员单位参加中国档案学会组织召开的2016年全国档案工作者年会。

2. 开展2016年核工业档案学会档案学术论文的征集及评选优秀论文工作，共征集论文69篇，评选出16篇优秀论文，并上报中国档案学会参加2016年全国档案工作者年会的论文征集评选工作。有3个单位获档案学术论文征集优秀组织奖。

3. 2016年4月，在四川成都市举办“核工业第十七期档案人员上岗培训班”，邀请四川大学文秘档案学院5位教授授课，共有中核集团、中国核建、中国工程物理研究院的180人参加了为期20天的培训，完成了5门课程的学习。

4. 2016年11月，在河南郑州市召开“核工业档案学会第三届理事会第二次理事大会”，对档案学会前期的工作进行总结，并商定后期的工作。

5. 参加国家民政部组织的2016年第四期全国性行业协会商会秘书长培训班。

6. 继续开展核工业核电文档系统标准编制工作。

7. 完成档案学会的2015年年检工作；接受国防科工局对档案学会的保密检查等。

8. 召开核工业地矿系统档案协作组（第一、二协作组）工作会、核燃料及安防系统（第五协作组）工作会、核工业核电系统（第六协作组）档案工作交流会。

# 中国辐射防护学会

中国辐射防护学会成立于2014年3月18日，是经民政部批准成立的全国性的非营利性社会组织，是国际辐射防护协会（IRPA）的成员国学术团体，由工业和信息化部作为业务主管单位，国家国防科工局作为业务指导部门承担日常监管工作，是国家一级学会。学会的前身是中国核学会辐射防护分会，成立于1980年。

学会挂靠在中国辐射防护研究院，日常管理机构设有综合行政部、学术与国际交流部、公众沟通部与《辐射防护》编辑部四个部门。

学会现任理事长、法定代表人为中国核工业集团公司副总经理杨长利，秘书长杨华庭。学会现有会员单位90余个。

学会主要业务范围为：学术交流、业务培训、科技展览、技术咨询服务、国际合作。

## 一、学术交流

（一）成功举办论坛及年会

5月24–27日，“21世纪初辐射防护论坛”第十四次会议暨第四次全国天然辐射照射与控制研讨会在南京召开。来自科研院所，设计、建造、运行单位、高校和政府管理部门等200余名领导、专家出席了会议。会议首次举办了“辐射防护与环境保护青年科学家论坛”，为青年学者提供交流和展示的平台。会议共收到论文及摘要118篇，收录96篇。

10月24–28日，2016年学术年会在深圳召开。来自国内外业界知名专家，高校、科研院所，设计、建造、运行单位和政府管理部门等近400名领导、代表出席了会议。会议共征集论文投稿243篇，收录200篇，其中92篇被选作优秀论文，在会议设立的“核与辐射应急”“环境监测与评价”“防护和个人、场所监测”和“核设施退役与废物管理”等4个分会场进行了会议交流，开展了深入地学术研讨。

（二）指导分会开展专业学术活动

10月26–27日，在学会指导下，核与辐射应急分会、环境监测与评价分会在深圳学术年会期间，分别组织了核与辐射应急分会场、环境监测与评价分会场的学术交流。

11月8–11日，学会协办的“中美2016年核与辐射应急技术培训与交流会”在山西太原召开。美国能源部/国家核安全管理局Mr. Bryan Robert REED出席会议，来自省级核应急技术支持机构、国家核应急专业技术支持中心、核电厂与核燃料循环设施等20多家相关单位的近60名学员参加了本次培训。

11月30日，学会委派核与辐射应急分会的专家代表赴香港大学与香港辐射防护学会交流了核应急公众防护策略相关问题、公众关心的福岛核事故期间对香港的影响、香港政府采取的防护策略，以及香港特区对大亚湾场址的关注及可能采取的行动策略。

12 月 13 日，在学会指导下，放射卫生分会在海口组织召开了第一届放射卫生学术交流会。

12 月 23 日，在学会指导下，聚变辐射防护分会在合肥组织召开了第一届聚变辐射防护学术交流会。

## 二、国际合作

5 月 9–13 日，学会组织 15 名专家代表，参加了国际辐射防护协会 (IRPA) 在南非开普敦国际会议中心 (CTICC) 举行的第 14 届国际会议。

7 月 17–21 日，学会派遣刘立业研究员参加了美国保健物理学会在华盛顿州斯波坎市举行的第 61 届年会，并作分会场口头报告。

10 月 24–28 日，国际放射防护委员会（ICRP）全体主委一行 15 人应邀出席学会在深圳举办的 2016 年学术年会，就国际放射防护相关领域的热点研究工作展开交流。

## 三、期刊发展

（一）编委会换届

3 月 31 日上午，《辐射防护》杂志第六届编委会第一次会议在北京召开。上届主编李德平院士，本届主编潘自强院士，以及其他来自 30 多个单位的近 70 位编委及编辑部全体成员出席了本次会议。

（二）召开座谈会

10 月 26 日，《辐射防护》杂志编辑部与参加学会 2016 年学术年会的编委及代表进行了座谈。各位专家就如何提高杂志影响力、建设网上稿件处理系统、加强编委及编辑工作提出了建议。

## 四、决策咨询

12 月 6 日，学会在北京召开《核安全法（草案）》研讨会，来自十多家相关单位的 19 位专家出席了会议。各位专家就草案文本中的 86 条法规逐条进行认真探讨，并提出了相应的修改建议。

## 五、科普宣传

（一）举办首届全国高校学生课外“核 + X”创意大赛

由中国辐射防护学会和教育部高等学校核工程类教学指导委员会共同发起的全国高校学生课外“核 + X”创意大赛，是学会首次面向高校学生开展的核科普活动。大赛受到高校学生和社会公众的广泛关注，媒体点击量达数万次，全国 26 所涉核高校学生踊跃报名参赛，经专家初评、终审，17 件作品获奖。

（二）优化网站、微信公众平台

优化学会网站版面及内容，重新设计、改版升级，整合现有内容与新增内容，重新设置栏目。

微信公众平台内容增加科普宣传模块，采用图文、视频等多种方式发布信息，实现微信公众平台“传递信息、服务公众”的功能。

## 六、组织建设与会员服务

（一）指导开展分会成立工作

5 月 25 日，中国辐射防护学会天然辐射防护分会在南京召开成立大会，该分会挂靠于中国原子能科学研究院。

10 月 25 日，中国辐射防护学会核与辐射应急分会在深圳召开成立大会，该分会挂靠于中国辐射防护研究院。

10 月 25 日，中国辐射防护学会辐射环境监测与评价分会在深圳召开成立大会，该分会挂靠于环境保护部核与辐射安全中心。

12 月 13 日，中国辐射防护学会放射卫生分会在海口召开成立大会，该分会挂靠于中国疾病预防控制中心辐射防护与核安全医学所。

12 月 23 日，中国辐射防护学会聚变辐射防护分会在合肥召开成立大会，该分会挂靠于中科院核能安全技术研究所。

（二）积极推进申请加入中国科协的工作

2015 年 2 月 29 日，学会向中国科协提交了入会申请材料，此后，积极推进申请加入中国科协的工作。2016年5月15日，中国科协学会学术部赴学会进行了现场调研，按照要求，学会于 2016 年 12 月 6 日完善了相关申请材料。

# 企业风采

# 中国核工业建设集团公司

中国核工业建设集团公司是中央直接管理的国有重要骨干企业，是经国务院批准的国家授权投资机构和资产经营主体。中国核建坚持“以核为本、两业并重、适度多元”的发展方针，即：以核军工、核电建设、核能利用为立足之本，承担国家级核事故应急救援任务，拓宽核技术应用领域；同步发展工程建设服务业务及清洁能源开发利用业务；选择与主业相关的领域进行适度拓展。

在军工工程领域，中国核建承担了大量的国防科技工业军工建设任务，积累了丰富、先进的工程技术和管理经验，在高精尖和技术、保密等要求较高的军工建设领域以及核军工工程领域形成了独特的优势，成为国防军工工程的主要承包商之一。

在核电工程建造领域，中国核建安全优质高效地完成了我国压水堆、实验快中子反应堆、重水堆等多种不同堆型核电站的建造，具有30万、60万、70万、100万千瓦级各个系列机组的建造能力与业绩，具备同时承担40台核电机组的建造能力。目前，中国核建是国内外唯一一家连续30余年不间断从事核电建造的企业集团，承担着祖国大陆所有在建核电站核岛部分的建造任务，并圆满完成了巴基斯坦恰希玛核电站的建造，形成了具有国际先进水平的核电建造管理模式。

中国核建积极发展以核能产业化及中小水电开发利用为代表的清洁能源业务。在核能产业化方面，深化与清华大学等相关方面的产学研合作，开拓以高温气冷堆、低温核供热堆为代表的先进核能利用业务，逐步实现产业升级，提升核心技术水平。在水电及其他清洁能源开发方面，形成了以水电投资为主，电网、风电、光伏等产业协同发展的业务布局并保持了较快发展速度。

核电建造能力拓展到民用和工业领域，先后承建了遍及市政、交通、能源、石化等海内外多个行业的大批重点工程项目；积极开展环保水务、房地产、投融资业务，逐步形成适度多元发展格局。

2016年6月6日9时30分，A股市场第一家核电建设上市企业——中国核工业建设股份有限公司成功挂牌上市

2016年3月20日，中国核建参与投资并承建的石岛湾高温气冷堆核电站示范工程反应堆压力容器成功吊装就位

2017年5月25日，中国核建承建的“华龙一号”福清核电5号机组顺利实现穹顶吊装

# 中国广核集团

中国广核集团（简称“中广核”）历经三十多年的健康快速发展，已形成“4+X”的产业格局，包括核电、核燃料、新能源、金融服务四大产业板块和核技术等若干培育中的新业务，目前拥有中广核电力、中广核新能源、中广核矿业和中广核技等四家上市公司。截至2017年6月底，中广核在运清洁能源装机容量4 503万千瓦，资产总额5 855亿元，员工总人数3.8万人，规模效益综合指标稳居中央企业前30强。

作为我国最大、全球第五大核电运营商，中广核坚持“一次把事情做好”的核心价值观，建立了与国际接轨的专业化核电生产、工程建设、科技研发、核燃料供应保障体系，拥有8个国家级科研机构、1个国家重点实验室。截至2017年6月底，拥有在运核电机组20台，装机容量为2 147万千瓦，在建核电机组8台，装机容量为1 027万千瓦，是中国最大的核电运营商（占比62%）、全球在建规模最大的核电建造商（占比16%）。其中，“华龙一号”国内示范项目防城港核电二期工程建设进展顺利。

按照“主业突出、相关多元”的战略部署，中广核核燃料、新能源、金融、核技术等产业稳健发展。核燃料产业完成了铀资源海外布局，开拓纳米比亚、哈萨克斯坦、乌兹别克斯坦等全球富铀地区，保障未来30年天然铀的可靠供应。新能源项目已覆盖国内29个省、市、自治区，拥有风电在运装机容量达1 093万千瓦，太阳能光伏发电项目发电装机容量201万千瓦。在非动力核技术应用领域，通过资产并购实现了跨越式发展，在加速器、辐照加工、高新材料等领域处于行业领先地位。

中广核积极贯彻落实国家“一带一路”倡议，布局全球，着眼未来。目前，中广核国际业务已分布在20多个国家，海外收入占比超过20%，并创造了我国企业走出去的“八个最”，分别是中国在英国及欧洲最大的投资项目“英国核电项目”、中国在非洲最大的实体投资项目“湖山铀矿”、马来西亚最大的外国直接投资者、中国在爱尔兰投资最大的企业、孟加拉国最大的独立发电商、埃及最大的独立发电商以及比利时最大的陆上风电场。

2016年7月13日，自主知识产权的核级DCS通用平台——“和睦系统”顺利通过IAEA审评

2016年10月1日，广西防城港核电厂一期工程全面建成

2016年12月30日，纳米比亚湖山铀矿完成矿建并成功投产

2017年3月15日，阳江核电4号机组完成所有调试工作，正式投入商业运营

## 国家电力投资集团公司

国家电力投资集团公司于2015年5月由中国电力投资集团公司与国家核电技术公司重组组建。

—— 中国五大发电集团之一

—— 中国三大核电开发建设运营商之一

—— 世界五百强企业之一

—— 致力于全球业务的国际化公司

—— 拥有7家上市公司，包括2家香港红筹股公司和5家国内A股公司

注册资本金450亿元，资产总额8661亿元，员工总数12.7万人，年销售收入1800多亿元。

## 国家核电技术公司

国家核电技术公司成立于2007年5月，2015年5月与中国电力投资集团公司联合重组，组建为国家电力投资集团公司。重组后，国家核电作为国家电投控股的产业集团，继续全面承担我国第三代核电自主化战略任务。

### 核电站研发设计

研发设计 CAP1400/1700 核电站
实现国产化 AP1000 标准设计
研发设计中国首座核电站
——秦山核电站
设计中国首座出口核电站
——恰希玛核电站

### 核电站运营服务

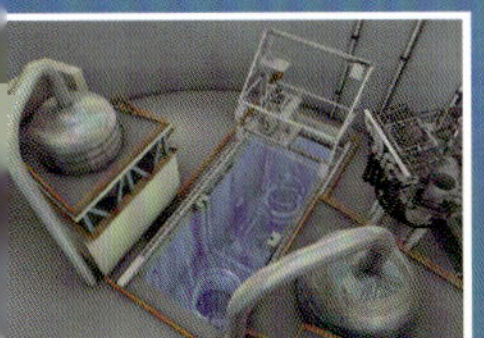

全寿期保障服务
一站式供应服务
菜单式选用服务

### 核电相关设备制造

AP/CAP 钢制安全壳和模块制造
海绵锆及锆材制造
研发制造先进反应堆数字化仪控系统
核电设备及材料的验证

### 电源电网服务

研发设计/总包建设电源电网
电源运行及服务

### 核电投资运营

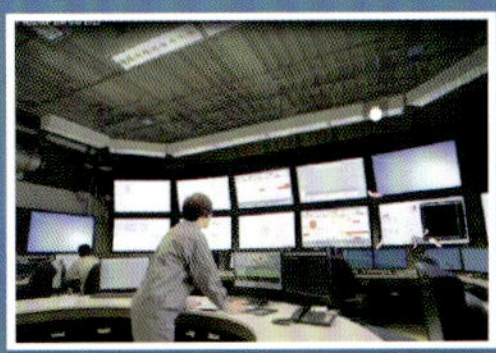

红沿河核电站
海阳核电站
CAP1400 示范电站
核电厂址开发

### 核电EPC

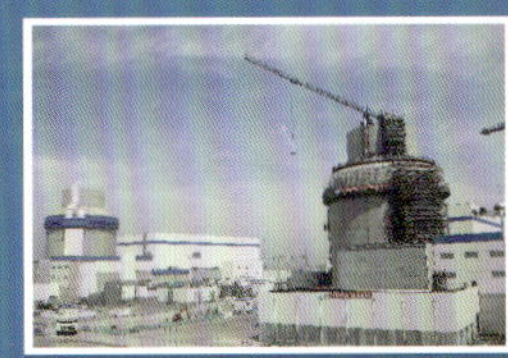

总包建设世界首批AP1000 项目
总包建设 CAP1000 项目
总包建设 CAP1400 核电项目
建立 AP/CAP 全球采购平台

### 核能科技基础研究

第四代反应堆的研发设计
核电核心设计软件的开发运用

### 新能源

研发设计/总包建设新能源
新能源运行及服务

# 中国核能电力股份有限公司

中国核能电力股份有限公司（简称“中国核电”，股票代码:601985）前身是中核核电有限公司，成立于2008年1月21日。本部设于北京，2010年开始实体运作，由中国核工业集团公司控股，中国长江三峡集团公司、中国远洋运输（集团）总公司、航天投资控股有限公司共同出资发起设立。2015年6月10日，公司作为A股第一家纯核电企业成功上市。

公司经营范围涵盖核电项目及配套设施的开发、投资、建设、运营与管理；清洁能源项目的投资、开发；输配电项目投资、投资管理；核电运行安全技术研究及相关技术服务与咨询业务；售电等领域。

目前控股的核电基地有：浙江秦山、江苏田湾、浙江三门、福建福清、海南昌江等基地。

2016年公司主营收入300.09亿元，利润总额92.32亿元，机组发电量870.3亿千瓦时。截至2017年6月10日，公司拥有控股子公司22家、合营公司2家、参股公司3家；控股在役核电机组16台，装机容量1 325.1万千瓦；控股在建核电机组9台，装机容量1 037.7万千瓦，总资产规模超过2 800亿元，员工总数超过1.1万人，累计发电量超过6 000亿千瓦时。公司曾荣获“中央企业先进集体”荣誉称号，2016年公司品牌价值居《财富》500强第209位。

按照国家“安全发展核电”的方针，本着对国家、对核事业高度负责的精神，中国核电始终坚持安全第一、质量第一，将安全生产作为公司发展的生命线，创造了130多堆年安全无事故的核电运行业绩。

面对我国由核大国发展为核强国的历史机遇，中国核电将在“规模化、标准化、国际化”的公司战略指引下，贯彻“追求卓越、超越自我”的公司价值观，坚守“奉献安全高效能源、创造清洁低碳生活”的公司使命，致力于为企业创造价值、为股东创造利润、为员工创造幸福、为社会创造财富，为建设“魅力核电、美丽中国”而不懈奋斗！

秦山核电

田湾核电

福清核电

海南核电

三门核电

# 华能核电开发有限公司

华能核电开发有限公司（简称“华能核电公司”），是中国华能集团公司设立的全资子公司。作为华能集团专门负责核电产业的专业化公司，主要从事核电的投资、开发、生产、上网送电、核电及相关领域的科技研发和技术服务等。

华能核电公司始终致力于核电开发，积极开展核电产业链投资。高温气冷堆核电站示范工程正在建设，山东石岛湾核电厂址、福建霞浦核电厂址列入国家核电中长期发展规划。辽宁普兰店、安徽铜陵、江西鹰潭等核电厂址完成初可研审查，具备列入国家核电规划的条件。参股的海南昌江核电项目一期工程全面建成投产。

华能核电公司在高质量、高水平建设高温堆核电站示范工程的基础上，抓住国家推动沿海核电建设的机遇，稳步推进高温气冷堆商业化推广，积极开展核电新项目开发，全力打造高效、科学、规范的华能核电建设运营管理体系和高素质的人才队伍，为华能集团公司优化能源结构、实现绿色发展、保持行业领先做出贡献。

霞浦核电厂址规划效果图

中国华能集团公司西单大厦办公楼

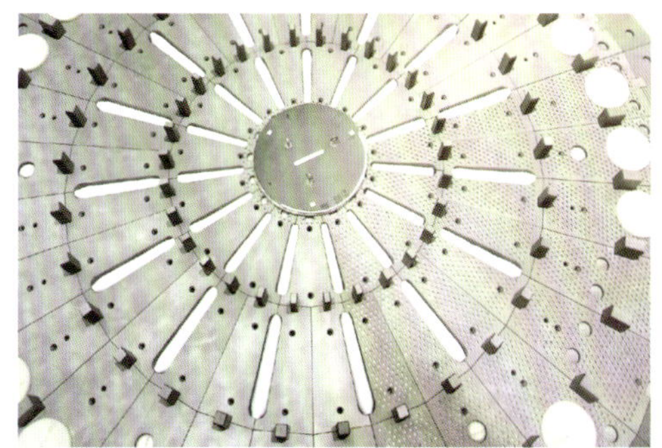

高温气冷堆陶瓷堆内构件

高温气冷堆核电站示范工程建设现场

# 上海电气集团股份有限公司

上海电气集团股份有限公司（以下简称“上海电气”）是大型综合装备制造业集团，主导产业聚焦能源装备、工业装备和相关服务领域。上海电气是中国装备制造业领导品牌。在亚洲品牌500强评选中，上海电气排名亚洲机械类品牌第五名，中国机械类品牌第一名。核能发电设备是上海电气的主导产品之一。

上海电气是中国核电设备制造的发源地。三十年的核电发展使上海电气形成了从核岛的压力容器，蒸汽发生器，稳压器，堆内构件，控制棒驱动机构，核电主泵，核二、三级容器，核二、三级泵，装卸料机等设备到常规岛的汽轮机、发电机和主要辅机、热交换器以及大型锻件和仪控仪表等核电设备的配套供应链。

上海电气的核电产品几乎覆盖了国内的所有核电站。在已投运的核电站中，包括秦山一期、二期和二期扩建，巴基斯坦恰希玛1号、2号、3号，清华大学高温气冷堆，大亚湾，岭澳一期、二期，宁德，红沿河，阳江，方家山，福清，昌江，防城港等。在在建的核电工程中，包括巴基斯坦恰希玛4号，田湾等二代加核电项目；巴基斯坦卡拉奇2号、3号，三门，海阳，台山等三代核电项目；高温气冷堆示范工程等。

上海电气建有临港和闵行两大核电制造专业化基地。临港基地是新建的特大、特重、超限的装备制造基地，聚焦核岛和常规岛主设备的制造，一期工程于2008年投产，二期扩能工程于2011年完工，使上海电气的核电关键设备的制造满足年产10套堆内构件和控制棒驱动机构，6套压力容器和蒸汽发生器，12台核电主泵，50台/套核二、三级泵，6套常规岛半速汽轮发电机机组的能力。闵行基地以满足超大、超重、高技术发展的大型铸锻件需求为主，能提供最大铸锻件钢锭600吨、最大铸件450吨、最大锻件350吨，实现年产1 000 MW级核岛容器类重型设备（压力容器、蒸发器、稳压器和主管道）的配套锻件6套和1 000 MW反应堆堆内构件锻件10套的目标。

高温气冷堆示范工程首台压力容器发运

首批国产AP1000依托项目蒸汽发生器发运

汽轮机1 905mm末级长叶片

高温气冷堆示范工程首台金属堆内构件

中核二三公司承建的"华龙一号"首堆示范工程福清核电5号机组首台蒸汽发生器吊装

# 中国核工业二三建设有限公司

中国核工业二三建设有限公司（简称"中核二三公司"），是中国核工业建设股份有限公司重要成员单位，创立于1958年，是中国具有一定规模的核工程综合安装企业，连续30余年不间断从事核电站核岛安装，是经国家住房与城乡建设部核定的施工总承包一级企业，拥有国际原子能机构（IAEA）授权的全球唯一的"核电建设国际培训中心"。作为国家高新技术企业，中核二三公司还设有北京市博士后（青年英才）创新实践基地工作站。

近60年来，中核二三公司承担了中国大陆包括"两弹一艇"建设任务在内的全部核军工，以及绝大部分核电站核岛、核科研安装工程的建设任务，在军工工程、核工程、石油化工、航空航天、环保、建材、汽车、火电、轻工纺织、电子、新能源等领域中创造了多项优良纪录，先后6次荣获中国建筑行业工程质量最高奖——鲁班奖，100余次荣获省部级奖项。多次被党和国家领导人誉为重大工程建设的"国家队""铁军"。

当前，中核二三公司全面推进深化改革，积极践行转型升级战略，加强技术研发及知识产权保护，强化人才队伍建设，努力拓展产业链，形成了集设计、建造、培训于一体的国际化核电建设体系。同时，积极拓展军工、民用，以及海外市场，扩大市场份额，形成同步发展的新格局，正朝着"成为具有技术研发、投融资和EPC总承包能力的国际工程公司"目标迈进。

中核二三公司与中国核动力研究设计院签订战略合作框架协议，共同推动核产业链深度融合

中核二三公司核级焊工未晓朋当选党的十九大代表，参加党的十九大盛会

# 山东核电有限公司

山东核电有限公司成立于2004年9月，隶属于国家电力投资集团公司，由国家核电技术公司控股，是国家引进第三代核电技术AP1000自主化依托项目——山东海阳核电项目的业主单位，全面负责项目前期开发、设计建造和运营管理，肩负着引进、消化、吸收三代核电AP1000、推进中国核电发展的时代重任和历史使命。

海阳核电项目位于烟台市辖海阳市，厂址三面环海，地理位置优越。项目规划建设6台百万千万级核电机组，并预留两台扩建场地。一期工程1、2号机组为125万千瓦AP1000核电机组，1号机组预计2018年商运，2号机组与1号机组保持10个月的间隔工期。3、4号机组“两评报告”已经获批，项目申请报告已上报国家发改委，现场具备开工条件。

海阳核电建成投产后，将成为山东电网的主力电厂之一，不仅能有效地缓解山东能源供求的结构性矛盾，推进能源供应结构多元化的进程，减少对煤炭等传统能源的依赖，而且能保障山东省的能源安全和经济安全，为地方和区域经济的可持续发展提供强大的动力。海阳核电一期工程两台机组投产后，年发电约175亿千瓦时，根据2016年全年山东省城乡居民用电量为554.38亿千瓦时来测算，可满足省内近1/3家庭的年用电。

海阳核电落地以来带动了当地的发展，海阳市成立了国内首个具有行政建制的核电装备产业园区，形成了以海阳核电为中心、辐射全省的集研发、设计、设备制造和运营服务于一体的核电产业集群，对当地产业结构升级、综合实力提升具有重要意义。

海阳核电厂区

# 海南核电有限公司

海南核电位于海南省昌江县海尾镇塘兴村，濒临北部湾，厂址规划建设四台大型核电机组。2010年4月25日项目整体开工建设，一期建设两台机组，总投资约249.1亿元。目前，一期工程1号机组于2015年12月25日正式商运，2号机组于2016年8月12日商运投产，标志着海南核电一期工程全面建成投产。目前，二期工程3、4号机组正有序开展前期工作。

海南核电一期工程以我国自行设计和建造的第一个标准化商用核电站——秦山核电二期工程为参考电站，采用中核集团自主研发的具有我国自主知识产权的CNP650压水堆核电技术，综合国产化率达到82%以上。

海南核电有限公司作为海南核电项目业主单位，由中国核能电力股份有限公司（股比51%）、华能核电开发有限公司（股比19%）、华能国际电力股份有限公司（股比30%）共同出资组建，全面负责核电项目的建造、调试与运营管理。

海南核电1、2号机组可年发电90亿～100亿千瓦时，约可占海南省电力供应的30%；相比同等容量的煤电机组，每年可以减少燃用标准煤约260万吨，可减少二氧化碳排放约780万吨、烟尘约450吨、二氧化硫约1 600吨、氮氧化物约9 700吨，环保效益显著。

海南核电有利于优化海南能源结构，改善能源布局，促进产业结构调整，增加地方劳动就业，带动旅游产业，提升综合竞争力，对推动海南经济社会可持续发展、跨越式发展具有深远的影响。海南核电为海南省实现“生态立省”“绿色崛起”，打造“国际旅游岛”的宏伟蓝图，为海南省的可持续发展提供了绿色能源和强劲动力保障。

海南核电2号穹顶吊装

海南核电“神舟”

海南核电外景

海南核电夜景

# 上海阿波罗机械股份有限公司

上海阿波罗机械股份有限公司，是一家专业化、集约化的核电站核级泵、重要非核级泵及核电后处理设备的核电全产业链设备供应与服务商。公司取得了由国家核安全局颁发的核二级《民用核安全设备设计/制造许可证》，并于2015年6月17日成功登陆新三板。

公司拥有一支具有丰富开发设计、组织生产、计划调度、外协管理、工艺指导、发运、现场安装和调试服务经验的产品开发团队。与多家有志于核电设备国产化的大学和科研单位以产学研合作模式，建立了长期的技术合作关系，研发了多项具有高科技含量的科技成果，此种模式被中国产学研合作促进会授予了“中国产学研合作创新与促进奖”。

在国家“一带一路”倡仪和核电“走出去”战略引领下，公司抓住《中国制造2025》的发展机遇，进一步在燃料体系、产品全生命周期管理及退役技术上不断探索进取，勇做细分市场的全球冠军。公司以“升华自我，共享未来”为经营理念，以“实现客户价值、提升员工价值、按国际一流标准振兴中国装备制造业”为使命，以“创建卓越精英团队，打造百年盛世品牌”为愿景，以“成为全球核电用泵及全球高端泵市场的设备提供者”为战略目标；要带出一支掌握世界水平核心技术的技术团队，带出一支与世界接轨、掌握核心管理技术的管理团队；建设拥有一流加工设备、先进工艺技术体系的制造试验工厂。

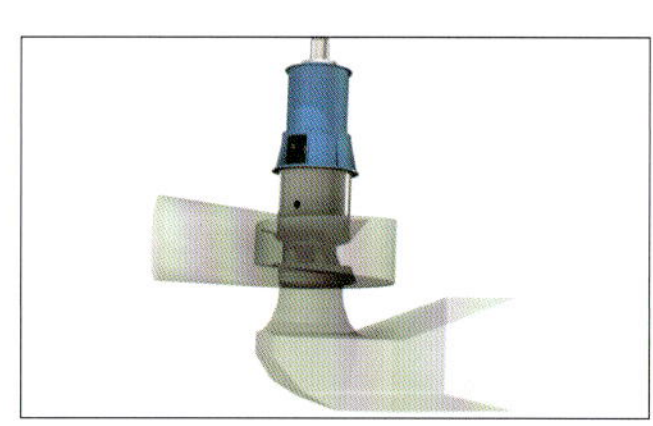

循环水泵CVP系列

主给水泵

辅助给水电动泵

企业效果图

# 核工业北京化工冶金研究院

核工业北京化工冶金研究院（以下简称“核化冶院”）创建于1958年，位于北京市通州区，是一所以铀矿采冶和湿法冶金技术研究为主，集科研教学、产品开发和生产经营为一体的综合性高科技研究院，拥有一支高学历、高职称、高素质的科技骨干队伍。核化冶院作为核燃料循环前端唯一专业从事铀矿采冶、天然铀化学化工研究的多学科综合性开发研究机构，目前研究领域涉及矿山地质、铀矿开采、铀提取冶金、铀纯化转化、分析计量、辐射防护、退役与三废治理、安全环保、仪器仪表自动化控制等多个领域，所开发的具有完全自主知识产权的地浸采铀技术、硬岩铀矿堆浸技术达到世界领先水平。同时，核化冶院积极发挥技术优势，开拓市场，在非铀矿产资源开发、工程咨询与服务、安全环保产业、分析测量、放射性仪器研制、环境在线监测仪器研制、特种树脂和萃取剂研制等领域具有技术研发、技术服务、工程设计等能力，形成了具有一定市场竞争力、兼具自身特色的军民融合产业。

核化冶院拥有建设项目安全评价资质（甲级）、建设项目环境影响评价资质（甲级）、铀矿山工程设计资质（甲级）、铀选冶工程设计资质（甲级）、放射性三废处理处置工程设计资质（乙级）、中国国家实验室认可证书、国防科技工业实验室认可证书、国家级计量认证证书、进出口权等。

核化冶院将以创新发展为重点，践行国家“一带一路”倡议，实施核电“走出去”战略，与各界朋友精诚合作、携手共进，共同谱写核工业北京化工冶金研究院的新篇章！

地浸钻井

堆浸矿山

核化冶院综合楼

钒生产企业鸟瞰图

# 海盐·中国核电城

海盐·中国核电城地处中国经济最发达地区——长江三角洲的中心地带，与上海、杭州、宁波、苏州形成一小时交通圈。同时，又位于未来中国核电沿海、沿长江“T”形发展的交汇点。海盐·中国核电城优越的地理位置为中国核电及至世界核电发展提供高效、快捷的配套服务。围绕“产城一体”的理念，中国核电城规划建设“一轴五区”，覆盖海盐全境，以海盐县城为中心构建以产城融合为特色的130平方公里沿海核电产业带，立足海盐，服务全国，面向世界的核电关联产业承载平台得到了有效的优化和提升。

近年来，海盐·中国核电城把握能源发展大势，依托秦山核电，立足核电特有优势，通过建立全国首家核电关联产业联盟，出台首部核电关联产业扶持政策，合力发展，接轨核电，发展核电关联产业。借助央企、外企、民企“三企”之力，整合资源，借梯登高，核电关联产业形成了央企带头、世界500强引领、民营企业抱团发展的良好局面。海盐以核电发展为引擎，倾力打造核电小镇，规划建设“一区两园”，即核电工业科技旅游区、核电运行服务产业园和中法共建核能关联产业园，引导要素资源向“一区两园”集聚，实现核电生产性服务业、核电装备制造业产值跨越式增长，海盐核电小镇成功选入浙江省首批特色小镇。

2016年，海盐县核电关联企业实现产值247亿元、涉核销售与服务超8亿元，核电关联企业通过接轨核电、引入核安全文化意识，以严谨、求实、精细、过硬的产品和服务推动转型升级，以核电带动民品做大做强实体经济。

海盐·中国核电城以资源优势、区位优势、品牌优势、人脉优势致力于打造服务全国核电事业发展特色产业集聚地。

核工展期间全国政协副主席齐续春参观中国核电城展区

企业赴秦山核电交流学习

核电专家上门帮扶企业

第三届国际核电运维大会暨第二届核电海盐峰会顺利召开

# SXD 陕西柴油机重工有限公司

陕西柴油机重工有限公司（以下简称“SXD”）是我国海军舰艇动力的科研生产基地和国内具有一定规模的中、高速大功率船用柴油机制造商及柴油发电机组专业成套供应商，是国家核安全局民用核安全设备设计/制造许可证书（1E级核电应急柴油发电机组）的第一个持证成套厂商，是核电应急柴油发电机组国产化的先行者。

目前主要生产缸径160~400毫米，转速500~15 00转/分，功率500~12 000千瓦的11个系列四十余型柴油机以及450~11 000千瓦柴油发电机组。广泛应用于舰船动力、核电站应急电源、船舶电站、海洋平台、陆用电站、内燃机车及大型泵站等。

为巩固核电应急柴油发电机组市场，SXD于2011年成立了西安电站工程分公司，承担核电站应急与备用柴油发电机组的成套供货，负责发电机组的成套设计、工程管理、设备采购，以及现场安装、调试服务工作。在核电领域，陕柴重工分别与中国核电工程有限公司、中广核工程有限公司、国核工程有限公司、中国中原对外工程公司、中珐国际核能工程有限公司签定了91台/套核应急柴油发电机组的供货合同，合同总额超过40亿元，核电市场占有率达到70%以上，是国内核电应急柴油发电机组主要供货商。目前交付机组42台/套，其中已投入运行机组34台/套。

未来，SXD将紧密跟踪国家核电发展规划，保持产品和技术优势，巩固国内市场份额，进一步推进核应急柴油发电机组的国产化，并借助中国核电“走出去”战略机遇拓展海外核电市场，实现由动力装备制造商向能源装备供货商的战略转变，为中国高科技能源产业的发展作出贡献。

厄瓜多尔陆用电厂项目12PC2–6机组

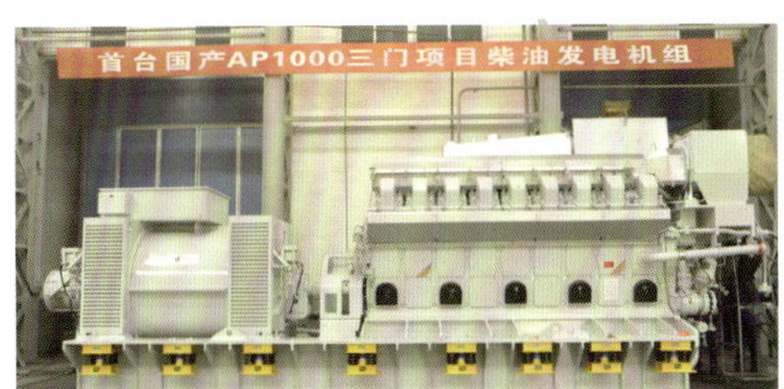


首台AP1000柴油发电机组18PA6B机组

12PC2–6B机组

海洋钻井平台原油发电机组MAN8L 32–40

# 中广核核技术发展股份有限公司

中广核核技术发展股份有限公司（股票简称：中广核技，股票代码：000881.SZ）是中广核核技术应用有限公司与中国大连国际合作（集团）股份有限公司进行重大资产重组后，于2017年2月27日在深圳证券交易所重组上市的核技术应用产业领先企业，是国内首家核技术应用上市公司，也是中国广核集团首家A股上市平台，公司注册资本1,055,597,987元。

公司是中国广核集团发展核技术应用产业的战略性产业化平台，目前已实现电子加速器制造、辐照加工服务和改性高分子材料三大核心业务单元的国内布局，正积极拓展国际市场，并稳步推进核医学、核仪器装备以及辐照新应用等新兴业务。

公司是国内最大的工业电子加速器研发制造企业，产品覆盖低、中、高能区，是国内拥有电子加速器类型、结构形式、型号最全的公司，产品远销美国、印度、韩国、泰国、巴西、巴基斯坦、印尼等海外市场，特别在东南亚、南亚地区，其市场占有率处于领先地位。公司在电子束辐照技术处理工业废水、轮胎预硫化、辐照固化、软饮料包装辐照消毒灭菌等多个电子加速器应用新领域也处于行业领先地位，可为客户提供一揽子整体解决方案。

公司是国内最大的电子加速器辐照加工服务提供商，全面掌握医疗卫生用品消毒灭菌、食品保质保鲜以及线缆、热缩材料、片膜、电子元件等材料改性应用技术。截至2017年6月，公司旗下共拥有43台电子加速器用于辐照加工服务，主要分布在长三角、珠三角等地区，其中3台高能电子加速器用于消毒灭菌、40台用于材料改性，是国内电子加速器数量最多、产能规模最大、辐照产品范围最广的电子

0.8 MeV高频高压型自屏蔽电子辐照加速器

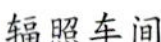

辐照车间

10 MeV高能电子直线加速器

重组更名暨上市仪式

束辐照加工企业。同时，公司拥有国内唯一的电子束辐照灭菌剂量确认CNAS实验室，可为客户提供第三方检测服务。

公司是国内最大的高端线缆材料制造商，具备核级电缆材料供货资质，占据国内舰船电缆材料超过50%的市场份额，是全国最主要的特种线缆料生产企业之一。产品涵盖改性线缆高分子材料和改性工程塑料。改性线缆高分子材料产品包括线缆高分子材料、环保再生材料、特种弹性体材料，广泛应用于核电、新能源、轨道交通、航空航天、汽车、建筑、光通讯、电子产品、海工装备等领域。改性工程塑料包括改性尼龙类、改性聚碳酸酯、改性聚烯烃类等六大类、一千多个牌号，主要应用于工业电器行业、汽车工业、电子工业、建筑材料行业、新能源、航空等领域，其中“高CTI值高阻燃性增强聚酰胺”获中国专利优秀奖。

公司正积极拓展核医学业务，主要涉及医用直线加速器、医用质子重离子加速器、放射性同位素和稳定同位素等领域。

公司受控股股东（中广核核技术应用有限公司）委托，托管其核仪器仪表研发制造业务，产品包括核电站专用仪控产品、放射性在线监测系统、放射源在线监测系统、通道式放射性监测系统、便携式辐照检测仪器等。其中，HY2231型反应性仪打破了国外产品垄断；HY5511型基于小型加速器中子源的可移动式中子成像检测仪，是国内首台可移动式热中子成像和快中子成像双用检测仪；“面向铀矿与环境的辐射探测关键技术、设备及其应用”研发项目获得国家科学技术进步二等奖。

截至2017年6月，公司拥有国家级研发平台3个、国家级第三方认可实验室2个、院士工作站1个、博士后科研工作站5个、国家与地方联合及地方级科研中心23个、高新技术企业13家，拥有有效专利384余项，技术秘密2 800项以上。（此数据包括受托管公司）

公司始终遵循“高投资回报、高市场潜力、高技术附加值、高社会价值、高员工成长”的可持续发展原则，始终以人才、技术、文化为核心竞争力，致力于成为中国核技术应用行业领跑者！

# 中国建筑第二工程局有限公司
# 中建电力建设有限公司

中国建筑第二工程局有限公司隶属于中国建筑股份有限公司，注册资本人民币50亿元，具备“民用核安全设备安装许可证”和“建筑施工总承包特一级”“市政公用工程施工总承包特级”“电力工程施工总承包一级”等资质，并拥有各类电厂建设、设备安装、土木建筑、建筑设计、路桥、市政施工、房地产开发等专业施工，及多元化经营能力和30年的核电建设经验。公司秉承“品质保障、价值创造”的核心价值观以及“诚信、创新、超越、共赢”的企业精神，经营区域覆盖国内二十余个省、自治区、直辖市和港澳地区，并延伸至东南亚、中东、南部非洲等海外市场，是国内同时具备核电、火电、水电、风电以及其他清洁能源电厂施工能力，掌握EPR及“华龙一号”等三代核电站核岛施工技术，精通核电站常规岛施工技术的大型建筑企业集团。

公司总部位于北京，下设法人性质的全资子公司12个、海外公司3个、控股公司3个，非法人性质的区域公司5个、专业分公司3个、海外公司2个。公司具备雄厚的人才资源，其中享受政府特殊津贴专家及教授级高级工程师53人，高级专业技术人才1 450人，中级专业技术人才2 612人，注册一级建造师1 340人，其他注册人员828人。

公司已熟练掌握欧洲三代核电厂核岛、常规岛、BOP施工一体化技术，被誉为“电力建设的劲旅”。曾参与建成大亚湾核电，岭澳核电一、二期等项目常规岛和BOP土建工程达12个。

正在参建核电项目包括：台山核电2号核岛土建工程，台山核电1、2号机组常规岛土建工程，广西防城港核电3、4号机组核岛土建工程等11个。此外还中标了徐大堡核电常规岛土建工程等。

公司实施科技兴企战略，拥有北京市认定的企业技术中心，有100余项科技成果获国家或省部级科技成果奖，其中有关核电建设的《第三代（EPR）核电站施工技术研究》《EPR核电站大吨位预应力施工技术研究》《安全壳内衬特种钢材与核燃料池不锈钢衬的焊接技术》等多项科技成果达到国际水平。

中建电力建设有限公司是由中国建筑股份有限公司和中国建筑第二工程局有限公司共同出资，以中建二局核电建设分公司为主体组建而成，注册资本人民币4.6亿元，作为中建二局核电项目的施工主体。

## 核电项目业绩及介绍

### 1.广东大亚湾核电

中国建筑第二工程局有限公司作为HCCM合营公司的一员，承担了大亚湾核电常规岛及其BOP土建工程的施工。1994年432家大型电站质量评比中，以总分第一名获“国际电站组织大奖”；“常规岛土建施工与管理”获评“国家科学技术成果奖”。

大亚湾核电站

### 2.广东岭澳核电一期、二期

1996年、2005年，中国建筑第二工程局有限公司先后承接了岭澳核电一期1、2号机组，二期3、4号机组的常规岛及其BOP土建工程。其中，岭澳核电二期项目获评全国科技推广示范工程。

岭澳核电站

### 3.辽宁红沿河核电一期、二期

2008年，中国建筑第二工程局有限公司顺利承接辽宁红沿河核电一期常规岛及其BOP土建工程。其中，1、2号机组由中国建筑第二工程局有限公司自行组织施工，3、4号机组提供技术支持。2011年，该项目1号主厂房钢结构工程荣获中国钢结构金奖（国家优质工程）。

2015年，中国建筑第二工程局有限公司承担其5、6号机组常规岛及其BOP厂房土建施工任务。

辽宁红沿河核电站

### 4.广东台山核电一期

2008年，中国建筑第二工程局有限公司成功承接广东台山核电一期2号核岛土建工程，从核电站常规岛施工领域跻身于技术最先进的核岛施工领域，实现了核电站“核岛—常规岛土建施工一体化”。依托该项目，中国建筑第二工程局有限公司拥有自主知识产权的核电站核岛牺牲混凝土成功应用于台山核电厂2号核岛反应堆厂房堆芯结构。

台山核电厂一期1、2号机组常规岛土建工程

### 5.广东阳江核电3、4、6号机组工程

2010年，中国建筑第二工程局有限公司承接阳江核电3、4号机组常规岛及其BOP土建工程；2014年，承接阳江核电6号机组常规岛土建工程。这两个项目是中国建筑第二工程局有限公司与广东火电捆绑管理，共同实施“建安一体化”的项目。

阳江核电站

### 6.江苏田湾核电3、4号机组工程

中国建筑第二工程局有限公司分别于2012年和2013年承接了田湾核电3、4号机组冷却水泵房子项土建工程及部分BOP子项建安工程，标志着中国建筑第二工程局有限公司正向建安一体化迈进。

田湾核电站

### 7.广东陆丰核电一期

2013年10月，中国建筑第二工程局有限公司中标广东陆丰核电一期1、2号机组常规岛及其BOP土建工程，目前前期各项工作正稳步推进。

陆丰核电厂效果图

### 8.广西防城港核电

2016年5月，中国建筑第二工程局有限公司承接广西防城港核电3、4号机组核岛土建工程。广西防城港核电3、4号机组均采用我国具有完整自主知识产权的三代核电技术“华龙一号（HPR1000）”，是英国布拉德韦尔B项目的参考电站，为“华龙一号”走向国际市场奠定基础。作为中国核电“走出去”的主打品牌，该工程的承接标志着中国建筑第二工程局有限公司已发展成为具有国际先进核电机组施工能力的土建承包商。

防城港核电站

# 中国电建集团核电工程有限公司

中国电建集团核电工程有限公司前身为山东电力建设第二工程公司，成立于1952年，是国家高新技术企业，中国电建旗下领军企业。公司具有电力工程施工总承包特级、电力行业工程设计甲级、电力工程调试甲级、建筑工程施工总承包一级等资质，可提供境内外电力工程及基础设施规划、勘测设计、咨询监理、建设管理、投资运营等全产业链服务。

公司坚持“国际优先、核电领先、传统巩固、相关多元”发展方针，深入实施“深化改革、全球发展、创新驱动、转型升级、人才强企”五大战略。先后建成各类电站268座，装机2 350台，总装机容量达9 860万千瓦。荣获国家优质工程金质奖、鲁班奖、安装之星、全国优秀焊接工程奖等省部级及以上工程奖180多项。荣获“全国五一劳动奖状”“全国精神文明建设工作先进单位”“全国青年文明号”等荣誉。

公司国际业务远涉中东、非洲、东南亚和南亚等地区。在建境外EPC工程有沙特、赞比亚、伊拉克、津巴布韦等项目。承建的印尼龙湾项目荣获境外优质工程奖，马来西亚曼绒项目荣获亚太项目管理联盟“首席评委奖”。巴基斯坦萨希瓦尔项目被巴基斯坦总理盛赞为“巴基斯坦电力建设史上的奇迹”等。

公司积极参与国家核电建设，履行央企责任，全面落实创新驱动和转型升级战略，建成山东省核电站常规岛及辅助设施建造工程技术研究中心，参与建设了大亚湾、岭澳、阳江、荣成、陆丰等多个核电站，其中公司以“建安一体化模式”承建阳江核电站常规岛及BOP工程，这在国内尚属首次。

公司深耕国内火电传统市场，创造了中国电建史上多项第一：全国首批百万千瓦循环经济示范工程“天津北疆电厂工程”、全国首座百万千瓦全寿期数字化智能生态电厂“莱州电厂工程”、全国单机容量最大的新疆农六师1 100 MW工程等。

公司坚持绿色环保理念，积极参与新能源项目建设，建成100多个风电及光伏项目、18座生物质能发电项目。坚持“大土木、大数据、大开发”理念，大力拓展非电业务，在市政、房地产、钢构制作、天然气销售、投融资等多个领域蓬勃发展，形成了多元发展、共促转型的新格局。

未来，公司将积极响应国家“一带一路”倡议，发挥产业链一体化优势，大力践行国家“核电出海”战略，努力培育核电建设、水资源与环境、基础设施等领域的核心竞争力。

公司总部办公大楼

公司荣誉殿堂一角

阳江核电5号机组汽轮机转子吊装

F+EPC模式总承包巴基斯坦萨希瓦尔电厂项目

# 江苏海龙核科技股份有限公司

JIANGSU HAILONG NUCLEAR TECHNOLOGY JOINT STOCK CO.,LTD

江苏海龙核科技股份有限公司成立于2008年3月，2015年3月在全国中小企业股权转让交易系统挂牌（832026）。公司主要从事核乏燃料处理用中子吸收材料、核级封堵用耐辐射材料、屏蔽材料、阻燃材料的研发及产业化。公司是中国核能行业协会常务理事单位、国家火炬计划重点高新技术企业、江苏省民营科技型企业、省科技型中小企业、省中小企业创新能力建设示范企业、省信息化与工业化融合试点企业、省“创新创业人才促进会”理事单位、省“双创”人才优秀企业。公司被新三板智库评为“2016年度非金融类最具投资价值的30强企业”。2017年，公司入选由中证指数有限公司和上海证券交易所发布的中国战略新兴产业综合指数名单，入围“2017福布斯中国新三板公司潜力企业榜”。公司自成立以来为14个核电站提供了产品和技术服务。

▲车间一角

## 企业荣誉 / Enterprise honor

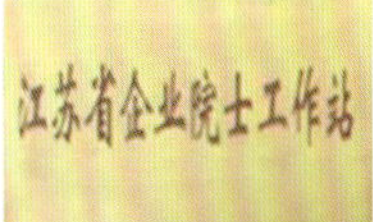


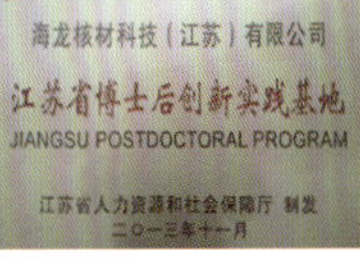

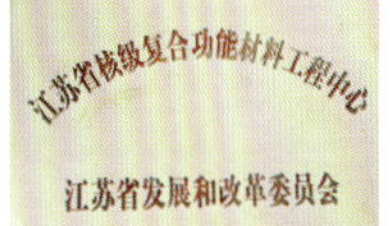

## 我们的愿景 / Our vision

致力于亿万人的安全，成为安全防护领域的领跑者！

## 乏燃料贮存中子吸收板简介

Spent fuel storage version neutron absorption profile

▲中子板产品

2017年3月10日，中国核能行业协会在镇江组织召开了江苏海龙核科技股份有限公司、中国核动力研究设计院联合完成的$B_4C$-Al中子吸收板产品鉴定会。

鉴定委员会听取了产品开发总结汇报、现场测试组见证报告及资料审查组报告，在现场考察了生产流程。经审查和讨论，认为该产品具有以下创新性：

1. $B_4C$均匀化控制技术；
2. 稳定的宽幅面工业化板材制备技术；
3. 具有耐受更高的射线辐照特性；
4. 先进的专业化生产线。

鉴定委员会认为该项成果达到了国际先进水平，部分指标优于国外同类产品，具有显著的经济效益、社会效益和应用推广前景。

**应用业绩**

$B_4C$-Al中子吸收板已成功应用于中广核“乏燃料运输及贮存容器和比例容器”和秦山二期3、4号机组乏燃料水池改造项目，完全符合田湾核电5、6号机组和“华龙一号”示范项目福清核电6号机组乏燃料水池格架的技术要求。

## 核级防火密封材料简介

Introduction to the nuclear grade fire prevention sealing materials

江苏海龙核科技股份有限公司是目前我国核电项目核岛封堵首个自主国内供应商，承担了国家重大科技专项AE01物项密封材料的研发任务。公司核电用防火硅酮产品通过了中国核能行业协会的鉴定，技术水平已达国际先进、国内领先并获得业界的一致好评！

## 部分防火产品图片

Part of the product pictures

防火硅酮泡沫

模块式电缆密封系统

防火密封胶(硅酮)

## 部分核电工程业绩

Nuclear power part project performance

- 江苏田湾核电站
- 山东石岛湾核电站
- 福建福清核电站
- 海南昌江核电站
- 浙江三门核电站
- 福建宁德核电站
- 广东阳江核电站
- 广东台山核电站
- 广西防城港核电站
- 辽宁红沿河核电站
- 浙江方家山核电站
- 山东海阳核电站

# 烟台台海玛努尔核电设备有限公司

烟台台海玛努尔核电设备有限公司（以下简称“THM”）是A股上市公司台海玛努尔核电设备股份有限公司的全资子公司。公司现有员工1 068人，其中各类专家、技术及管理人员349人（中级以上职称109人，享受国务院津贴2人）；检验试验人员及专业技术工人400余人（核级无损人员32人，核级焊工22人）；总资产41亿元，占地面积约50万平方米。

THM是致力于研发、制造核电站用关键材料、关键设备核心部件、金属设备和管道设备（如主管道、波动管、主蒸汽超级管道、特种合金大口径薄壁类管线）等产品的专业化核电装备制造企业。

THM建立了完善的质量保证体系，先后通过了ISO 9001质量管理体系、ISO 14001环境管理体系、GB/T 28001职业健康安全管理体系等一系列质量管理体系认证。按照HAF的要求，建立了完善的核质量保证体系，取得了《民用核安全机械设备制造许可证》；通过了美国机械工程师协会（ASME）认证，持有ASME NPT、NS、U钢印证书。

THM已形成了二代改进型铸造主管道、三代核电锻造主管道、波动管、四代核电大口径薄壁锻造主管道、一体化成型主蒸汽超级管道、核一级铸件（主泵泵壳、爆破阀阀体、主设备支撑）、特种反应堆主设备锻件（反应堆压力容器、蒸发器、稳压器、主泵、堆内构件）、机械贯穿件、燃料组件上下管座等产品的批量供货能力。截至目前，公司已经为国内外近30个反应堆机组提供了一回路主设备、结构组件、核一级部件等产品。

真空冶炼

电渣重熔

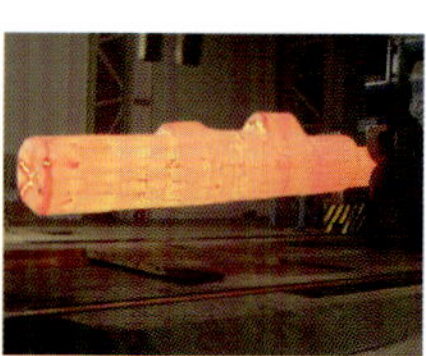

锻造成型

“华龙一号”福清核电5号机组主管道

# 中国科学院核用材料与安全评价重点实验室

中国科学院金属研究所成立于1953年，是新中国成立后建立的首批国立研究机构，是我国早期从事核用材料研发的单位，且长期开展相关研究。2010年建立了辽宁省核电材料安全与评价技术重点实验室，2014年建立了中国科学院核用材料与安全评价重点实验室。

目前，中国科学院核用材料与安全评价重点实验室有院士2名，拥有一支以中青年科技骨干为主的120余人科研团队。重点实验室在核用材料研制、核电关键结构部件的制备工艺、模拟核电高温高压水实验设备研发、核电部件的环境损伤行为研究、核电装备运行参数优化、服役安全评价与寿命预测、失效根本原因分析等方面有不凡业绩。实验室先后主持了若干重大项目。部分研究结果已经成功用于解决我国现役核电站和在建核电项目的制造中。2015年，中国科学院组织著名专家对其评估认为："中科院金属所在核用材料与安全评价领域位于国际领先行列"。在中国科学院"十二五"评估中"核电材料与安全评价"方向获评优秀。2016年，"压水堆核电高温高压水环境材料损伤关键测试技术装备与应用"项目荣获中国核能行业协会技术发明奖一等奖。实验室是中国核能行业协会理事单位、中国核学会材料分会常务理事单位、我国能源行业核电标准化技术委员会成员和核电材料产业发展联盟副理事长单位。

实验室与美国麻省理工学院、密执根大学、日本东北大学等签署了长期合作协议，承担了美国、欧共体、韩国等项目，研究结果在国际上产生了重要影响。实验室研究人员担任"核电设备老化前瞻管理国际组织（IFRAM）"国际执委会成员、"环境促进开裂国际合作组织（ICG-EAC）"理事会成员、世界腐蚀组织主席。

实验室占地面积一万余平米，公用技术支持平台建设突出，检测评价资质齐全。拥有动水试验回路20余套，形成了核用材料研究制备平台、核电高温高压水材料行为（腐蚀、溶出率、应力腐蚀、腐蚀疲劳、微动磨损、辐照促进腐蚀等）测试平台、超临界水腐蚀测试平台、材料模拟计算平台，许多检测设备达到国际先进水平。

核电高温高压循环水应力腐蚀试验装置

高温高压水腐蚀疲劳试验装置

# 河南核净洁净技术有限公司

河南核净洁净技术有限公司（简称“核净公司”）由核工业第五研究设计院空气净化技术研究所改制成立，现为中核集团下属中国核电工程有限公司的控股子公司。

核净公司是国内空气净化领域的知名企业，长期专注于放射性空气净化技术研究、产品开发和制造，可以为核设施提供功能齐全的空气净化设备。主要产品有：各类空气过滤器、吸附器、排架、净化机组、空调机组、Ⅲ型碘吸附器机组、消声器、核电辅助过滤器、手套箱（通风柜）、低放射性废旧过滤器处理线、家用/商用空气净化器等，其主导产品核级空气过滤器的市场占有率长期处于国内领先地位。公司产品广泛应用于核电、核科研、军工、航天、生物科技、医药化工等领域，并销往韩国、巴基斯坦、阿尔及利亚、苏丹等国家。

此外，核净公司在核退役、废物回取等特殊场合的放射性排风方面积累了丰富的设计和施工经验，可提供设计咨询、技术支持和项目服务。

核净公司拥有核工程、暖通、机械、化工、自动控制等专业人才，技术人员占员工总数的比例超过40%。核净公司先后起草了中国核工业行业标准（EJ/T）7项，国家标准（GB/T）1项，国家能源局《NB/T 20039 核空气和气体处理规范通风、空调与空气净化》系列标准6项。

核净公司的主导产品均为国内首创，拥有自主知识产权，先后有9项科研成果通过中核集团的鉴定。公司先后获得专利及软件著作权35项，其中发明专利4项；获得国防科技进步奖2项、军队科技进步奖1项、中国航天员科研中心载人航天工程重点协作单位奖项3项、河南省国防科学技术进步奖6项等多项奖项。

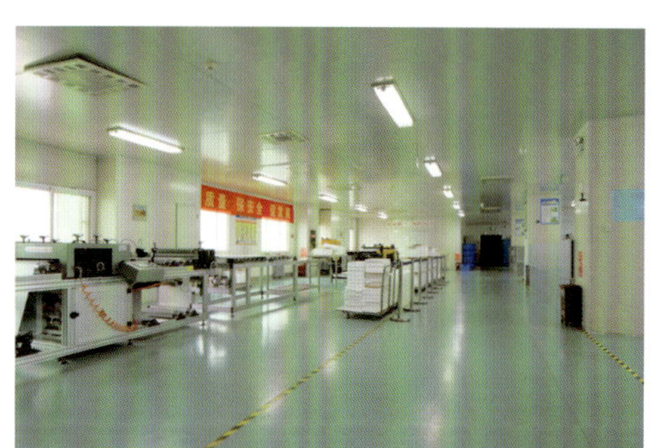

生产—过滤器滤芯生产线

试验—过滤器试验检测系统

产品实例—废旧过滤器拆解

空间实验室任务成功纪念

中国核工业集团河南核净公司：

空间实验室任务取得圆满成功，首次实现了我国航天员中期在轨驻留，标志着我国载人航天工程取得了新的重大进展！

贵单位作为中国航天员科研训练中心的重点协作单位，为任务的圆满成功做出了重要贡献，特发此匾，以资纪念！

中国航天[illegible]训练中心

二〇[illegible]七年三月

产品实例—载人航天工程

# 中核华兴达丰机械工程有限公司

中核华兴达丰机械工程有限公司是中国塔式起重机专业施工服务企业中具有品牌影响力的公司，2006—2017年连续六届（十二年）荣获“全国建筑机械租赁品牌”十强企业称号，和“全国建筑机械施工租赁50强企业”荣誉，是行业中获得“全国建筑AAA级信用企业”认证的塔式起重机施工服务企业。公司由新加坡上市公司达丰控股集团控股，注册资本金2.3亿元人民币，具有建设部起重设备安装一级资质及国家质量监督检验检疫总局颁发的塔式起重机安装维修A级资质。

公司以“厚德、安全、卓越”为核心理念，以“以匠人之心，做品质服务”为经营理念，以“做高品质的塔式起重机施工服务公司”为企业愿景，经过十余年的努力，不断提升管理与服务品质，跻身国内业界领先行列。

公司在塔式起重机施工服务行业历经17年，业绩涵盖核电工程、电力工程、超高层建筑、交通枢纽、桥梁道路、基础建设、LNG储罐等各行业各种难度和体量的大型工程项目。积累了各种工程项目塔式起重机应用与管理经验，具有各种塔式起重机各种安装方式（包括内爬、外挂、特殊附着等）的技术能力，具有丰富的高、精、尖工程现场塔式起重机现场管理经验。

公司自2001年开始先后承接了秦山核电三期工程、广东岭澳核电二期工程、辽宁红沿河核电一期和二期工程、广东阳江核电工程、广东台山核电工程、福建宁德核电工程以及江苏连云港田湾核电三期工程、霞浦核电工程等一大批核电建设塔机安拆施工服务业务，具有丰富的核电领域塔机应用经验，保持着优秀的安全记录，公司于2011年8月正式加入中国核能行业协会。

安全业绩证明

中核华兴达丰机械工程有限公司

在宁德核电一期核电项目（1#2#3#4#）核岛土建工程施工中，组织全体员工在塔式起重机安装、运行、拆卸、安全生产总计3272天（2007年12月8日至2016年5月31日）实现零事故安全目标。

特发此证，以兹证明。

中核华兴建设有限公司
宁德核电项目部
二零一六年六月二日

国核工业华兴建设有限公司宁德核电项目部授予我司3 272天事故安全业绩证明

安全业绩证明

中核华兴达丰机械工程有限公司：

在红沿河核电一期核电项目核岛土建工程施工中，组织塔式起重机施工管理，安全生产运行达2823天（2007年6月18日至2015年3月16日），实现零事故安全目标。

特此证明

中国核工业华兴建设有限公司
红沿河核电项目经理部
二零一五年十二月

中国核工业华兴建设有限公司红沿河核电项目经理部授予我司2 823天零事故安全业绩证明

安全业绩证明

中核华兴达丰机械工程有限公司

在阳江核电一期核电项目（1#2#3#4#）核岛土建工程施工中，组织全体员工在塔式起重机安装、运行、拆卸，安全生产总计3138天（2008年2月25日至2016年9月28日）实现零事故安全目标。

特发此证，以兹证明

国核工业华兴建设有限公司阳江核电项目部授予我司3 138天事故安全业绩证明

安全业绩证明

中核华兴达丰机械工程有限公司：

在岭澳二期核电项目核岛土建工程施工中，参与塔式起重机施工管理，安全生产运行达1945天（2005年7月15至2010年11月12日），实现零事故安全目标。

特此证明。

中广核工程有限公司
岭澳二期项目部
二〇一〇年十二月

中广核工程有限公司岭澳二期项目部授予我司1 945天零事故安全业绩证明

# 辽宁伊菲科技股份有限公司

辽宁伊菲科技股份有限公司（简称“伊菲股份”；股票代码：831161）坐落于辽宁东戴河新区，是一家全国领先的结构性陶瓷、功能性陶瓷和熔体洁净技术设备供应商。公司拥有经验丰富的先进陶瓷材料和产品研发团队，自主研发并具有自主知识产权的核心技术，以及良好的客户关系和客户资源。公司具备无铅屏蔽材料及产品、特种工业陶瓷、新型复合陶瓷、工业窑炉陶瓷的研发与制造以及陶瓷机械产品制造等经营资质。

伊菲股份坚持特种陶瓷新材料的研发生产，有高氮复合陶瓷、氮化硅陶瓷、氮化硼陶瓷。氮化硅陶瓷是一种烧结时不收缩的无机材料，具有高强度、低密度、耐高温等性质。氮化硼陶瓷是由氮化硼经过热压烧结而成的不收缩无机材料，氮化硼具有良好的电绝缘性、导热性，良好的耐腐蚀性，无明显熔点等性能，可用于热屏蔽材料等。

伊菲股份于2014年9月25日在全国中小企业股份转让系统（简称“新三板”）挂牌，2016年成为首批创新层的企业。公司拥有8项发明专利和28项实用新型专利，是国家级高新技术企业，已取得的资质和认证有：中信戴卡A级供应商、中国核电信息网供应商资质、ISO质量管理体系认证、ISO能源管理体系认证。公司于2015年成为中国核能行业协会会员单位。

伊菲股份坚持走科技创新之路，以“专注新材料应用领域，研制企业升级换代新产品”为使命，信守“质量第一，客户至上”的经营理念，致力于成为特种工业陶瓷领域龙头企业。

真空气氛烧结炉

CHTOOLS®
创恒®

# 浙江欣兴工具有限公司

浙江欣兴工具有限公司创建于1992年，是一家专注于研发、制造高性能孔加工刀具的国家级高新技术企业。公司以开发现代高效孔加工刀具作为战略主攻方向，坚持持续快速创新，能自主研发各类高效精密孔加工刀具。目前，主要研制生产的产品有钢板钻、可换刀片式钻头、孔钻、整体硬质合金刀具、精密数控刀具、金刚钻、BTA领域深孔钻等系列产品。

欣兴工具率先将高效钻孔工具“钢板钻”研制成功，产品被国家五部委认定为“国

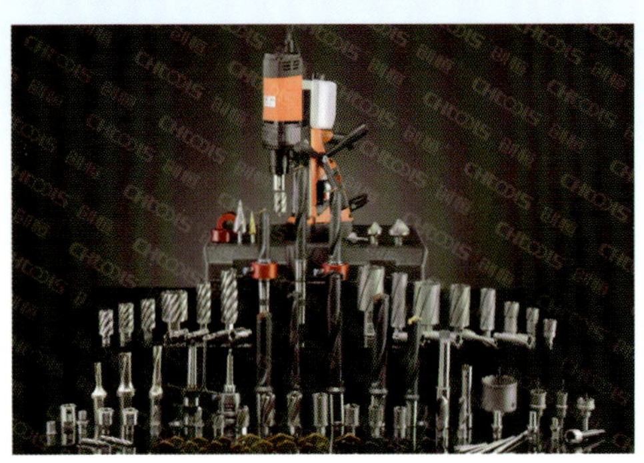

家重点新产品”，并先后列入“国家火炬计划”“国家创新基金”等项目，公司成为国内首家生产“钢板钻”的企业。经过多年的科技创新与发展，公司具备了先进的刀具研发、生产与检测能力，积累了丰富的机械制造技术与应用经验，并已发展成为产能与技术上领先的机械加工核心生产企业。

公司先后拥有核心自主知识产权专利110余项，其中发明专利7项；主导起草制定国家行业标准《钢板钻》。公司成功研发核岛用高强度钢筋混凝土金刚石薄壁钻（简称金刚钻），打破国外品牌垄断，被列为浙江省重大工业项目；成功研发核电用蒸发器管板钻孔刀具深孔钻，打破国外品牌垄断，实现国产化；成功研发能与德国品牌媲美的磁座钻机等多项新产品。产品出口至德国、美国、英国等曾被视为这个行业排头兵的国家，在国际行业领域

受到了广泛关注。公司产品广泛应用于钢结构工程、机械制造、轨道交通、核工业、汽车制造、桥梁建设等各领域。公司“创恒”商标被国家工商总局认定为“中国驰名商标”，产品被认定为“浙江省名牌产品”，成为行业领军品牌。

# 大事记

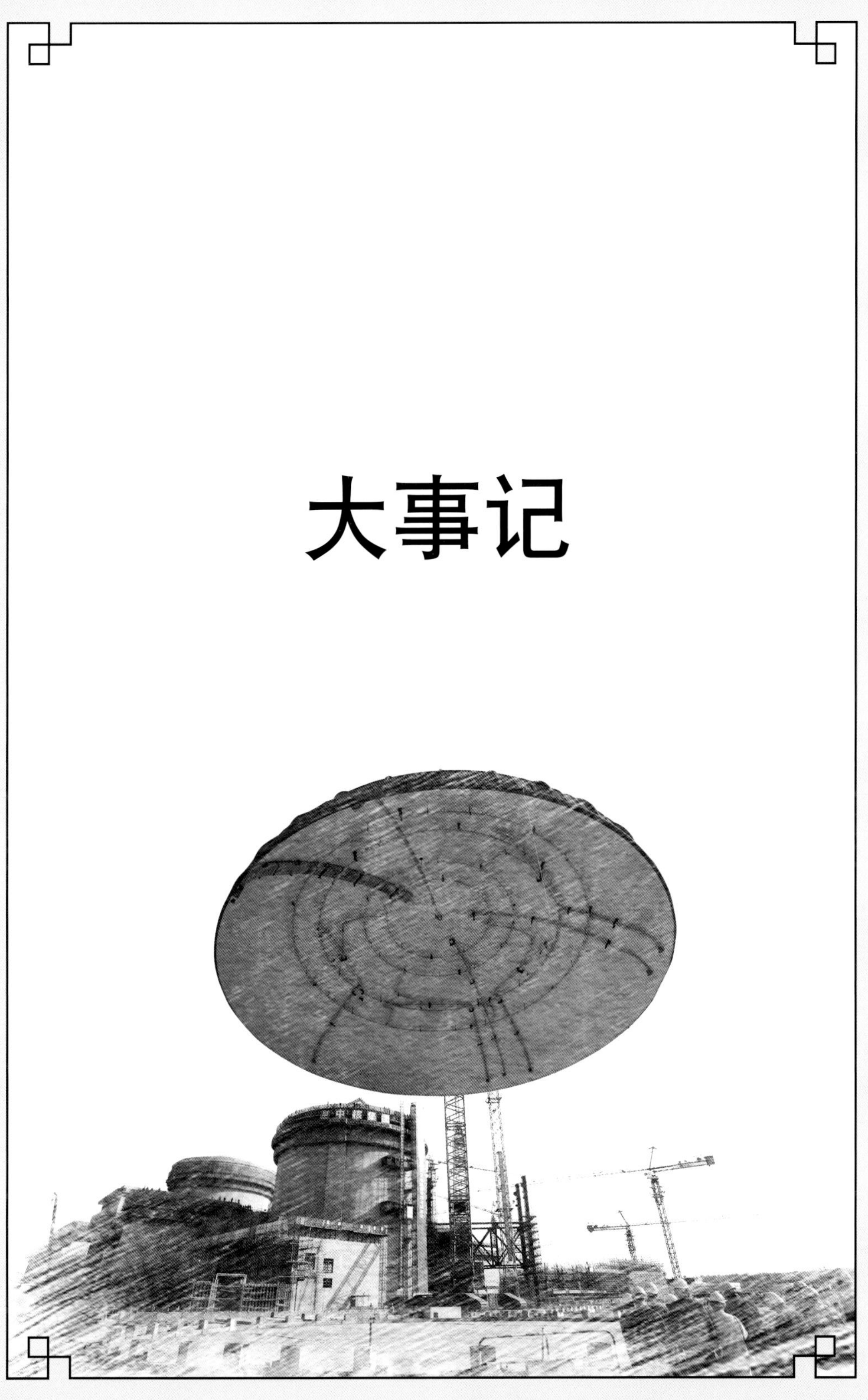

# 中国核能行业2016年十大新闻

## 一、习近平出席第四届核安全峰会并发表重要讲话

4月1日，国家主席习近平出席在美国首都华盛顿举行的第四届核安全峰会，并发表题为《加强国际核安全体系，推进全球核安全治理》的重要讲话。习近平强调，中国将继续加强本国核安全，积极推进国际合作，分享技术和经验，贡献资源和平台。中国将构建核安全能力建设网络，推广减少高浓缩铀合作模式，实施加强放射源安全行动计划，启动应对核恐怖危机技术支持倡议，推广国家核电安全监管体系。

## 二、全年7台核电机组投入商运，4个核电项目一期工程全面建成

防城港核电1号机组、阳江核电3号机组、宁德核电4号机组、昌江核电2号机组、红沿河核电4号机组、防城港核电2号机组、福清核电3号机组等7台机组先后投入商业运行。宁德、昌江、红沿河、防城港等4个核电项目一期工程全面建成。至此，日本福岛核事故发生前我国开工建设的二代加技术核电机组已全部投入商业运行。

截至2016年12月底，我国大陆在运核电机组达到35台。2016年前三季度核能发电量约占全国累计发电量的3.49%，比2015年同期上升了22.84%。

## 三、本年度三代核电工程建设进展顺利

12月23日，广西防城港核电4号机组开工，这是我国“十三五”期间首个开工建设的“华龙一号”机组。至此，我国首批核准建设的4台自主三代核电技术“华龙一号”机组已全部开工建设。“华龙一号”示范工程建设进展顺利，首堆主体工程进入收尾阶段，即将全面进入设备安装和调试阶段；首台主设备蒸汽发生器研制成功，首堆燃料组件进入批量化生产。

AP1000三代核电自主化依托项目取得可喜进展——三门核电和海阳核电1号机组均进入热试阶段，三门核电1号机组测试进入尾声。

## 四、《中国的核应急》白皮书发表，国家级核应急救援队正式组建

1月27日，国务院新闻办公室发表《中国的核应急》白皮书。这是中国涉核领域的首部白皮书，以总体国家安全观和中国核安全观等重要思想为指导，介绍了中国核能发展与核应急基本形势、核应急方针政策、核应急“一案三制”建设、核应急

能力建设与保持、核事故应对处置主要措施、核应急演习演练、培训与公众沟通、核应急科技创新和核应急国际合作与交流。

5月24日，国家核事故应急协调委员会五届三次全体（扩大）会议宣布，中国核应急救援队正式组建成立，这标志着我国核安全重要保障的响应力量已上升到全新水平。救援队将重点承担复杂条件下重特大核事故突击抢险和紧急处置救援任务，并可参与国际核应急救援行动。

## 五、核能领域法律法规建设取得重要进展

11月14日，《核安全法（草案）》在全国人大官网公开征求意见。自2013年被列入二类立法项目后，《核安全法（草案）》在提交全国人大常委会并一审通过后进行公开征求意见，这将加速《核安全法》出台，填补国内核能领域的立法空白。

9月19日，国务院法制办就《核电管理条例（送审稿）》向社会公开征求意见。这是对我国现有核电法规体系的进一步完善。

10月28日，国家核安全局重新修订的《核动力厂设计安全规定》（HAF102）发布施行。这是在充分吸收福岛核事故经验反馈，研究国际原子能机构最新发布的核安全标准、福岛核事故后核动力厂安全改进行动以及我国现行标准和综合技术能力的基础上重新修订的。《规定》提出了进行全面安全评价的要求，以确定核动力厂在各种运行状态和事故工况下可能产生的潜在危险。

## 六、核电站数字化仪控系统获重大突破

7月13日，中国广核集团宣布，我国首个具有自主知识产权的核级数字化仪控平台（DCS）——“和睦系统”正式通过国际原子能机构（IAEA）独立评审。我国成为继美、法、日之后第四个掌握该技术的国家。DCS是核电站的“神经中枢”，控制着核电站260多个系统、近万个设备的运行和各类工况处理过程。目前，中国广核集团具备从研发、制造、鉴定到运维服务全链条的核电DCS配套能力。“和睦系统”目前已确定应用在华能石岛湾高温气冷堆示范工程及8台百万千瓦级新建核电机组上，包括阳江5、6号，红沿河5、6号，防城港3、4号和田湾5、6号核电机组。

11月19日，由中核控制系统工程有限公司开发的、具有完全自主知识产权的安全级数字化仪控系统（DCS）平台NicSys®8000N通过IAEA独立工程评审，成为国内首个获得其认可的基于FPGA技术的核电安全级DCS平台。

## 七、先进核电燃料元件生产取得新进展

3月27日，历时3年建设的国家科技重

大专项高温气冷堆核电站示范工程燃料元件生产线正式投料生产。这是大型先进压水堆及高温气冷堆核电站国家科技重大专项高温堆分项的核心配套工程，年产能力为30万个球形燃料元件，是我国完全拥有自主知识产权、全球第一条具有第四代核技术特征的工业化规模的核燃料元件生产线。

5月18日，我国首条AP1000核燃料元件生产线由工程建设阶段转入生产阶段。

1月28日，用于“华龙一号”的CF3燃料组件完成首个燃料循环的堆内辐照考验，标志着“华龙一号”CF系列燃料组件获得突破性进展，对进一步推进燃料组件设计自主化、材料制造国产化具有重大意义。

## 八、我国首个千吨级天然铀生产基地诞生

10月21日，中核集团发布消息，随着我国新疆维吾尔自治区蒙其古尔铀矿二期工程于2016年7月建成并试生产，标志着我国首个千吨级天然铀生产基地诞生。该项目的建成投产，实现了我国低品位、低渗透、高碳酸盐、高矿化度砂岩型铀资源的规模化、集约化、工业化开采，为我国天然铀产业走出小、散开发模式，优化国内铀矿产能布局，建设新型绿色并与国际接轨的铀矿山奠定了基础，标志着铀矿采冶技术实现革命性跨越。

## 九、英国核电项目最终投资协议签署

9月29日（英国当地时间），中国广核集团、法国电力集团在伦敦正式签署了英国新建核电项目一揽子合作协议，与英国政府同步签署了欣克利角C核电项目收入及投资保障等政府性协议，并完成了相关公司的股权交割。这意味着欣克利角C项目已经完成了所有必须的审批和商务流程，开始实质性启动。

## 十、中美核领域最大合作项目——核安保示范中心建成运行

3月19日，中国国家原子能机构与美国能源部共同建设的核安保示范中心在北京市房山区投入运行。该中心是亚太地区乃至全球规模最大、设备最全、设施最先进的核安保交流与培训中心。这是核安全峰会的重要成果，可为亚太地区各国提供系统、全面的核安保教育培训。核安保示范中心将主要发挥核安保、核材料管制、核进出口管理以及核安保领域国际交流合作的四大平台作用，并承担核安保领域的教育培训、测试认证和先进技术展示等任务。

# 2016 年中国核能行业大事记

1月1日，防城港核电1号机组、阳江核电3号机组正式投入商业运行。

1月9日，利用3D打印技术打印的CAP1400自主化燃料原型组件下管座在中核北方核燃料元件有限公司打印完成，国内首次实现了3D打印技术在核燃料元件制造领域的应用。

1月13日，环境保护部副部长、国家核安全局局长李干杰在京会见了罗马尼亚驻华大使多鲁·科斯泰亚先生，双方签署了《中华人民共和国国家核安全局与罗马尼亚国家核管制委员会关于核安全合作和技术信息交流的协议》。

1月14日，国内首台EPR堆内构件——台山核电2号机组堆内构件顺利发运。

1月19日，在国家主席习近平与沙特阿拉伯国王萨勒曼的见证下，中国核建与沙特核能与可再生能源城签订《沙特高温气冷堆项目合作谅解备忘录》。

1月19–21日，第五届英国民用核能展览会在英国伦敦举行。本届大会首次举办“中国核能行业专场”，为中英企业提供沟通与了解的良好平台。

1月20日，国家主席习近平在埃及总理谢里夫·伊斯梅尔陪同下参观在埃及开罗举行的中国高科技展中核集团展台，并介绍说：“‘华龙一号’机组单台功率一百万千瓦。中国核电建造规模世界第一！”

1月21日，中国广核集团对外公布，罗马尼亚政府已经向该集团所属的中广核罗马尼亚核电公司递交了由罗马尼亚总理签署的切尔纳沃德3、4号机组项目政府支持函。该支持函以罗核项目全寿期框架协议为基础，明确了罗马尼亚政府在电力市场改革、电价机制、电力销售、国家担保、财政优惠、保持政策连续性等方面对项目的支持与承诺。

1月22日，为进一步规范核电重大专项管理，保证资金使用的规范性、安全性和有效性，国家能源局印发了《大型先进压水堆及高温气冷堆核电站重大专项资金管理实施细则（试行）》的通知。

1月22–26日，在国家主席习近平和伊朗总统鲁哈尼的共同见证下，国家原子能机构主任许达哲与伊朗副总统兼原子能机构主席萨利希签署《中伊和平利用核能合作的谅解备忘录》，为后续中伊合作奠定重要基础。

1月26–30日，国家原子能机构副主任王毅韧率团访问美国，出席核安全峰会部长级桌面推演活动。

1月27日，国务院新闻办公室发表《中国的核应急》白皮书，这是中国涉核领域首部白皮书。

1月27日，台山核电1号机组冷态功能试验正式结束，并由此成为世界首台完成冷试的EPR核电机组。

1月27日，阳江核电6号机组穹顶吊装完成。

1月27日，中广核铀业公司投资加拿大Fission公司成功完成股权交割，成为其第一大股东。

1月28日，用于“华龙一号”的CF3燃料组件完成首个燃料循环的堆内辐照考验，标志着“华龙一号”CF系列燃料组件获得突破性进展，对进一步推进燃料组件设计自主化、材料制造国产化具有重大意义。

1月29日，环境保护部部务会议审议并原则通过《放射性物品运输安全监督管理办法（草案）》。

2月1日，由中国建筑材料科学研究总院主导制定的全球首个核电工程建设用水泥标准——GB/T 31545–2015《核电工程用硅酸盐水泥》正式实施。

2月2日，中核北方核燃料元件有限公司研制的国内首套CAP1400核电屏蔽主泵用贫铀飞轮组装完成，这是我国首次成功研制核电主泵大型贫铀飞轮。

2月8日，三门核电1号机组最后两台主泵抵达三门核电重件码头。至此，三门核电1号机组4台主泵全部完成交付。

2月16日，第四代核能系统国际论坛（GIF）钠冷快堆国际研发系统安排第二阶段协议生效，标志着GIF框架下钠冷快堆领域的国际研发合作将继续推进。GIF钠冷快堆系统安排第一阶段协议有效期为10年，于2016年2月15日到期。

2月23日，中国广核集团宣布，“华龙一号”示范机组——广西防城港核电二期工程的全厂数字化仪控系统（DCS）供货合同正式签署，“华龙一号”示范机组将采用自主核电仪控系统。

2月25日，国家核安全局在北京组织召开专家委员会，审议CAP1400示范工程项目建造许可证申请的审评监督情况。专家委员会一致认为：CAP1400示范工程满足我国现行有效的核安全法律、法规和标准的要求，达到了《核安全与放射性污染防治“十二五”规划及2020年远景目标》中为“十三五”期间新建核电机组确定的安全目标；环保部（国家核安全局）对CAP1400示范工程建造许可证申请的结论是合适的；建议环保部（国家核安全局）批复CAP1400示范工程环境影响报告书（建造阶段）并颁发建造许可证。

3月1日，三门核电1号机组最后一台主泵本体顺利完成全部安装工作。至此，AP1000全球首堆4台主泵本体安装工作全部完成。

3月1日，在国家自然科学基金重大项目支持下，锦屏深地核天体物理实验室（JUNA）在位于四川省西昌市的中国锦屏地下实验室（CJPL）正式启动。

3月2日，中国核建召开第一届董事会第一次会议，标志着中国核建第一届董事会正式成立，董事会的规范化、常态化运作拉开帷幕。

3月2日，国家科技重大专项高温气冷堆核电站示范工程首台压力容器从上海电气核电设备有限公司成功发运。

3月7日，环境保护部（国家核安全局）组织召开中美核安全合作指导委员会会议，中美核安全合作纳入中美战略与经济对话成果。

3月17日，国家原子能机构主任许达哲与美国能源部部长莫尼兹共同在京主持召开阿拉克重水堆改造六国及欧盟工作组双组长首次会议。

3月17日，由中国核工业集团公司和中国广核集团有限公司共同出资的华龙国际核电技术有限公司正式揭牌成立。

3月17日，田湾核电4号机组反应堆压力容器顺利吊装就位。

3月18日，中国国家原子能机构与美国能源部共同建设的核安保示范中心在北京市房山区投入运行。该中心是亚太地区乃至全球规模最大、设备最全、设施最先进的核安保交流与培训中心。

3月26日，我国首座微型中子源反应堆圆满完成低浓化改造，实现首次满功率运行。

3月27日，历时3年建设的国家科技重大专项高温气冷堆核电站示范工程燃料元件生产线正式投料生产，年产能力为30万个球形燃料元件，是我国完全拥有自主知识产权、全球第一条具有第四代核技术特征的工业化规模的核燃料元件生产线。

3月29日（法国当地时间），在巴黎举行的法国电力公司（EDF）2016年度国际同类型机组安全业绩挑战赛颁奖仪式上，大亚湾核电运营管理有限责任公司荣获“能力因子”和“核安全/自动停堆”两项第一名，至此，大亚湾核电公司在该挑战赛中已累计获得36项次第一名。

3月30日（捷克当地时间），在国家主席习近平和捷克共和国总统米洛什·泽曼的共同见证下，中广核与捷克能源集团在布拉格签署了《关于在核能及可再生能源领域全面合作的谅解备忘录》。

4月1日，国家主席习近平出席在美国首都华盛顿举行的第四届核安全峰会，并发表题为《加强国际核安全体系，推进全球核安全治理》的重要讲话。

4月1日，由国家核安全局批准设立的“民用核安全设备焊工焊接操作工考核中心”和“民用核安全设备无损检验人员考核中心”在中核二三公司正式揭牌。至此，中核二三公司成为全国唯一一家同时拥有两项国家级考核中心资质的单位。

4月5日，海阳核电1号机组第二批两台主泵运抵海阳核电现场。至此，海阳核电1号机组4台主泵已全部运抵现场。

4月6日，国务院总理李克强向在北京开幕的第二十届太平洋地区核能大会致贺信。

4月7日，全国政协副主席齐续春参观第十四届中国国际核工业展览会。

4月8日，国务委员王勇一行到中核集团核电工程有限公司考察调研。

4月8日，高温气冷堆核电站示范工程数字化仪控系统DCS首批设备运抵现场，标志着示范工程在实现国内首个数字化仪控系统100%国产化、自主化的商用核电站道路上迈出了重要的一步。

4月11日，《人民日报》报道，中国科学院核能安全技术研究所在铅冷快堆冷却剂技术上取得突破，建成国内首座纯铅冷却剂实验回路。冷却剂技术是铅冷快堆的核心技术，该回路的建成对加快铅冷快堆工程化具有重要作用。

4月13日–15日，受核建高温堆控股有限公司委托，由国家电力规划设计总院组织，中国核建福建万安高温气冷堆电站初步可行性研究报告在福州通过专家评审。

4月15日，国务院总理李克强考察清华大学，参观该校重大科技成果展时，听取了高温气冷堆国家科技重大专项总设计师、清华大学核能与新能源技术研究院院长、中核能源科技有限公司副董事长张作义教授关于第四代核电站高温气冷堆发展情况的汇报，了解了关键技术的研发、核电安全性以及安全性如何验证等情况，表示支持高温气冷堆“走出去”。

4月15日，海阳核电1、2号机组首炉换料燃料组件用核级锆材生产开工仪式在国核宝钛锆业股份公司举行，标志着AP1000三代核电燃料组件用核级锆材正式投料生产。

4月16日–5月18日，中国核动力研究设计院分别组织相关专家对中国二重开展的“华龙一号（ACP1000）”主管道制造工艺技术进行评审，专家组经过严格的审查，一致同意并颁发了评定合格证书。

4月19日，国家原子能机构主任许达哲与法国原委会主席沃瓦尔德主持召开中法核燃料循环后端双边高级别委员会第一次会议，就进一步加强核燃料循环后端合作达成重要共识。

4月19–20日，第五次全国核与辐射安全监管工作会议在京召开，深入学习贯彻党中央、国务院关于加强核与辐射安全监管的决策部署，分析核与辐射安全形势，总结“十二五”工作，部署“十三五”任务。

4月21日，从国家核安全局获悉，“十二五”期间，我国辐射环境监测网络系统初步建成，国控质量监测点位由792个增加到987个。其中自动监测站从136个增加到161个，辐射环境安全预警监测点由27个增加至40个。同时，还在全国38座重要核设施附近建设监督性监测系统。

4月22日，中核集团ACP100通过IAEA反应堆通用设计审查，ACP100成为世界上首个通过IAEA安全审查的小堆技术。

4月23日，由中国一重牵头组织参与的国家核电重大专项课题“CAP1400反应堆压力容器研制”“CAP1000蒸发器研制”均取得重大进展，已开发出具有国际领先水平的一体化整体顶盖、一体化接管段、一体化底封头等超大锻件，为我国三代核电设备的自主制造及“走出去”创造了良好条件。

4月25日，海阳核电1号机组第4台主泵安装顺利完成。至此，海阳核电1号机组主设备安装全部完成。

4月25日，中科院等离子体物理研究所为法国聚变实验装置WEST建造的首套离子回旋天线竣工并交付给法方。这是我国首次向国际输出达到核标准级（国际业界最高标准）的核聚变关键部件。

4月27日，国际原子能机构IAEA召开CAP1400通用核反应堆安全评审验收会。会后，IAEA向国家核电提交了CAP1400初步安全分析的最终评价报告。报告认为，CAP1400初步安全分析报告总体上达到了IAEA安全法规标准的最新要求。CAP1400通过IAEA通用反应堆安全评审。

4月27–29日，国际原子能机构亚洲核安全网络第23届指导委员会会议在华召开。

4月28日，高温气冷堆示范工程首台金属堆内构件顺利吊装就位。

5月4日，田湾核电4号机组4台蒸汽发生器吊装就位全部完成。

5月5日，海阳核电2号核岛主控室顺利完成移交。

5月9日，在中共中央政治局委员、广东省委书记胡春华及加拿大不列颠哥伦比亚省省长简蕙芝女士的共同见证下，中广核与加拿大Cameco公司签订了《关于进一步扩大与深化联合铀资源开发合作的协议》，根据该协议，双方后续将加强绿地铀资源勘探项目上的合作。

5月10日，国家能源局与美国能源部组织两国有关部门和企业，在美国萨凡纳河国家实验室举行中美和平利用核技术合作联合协调委员会（PUNT）第11届会议。

5月10日，阳江核电4号机组冷态功能试验结束。

5月12日，国务院总理李克强同法国总理瓦尔斯通电话，就进一步深化中法关系、推进多领域务实合作交换意见。李克强强调，中法共同倡导开展第三方市场合作，是两国基于互信基础和互补优势作出的一项战略决策。目前双方已就共同基金、合作机制和首批项目等取得积极进展。我们愿同法方一道努力，推动相关合作顺利开局，共同开发核电等多领域第三方市场，不断拓展合作领域和规模，推动实现互利多赢。

5月18日，我国首条AP1000核燃料元件生产线由工程建设阶段转入生产阶段。

5月19日，田湾核电4号机组最后一台主设备稳压器吊装就位，至此，田湾核电4号机组核岛主设备全部吊装就位。

5月22–23日，国家能源局局长努尔·白克力与苏丹财政与经济规划部部长巴德尔丁共同主持中苏政府间能源合作委员会首次会议。会后，在努尔·白克力和巴德尔丁的见证下，中核集团与苏丹水资源与电力部签署了两个框架协议。

5月22日–24日，应印度尼西亚原子能机构（简称“BATAN”）和东盟能源中心（简称“ACE”）邀请，中国核建董事长王寿君率团访问BATAN和ACE，并与ACE签订了《中国核建集团与东盟能源中心关于核能技术和清洁能源的合作谅解备忘录》。

5月24日，国家核事故应急协调委员会五届三次会议正式宣布组建成立中国核应急救援队，这是我国首支核应急“国家队”。

5月25日，国家能源局、国家原子能机构、中核集团、美国能源部、美国泰拉能源公司在美国西雅图共同举办中美行波堆五方会谈。

5月25日，中核华兴自主研发的“球墨铸铁高整体容器样件”通过专家鉴定。该容器样件结束了我国没有制造球墨铸铁类放废贮运容器的历史。

5月26日，三门核电1号机组一回路水压试验完成。27日，三门核电1号机组成功完成冷态试验，全面进入系统联调阶段。

5月27日，国家原子能机构主任许达哲出席中韩核能合作联委会第十三次部长级会议，并会见韩国未来创造科学部副部长洪楠基一行。会议签署了《中韩核能合作联委会第13次部长级会议纪要》。

6月，G20能源部长会议期间，国家能源局与土耳其能源部签署部门间《关于民用核能合作的谅解备忘录》，与阿根廷能源与矿产资源部签署部门间《关于合作建设阿根廷核电站的谅解备忘录》。

6月1–7日，国家“十二五”科技创新成就展在北京展览馆举行。6月3日，党和国家领导人习近平、李克强、张德江、俞正声、刘云山、王岐山、刘延东、马凯、赵乐际以及原全国政协主席贾庆林先后来到CAP1400展台、高温气冷堆展台前参观。

6月3日，中核集团中核控股与天津滨海新区、天津市肿瘤医院共同签署了《中核滨海质子治疗示范中心战略合作协议》，标志着中核集团首台套国产化质子治疗示范中心项目取得重大进展。

6月6日，中国核工业建设股份有限公司成功挂牌上市。

6月6–7日，第八轮中美战略与经济对话在北京举行，有关核能领域合作成果丰富，核安全合作、民用核能研发、和平利用核技术等合作事项列入成果清单。

6月7日，第七轮中美人文交流高层磋商全体会议在北京举行。科技部支持哈尔滨工程大学与德州农工大学、田纳西大学在核安全与核能和平利用领域开展合作等事项列入成果清单。

6月18日，高温气冷堆示范工程首次装料前阶段环境辐射本底水平调查报告、质量保证总结报告顺利通过专家评审。

6月20日，中俄总理定期会晤委员会双方主席会晤举行。国务院副总理、中方主席汪洋和俄罗斯副总理、俄方主席罗戈津共同主持了此次活动，对双方在核能领域开展的积极务实合作表示肯定，并就该领域后续合作计划深入交换了意见。

6月23日，中国驻法国大使翟俊代表中国政府在巴黎签署了第四代核能系统研究开发国际合作框架协议的延期协议。延期协议的签署，标志着中国作为第四代核能系统国际论坛（GIF）的正式成员将在未来十年继续参加GIF框架下钠冷快堆、超高温气冷堆、超临界水冷堆等核能系统的国际研发合作，将有力推进中国第四代核能技术的研发进程。

6月23日，国家能源局与英国能源与气候变化部组织两国有关部门和企业，在英国伦敦举行中英民用核能合作工作组第三次会议。

6月23–24日，由国家能源局主办，中国广核集团承办的2016事故容错燃料技术国际研讨会在深圳召开。中国、美国、韩国等国家和地区的150余位专家出席了会议。

6月24日（美国东部时间），三门核

电2号机组的第二台核电机组主泵SN14从美国出厂发运。至此，三门核电2号机组首批两台AP1000主泵顺利出厂。

6月28日，为期3天的第二届法国世界核工业展览会在巴黎拉开帷幕。中国核能行业协会率中核集团、中国广核集团、国家电投、中国华能集团等15家中国核能企业组团参展，集中展示由中国设计制造、具有国际竞争力的核电技术与产品。

7月，新疆维吾尔自治区蒙其古尔铀矿二期工程建成并试生产，标志着我国首个千吨级天然铀生产基地诞生。蒙其古尔铀矿是我国首个特大型砂岩型铀矿，采用“$CO_2+O_2$浸出法”先进开采工艺。

7月2日，海阳核电1号机组冷态水压试验完成。

7月3日，福清核电3号机组首次达到临界状态。

7月5日，大型先进压水堆国家重大专项CAP1400示范工程1号机组钢制安全壳下部设备闸门功能试验完成。

7月6日，中国核建、中国核学会共同组织高温气冷堆“院士专家行”活动。杜祥琬、王大中、黄其励、叶奇蓁、倪维斗、赵文智、欧阳晓平7位院士及16位相关行业的专家实地考察全球首座高温气冷堆核电站示范工程。院士专家们一致认为：高温气冷堆具备固有安全性、发电效率高、用途广泛等优势，可在国家能源结构调整、保障能源安全等方面发挥重要作用，应加快推进国内60万千瓦级商用高温气冷堆电站的落地，向全球提供参考示范，通过推动高温气冷堆技术“走出去”为我国核能产业发展作出历史性贡献。

7月13日，中国广核集团宣布，我国首个具有自主知识产权的核级数字化仪控平台（DCS）——“和睦系统”正式通过国际原子能机构（IAEA）独立评审。我国成为继美、法、日之后第四个掌握该技术的国家。

7月13日，国家核电技术有限公司正式发布NuPOWER系统V1.0。

7月15日，全国政协副主席、科技部部长万钢到华能山东石岛湾核电有限公司调研。

7月18日，《中国能源报》报道，由中核北方核燃料元件有限公司承研的UO2-BeO高热导芯块制备工艺研究与性能测试项目通过上海核工程研究设计院验收。该芯块在国内尚属首次，是符合抗事故燃料特征的新型核燃料芯体材料，是对世界核能ATF技术前沿的成功探索。

7月21日，宁德核电4号机组正式投入商业运行。

7月24日，福清核电4号机组稳压器吊装就位，至此，福清核电4号机组主回路主设备全部吊装就位完成。

7月25–31日，以“核能助力美好生活”为主题的第九届国际青年核能大会在杭州举行。

7月27日，我国首套数字微堆系统在中国原子能科学研究院正式发布。

7月27日，加纳微堆低浓铀堆芯在中国原子能科学研究院成功实现零功率实验首次临界。

7月29日，由中国核动力研究设计院

负责实施的大亚湾1号机组乏燃料水池高密度格架升级改造项目两台高密格架安装到位，项目第一阶段顺利完成，标志着我国已掌握并实施首例商用核电站乏燃料水池改造。

7月30日，三门核电1号机组进入热试阶段。

8月1日，在中国-印尼副总理级人文交流机制第二次会议期间，在国务院副总理刘延东和印尼人类发展与文化统筹部长Puan Maharani的见证下，中国核建与印尼原子能机构签署了《中国核建集团与印尼原子能机构关于印尼高温气冷堆发展计划的联合项目协议》。

8月1–3日，由上海核工院提交的“CAP1400核电厂用1E级直流电动装置”等15项重大专项科技成果通过由中国核能行业协会组织的成果鉴定。

8月6日，我国举行首次综合性核安保突发事件应对演练，代号为“风暴–2016”。此次演练以接近实战为原则，不预设脚本和结果，检验了核安保系统和应对突发事件响应机制的有效性，演练取得预期效果。

8月10日，由东方电气承制的高温气冷堆示范工程首台堆芯卸料装置制造完成并发运出厂。9月14日在宝鸡完成最终组装和各类性能试验。堆芯卸料装置是高温气冷堆不停堆换料和运行的关键设备之一。

8月12日，昌江核电2号机组正式投入商业运行。

8月17日，中国核动力研究设计院与俄罗斯LLCGPS公司签订了非能动氢复合器催化板的供货合同。这是国内同类产品首次进入国际核发达国家。

8月24日，上海核工程研究设计院宣布，由其研发设计的“核电站事故后堆外熔融物滞留装置”获美国发明专利授权。

8月26日，用于阳江核电6号机组的最大核电除氧器发运。这是同类核电除氧器中长度、体积和重量最大的产品，总长52米，重量达240吨。

8月28日，环境保护部副部长、国家核安全局局长李干杰在北京会见了加拿大核安全委员会执行副主席拉姆齐·嘉美儿先生。双方就中加核安全合作等共同关心的问题交换了意见，并签署了《中华人民共和国国家核安全局与加拿大核安全委员会关于核安全监管合作和信息交流谅解备忘录》。

8月28日，高温堆示范工程除盐水处理系统提前完成调试工作，产水水质达到设计要求，标志着示范工程首个系统调试节点工作顺利完成。

8月29日，中核集团与沙特核能与可再生能源城签署了《关于核技术人力资源建设的谅解备忘录》。

8月29日–9月9日，国际原子能机构对我国核与辐射安全监管总体状况进行了历时10天的全面深入的综合跟踪评估，重点审议了我国对2010年评估所提“建议”和“希望”的落实情况，特别关注了中国在汲取福岛核事故经验教训方面采取的响应行动和改进措施。

8月31日，海阳核电1号机组进入热试

阶段。

9月，G20杭州峰会期间，环境保护部（国家核安全局）与土耳其原子能机构签署了《中华人民共和国国家核安全局与土耳其原子能机构关于核安全领域合作的安排》。

9月6日，国家原子能机构副主任王毅韧与俄罗斯国家原子能集团公司副总经理斯帕斯基共同主持召开中俄总理定期会晤委员会核问题分委会第二十次会议。双方总结了中俄核领域合作进展，就下一步合作意向达成了共识，并签署了会议纪要。

9月6日，具有完全自主知识产权的国内首个CAP1400自主化燃料定型组件样件在中核北方核燃料元件有限公司顺利下线。

9月7日，田湾核电6号机组正式开工建设。

9月12日，中广核与韩国水利与原子能集团签署了关于核能和可再生能源合作的谅解备忘录。

9月14日，高温气冷堆示范工程第二台反应堆压力容器吊装成功。

9月17–25日，华能山东石岛湾核电有限公司开展了WANO ORA（运行准备协助）活动，来自世界核电运营者协会（WANO）、美国核电运行研究所（INPO）及美国LaSalle核电站共9名专家参加此次活动，活动形成了推荐建议。

9月19日，国家能源局与美国能源部组织两国有关企业，在美国爱达荷国家实验室举行中美双边民用核能合作行动计划（BAP）指导委员会第3次会议。

9月19–23日，国家能源局与美国能源部组织两国有关部门和企业，在北京举行中美和平利用核技术合作协定（PUNT）框架下二级概率安全分析（PSA）研讨会。

9月19日，红沿河核电4号机组正式投入商业运行。

9月20日（纽约当地时间），国务院总理李克强会见法国总统奥朗德。李克强指出，中方愿同法方在航空、核电、第三方市场合作等领域取得更多进展。我们重视和支持中法核能全产业链合作，愿同有关各方共同推动欣克利角核电项目顺利实施，促进中法第三方市场合作取得更多实质成果。希望双方继续加强在国际事务中协调合作，为促进世界和平与发展发挥积极作用。

9月20日，“华龙一号”示范工程福清核电5号机组核岛安装正式开工，该节点比二级进度计划提前5天实现。

9月22日，在国务院总理李克强和加拿大总理特鲁多的见证下，中核集团与兰万灵集团坎杜能源公司、上海电气集团正式签署《关于成立中加合资经营企业的联合声明》。

9月22日，福清核电6号机组核岛筒体钢衬里模块三吊装成功，标志着福清核电6号机组钢衬里模块化施工的全部完成。

9月24–30日，国家原子能机构副主任王毅韧率团赴维也纳参加国际原子能机构第60届大会，大会期间签署了2016–2021技术合作国家计划框架。环境保护部（国家核安全局）分别与捷克共和国国家核安全局和阿根廷共和国核监管局签署了《中华人民共和国国家核安全局与捷克共和国国家核安全局关于核安全技术信息交流与合作的谅解备忘录》《中华人民共和国国家核安全局与阿根廷共和国核监管局关于核安全监管技术合作和信息交流的协议》。

9月26日，由中国核能行业协会与台湾核能科技协进会共同主办的第四届海峡两岸核能合作研讨会在山东石岛湾召开。

9月26日，中国原子能科学研究院快中子实验堆（中国实验快堆）项目通过现场竣工验收。

9月29日（英国当地时间），中国广核集团与法国电力集团在伦敦正式签署英国新建核电项目一揽子合作协议，与英国政府同步签署欣克利角C（HPC）核电项目收入及投资保障等政府性协议，完成相关公司股权交割，标志该项目的实质性启动。根据中国广核集团与法国电力集团签订的协议，中广核将开始推进布拉德维尔B（BRB）项目各项准备工作，以及拟使用在该项目的“华龙一号”技术通用设计审查工作。

9月29日，“华龙一号”首堆示范工程福清核电5号机组反应堆筒体钢衬里吊装工作全部结束。

9月29日，秦山核电二期扩建工程（3、4号机组）通过竣工验收，标志着秦山二期扩建工程建设圆满收官。

10月1日，防城港核电2号机组正式投入商业运行。

10月9日，田湾核电3号机组反应堆厂房外安全壳顺利封顶，3号核岛主体结构全部完成。

10月11日，中核北方核燃料元件有限公司AP1000燃料元件生产线生产的两个AP1000核燃料组件下线，经检测各项性能指标全部满足技术条件要求，标志着我国第一条AP1000燃料元件生产线全面建成，具备了生产AP1000燃料组件的能力。

10月12日，历时两年的“华龙一号”一体化堆顶结构通风试验完成。该试验不仅达到了对“华龙一号”一体化堆顶结构验证的目的，同时该种类型的堆顶通风试验在国内及国际上均属首次。

10月14日，华能石岛湾高温气冷堆示范工程完成倒送电所有试验，标志着示范工程倒送电一次成功。

10月17日，三门核电2号机组首台主泵顺利安装完成。

10月19日，2016年中国技能大赛——全国核工业职业技能竞赛决赛在秦山核电举办。

10月20日，国务院副总理汪洋参观首届国际产能合作论坛暨第八届中国对外投资合作洽谈会中核集团展区，并听取汇报，对中核集团“走出去”的成果表示了肯定。

10月24日，福清核电3号机组正式投入商业运行。

10月24日，中国核建与西班牙ENSA公司签署关于合作高温堆项目国际推广的合作谅解备忘录。

10月26日，由国家能源局和阿拉伯国家联盟主办、中国核能行业协会承办的第五届中阿能源合作大会核能合作论坛在京召开。

10月26日，中核集团宣布，用于“华龙一号”的乏燃料贮存格架从设计、关键材料供货到格架生产制造的全生产过程具备国产化能力。

10月27日（意大利当地时间），中广核与欧洲核电再保险互保公司（NIRA）签署了长期合作协议。

10月28日，国家核安全局重新修订的《核动力厂设计安全规定》（HAF102）发布施行。

11月2日，《人民日报》报道，由中科院合肥物质科学研究院等离子体物理研究所承担的国家大科学工程“人造太阳”实验装置EAST在进行第十一轮物理实验时再获重大突破：在纯射频波加热、钨偏滤器等类似国际热核聚变实验堆ITER未来运行条件下，获得超过60秒的完全非感应电流驱动（稳态）高约束模等离子体。EAST成为世界首个实现稳态高约束模运行持续时间达到分钟量级的托卡马克核聚变实验装置。

11月4日，国家能源局与土耳其能源部签署部门间《关于在土耳其开发核电站项目及当地核电产业的谅解备忘录》。

11月4日，中广核与东方电气股份有限公司签署了《“中广核ACPR50S实验堆平台项目”压力容器采购协议》，意味着中广核海上小型堆ACPR50S建设正式启动。

11月7日，国家发改委、国家能源局召开新闻发布会，对外正式发布《电力发展“十三五”规划（2016–2020年）》。这是时隔15年之后，电力主管部门再次对外公布电力发展5年规划。

11月7日，国际核聚变组织（ITER Organization）与中广核工程有限公司及苏州天沃科技股份有限公司正式签署ITER蒸汽冷凝罐设计供货合同。蒸汽冷凝罐设计供货是ITER官方面向全球进行公开招标的项目，是我国企业首次中标国际核聚变实验堆项目。

11月8日，中俄共同发表《两国政府首脑关于深化核能领域战略合作的联合声明》。

11月9日（伦敦当地时间），国务院副总理马凯与英国能源与知识产权大臣内维尔·罗尔夫女男爵在伦敦为中英核联合研发与创新中心揭牌。这是我国和西方发达国家共同建设的第一个核领域联合研发中心。当天，国家发展和改革委员会副主任、国家能源局局长努尔·白克力，中国国家原子能机构副主任王毅韧及英国能源与知识产权国务大臣内维尔·罗尔夫女男爵共同为中核集团中国核电（英国）有限公司揭牌。

11月10日，国务院副总理马凯和英国财政大臣菲利普·哈蒙德在伦敦共同主持了第八次中英经济财金对话。中国在英国参与新建核电项目、“华龙一号”技术提交通用设计评审、设立中英联合核研发与创新中心、在核燃料循环后端开展商业合作以及加强核安全监管部门之间的合作等合作事项列入对话政策成果清单。

11月13日，三门核电1号机组非核蒸

汽冲转试验顺利完成。

11月14日，国务院副总理马凯与法国经济和财政部长米歇尔·萨班在巴黎共同主持第四次中法高级别经济财金对话。法方为“华龙一号”技术的通用设计评审提供支持、中法核燃料后处理合作以及中方企业入股新阿海珐集团等合作事项列入对话合作成果清单。活动期间，在马凯、萨班以及法国国务秘书西格鲁的共同见证下，中广核和法国原子能与可替代能源委员会（CEA）签署了《全面合作框架意向书》。

11月16–17日，环境保护部（国家核安全局）与德国环境与核安全部共同在华举办首次中德核安全监管研讨会，在核电厂运行经验反馈、现场监督、放射性废物管理、核设施退役等4个领域进行深入交流。

11月16日，由东方电气制造的AP1000首台蒸汽发生器——陆丰项目第一台蒸汽发生器水压试验一次通过。

11月17日，国务院总理、国家能源委员会主任李克强主持召开国家能源委员会会议，审议通过《能源发展“十三五”规划》。会上，李克强提出，加快提升水能、风能、太阳能、生物质能等可再生能源比重，安全高效发展核能，优化能源生产布局。

11月19日，由中核控制系统工程有限公司开发的、具有完全自主知识产权的安全级数字化仪控系统（DCS）平台NicSys®8000N通过IAEA独立工程评审，成为国内首个获得其认可的基于FPGA技术的核电安全级DCS平台。

11月23日，三门核电1号机组反应堆厂房环吊移交包移交调试。至此，三门核电1号机组420个移交包全部完成建安并移交调试。

11月25日，福清核电5号机组第一台——全球首台“华龙一号”ZH–65型蒸汽发生器顺利通过出厂水压试验。

11月25日，高温气冷堆示范工程首批操纵员考试结束，63人通过考试，获得操纵员执照申请资格。

11月25日，印有核辐射明显标志的黄色圆筒被平稳地送入川北处置场，标志着中核集团八二一厂中低放废液处理、处置全线打通，放射性废物由此逐渐减少。这为尽早消除液体废物贮存安全风险创造了良好开端，为开展后续废物处理处置工作奠定了坚实的基础，意味着八二一厂液体放射性废物处理、处置实现了全流程生产，是我国核环保产业发展的标志性事件。

11月26日，“华龙一号”示范工程首堆燃料组件采购合同正式签署。根据合同约定，中核建中核燃料元件有限公司将于2019年9月30日和2020年7月30日分别交付183组和177组燃料组件及全堆芯相关组件用于“华龙一号”示范工程——福清核电5、6号机组，这标志着“华龙一号”示范工程首堆燃料组件进入批量化生产阶段。

11月26日，海阳核电1号机组非核冲转试验成功。

11月29–30日，第九届中日韩核安全监管高官会暨第四届高官会专题研讨会在北京召开。环境保护部核安全总工程师刘华出席会议。

11月29日，由中核集团、中国广核集团、国家电投及民营企业组建的我国首家新型核电研发中心在山东烟台成立。

12月1日，中国核能电力股份有限公司发布《中国核电公众沟通白皮书》，这是我国核电行业首份公众沟通白皮书。

12月2日，中国核动力研究设计院自主研发的反应堆压力容器辐照监督管通过新产品技术鉴定，打破了国外对这一产品的长期垄断，是我国核电装备自主化取得的又一重要成果。

12月3日，中国二重承担的CAP1400国核示范工程堆芯补水箱B通过水压试验，标志着中国二重具备了核电成台设备制造能力。

12月3–4日，中国核动力研究设计院与南方增材科技有限公司采用自主研发的重型金属3D打印技术，成功打印出我国首个小堆（ACP100）压力容器试件。

12月5–16日，WANO组织对海阳核电1号机组进行了装料前同行评估（PSUR）现场评估。专家充分肯定了海阳核电装料前的生产准备情况，并对后续生产系统工作提出了改进建议。

12月6日，全国人大常委会原副委员长陈至立到华能山东石岛湾核电有限公司调研。

12月7日，中核集团宣布，田湾核电3号机组一级里程碑节点“500kV倒送电”完成。

12月7–8日，国家能源局在上海组织召开了核电重大专项“中国先进核电标准体系研究”课题验收会，重大专项“中国先进核电标准体系研究”课题正式通过验收。

12月10日，中央电视台《新闻联播》报道，由中核集团西南物理研究院自主研发制造的国际热核聚变核心部件——超热负荷第一壁原型件在国际上率先通过权威机构认证，这是我国对国际热核聚变项目的重大贡献。

12月14–15日，环境保护部（国家核安全局）组织召开中国巴基斯坦核安全监管合作指导委员会，继续为巴方提供技术支持。

12月14日，国核自仪收到美国核管会正式函件：反应堆保护系统平台(NuPAC)可用于核电站安全级仪控系统。NuPAC通过美国核管会评审。

12月14日，高温气冷堆示范工程第四批13万个石墨球运抵石岛湾核电现场，标志着高温气冷堆示范工程70万个石墨球按计划全部到货。

12月20日，中核集团宣布，田湾核电3号机组一、二回路强度水压试验顺利完成，为机组的后续调试试验奠定了基础。

12月20日，中核集团宣布，“华龙一号”设计验证平台成功完成调试并投入使用。

12月20日，海阳核电厂首次装料前场内综合应急演习成功举行。

12月21日，60万千瓦高温气冷堆核电站技术方案在清华大学发布。

12月22日，海阳核电2号机组蒸汽发

生器（SG）二次侧水压试验成功，标志着海阳核电2号机组进入全面联合调试的高峰期。

12月23日，广西防城港核电4号机组正式开工建设，这是我国“十三五”期间首个开工建设的“华龙一号”机组。

12月23日，由中国原子能科学研究院和中国科学院近代物理研究所联合研制的核反应堆零功率装置“启明星Ⅱ号”实现首次临界。

12月25日，中国二重牵头承担的“CAP1400冷却剂主管道研制”首件在中国二重完成全部工序制造且所有检验数据合格。

12月28日，由我国援建的巴基斯坦恰希玛核电3号机组提前投入商业运行，顺利移交巴基斯坦原子能委员会。

12月29日，高温气冷堆示范工程主控室模拟盘完成上电，正式投用。

12月29日，由上海核工院自主设计研发的CAP1400燃料定型组件在包头顺利下线。

12月30日，纳米比亚湖山铀矿完成矿建并投产。

# 附　录

# 2016 年度中国核能行业协会科学技术奖获奖项目

## 一等奖项目 4 项

| 序号 | 项目名称 | 主要完成单位 | 主要完成人 |
|---|---|---|---|
| 1 | 压水堆核电高温高压水环境材料损伤关键测试技术装备与应用 | 中国科学院金属研究所 | 韩恩厚 吴欣强 王俭秋 郦晓慧 匡文军 谭季波 |
| 2 | 300MW核电站反应堆冷却剂泵组 | 哈尔滨电气动力装备有限公司<br>中国中原对外工程有限公司 | 李梦启 蔡 龙 王泽宇 杨立峰 刘 亨 李藏雪 仲维滨 王 勇 王文彬 江 福 张韵曾 贾 允 盛志伟 朱 伟 赵环宇 于 勇 吕延光 李雅范 刘大为 韩惠东 |
| 3 | 核电厂地震安全关键技术研究 | 环境保护部核与辐射安全中心<br>中国地震局地球物理研究所<br>中国地震灾害防御中心<br>中国地震局地质研究所<br>清华大学核能与新能源技术研究院 | 常向东 周国良 李小军 赵凤新 潘 华 周本刚 王海涛 张郁山 尤红兵 李海波 李建波 陈国兴 葛鸿辉 张超琦 李忠诚 贺秋梅 刘 远 荆 旭 李金臣 李正芳 |
| 4 | 中国铀成矿理论集成与创新 | 核工业北京地质研究院<br>中国核工业地质局 | 张金带 李子颖 杜乐天 黄净白 陈祖伊 赵凤民 仉宝聚 李晓翠 李林强 孙 晔 秦明宽 蔡煜琦 简晓飞 陈戴生 王文广 |

续表

## 二等奖项目20项

| 序号 | 项目名称 | 主要完成单位 | 主要完成人 |
|---|---|---|---|
| 5 | CAP1400非能动堆芯冷却系统整体试验台架研制与应用 | 国核华清（北京）核电技术研发中心有限公司<br>上海核工程研究设计院 | 常华健　李玉全　叶子申<br>朱　升　房芳芳　王　含<br>石　洋　郝博涛　蔡孝玉<br>杨福明　陈　炼　钟　佳<br>王　楠　樊　普　李代力 |
| 6 | “华龙一号”（防城港二期项目）安全系统配置方案研究 | 中广核工程有限公司<br>中广核研究院有限公司<br>苏州热工研究院有限公司深圳分公司 | 李盛杰　牛文华　温　亮<br>魏淑虹　司恒远　许晨德<br>王庆礼　彭　跃　胡　剑<br>王争光　刘志云　周绍飞<br>陈京龙　熊立昆　陈　鹏 |
| 7 | 田湾1、2号机组汽轮发电机组的振动特性研究和治理 | 江苏核电有限公司 | 管玉峰　周正平　茆秋华<br>秦贯洲　闫　鹏　侯　耀 |
| 8 | 核电展览展示技术研究与应用 | 核动力运行研究所<br>中核武汉核电运行技术股份有限公司<br>山东核电有限公司 | 李　姝　张初明　赵鹏程<br>马　寅　刘　斌　张　皓<br>李　希　侯　菲　陈　君<br>任永周　彭　波　覃　坤<br>王　瑜　庄　莉　彭爱玲 |
| 9 | 基于爬行机器人的蒸汽发生器传热管检查系统研制 | 核动力运行研究所<br>中核武汉核电运行技术股份有限公司 | 廖述圣　张志义　冯美名<br>高厚秀　韩　捷　杜振坤<br>熊昌怀　聂　勇　杨崇安<br>孙海涛　肖镇官　朱　良<br>王家建　陈　霞　袁　骊 |
| 10 | 核电厂蒸汽发生器管板及封口焊缝损伤现场修复技术开发及应用 | 中广核工程有限公司<br>东方电气（广州）重型机器有限公司<br>上海电气核电设备有限公司 | 邱振生　黄腾飞　施彬彬<br>范立明　邹　杰　张茂龙<br>刘飞华　邱桂辉　黄炳臣<br>陈懿养　章贵和　陈　航<br>毋争娟　崔素文　赵文灿 |

续表

| 序号 | 项目名称 | 主要完成单位 | 主要完成人 |
|---|---|---|---|
| 11 | AP1000蒸发器与主泵连接焊缝超声自动检验系统研制与应用 | 核动力运行研究所<br>中核武汉核电运行技术股份有限公司<br>三门核电有限公司 | 周礼峰 朱性利 邱进杰<br>陈 姝 乐 磊 罗玉文<br>涂智雄 葛 亮 成照宇<br>何 虹 丁冬平 胡 啸<br>蔡家藩 聂 勇 张志义 |
| 12 | CAP1400蒸汽发生器汽水分离装置研发 | 上海核工程研究设计院 | 林绍萱 应秉斌 景 益<br>宋印玺 张丽艳 矫 明<br>祖洪彪 尤 岩 史志龙<br>姚彦贵 李经怀 陈清琦<br>姚兆祯 孟 剑 |
| 13 | 20万千瓦高温气冷堆示范工程核岛土建施工关键技术研究与应用 | 中国核工业二四建设有限公司 | 李文恒 赵景发 张建平<br>张仕兵 李 伟 刘学良<br>刘向荣 衡福利 张希旭<br>李 攀 刘庆红 康清顺<br>周玉东 刘 鹏 刘召辉 |
| 14 | 含氟铀矿石细菌渗滤浸出提铀技术 | 核工业北京化工冶金研究院<br>中核抚州金安铀业有限公司 | 樊保团 刘 辉 孟运生<br>王海塔 程 浩 周 磊<br>濮国荣 郑 英 童长宁<br>张洪利 师留印 张静敏 |
| 15 | 核设施设计基准热带气旋龙卷风、极端风和大气弥散条件适应性研究 | 中国核电工程有限公司<br>北京大学 | 郑 伟 陈家宜 钱天林<br>李凤菊 付 斌 汪宏宇<br>朱 好 王晓亮 毛亚蔚<br>郑永光 邱 林 白晓平<br>管永涛 熊章辉 蔡旭晖 |
| 16 | 核电厂抗飞机撞击研究 | 上海核工程研究设计院 | 葛鸿辉 王晓雯 夏祖讽<br>程书剑 黄小林 袁 芳<br>孙渝刚 李帅希 黄江德 |
| 17 | 核电仪控仿真技术研发及应用 | 中广核（北京）仿真技术有限公司 | 曹建亭 章 旋 吴 帆<br>蔡瑞忠 钟 俊 黎知行<br>李 剑 王 峰 张光昱<br>苏学丰 |

续表

| 序号 | 项目名称 | 主要完成单位 | 主要完成人 |
|---|---|---|---|
| 18 | 核电站主设备及换料水池运维综合试验验证装置 | 中广核研究院有限公司 | 黄文有　周国丰　戴忠华<br>刘青松　张美玲　柏延强<br>董晓祥　张新华　魏　涛<br>熊国华　陈建清　马庆俊<br>董亚超　吴凤岐　但光饶 |
| 19 | 高温气冷堆模块化设计技术 | 中核能源科技有限公司 | 陈　景　陈　岩　孙运轮<br>蒲　洋　杨　俊　冷金勇<br>白新文　丁立娜　王友刚<br>杨红玉　金东杰　张　涛<br>张作鹏　李凤娇　张　沛 |
| 20 | AP1000依托项目蒸汽发生器支撑的核安全技术研究及应用 | 环境保护部核与辐射安全中心 | 初起宝　王　庆　文　静<br>柴国旱　王忠秋　孙造占<br>李海龙　徐　宇　路　燕<br>房永刚　毛　庆　张云波<br>张毅雄　曾忠秀　叶献辉 |
| 21 | 福建福清核电厂抗震裕度评价 | 中国核电工程有限公司<br>中国核动力研究设计院 | 赵　博　张超琦　张毅雄<br>于　勇　卢　放　孙　凤<br>蔡逢春　叶献辉　王冬梅<br>余晓菲　弓振邦　王　贵<br>刘飞洋　王玉卿　邱志方 |
| 22 | CAP1400提高临界热通量关键因素试验台架 | 国核华清（北京）核电技术研发中心有限公司<br>上海核工程研究设计院 | 胡　腾　常华健　赵宇峰<br>王佳赟　杨　胜　张　明<br>陆　维　张　祥　张　琨<br>薛艳芳　孙财新　邸　智<br>田　芳　曹克美 |
| 23 | ACP1000征兆导向事故规程方法研究 | 中国核电工程有限公司 | 赵　侠　唐　涛　杨庆明<br>刘海宇　陈巧艳　王长东<br>易　珂　张　莉　孙　婧<br>孙　涛　陆　斌　李　力<br>尚　臣　詹经祥　黄树亮 |

续表

| 序号 | 项目名称 | 主要完成单位 | 主要完成人 |
|---|---|---|---|
| 24 | “华龙一号”1E级严酷环境下电缆研制 | 中国核电工程有限公司<br>安徽电缆股份有限公司 | 姜庆水 张万有 周晓斌<br>顾燕春 熊 宇 范 遂<br>李笑镭 张 楠 窦慧元<br>宰学龙 周 俊 徐晓丽<br>朱元忠 王利华 徐晓芳 |

## 三等奖项目56项

| 序号 | 项目名称 | 主要完成单位 | 主要完成人 |
|---|---|---|---|
| 25 | 高温气冷堆燃料元件包覆工艺仪控系统的研究与应用 | 北京广利核系统工程有限公司 | 江国进 党永强 宋宪均<br>高景斌 邵友林 刘 元<br>刘 兵 马吉强 王勇刚<br>邓喜刚 |
| 26 | 澳大利亚Bigrlyi铀矿详查项目 | 中广核铀业发展有限公司 | 董文明 向伟东 王生云<br>马汉峰 肖树青 张子敏<br>陈德邵 邓 平 范洪海<br>蔡兴琪 |
| 27 | 非能动核电厂全范围严重事故管理导则开发 | 上海核工程研究设计院 | 方立凯 芦 苇 王佳赟<br>张 琨 郑利民 刘 鑫<br>曹克美 付廷造 黄高峰<br>顾培文 |
| 28 | 核反应堆控制棒束组件一体化检验系统研制 | 核动力运行研究所<br>中核武汉核电运行技术股份有限公司<br>中核核电运行管理有限公司 | 朱性利 周礼峰 肖镇官<br>蔡家藩 谢 航 丁冬平<br>王玲彬 王 伟 赵 伟<br>邱进杰 |
| 29 | 中国沿海核电建设场址地震海啸危险性分析 | 环境保护部核与辐射安全中心<br>中国地震局工程力学研究所<br>中国地震局地球物理研究所 | 潘 蓉 李小军 任叶飞<br>温瑞智 荆 旭 纪忠华<br>路 雨 金 波 杨智博<br>李 亮 |
| 30 | 核电站仪控电源可靠性及老化检测技术和标准 | 中广核核电运营有限公司<br>大亚湾核电运营管理有限责任公司 | 马 蜀 浦 黎 李 勇<br>丁俊超 犹代伦 刘新东<br>王国云 李明钢 张国财<br>季 涛 |

续表

| 序号 | 项目名称 | 主要完成单位 | 主要完成人 |
|---|---|---|---|
| 31 | 反应堆压力容器底封头贯穿件检测技术研究与应用 | 中广核检测技术有限公司<br>大亚湾核电运营管理有限责任公司<br>中广核核电运营有限公司 | 吴健荣　王贤彬　贝雅耀<br>吕天明　孙海涛　徐达梁<br>林　戈　李晓蔚　朱传雨<br>王　臣 |
| 32 | 核级DCS调试工具开发 | 福建福清核电有限公司<br>中国核电工程有限公司<br>上海交通大学 | 商幼明　杨汝贞　尤　兵<br>姚　伟　李逊存　王五妹<br>许　勇　张利刚　林　萌<br>宫成军 |
| 33 | 水下净化技术研究及应用 | 核动力运行研究所<br>中核武汉核电运行技术股份有限公司<br>大亚湾核电运营管理有限责任公司 | 胡卉桦　张丽萍　袁建春<br>万　勇　董　旺　冷慧玲<br>卢　冰　曾晓辉　赵　莹<br>易金河 |
| 34 | 基于涡流检验信号的蒸汽发生器传热管结垢自动测量与成像系统 | 核动力运行研究所<br>中核武汉核电运行技术股份有限公司<br>大亚湾核电运营管理有限责任公司 | 冯美名　夏清友　李平仁<br>姚传党　廖述圣　刘　欣<br>韩　青　王家建　韩　捷<br>祁　攀 |
| 35 | 重水堆机组除气冷凝器喷淋管线泄漏问题分析及处理技术研究 | 中核核电运行管理有限公司<br>秦山第三核电有限公司 | 郑永祥　陈明军　吴志刚<br>郑立军　吴奈勋　刘　阳<br>曾　春　袁建中　赵　亮<br>杨胜凯 |
| 36 | 蒸汽发生器涡流检测旋转探头 | 国核电站运行服务技术有限公司 | 王冬冬　曹　刚　王巍超<br>郭　韵　孙海涛　邵庆荣<br>师绍猛　吴少云　杨宝初 |
| 37 | 核电厂在役检查关键技术研究及指导性文件编制 | 环境保护部核与辐射安全中心<br>中机生产力促进中心 | 孙海涛　杨　堤　张　锴<br>凌礼恭　王　臣　高　晨<br>王忠秋　严天文　刘　畅<br>贾盼盼 |
| 38 | AP1000核电厂设计可靠性保证大纲研究与应用 | 环境保护部核与辐射安全中心<br>中国核电工程有限公司 | 黄志超　闫　林　依　岩<br>孙　凤　李　娟　杨　波<br>赵　博　王雁启　堵树宏<br>段红卫 |

续表

| 序号 | 项目名称 | 主要完成单位 | 主要完成人 |
|---|---|---|---|
| 39 | 反应堆吊篮辐板螺栓水下修复项目 | 中核核电运行管理有限公司<br>秦山核电有限公司 | 李　涛　陈　梁　何少华<br>戚宏昶　王　聪　黄志军<br>赵志德　陈其荣　段亚辉<br>侯立巍 |
| 40 | VVER型压水堆核电厂堆芯损伤评价系统研发 | 中国原子能科学研究院<br>江苏核电有限公司 | 魏严凇　季松涛　史晓磊<br>李载鹏　姚进国　许　倩<br>叶刘锁　陈林林　李友谊<br>孙雪霆 |
| 41 | 中核600MWe先进压水堆核电机组用户总体要求文件 | 中国核电工程有限公司 | 信天民　黄伟峰　唐　涛<br>薛　娜　张耀春　李永华<br>张志银　贺克羽　杨　勇<br>田秀峰 |
| 42 | 高温气冷堆示范工程核电站屏蔽冷却水系统模块化建造技术 | 中国核工业二三建设有限公司 | 刘奎林　孙朝朋　师国柱<br>田　野　靳晓辉　孟繁洋<br>卜　涛　李志虎　康增保<br>马洪泉 |
| 43 | 红沿河核电厂隔室泄爆技术研究及应用 | 中广核研究院有限公司<br>深圳中广核工程设计有限公司<br>大连理工大学 | 侯华青　卢向晖　徐晓臻<br>沈永刚　魏　伟　徐　宏<br>李艳嘉　崔旭阳　纪文英<br>赵振东 |
| 44 | 基于固有应变理论的核电不锈钢水池焊接变形控制技术研究和应用 | 中国核工业华兴建设有限公司 | 张吉斌　程小华　秦亚林<br>张　乐　蒋其孟　王建国<br>孙　涛　陈波涛　李凯林<br>赵　兵 |
| 45 | ACP1000三代核电技术LBB技术应用研究 | 中国核电工程有限公司<br>中国核动力研究设计院<br>西安交通大学 | 王春明　吴万军　王艳苹<br>谢　海　杨林民　孙英学<br>郑修鹏　姜乃斌　詹自敏<br>毕勤成 |
| 46 | CAP1400反应堆整体水力性能关键技术研究 | 上海核工程研究设计院 | 林绍萱　张　明　丁宗华<br>张　伟　孟　洋　杨　萍<br>梁叶佳　余　凡　许志红<br>王　盛 |

续表

| 序号 | 项目名称 | 主要完成单位 | 主要完成人 |
|---|---|---|---|
| 47 | 破前漏（LBB）技术研发与工程应用 | 中广核工程有限公司<br>环境保护部核与辐射安全中心<br>苏州热工研究院有限公司 | 毛　庆　初起宝　甄洪栋<br>岑　鹏　李承亮　夏祖国<br>李　强　王骄亚　尤　磊<br>房永刚 |
| 48 | 综合评价法在AP1000核电站模块化建造质量控制领域的应用 | 中国核工业第五建设有限公司 | 苏　军　梁俊松　盛世宝<br>宁敦超　张　红　邓卫海<br>孙　瀚　梁柱新 |
| 49 | 一种核电站高泥沙海水联合泵房布置方法 | 中国核电工程有限公司 | 白　玮　宋建军　王东海<br>李海珠 |
| 50 | 三维复杂几何离散纵标与蒙特卡洛耦合深穿透屏蔽设计方法研究应用 | 上海核工程研究设计院<br>西安交通大学 | 郑　征　曹良志　梅其良<br>吴宏春　黎　辉　丁谦学<br>王梦琪　夏春梅　周　岩<br>韩建春 |
| 51 | 非能动安全壳热量导出系统数值研发和性能研究 | 中国核电工程有限公司 | 黄　政　韩晓峰　郭　强<br>陈巧艳　元一单　石雪垚<br>张慧敏　王　辉　马秀歌<br>雷宁博 |
| 52 | 利用V型翻转支架翻转立式设备的方法 | 中国核工业二三建设有限公司 | 姜世明　程贤高　王万渝<br>罗　静　高建厂　杨祥福<br>唐　平　范　凯　张东辉<br>党文智 |
| 53 | 烟囱气态流出物取样代表性试验 | 中国核电工程有限公司<br>中国原子能科学研究院<br>青岛东卡环保工程技术有限公司 | 王　勇　李　航　张翔宇<br>黄光勋　丁世海　陈　凌<br>杜文学　孙　慧　王　平<br>赵红杰 |
| 54 | AP1000核电厂常规岛数字化仪控系统设计研究 | 国核电力规划设计研究院 | 胡善云　肖长歌　张小勇<br>谢红军　张　鹏　李达然<br>李　力　吴志钢　陈思沛<br>王珊珊 |

**续表**

| 序号 | 项目名称 | 主要完成单位 | 主要完成人 |
| --- | --- | --- | --- |
| 55 | ACP1000严重事故工况下主控室可居留性专项研究 | 中国核电工程有限公司 | 郭静涛　刘鹏飞　刘自旺<br>张富超　赵尚贵　苑晓东<br>汪义玲　温　华　陈达海<br>戴一辉 |
| 56 | 核电汽轮机轴承平行度调整计算方法及模型的开发与应用 | 中广核工程有限公司 | 田洪波　吴凤林　吕兆苹<br>张志强　张继东　李慧东<br>陈治军　何伯韬　龙有新<br>周　凯 |
| 57 | AP1000核电项目施工质量工艺标准化示范手册 | 中电投电力工程有限公司<br>国家核电技术有限公司<br>山东核电有限公司 | 李　琦　贺　徙　关先林<br>丁维民　杨青云　刘振领<br>张守龙　刘树春　朱俊杰<br>吴　勇 |
| 58 | 内陆厂址后处理厂对生态环境影响的初步研究 | 中国核电工程有限公司<br>中国原子能科学研究院 | 毛亚蔚　姚青山　白晓平<br>武奕华　高桂玲　邱　林<br>郑　伟　杜红燕　龙　亮<br>王晓亮 |
| 59 | 在役核电站稳压器电加热器更换技术研发和应用 | 中广核核电运营有限公司<br>苏州热工院有限公司<br>中核武汉核电运行技术股份有限公司 | 岳永生　郑孝纲　陈英杰<br>桑建军　吴小飞　宋　水<br>王　松　冯战涛　刘　超<br>张声震 |
| 60 | 钴调节棒解体设备优化改造 | 中核核电运行管理有限公司<br>秦山第三核电有限公司 | 吴　伟　蒋军建　施维真<br>彭小蓟 |
| 61 | 核电厂放射性废物最小化研究 | 中国核电工程有限公司<br>大亚湾核电运营管理有限责任公司<br>中国辐射防护研究院 | 张志银　严沧生　黄来喜<br>崔安熙　高瑞发　赵　滢<br>刘铁军　范雯雯　欧阳俊杰<br>赵华松 |
| 62 | 重水堆燃料棒辐照后裂变气体测量分析 | 中国核动力研究设计院 | 江林志　邝刘伟　罗　宁<br>孟智良　任　亮　余飞杨<br>陈云明　樊　申　李国云<br>张显鹏 |

续表

| 序号 | 项目名称 | 主要完成单位 | 主要完成人 |
|---|---|---|---|
| 63 | 核电厂职业照射剂量评价数据库开发与应用 | 中国核电工程有限公司 | 龙　亮　麻锦琳　毛亚蔚　田英男　赵　侠　邱　林　米爱军　杨德锋　王晓霞　刘　耸 |
| 64 | 压水反应堆压力容器堆外快中子剂量测量系统和数据分析平台 | 国核电站运行服务技术有限公司 | 张亚平　钟志民　王东辉　马先宏　李　杰　徐　伟　王海伟 |
| 65 | 功能安全技术在FirmSys产品应用及SIL3认证 | 北京广利核系统工程有限公司 | 齐　敏　程　康　白　涛　莫昌瑜　张运涛　吴　彬　谢逸钦　王静伟　王晓伟　李明利 |
| 66 | 核电站废液化学絮凝处理装置 | 上海核工程研究设计院<br>江苏宝宸净化设备股份有限公司 | 刘杰安　陈　斌　柳　丹　王　鑫　钱　磊　梁袁平　储志军　谈遗海　刘　兵 |
| 67 | 汽动辅助给水泵用高温高压电磁阀和电磁驱动器 | 中国核电工程有限公司<br>鞍山电磁阀有限责任公司 | 肖代云　吴　鹏　张瑞萍　郭　林　曹月秋　李玉荣　闫桂银　吴　松　李昌磊　杨士赞 |
| 68 | 装卸料机模拟机研制 | 中国核电工程有限公司 | 张　鹏　何志军　张　磊　张嘉斌　张　瑞　徐思敏　马　宁　李　波 |
| 69 | VVER型百万核电机组MSR自主化研制 | 哈电集团（秦皇岛）重型装备有限公司<br>哈尔滨汽轮机厂有限责任公司 | 杨　松　张秋鸿　高　峰　付元钢　魏占超　董爱华　王佐森　刘克为　姚在山　卢日时 |
| 70 | 大型先进压水堆核空气净化处理关键部件研制 | 上海核工程研究设计院<br>靖江希达环保空调净化设备有限公司<br>江苏海纳空调净化设备有限公司 | 张亮亮　林宇清　罗伟涛　杨康骏　叶剑云　张　彦　高　雷　黄国军　顾坤宏　毛一鸣 |

续表

| 序号 | 项目名称 | 主要完成单位 | 主要完成人 |
|---|---|---|---|
| 71 | 1E级转速测量仪表 | 中国核电工程有限公司<br>江阴众和电力仪表有限公司<br>中核核电运行管理有限公司 | 肖代云　刘桂兴　董军成<br>范　遂　张瑞萍　刘　俊<br>尚雪莲　沈　刚　杨　芹<br>于　龙 |
| 72 | 堆内构件流致振动预测分析技术开发 | 上海核工程研究设计院 | 张　明　林绍萱　李　源<br>薛国宏　张　伟　朱　焜<br>张　翟　许　静　陈　孟<br>艾卫江 |
| 73 | TVS-2M格架栅元与围板自动点焊系统开发 | 中核建中核燃料元件有限公司 | 李　峰　郑志辉　于小焱<br>张永乐　李金魁 |
| 74 | 自主研发STEP-12燃料组件水力学性能试验 | 中广核研究院有限公司 | 卢冬华　吴小航　苏前华<br>李　坤　童　刚　邢　军<br>彭　帆　王　阔　马　帅<br>张玉相 |
| 75 | 《中国先进研究堆（CARR）低浓燃料组件规范》编制 | 中核北方核燃料元件有限公司 | 王玉岭　邹本慧　康亚伦<br>韩志华　房淑英　布仁扎力根<br>郝新贵　聂　皓 |
| 76 | CANDU-6端塞焊与去焊瘤自动化一体机研制 | 中核北方核燃料元件有限公司 | 李　扬　张　杰　郭吉龙<br>王文革　吕　会　郭　丞<br>李桂清 |
| 77 | 铀矿资源区域地球化学和放射性水化勘查技术应用研究 | 核工业北京地质研究院 | 付　锦　赵宁博　蔡煜琦<br>李林强　刘红旭　裴承凯<br>李卫星　李新春　辛至秀<br>张　玲 |
| 78 | 黑龙江省大兴安岭地区1:5万航空物探测量 | 核工业航测遥感中心 | 韩长青　李怀渊　徐国苍<br>陈国胜　李素岐　李晓禄<br>刘士凯　房江奇　高国林<br>刘建军 |

| 序号 | 项目名称 | 主要完成单位 | 主要完成人 |
|---|---|---|---|
| 79 | 铀浓缩生产110kV三母线双母联保护设计及优化的研究与实施 | 中核兰州铀浓缩有限公司 | 段东权　朱德文　孟祥娟<br>徐　刚　敬红永　张学芳<br>闫金锁　李乡伟　赵军琪<br>史晓芸 |
| 80 | 气体离心机分布式转速综合参数测控系统 | 中核兰州铀浓缩有限公司 | 韩国栋　段东权　朱德文<br>王树林　孔颖斌　陈　伟<br>李乡伟　杨春林　王鹏辉<br>闫金锁 |

# 2016年中国核能行业协会主要活动报道

## 内陆核电课题专家评审会召开

1月26日，中国核能行业协会在北京组织召开了《内陆核电建设中几个重要问题的再研究》课题专家评审会。协会理事长张华祝、环境保护部总工程师刘华出席会议并讲话。协会专家委副主任赵成昆、国家核电技术有限公司专家郝东秦分别主持了评审会。来自国家核安全局，环保部核与辐射安全中心、清华大学，国家核电技术有限公司、大唐集团、华能核电开发公司、中国核电工程有限公司、中广核工程有限公司，以及中广核咸宁核电、中电投江西核电等内陆核电的38名特邀专家和代表参加了会议。

赵成昆介绍了内陆核电相关课题研究的背景和情况。他说，在政府有关部门和业界相关单位的支持下，协会自2008年起，组织专家开展了内陆核电有关问题的研究，先后完成了《内陆核电应关注的问题和核电机组适应性》《内陆核电环境影响评估》《内陆核电厂安全要求》等系列研究报告，并在2013年和2015年，就部分研究内容和成果分别召开了发布会，为消除公众对核电的误解，提高公众对核电的认知和接受程度起到了积极作用，得到了政府部门和社会的认可与重视。在此基础上，为推动内陆核电的建设，2014年，协会再次组织专家开展《内陆核电建设中几个重要问题的再研究》，对内陆核电液态和气载流出物排放的控制与评估、严重事故工况下确保水资源安全应急预案的实例等进行了深入研究，完成了成果报告。他指出，研究成果回应了部分专家、学者和公众对内陆核电相关问题的关注和呼声，为国家有关部门的决策提供了参考依据。

与会专家听取了课题组的汇报，查阅了相关会议文件，经过认真讨论审议，形成评审意见，并对完善专题研究成果提出了宝贵的建议。

会议认为，协会组织专家对政府和公众高度关注的内陆核电厂相关问题开展全面深入的研究，专题设置针对性强，研究方式多样，几年来的工作和研究成果具有科学性和客观性，可为国家有关部门进行内陆核电决策和“十三五”安排提供重要的技术支撑，为深化相关的内陆核电设计和研究工作创造良好的基础，并可向社会公众发布，用于公众沟通和宣传。

评审专家组同意《内陆核电建设中几个重要问题的再研究》课题通过评审验收。

## 核电厂同行评估委员会负责人座谈会召开

2月2日，中国核能行业协会核电厂同行评估及经验交流委员会负责人座谈会在京召开。协会理事长、委员会主任委员张华祝，副主任委员陈桦（中国核能电力股份公司总经理）、曾曦（国家核电技术有限公司副总经理），中国核建、中国广核集团、华能集团的代表，以及委员会秘书长、副秘书长等出席了会议。

张华祝主持会议，委员会秘书长龙茂雄作了专题汇报。与会人员结合我国核电发展形势，深入探讨了同行评估及经验交流工作面临的挑战，一致认为，要充分发挥委员会的平台作用，采取切实措施，凝聚行业共识，加强行业自律，加快委员会的发展。对于编制"委员会战略发展规划"，各位代表积极建言献策，提出了许多建设性的意见和建议。

## 核电厂经验反馈交流研讨会召开

2月25日，由中国核能行业协会主办、辽宁红沿河核电有限公司承办的第三届核电厂经验反馈交流研讨会在大连召开。来自核电厂同行评估及经验交流委员会成员单位，环保部核与辐射安全中心等31家单位的64名主管经验反馈工作的人员参加了会议。会上，委员会秘书处汇报了核电厂同行评估及经验交流委员会2015年工作情况；部分参会单位汇报了本单位经验反馈工作的开展情况；会议还邀请环保部核与辐射安全中心就国家核安全局经验反馈体系作了专题报告。在会议交流研讨环节，围绕委员会经验反馈工作展开了讨论，代表们提出了切实可行的意见和建议。

中国核能行业协会副秘书长、委员会秘书长龙茂雄在会议总结中说，一年来，在成员单位的大力支持下，委员会通过发布《中国核能行业协会核电营运信息网经验交流工作制度》、事件报送情况通报等，有力地调动了各单位报送的积极性，经验反馈工作成效显著，各单位在经验反馈工作上也都取得了明显进步。他希望各成员单位继续支持委员会的工作，充分发挥同行经验交流的作用，进一步促进行业经验共享，以推动我国核电安全高效发展。

## 山东核电厂第二部分SOER响应情况评估圆满结束

3月4日，由中国核能行业协会组织的"山东核电厂第二部分重要运行事件经验反馈报告（SOER）响应情况同行评估"圆满结束。

为了迎接世界核电运营者协会（WANO）装料前同行评估（PSUR），2013年，山东核电有限公司向中国核能行业协会申请提供技术支援。根据双方商定的工作安排并结合工程进展情况，中国核能行业协会先后组织力量为山东核电完成了PSUR培训、自评估和第一次与第二次SOER响应情况评估等技术支援活动。

在评估离场会上，评估队介绍了评估过程及受评方需要关注的主要问题，汇报了受评单位《安全系统状态控制》《操纵员基本知识技能弱点》《福岛核事故的经验教训》等3篇SOER报告响应情况的评价结果。

## 中国核能安全发展研讨会召开

3月11日，由中国核能行业协会和美国艾默生电气公司共同主办的中国核能安全发展研讨会在深圳召开。会议以日本福岛核事故发生五周年为契机，就核安全文化以及核级设备监管等展开了讨论。

中国核能行业协会专家委副主任赵成昆、美国艾默生电气公司全球总裁孟瑟出席会议并致辞。

会上，中外专家分别介绍了中国最新的核安全监管情况、美国核能发展政策与规划、中国核电发展现状以及对核安全文化的再思考。

在核级设备监管议题方面，环保部核设施安全监管司和国家核安全局华北站，就境外核级设备监管规定与实践回答了相关问题。

来自近40家单位的140余名代表参加了研讨会。

## 2016 年核能行业专题工作组组长会议召开

3月17–18日，由中国核能行业协会主办、三门核电有限公司承办的2016年核能行业专题工作组组长会议在三门核电现场召开。各专题工作组组长、副组长、执行秘书和参会代表等80多人参加了会议。会上，委员会秘书处简要报告了2015年行业专题工作组总体工作情况。17个专题工作组组长、执行秘书（或代表）汇报了本工作组2015年工作情况和2016年主要工作安排。委员会秘书处公布了优秀专题工作组的评选结果：核电厂调试启动工作组、核电厂汽轮机工作组、核风险管理工作组和核能行业RCM工作组等4个工作组被评选为2015年优秀行业专题工作组。与会代表还围绕专题工作组今后的重点工作、如何进一步发挥工作组对行业发展的支持作用等问题进行了认真讨论，提出意见和建议。

## 核能行业质量保证培训工作会召开

3月19日，由中国核能行业协会组织的2016年核能行业质量保证培训工作会在无锡召开。来自环保部核与辐射安全中心、国家电力投资集团公司、中国核能电力股份有限公司、中核秦山核电集团（筹）、中广核核电运营有限公司、大亚湾核电运营管理有限责任公司、苏州热工研究院有限公司等单位的13名专家和代表参加了会议。协会专家委员会副主任赵成昆主持会议并作总结。

专家们认为，经过7年的实践，协会的质量保证监查员培训班在行业内形成了品牌，统一了规范管理核质保监查人员的平台，得到了业界广泛的认可。会议强调，要继续坚持严格管理监查员培训工作，保持现有培训强度和严明的考评制度，不降低现行的资格评定标准，让学员在有限的时间内，学习掌握更多的知识。

赵成昆强调了质保监查员培训班要坚持严格把控，坚持追求卓越的理念，不断提高培训质量。他说，在认真听取和总结各方面意见的基础上，协会将结合会员单位的专业领域和实际需求，进一步提高培训的针对性和实效性，加强对核电设备制造业质保监查人员的培养，不断完善再培训机制，抓好对核能行业高级质量管理者的培训。与会专家听取并讨论了关于2015年核能行业质量保证培训工作的报告，分析了行业质保监查员生源分布情况，并结合我国核电发展的现状，研讨了行业质量管理的薄弱环节和实际需求，提出了下一步质保培训的具体建议和意见。

## 中国核能行业协会第二届理事会第六次会议召开

4月15日，中国核能行业协会第二届理事会第六次会议在北京召开。中国核能行业协会理事长张华祝主持了会议。

会议审议并同意《关于2015年协会工作总结和2016年协会主要工作安排意见的报告》《关于经费管理委员会2015年财务预算执行情况和2016年财务预算的报告以及第二届经费管理委员会工作报告》《关于申请入会单位资格审查和部分理事调整等情况的报告以及第二届组织管理委员会工作报告》；审议并同意秘书处修改《章程》的说明、秘书处关于第三届理事会组成的建议、秘书处《关于设立经济实体的建议》、《中国核能》编辑部2015年工作总结与2016年报道设想。

会议投票选举张廷克为新一届中国核能行业协会理事会秘书长。

会议通过抽签决定实行理事长轮值制的轮值顺序。理事长轮值顺序为：中国核工业集团公司、中国华能集团公司、中国核工业建设集团公司、国家电力投资集团公司、中国广核集团有限公司。

## 协会发布 2016 年 1–3 月我国核电运行情况

2016年1–3月，我国共有2台核电机组正式投入商业运行，分别是阳江核电厂3号机组（1月1日）、防城港核电厂1号机组（1月1日）。至此，我国投入商业运行的核电机组共30台，总装机容量达到28 599.37MWe（额定装机容量）。各运行核电厂严格控制机组的运行风险，继续保持机组安全、稳定运行。

1–3月全国累计发电量为13 551.4亿千瓦时，核电累计发电量为470.62亿千瓦时，约占全国发电量的3.47%。与燃煤发电相比，核能发电相当于减少燃烧标准煤1 482.45万吨，减少排放二氧化碳3 884.03万吨，减少排放二氧化硫12.60万吨，减少排放氮氧化物10.97万吨。

1–3月，各运行核电厂严格控制机组的运行风险，继续保持安全、稳定运行，未发生国际核事件分级（INES）一级及一级以上的运行事件。各运行核电厂未发生较大及以上环境事件、辐射污染事件，未发生火灾爆炸事故，未发生职业病危害事故。1–3月环境监测结果表明，各运行核电厂放射性排出流的排放量均远低于国家标准限值。监测数据表明，所测出的环境空气吸收剂量率在当地本底辐射水平涨落范围之内。

## 第三届核电厂同行评估委员会第四次会议召开

4月28日，第三届核电厂同行评估及经验交流委员会第四次会议在福州召开。相关集团公司、核电营运单位、研究设计院所、工程公司等单位的委员、协调员及代表共近70人参加了会议。

会议审议通过了《核电厂同行评估及经验交流委员会工作报告（2015–2016）》、委员会2015年经费决算、2016年重点工作安排及经费预算，以及2016–2017周期软课题项目。会议就《核电厂同行评估及经验交流管理办法》执行情况、建立委员会快速经验反馈机制和核电站常规岛金属监督问题等进行了专题汇报和讨论；还就与WANO联合评估的模式、标准以及委员会中长期发展规划编制等事宜进行了讨论，并达成一致意见。核能行业可靠性维修专题工作组、核电厂汽轮机专题工作组、核风险管理专题工作组和核电厂调试启动专题工作组等4个2015年优秀行业专题工作组就各自的工作情况进行了汇报。

## 大亚湾核电基地同行评估活动圆满结束

4月29日，世界核电运营者协会（WANO）同行评估活动离场会在大亚湾核电现场举行。

4月11–29日，WANO组织评估队对大亚湾核电基地6台机组进行了同行评估活动，来自11个国家的47名评估员参与了评估活动。应受评方邀请，中国核能行业协会组织了中核核电运行管理有限公司、江苏核电有限公司、海南核电有限公司、三门核电有限公司、山东核电有限公司、华能山东石岛湾核电有限公司、核动力运行研究所等单位的10名专家参加了本次评估。评估期间，中外评估员通力合作，圆满完成了各项任务，达到了评估前确定的目标。

离场会上，评估队队长及各领域评估员对评估过程、发现的各领域的待改进项进行了汇报。受评方表示，大亚湾核电将针对评估中发现的问题持续改进管理水平。

## 核电厂同行评估培训班举办

5月3–5日，中国核能行业协会核电厂同行评估及经验交流委员会在深圳举办2016年第一期核电厂同行评估培训班。来自核能协会、中国广核集团、中广核研究院、中广核工程公司、三门核电、山东核电、漳州核电等单位的评估队成员参加了培训。

培训班就同行评估流程、评估文件、评估概况、评估方法，以及《核电工程建设业绩目标与准则》的内容等进行了讲授与练习。

## 核电厂腐蚀与防护专题工作组举办专项技术培训

5月9–13日，中国核能行业协会核电厂腐蚀与防护专题工作组举办的技术培训——核电厂FAC机理及COMSY软件培训在苏州进行。来自中国原子能科学研究院、武汉核动力运行研究所、海南昌江核电有限公司、福建福清核电有限公司、台山核电合营有限公司和苏州热工研究院有限公司的代表参加了专项培训。

来自AREVA（德国）的专家介绍了AREVA在核电厂FAC领域（Flow-accelerated corrosion，流动加速腐蚀）的相关工作，深入浅出地阐述了FAC腐蚀机理、预防措施和修复技术，并详细介绍和现场演示了核电厂二回路腐蚀管理软件COMSY。

## 核电厂调试启动专题工作组召开2016 年第一次组长会议

5月10–11日，中国核能行业协会核电厂同行评估及经验交流委员会核电厂调试启动专题工作组2016年第一次组长会议在威海召开。

会议讨论了2016年工作组工作安排、核电厂调试从业人员资格评价标准应用推广方案。初步交流了“华龙一号”首堆实验内容。审查了中核工程公司、中广核工程公司、国核工程公司等单位承担的国家能源局课题“压水堆核电厂调试标准体系修订及建设规划研究”。

## 协会对 CAP1400 项目开展同行评估回访

5月7–13日，中国核能行业协会组织同行评估回访队，对CAP1400示范工程开展了同行评估回访。

本次回访活动是对2015年10月进行的CAP1400示范工程建设项目FCD前同行评估中所发现待改进项（AFI）的改进情况的评估回访。评估队根据国核示范电站有限责任公司提供的纠正行动计划及其完成情况，通过文件查阅、人员访谈、现场巡视等形式，对每一项AFI的改进情况进行了核实，并根据事实给出了评价。在离场会上，回访队通报了AFI改进情况的评价结果，强调了需要领导层加以关注的问题。这些结果得到受评单位和核电项目相关参建单位的认可。

## 2016 年核能行业质量管理工作组组长会议召开

5月16日，中国核能行业协会在杭州组织召开了2016年核能行业质量管理工作组组长会议。来自环保部核与辐射安全中心、各有关集团、核电厂业主及运营单位、工程公司、建设公司等12家单位的专家和代表参加了会议。会议审议了《2015年核能行业质量管理工作组工作报告》和《质量管理工作组2017–2018年工作计划》；对下一届工作组机构人选形成了决议；初审了软课题“核质保监查人员培训大纲和教材升版”的基本思路和方案等。

会上，代表们一致认为，质量管理工作组自2011年9月组建以来，开展行业共同关注专题的调研，抓住行业焦点问题组织研讨，定期发布质量管理工作简报，进行软课题研究、信息及专业技术分享，定期召开年度专题研讨会，为提高行业质量管理整体水平进行了不断的探索，为行业质量管理的经验交流、相互学习借鉴搭建了有效的平台，工作逐步规范化、常规化。工作组组长、副组长、秘书及有关专家努力工作，认真负责，积极奉献，围绕行业质量管理专题开展各项工作，发挥了专业引领作用。

会议经讨论决定，新一届工作组领导机构继续保持原组长和副组长单位，组长、副组长人选不变。

## 在建核电项目面临挑战和应对措施研讨会召开

5月16–18日，由中国核能行业协会主办、中国核能电力股份有限公司承办、中核核电运行管理有限公司协办的2016在建核电项目质量管理面临的挑战和应对措施研讨会在杭州召开。

中国核能行业协会专家委员会副主任赵成昆指出，2015年，我国恢复核电建设，“十三五”期间将保持每年新建6–8台核电机组的规模，目前核电工程管理成功有效，质量总体受控。但我们也应清醒地看到，我国核电建设中，质量事件屡有发生，在技术、管理和专业队伍等方面都存在不容忽视的问题，如何采取有效措施确保核电建设阶段的质量，急需在行业层面上展开研讨和交流。此次会议的目的是总结、交流和经验反馈，力求在努力提高技术水平的同时，进一步强化管理，保证工程建设质量。环保部华东核与辐射安全监督站总工程师冯建平从监管部门的角度强调了提高质量意识对提升核电监造质量的重要作用。他提出了加强质量管理的建议与对策，并强调，核能各相关单位要加强安全文化建设，强化质量意识，培育良好的工作习惯；强化法规规范执行，认真落实监管要求，及时有效地进行整改。做好岗位培训，提升执行力，提高遵守规范程序的自觉性，发挥质量体系的有效性；加强经验反馈，充分利用经验反馈平台，加强学习，不重复出现类似问题。所有质量相关单位需要履行职责，相互督促、相互支持、相互协作，共同推进核电建设质量再上台阶。

会上，30多名专家、学者作了主题发言和交流。与会者围绕在建核电项目的质量管理、监督管理、产业链各环节的质量管控等主要议题展开了热烈的讨论。

本次研讨会共收到投稿248篇，其中32篇进行了大会交流。

## 首届核电厂根本原因分析培训班举办

6月15–17日，由中国核能行业协会主办、苏州热工研究院承办的首届核电厂根本原因分析（RCA）培训班在深圳市举办。

培训班就RCA方法概述、RCA组织管理体系、RCA分析步骤以及方法与技术等内容进行了培训。培训采用集中讲授、案例分组讨论和练习的方式进行，学员们积极参与，取得了良好的培训效果，为RCA分析方法在我国核电厂深入应用打下了良好的基础。

来自21家单位的64名学员参加了本次培训班。

## 核电厂汽轮机系列专题会议召开

6月20–22日，中国核能行业协会核电厂汽轮机专题工作组2016年第一次组长会议暨专题研讨会在台山核电厂召开。协会理事长张华祝出席会议。

汽轮机专题工作组组长会议讨论了近期工作开展情况，明确了后续工作安排。汽轮机专题研讨会议主要针对核电厂汽轮机工作方面存在的共性问题，在中核集团、中国广核集团等专家专题报告的基础上，进行了深入研讨。

工作组副组长、执行秘书、专家等60多人参加了会议。

## 第四届中国核能行业信息化工作交流会召开

6月23日，第四届中国核能行业信息化工作交流会在青岛召开。会上发布了2015年度中国核能行业信息化最具影响力十大事件。中国核能行业协会理事长张华祝出席会议并讲话。

会议交流了国家“十三五”期间信息化规划情况，以及中核集团、中国核建、中国广核集团、国家电投、华能集团等企业未来五年的信息化规划。

2015年，核电设计分析软件自主化取得重大成果。中核集团和国家电投分别开发的NESTOR软件包和COSINE公开测试版分别发布，它们涵盖了热工水力设计与安全分析、堆芯物理设计、燃料设计、屏蔽设计与源项分析、严重事故分析、概率安全分析等领域，成功应用于“华龙一号”和CAP1400设计。我国首套具有自主知识产权核电设计分析软件包问世，被评选十大事件之首。排在第二至第十的事件分别为：国内首套三代非能动核电材料编码体系构建与成功应用、中广核与国家信息技术安全研究中心联合设立核电信息安全实验室、新一代企业级核电多项目管理信息系统ENPOWER上线运行、世界首座高温气冷堆核电站工程调试一体化信息平台建成投用、N1-ERP系统全面上线助力中国核能电力股份公司信息化水平连续两年整体达A级、中国广核集团全面启动智能核电重大工程项目、推进BIM应用助力数字化核电建设、智能化工地管理系统引领国内电力工程建设工地管理技术变革、国内首例核电站无线电磁兼容测试项目顺利完成。

## 第十届世界核大学清华周培训研讨会召开

7月12日，由中国核能行业协会、世

界核大学、清华大学共同主办，福建福清核电有限公司承办的第十届世界核大学清华周培训研讨会在福州召开。

本次研讨会为期4天，包括3天课堂式培训和1天技术参观，共邀请到来自世界核协会、国际原子能机构、法国电力公司等机构和企业的5位外方专家，分别就世界能源与核能、核电项目融资、核电经济性、核燃料、公众沟通、辐射防护、应急响应、核电厂运行安全等9个议题作报告。此外，会议分别就世界与中国核电技术发展演变、核安全监管、核废物管理等内容作专题报告。

共有来自40多家核能相关企事业单位、高等院校的110余名代表参加了培训研讨会。

## 第三届核电厂阀门状态管理研讨会举办

7月13–15日，由中国核能行业协会主办、中核苏阀有限公司承办、核动力运行研究所协办的第三届核电厂阀门状态管理研讨会在苏州举办。

会议围绕核电阀门安装、调试、维修过程中遇到的阀门设计、制造方面的问题，阀门领域应用的良好实践等展开了深入研讨。核电运营公司、工程公司、设备制造厂、技术支持单位、科研院所等有关单位的70多名代表参加了会议。

期间，核电阀门状态管理专题工作组召开了会议，总结了今年上半年的工作，确定了下半年的重点工作和任务分工；针对工作组发展问题进行了讨论。

## 协会组织对田湾核电站3、4号机组调试领域进行同行评估

7月17–22日，中国核能行业协会组织中核集团、中国广核集团、国家核电的十余位资深调试专家，对田湾核电站3、4号机组开展了安装施工阶段调试领域同行评估。中国核能行业协会理事长张华祝参加了入场会。

在正式评估前两天，举办了评估员和对口人参加的评估培训班。在为期一周的评估中，评估队采取文件查阅、人员访谈、现场巡视、观察等方式，针对调试组织与管理、调试大纲与程序、调试准备、调试过程管理、移交管理等方面进行了详细评估。评估双方在坦诚、开放、务实的氛围中，深入交流、密切合作，圆满地完成此次专项评估任务。评估队编制了观察报告，针对3、4号机组调试工作提出了重点关注项、待改进项及相关建议。

在7月22日的离场会上，江苏核电有限公司表示，将组织相关部门和工程调试工作参与方对评估队发现的问题进行原因分析，制订整改措施，并抓紧实施。

## 协会与美国核动力运行研究所研讨核电评估与经验交流

7月24–29日，CNEA-INPO核电评估与经验交流研讨会在山东威海荣成市举行。本次研讨会由中国核能行业协会主

办、国核示范电站有限责任公司承办。中国核能行业协会理事长张华祝、美国核动力运行研究所（INPO）国际合作部主任Roger E. Spinnato出席会议并致辞。

本次会议邀请了INPO的三位专家分别就美国核工业、INPO战略规划、电厂评价、绩效提升、运行经验、援助与培训、绩效指标等内容作专题报告。中国核能行业协会在会上介绍了协会主要情况和协会核电厂同行评估及经验交流委员会的业务。中美两国专家和代表就核电厂同行评估、经验交流、培训论证、核电运行指标体系、业绩提升等议题进行了深入探讨与广泛交流。

来自中核集团、中国广核集团、国家电投集团、中国华能集团等27家单位的70多名代表参加了本次研讨会。

## 协会发布 2016 年 1–6 月我国核电运行情况报告

7月25日，中国核能行业协会发布2016年1–6月我国核电运行情况报告。

截至2016年6月底，我国投入商业运行的核电机组共30台，总装机容量28 599.37MWe（额定装机容量）。1–6月，全国累计发电量为27 594.90亿千瓦时，商运核电机组累计发电量为953.89亿千瓦时，约占全国累计发电量的3.46%。与燃煤发电相比，核能发电相当于减少燃烧标准煤3 004.75万吨，减少排放二氧化碳7 872.45万吨，减少排放二氧化硫25.54万吨，减少排放氮氧化物22.24万吨。

1–6月，各运行核电厂严格控制机组的运行风险，继续保持安全、稳定运行，未发生国际核事件分级（INES）一级及一级以上的运行事件。各运行核电厂未发生较大及以上辐射污染事件，未发生火灾爆炸事故，未发生职业病危害事故。1–6月环境监测结果表明，各运行核电厂放射性排出流的排放量均远低于国家标准限值。监测数据表明，所测出的环境空气吸收剂量率在当地本底辐射水平涨落范围之内。

## 第三届核电厂汽轮机技术研讨会召开

8月2–4日，由中国核能行业协会主办、山东核电有限公司承办的第三届核电厂汽轮机技术研讨会在烟台召开。

会议围绕核电汽轮机设计制造、安装调试及运维经验反馈，新技术、新工艺应用，前沿技术研究进展，可靠性及老化管理经验反馈等问题展开了深入研讨。会议还邀请核电厂汽轮机专题工作组资深专家就“核电站汽轮机最优启动曲线”和“核电机组热力性能在线监测与故障诊断系统”两个专题进行了讲座。有关核电运营单位、工程公司、设备制造厂、技术支持单位、科研院所、高校等单位近70名代表参加了会议。

会议期间，还召开了核电厂汽轮机专题工作组组长会议。

## 协会举办核电厂设备无损检验技术培训会

8月11–12日，由中国核能行业协会主办、山东核电有限公司承办、核动力运行研究所协办的核电厂设备在役检查及无损检验技术培训会在烟台召开。

培训会邀请无损检验领域资深项目负责人及专家分别就基于RSE-M和ASME规范的核电厂主设备焊缝及管道焊缝役前和在役检查技术、EPR及AP1000核电厂在役检查技术、核电厂主设备焊缝出厂无损检验技术、核电建造中ASME标准（无损检验）的应用等7个议题进行授课。来自政府监管机构、核电运营公司、工程公司、研究设计院（所）、设备制造企业等30余家单位的70余名代表参加了培训。

## 首届核电厂励磁系统经验交流研讨会召开

8月17–18日，由中国核能行业协会主办、福建福清核电有限公司承办、南京南瑞集团公司协办的首届核电厂励磁系统经验交流研讨会在福清市召开。中国核能行业协会理事长张华祝出席了会议。

会议分别就电力系统的发展趋势、核电厂励磁系统特征、核电励磁系统优化等主题作报告，同时组织了对核电励磁系统良好实践、事故及事件应对与分析等内容进行了经验分享与交流。

来自核电企业、工程公司、设计院及设备制造企业的80余名代表参加了会议。

## 协会组织对秦山三厂进行严重事故管理同行评估

8月22–26日，受国家核安全局委托，中国核能行业协会组织开展了秦山第三核电厂严重事故管理同行评估活动。

来自国内高校、设计单位、技术支持单位、核电厂业主的15名具备严重事故管理工作丰富经验的专家组成的评估队，通过听取介绍、人员访谈、现场巡视和查阅文件资料等方式，对秦山第三核电厂严重事故管理工作的管理、技术要素进行了全面、详细、深入的评估。评估工作取得了预期效果，将对提高秦山第三核电厂严重事故管理水平发挥重要作用。

## 第三届核电厂控制棒驱动系统研讨会召开

8月30日，由中国核能行业协会主办、东方电气股份有限公司承办的第三届核电厂控制棒驱动系统经验交流研讨会在成都举行。相关核电运营、研究设计、设备制造等单位的近50名代表参加了会议。

会议邀请了来自中广核工程设计有限公司、中广核研究院有限公司、华能山东石岛湾核电有限公司、环保部核与辐射安全中心、上海核工程研究设计院、江苏核电有限公司、上海第一机床厂有限公司、山东核电有限公司等单位的10名专家进行专题报告。

研讨会期间，还召开了核电厂控制棒驱动系统专题工作组组长会议。

## 协会成立核电厂放射性废物管理专题工作组

9月1日，由中国核能行业协会主办、中国核动力研究设计院承办的首届核电厂放射性废物管理专题研讨会在成都召开。会议宣布成立以中国核动力研究设计院为组长单位的核电厂放射性废物管理专题工作组，以促进该领域技术交流、经验分享、共性问题研究和自律发展。这是中国核能行业协会成立的第十九个专题工作组。

会议邀请国内放射性废物管理资深专家及相关单位代表分别就放射性废物管理相关法律法规与标准、核电厂放射性废物处理处置方法等作报告，并进行了认真讨论。来自中国核能行业协会、环保部核与辐射安全中心、中国核工业建设集团公司、中国华能集团公司、中国核能电力股份有限公司及相关核电运营公司、工程公司、研究设计院所及高校等单位的80余名代表参会。

## 协会对秦山核电基地进行运行同行评估回访

9月5日，中国核能行业协会组织的同行评估回访队对秦山核电基地进行同行评估回访。协会理事长张华祝参加入场会并讲话。

本次回访活动是对2014年11月进行的运行同行评估中所发现待改进项（AFI）的改进情况的评估回访。在一周时间里，评估队依据中核运行提交的纠正行动计划及完成情况，通过文件查阅、人员访谈、现场巡视等形式，对每一项AFI的改进情况进行核实，并根据事实给出客观评价。

## 第五届核能行业概率安全分析研讨会召开

9月7–8日，由中国核能行业协会主办、江苏核电有限公司承办的第五届核能行业概率安全分析（PSA）研讨会在山东青岛召开。

来自国家核安全局、环保部核与辐射安全中心、核能行业协会、涉核集团、运营公司、研究设计院等36家单位的140余名代表参加了会议。11名专家分别就核安全文化、PSA同行评估、PSA应用、PSA工具等议题作了报告。37名专家在4个分场进行了39个专项报告。

研讨会上，核风险管理工作组还汇报了工作组基本情况，以及工作组换届、工作组工作计划等内容。

## 中国核能行业3D打印技术工作组成立

由中国核能行业协会信息化专业委员会举办的核能行业第二期3D打印应用技术交流会在四川宜宾举行。会上宣布了中国核能行业3D打印技术工作组成立。

会议研讨了3D打印技术的发展趋势和国家产业政策，重点交流了金属3D打印在核能领域的应用研究工作，分析了主蒸汽超级管道3D打印技术的可行性，展示了3D打印技术在核燃料元件制造中的应用成果，交流了近期各集团公司在3D

打印技术应用研究方面取得的新进展。

会议通过了《核能行业3D打印技术应用与标准研制工作组管理办法》，组建了首批3D打印核能行业专家队伍。

## 协会举办核能概率安全分析（PSA）培训班

9月22日，由中国核能行业协会主办、国家电投集团科学技术研究院有限公司承办的核能概率安全分析（PSA）培训班在北京举办。

会上，核风险管理专题工作组的专家围绕核风险与核风险管理的基本概念、核安全监管的法规及政策要求、概率安全评价过程的方法和基本要素、概率安全评价在设计及安全管理中的应用、风险指引的PSA应用等几个方面作了深入讲解。与会代表还围绕培训内容进行了深入的交流与讨论。

## 核电厂在役检查及无损检验技术经验交流研讨会召开

9月22日，由中国核能行业协会主办、中核核电运行管理有限公司承办的第三届核电厂在役检查及无损检验技术经验交流研讨会在嘉兴召开。有关政府部门、核电运营单位、工程公司、设备制造厂、技术支持单位、科研院所等单位的近70名代表参加了会议。

会议就核电厂重要设备相关的无损检验技术与方法、AP1000机组在役检查技术、超声相控阵技术应用等进行了专题报告，并就相关重要经验反馈展开了深入研讨。

会议期间，还召开了核电厂在役检查及无损检验专题工作组组长会议。

## 第四届海峡两岸核能合作研讨会召开

9月26日，由中国核能行业协会与台湾核能科技协进会共同主办的第四届海峡两岸核能合作研讨会在山东石岛湾召开。来自两岸近40家单位的约110人参加会议。中国核能行业协会理事长张华祝和台湾核能科技协进会董事长陈布灿出席开幕式并致辞。

会议围绕核电新技术研发与应用、核电厂运行与维护安全、核电厂放射性废物与乏燃料处理、两岸核能行业合作展望等议题发表报告21篇。

## ITSS 信息技术服务标准培训班举办

9月28日，由中国核能行业协会信息化专业委员会、中国电子工业标准技术协会信息技术服务分会共同举办的第二期核能行业导入ITSS信息技术服务运行维护标准培训在嘉峪关市成功举办。

ITSS信息技术服务标准被列入《国家标准化体系建设发展规划（2016–2020年）》。

培训内容包括ITSS运维系列标准、实

施方法和案例分析。来自中核集团、中国广核集团、国家电投、华能集团、上海电气集团等单位的学员参加了培训。

## 协会发布 2016 年 1–9 月我国核电运行情况报告

截至2016年9月30日，我国已投入商业运行的核电机组共33台，总装机容量达到31 457.16MWe。前三季度，全国累计发电量为43 732.30亿千瓦时，商运核电机组累计发电量为1 526.47亿千瓦时，约占全国累计发电量的3.49%，核能发电量比2015年同期上升了22.84%；累计上网电量为1 425.37亿千瓦时，比2015年同期上升了22.40%。

1–9月，各运行核电厂严格控制机组的运行风险，继续保持安全、稳定运行。各运行核电厂未发生较大及以上环境事件、辐射污染事件，未发生火灾爆炸事故，未发生职业病危害事故。1–9月环境监测结果表明，各运行核电厂放射性排出流的排放量均远低于国家监管部门批准排放年限值。监测数据表明，所测出的环境空气吸收剂量率在当地本底辐射水平正常涨落范围之内。

## 第四届核电厂防人因失误研讨会召开

10月13日，由中国核能行业协会主办、上海核工程研究设计院承办的第四届核电厂防人因失误研讨会在上海召开。

来自上海核工程研究设计院、山东核电有限公司、红沿河核电有限公司、中核核电运行管理有限公司、三门核电有限公司、宁德核电有限公司、核动力运行研究所、中广核工程有限公司的8名专家分别就核电厂防人因失误技防手段、遵守规程、人因工程设计、人员活动观察指导、人员绩效管理等内容进行了专题报告。

研讨会期间，核电厂防人因失误工作组召开了工作组组长会议。

## 中阿核能合作论坛召开

10月26日，由国家能源局和阿拉伯国家联盟主办、中国核能行业协会承办的第五届中阿能源合作大会核能合作论坛在京召开。

中国核能行业协会理事长张华祝就中国核电及产业发展情况作主旨报告。会议邀请了来自阿拉伯原子能机构、沙特核能与可再生能源城、苏丹水利部以及中国核工业集团公司、中国核工业建设集团公司的代表，介绍双方在核能领域的合作现状与未来规划，并就如何确保中阿之间核能可持续合作展开讨论。

## 第二届核电厂事件根本原因分析研讨会举办

10月26–27日，由中国核能行业协会主办、苏州热工研究院有限公司承办的第二届核电厂事件根本原因分析研讨会在西安举办。

相关集团公司、核电运营、技术支持、研究设计、工程公司等26家单位的70余名代表参加了会议。来自苏州热工研究院、大亚湾核电运营管理有限责任公司、环保部核与辐射安全中心、辽宁红沿河核电有限公司、江苏核电有限公司、中国核工业华兴建设有限公司的18名代表分别就核电厂事件根本原因方法介绍、案例分析、事件调查方法、技术应用与实践等主题进行了21项专题报告。与会代表围绕报告内容，就根本原因分析方法应用和案例分析进行了深入研讨。

## 核电厂调试启动工作组组长会议召开

10月28日，中国核能行业协会核电厂调试启动专题工作组2016年第二次组长会议在中国原子能科学研究院召开。

会议对2016年已开展的工作进行了总结，拟定了2017年主要工作安排；审议通过了工作组机构换届方案和核电厂调试从业人员资格推广方案；听取了“‘华龙一号’机组调试大纲技术研发”软课题进展情况和2016年下半年经验反馈论文收集评审工作情况的汇报。会议还应中广核工程有限公司申请，对“反应堆保护系统通道响应时间智能化测试装置”的课题研究提供了专家咨询服务。

## 国核工程有限公司工程管理同行评估圆满结束

10月28日，由中国核能行业协会核电厂同行评估及经验交流委员会组织的国核工程有限公司工程管理同行评估离场会在上海召开。会上，评估队介绍了本次评估活动的总体情况和各领域的评估结果。国核工程有限公司表示，完全接受评估队提出的评估结论，并将据此制订相应的纠正行动计划，在后续工作中进行整改，提升公司管理能力。

中国核能行业协会专家委副主任赵成昆在总结讲话中对国核工程主动申请工程管理同行评估表示赞赏，希望受评方以本次评估为契机，不断完善公司管理体系，持续提升工程总承包能力，加强承包商管理和核安全文化建设，进一增强风险防范意识，为承担批量化核电工程建设任务做好充分准备。

## 核电厂蒸汽发生器专题工作组组长会议召开

11月3日，由中国核能行业协会主办、上海核电设备有限公司承办的核电厂蒸汽发生器工作组组长会议在上海召开。

会上讨论了工作组2015–2016年工作情况，确定了2017年工作组的活动计划；就上海电气核电设备有限公司承担的软课题“核电蒸汽发生器全长度液压胀管技术研究”的开题报告进行了审议。

会议期间，来自中国核动力研究设计院、中核核电运行管理有限公司、三门核电有限公司、江苏核电有限公司、上海核工程研究设计院、中广核工程设计有限公司、东方电气（广州）重型机器有限公司、核动力运行研究所、上海电气核电设备有限公司等单位的10名专家分别就核电厂设计、制造、改造、运行经验和性能评价等专题进行了交流。

## 核能行业中小企业座谈会召开

11月4日，由中国核能行业协会主办、浙江宏伟供应链股份有限公司承办的核能行业中小企业座谈会在杭州召开。来自北京、上海、辽宁、河北、江苏、浙江、安徽、湖南、广东等地的30余家中小企业代表参会。

座谈会上，各参会代表围绕对核能行业协会成立中小企业专业委员会（或分会）的必要性和可行性进行了广泛深入的讨论。大家认为，在核能行业安全高效发展的形势下协会为中小企业搭建平台是非常必要的。中国核能行业协会副秘书长龙茂雄在会上表示，将以协会的常务理事单位和理事单位为核心，成立专委会（分会）筹备组，以便尽快开展相关准备工作。

## 第三届核电厂大型变压器技术研讨会召开

11月7–9日，由中国核能行业协会主办、西电集团西安西电变压器有限责任公司承办、苏州热工研究院协办的第三届核电厂大型变压器技术研讨会在江苏常州召开。

会议围绕核电厂大型变压器设计、制造、安装、调试，以及变压器的运行、维修、监测等问题展开深入研讨。会议期间，核电厂大型变压器专题工作组还召开了工作组组长会议，总结了2016年工作，明确了2017年重点工作和任务分工，讨论形成了工作组换届方案。

有关核电运营公司、工程公司、设备制造厂、科研院所等单位近70名代表参加了会议。

## 第二届核电厂腐蚀与防护研讨会召开

11月10日，由中国核能行业协会主办、华能山东石岛湾核电有限公司承办、苏州热工研究院有限公司协办的第二届核电厂腐蚀与防护技术经验交流研讨会在荣成召开。

来自华能山东石岛湾核电有限公司、中科院金属所、北京科技大学、厦门大学、上海核工程研究设计院、上海材料研究所、苏州热工研究院、中核核电运营管理有限公司、中科院海洋研究所、国核电站运行服务技术有限公司、中广核核电运营有限公司、阳江核电有限公司、山东核电有限公司、佐敦涂料有限公司的17名专家分别就核电厂材料腐蚀机理研究、腐蚀分析、表面处理、腐蚀防护管理等议题作了专题报告，并进行深入交流和研讨。

研讨会期间，核电厂腐蚀与防护专题工作组还召开了工作组组长会议。

来自相关核电运营公司、技术支持单位、研究设计院、工程公司、生产企业等

27家单位的60余名代表参加了会议。

## 第二届核电厂设备可靠性管理研讨会召开

11月17日，由中国核能行业协会主办、江苏核电有限公司承办的第二届核电厂设备可靠性管理研讨会在连云港市召开。

来自苏州热工研究院、三门核电有限公司、深圳中广核工程设计有限公司、山东核电有限公司、江苏核电有限公司、中核核电运行管理有限公司的6名专家分别就核电厂设备可靠性管理方法、实践应用等议题进行了专题报告，并与参会者进行了交流和研讨。

研讨会期间，核电厂可靠性维修工作组还召开了工作组组长会议，就工作组更名、工作范围调整等议题进行了讨论。

来自核电运营公司、技术支持、研究设计、工程公司等19家单位的60余名代表参加了会议。

## 核电厂汽轮机工作组组长会议召开

11月17–18日，中国核能行业协会核电厂汽轮机专题工作组2016年第三次组长会议在西安交通大学召开。

会议对2016年工作组已开展的工作进行了总结，确定了2017年主要工作安排；对软课题“核电汽轮机转子最优启动曲线研究”进行了中期评审，并形成课题中期审查意见；听取了2014–2016年核电厂汽轮机研讨会优秀论文评审情况的汇报，并初步确定了优秀论文候选名单。会议还就工作组任务分工、活动形式、运作机制等问题进行了讨论。

## 田湾核电站1、2号机组联合同行评估回访结束

11月21–25日，世界核电运营者协会莫斯科中心与中国核能行业协会组成的联合评估回访队，对田湾核电站1、2号机组实施了评估回访。此次活动是针对2014年9月联合同行评估中所发现的待改进项整改情况进行的回访。

联合回访队其中9名来自莫斯科中心，其余7名来自中核核电运行管理有限公司、核动力运行研究所。在回访过程中，评估员通过现场巡视、活动观察、人员访谈和文件查阅等，对每个待改进项纠正行动落实的有效性进行了评估，并给出了评价意见。

11月25日，田湾核电站1、2号机组联合评估回访离场会在田湾核电现场召开，会上，评估回访队介绍了评估情况。

## 核电公众沟通同行评估研讨会召开

11月30日，中国核能行业协会在北京组织召开核电公众沟通同行评估研讨会。

会议围绕核电公众沟通同行评估工作进行了广泛的交流和讨论。核能行业协会

技术服务部介绍了核电公众沟通同行评估的背景和方法、核电基地以及项目前期公众沟通同行评估的良好实践及显著成果；秦山核电基地、湖南桃花江核电公司以及宁德核电公司的代表分别汇报了本单位公众沟通同行评估活动开展情况以及评估后的整改落实情况；山东核电公司的代表通过对三次核电公众沟通同行评估结果的统计分析，提出了建设性的意见和建议。会上，协会技术服务部还对核电公众沟通同行评估今后的工作提出了设想。

来自国家核安全局、中国核能行业协会、环保部核与辐射安全中心、在京高校、核电企业等30余位业内专家参加了会议。

## 首届核电厂维修技术与经验交流研讨会召开

12月2日，由中国核能行业协会主办、成都海光核电技术服务有限公司承办的国内首届核电厂维修技术与经验交流研讨会在成都召开。

中国核能行业协会理事长张华祝在讲话中说，作为核电长期、安全稳定、经济运行的基础，我国核电维修工作的总体情况是好的，但在我国核电规模发展的形势下，仍面临诸多风险与挑战，与国际先进水平仍有差距。建立维修供应商资格管理与认证机制，保证核电维修工作质量，确保设备安全性与可靠性，是核电维修领域面临的一项紧迫任务。目前，在国内核电维修活动日益增长的情况下，核电业主单位应加强维修外包工作的资格管理与审查，各维修服务单位应加强队伍技能的提升与核安全文化建设，提高服务能力与管理水平。

会议就核电维修领域现状及挑战、核电维修能力建设、关键大型设备更换及维修管理、维修方法创新和改进、实践经验分享等内容进行了专题报告与研讨。与会代表认为有必要建立核电维修领域固定的经验交流平台和行业自律机制。

来自政府部门、核电运营单位、技术支持单位、核电维修服务单位、设备制造厂、科研院所及高校等40余家单位的120余名代表参加了会议。

## 第五届核能行业核级泵技术研讨会召开

12月6–8日，由中国核能行业协会主办、中广核核电运营管理有限公司承办的第五届核能行业核级泵技术研讨会在深圳召开。

会议围绕国内外核级泵先进制造技术、先进设计技术、运营管理经验、工程管理经验，以及国内外核级泵技术研究、状态评价、维修改造等问题展开了研讨。本次会议还评选出了9篇优秀论文，并向论文作者颁发了荣誉证书。

会议期间，核能行业核级泵专题工作组还召开了工作组组长会议，总结了2016年工作，明确了2017年重点工作和任务分工；讨论了第一届核能行业协会核级泵检修技能竞赛的策划方案，并初步确定了筹备工作、任务分工等。

有关核电运营单位、工程公司、设备制造企业、科研院所等23家单位的60多名代表参加了会议。

## 协会召开《核安全法（草案）》研讨会

为了深入研究我国核安全工作的实际需求，进一步探讨《核安全法（草案）》对核能发展的影响，提出可供立法机关参考的建设性意见，中国核能行业协会于12月12日在北京召开了《核安全法（草案）》研讨会。协会理事长张华祝出席会议。

来自中国核工业集团公司、中国广核集团公司、国家核电技术公司、中国华能集团公司、中国核工业建设集团公司、上海电气集团、哈尔滨电气集团、东方电气股份公司、清华大学等单位的专家及代表，就现有法律草案的相关条款进行了热烈讨论。来自国家核安全局、国家国防科工局、中国核能行业协会的领导参加了会议，听取了讨论意见，并分别做了发言。

## 核能行业数字化仪控系统技术研讨会召开

12月15日，由中国核能行业协会主办、中核武汉核电运行技术股份有限公司承办的2016年核能行业数字化仪控系统（DCS）技术研讨会在武汉召开。

有关专家在会上就“华龙一号”DCS系统设计、核电站DCS操作和信息管理层数据处理性能分析、DCS升级改造实践等议题作报告。来自相关政府部门、核电运营单位、工程公司、设计院及设备厂家的约60名代表参加了会议。

会议期间，还召开了核电厂DCS工作组组长会议。

## 核电厂放射性废物管理专题工作组组长会议召开

12月20日，中国核能行业协会核电厂放射性废物管理专题工作组组长会议在成都召开。

会议由中国核动力研究设计院承办。来自工作组组长单位、副组长单位的10余名代表参加了会议。会议讨论通过了工作组章程，研究了工作组2017年主要工作、活动形式，讨论了成立专家组、制定发展规划等事宜。

## 第三届核能行业网络与信息安全技术交流会举办

由中国核能行业协会信息化专业委员会主办、环境保护部核与辐射安全中心协办的第三届核能行业网络与信息安全技术交流会暨工作组筹备会在长沙举办。

会议通报了核能行业信息安全形势、解读了工业和信息化部印发的《工业控制系统信息安全防护指南》。围绕核电仪控系统信息安全，会议研讨了可信计算技术3.0、国际核信息安全标准及“互联网+”

时代的工业控制系统信息安全防护标准的应用。会议还展示了应用照相传输DCS隔离技术、统一内容安全数据防泄露技术等新技术的信息安全产品。

来自工信部、国家能源局、国家信息技术安全研究中心、中国科学院等有关部门的领导和专家出席会议并作报告。中核集团、中国广核集团、国家电投、华能集团的代表讨论了核电厂网络与信息安全专题工作组的筹备工作。

## 核安全文化示范基地建设研讨会召开

12月26日，中国核能行业协会在北京召开2016核安全文化示范基地建设研讨会。国家核安全局、国内核电厂的相关专家参加了会议。

受国家核安全局委托，中国核能行业协会承担了“核安全文化示范基地建设”研究课题。会上，课题组介绍了课题研究内容和成果，包括核安全文化示范基地建设标准的编制情况，对核电厂（核电营运单位）、核电设备制造厂、核燃料循环以及核技术利用等相关单位核安全文化调研的结果，并提出了下一步示范基地建设的基本思路。与会专家认为，建立核安全文化示范基地是持续推进核安全文化建设，保证核安全的切实可行的方法之一。协会牵头组织编制的示范基地建设标准，涵盖了核安全文化的原则要求，探索了核安全文化建设的具体方法，具有一定的可操作性，为下一步核安全文化的评估和示范基地建设提供了技术支撑。

中国核工业集团公司、中国广核集团有限公司的代表在会上交流了开展核安全文化建设的经验。

# 2016 年中国核能行业协会组织的科技成果鉴定项目

| 序号 | 鉴定证书号 | 成果项目名称 | 完成单位 | 鉴定日期 |
|---|---|---|---|---|
| 1 | 核协鉴字[2016]001号 | 核电设备用国产化不锈钢、镍基合金焊接材料国产化研制 | 上海核工程研究设计院<br>机械科学研究院哈尔滨焊接研究所 | 2016年3月25日 |
| 2 | 核协鉴字[2016]002号 | 核电设备及安装用低合金钢、不锈钢焊接材料国产化研制 | 上海核工程研究设计院<br>四川大西洋焊接材料股份有限公司 | 2016年3月31日 |
| 3 | 核协鉴字[2016]003号 | 超宽幅双相不锈钢板S32101板材自主化试制 | 国核（北京）科学技术研究院 | 2016年4月6日 |
| 4 | 核协鉴字[2016]004号 | 燃料贮存格架用中子吸收板 | 安徽应流久源核能新材料科技有限公司 | 2016年4月12日 |
| 5 | 核协鉴字[2016]005号 | RELAP5程序对非能动核电厂小破口失水事故的适用性研究与程序改进 | 上海核工程研究设计院 | 2016年4月17日 |
| 6 | 核协鉴字[2016]006号 | 自主化燃料棒性能分析软件开发及测试 | 上海核工程研究设计院 | 2016年4月18日 |
| 7 | 核协鉴字[2016]007号 | 核电结构基础隔震支座闭锁装置研发 | 上海核工程研究设计院 | 2016年4月19日 |
| 8 | 核协鉴字[2016]008号 | 乏燃料池风险评价 | 上海核工程研究设计院 | 2016年4月19日 |
| 9 | 核协鉴字[2016]009号 | PCS空气流道流动性能分析及试验验证 | 上海核工程研究设计院 | 2016年4月19日 |
| 10 | 核协鉴字[2016]010号 | CAP1400蒸汽发生器汽水分离装置研发 | 上海核工程研究设计院 | 2016年4月19日 |

**续表**

| 序号 | 鉴定证书号 | 成果项目名称 | 完成单位 | 鉴定日期 |
|---|---|---|---|---|
| 11 | 核协鉴字[2016]011号 | 非能动余热排出热交换器分析技术研究 | 上海核工程研究设计院 | 2016年4月19日 |
| 12 | 核协鉴字[2016]012号 | 放射性废液小型热泵蒸发装置 | 航天晨光股份有限公司<br>上海核工程研究设计院 | 2016年4月17日 |
| 13 | 核协鉴字[2016]013号 | CAP1400棒控棒位系统堆顶电缆及连接器组件 | 江苏华光电缆电器有限公司<br>上海核工程研究设计院 | 2016年4月18日 |
| 14 | 核协鉴字[2016]014号 | CAP1400常规岛汽水分离再热器汽水分离单元研发 | 上海核工程研究设计院<br>东方电气（广州）重型机器有限公司 | 2016年4月19日 |
| 15 | 核协鉴字[2016]015号 | 反应堆压力容器密封设计技术研究 | 上海核工程研究设计院<br>宁波天生密封件有限公司 | 2016年4月19日 |
| 16 | 核协鉴字[2016]016号 | 堆内构件导向筒组件和堆芯围筒组件研制 | 上海核工程研究设计院<br>上海第一机床厂有限公司 | 2016年4月19日 |
| 17 | 核协鉴字[2016]017号 | 核电厂在役检查关键指导文件研究与应用 | 环境保护部核与辐射安全中心 | 2016年4月27日 |
| 18 | 核协鉴字[2016]018号 | CAP系列核电站用涂料 | 中远关西涂料化工（天津）有限公司 | 2016年4月28日 |
| 19 | 核协鉴字[2016]019号 | 空冷技术在内陆核电应用的可行性研究 | 中核辽宁核电有限公司 | 2016年5月10日 |
| 20 | 核协鉴字[2016]020号 | CV设备、人员闸门及贯穿件部件组装区域安装施工及设计优化方案 | 国核工程有限公司<br>山东核电设备制造有限公司<br>上海核工程研究设计院 | 2016年5月24日 |
| 21 | 核协鉴字[2016]021号 | 基于应急行动水平的应急状态预警系统 | 苏州热工研究院有限公司 | 2016年5月25日 |
| 22 | 核协鉴字[2016]022号 | 核电集团核电厂应急资源信息管理系统 | 苏州热工研究院有限公司 | 2016年5月25日 |
| 23 | 核协鉴字[2016]023号 | 核电关键设备制造质量评价研究 | 苏州热工研究院有限公司 | 2016年5月25日 |

续表

| 序号 | 鉴定证书号 | 成果项目名称 | 完成单位 | 鉴定日期 |
|---|---|---|---|---|
| 24 | 核协鉴字[2016]024号 | 多重外部灾害叠加情况下危害分析及应对措施研究（大亚湾厂址） | 苏州热工研究院有限公司 | 2016年5月25日 |
| 25 | 核协鉴字[2016]025号 | 核电厂风险指引型在役检查策略优化 | 苏州热工研究院有限公司<br>大亚湾核电运营管理有限责任公司 | 2016年5月25日 |
| 26 | 核协鉴字[2016]026号 | 核电厂定期试验监督要求准则分级管理方法的研究和应用 | 苏州热工研究院有限公司<br>大亚湾核电运营管理有限责任公司 | 2016年5月25日 |
| 27 | 核协鉴字[2016]027号 | 反应堆压力容器无损检测机器人 | 苏州热工研究院有限公司<br>大亚湾核电运营管理有限责任公司 | 2016年5月25日 |
| 28 | 核协鉴字[2016]028号 | 蒸汽发生器转热管氦检漏检查装备和技术研发 | 苏州热工研究院有限公司 | 2016年5月25日 |
| 29 | 核协鉴字[2016]029号 | 蒸汽发生器水室隔板检查设备的研制与应用 | 苏州热工研究院有限公司 | 2016年5月25日 |
| 30 | 核协鉴字[2016]030号 | 蒸汽发生器主焊缝用低合金钢焊接材料国产化研制 | 苏州热工研究院有限公司 | 2016年5月25日 |
| 31 | 核协鉴字[2016]031号 | 核级设备用不锈钢及镍基合金焊接材料国产化研制 | 苏州热工研究院有限公司 | 2016年5月25日 |
| 32 | 核协鉴字[2016]032号 | 基于建模控制的阴极保护恒电位控制技术 | 苏州热工研究院有限公司 | 2016年5月25日 |
| 33 | 核协鉴字[2016]033号 | 压水堆核电厂硼酸腐蚀管理与控制技术 | 苏州热工研究院有限公司 | 2016年5月25日 |
| 34 | 核协鉴字[2016]034号 | 核电厂核安全重要设备老化与寿期管理系统 | 苏州热工研究院有限公司 | 2016年5月25日 |

续表

| 序号 | 鉴定证书号 | 成果项目名称 | 完成单位 | 鉴定日期 |
|---|---|---|---|---|
| 35 | 核协鉴字[2016]035号 | 高温高压水（或蒸汽）环境微动摩擦磨损试验平台和关键摩擦磨损性能参数测定标准 | 苏州热工研究院有限公司 | 2016年5月25日 |
| 36 | 核协鉴字[2016]036号 | 核电站材料试样重组技术研究 | 苏州热工研究院有限公司 | 2016年5月25日 |
| 37 | 核协鉴字[2016]037号 | 核电站二回路材料评估试验平台的研制及应用 | 苏州热工研究院有限公司<br>中核核电运行管理有限公司 | 2016年5月25日 |
| 38 | 核协鉴字[2016]038号 | 核电厂关键部件服役行为预测与评估技术 | 苏州热工研究院有限公司<br>北京科技大学<br>大连理工大学<br>中国原子能科学研究院 | 2016年5月25日 |
| 39 | 核协鉴字[2016]039号 | 锆合金事故工况下堆外性能评价测试系统开发及应用 | 苏州热工研究院有限公司 | 2016年5月25日 |
| 40 | 核协鉴字[2016]040号 | ACPR1000+核电堆型可用率分析及提升措施研究 | 苏州热工研究院有限公司<br>深圳中广核工程设计有限公司 | 2016年5月25日 |
| 41 | 核协鉴字[2016]041号 | 设备根本原因分析平台(RCAP) | 苏州热工研究院有限公司 | 2016年5月25日 |
| 42 | 核协鉴字[2016]042号 | 核电站汽轮机高压缸全流改造技术研究与实践 | 苏州热工研究院有限公司<br>大亚湾核电运营管理有限责任公司 | 2016年5月25日 |
| 43 | 核协鉴字[2016]043号 | 嵌入式超大流量气溶胶采样器 | 苏州热工研究院有限公司 | 2016年5月25日 |
| 44 | 核协鉴字[2016]044号 | 核电站放射性热点截留的可移动装置的研发及应用 | 苏州热工研究院有限公司 | 2016年5月25日 |
| 45 | 核协鉴字[2016]045号 | CAP1000/1400核电站电缆桥架及支吊架 | 镇江市电器设备厂有限公司 | 2016年6月25日 |
| 46 | 核协鉴字[2016]046号 | 纵深防御策略下冷态功能试验失电分析与应急操作程序研究 | 中广核工程有限公司 | 2016年6月3日 |

续表

| 序号 | 鉴定证书号 | 成果项目名称 | 完成单位 | 鉴定日期 |
|---|---|---|---|---|
| 47 | 核协鉴字[2016]047号 | 破前漏（LBB）技术研究与工程应用 | 中广核工程有限公司<br>环境保护部核与辐射安全中心<br>苏州热工研究院有限公司 | 2016年6月3日 |
| 48 | 核协鉴字[2016]048号 | “华龙一号”反应堆结构总体设计研究 | 中广核工程有限公司 | 2016年6月3日 |
| 49 | 核协鉴字[2016]049号 | “华龙一号”安全系统配置方案研究 | 中广核工程有限公司<br>中广核研究院有限公司 | 2016年6月3日 |
| 50 | 核协鉴字[2016]050号 | 核电系统设计生产平台的研发与应用 | 中广核工程有限公司 | 2016年6月3日 |
| 51 | 核协鉴字[2016]051号 | 核电厂蒸汽发生器管板及封口焊缝损伤现场修复技术开发及应用 | 中广核工程有限公司<br>东方电气（广州）重型机器有限公司<br>上海电气核电设备有限公司 | 2016年6月3日 |
| 52 | 核协鉴字[2016]052号 | 核电调试专用工器具自主研发与应用 | 中广核工程有限公司 | 2016年6月3日 |
| 53 | 核协鉴字[2016]053号 | 核电汽轮机轴承平行度调整计算方法及模型的开发与应用 | 中广核工程有限公司 | 2016年6月3日 |
| 54 | 核协鉴字[2016]054号 | 反应堆控制棒驱动机构Ω焊缝缺陷挖补修复技术和工艺的研发应用 | 中广核工程有限公司 | 2016年6月3日 |
| 55 | 核协鉴字[2016]055号 | AP1000后续项目压力容器支座用减摩板国产化研究开发 | 国核工程有限公司<br>上海材料研究所 | 2016年6月4日 |
| 56 | 核协鉴字[2016]056号 | 一回路安全注入管线防热疲劳在线监视及防御系统的设计与建造 | 中广核研究院有限公司 | 2016年6月7日 |
| 57 | 核协鉴字[2016]057号 | 放射性货包型式试验鉴定及非接触应力应变高速监测系统 | 中广核研究院有限公司 | 2016年6月7日 |

续表

| 序号 | 鉴定证书号 | 成果项目名称 | 完成单位 | 鉴定日期 |
|---|---|---|---|---|
| 58 | 核协鉴字[2016]058号 | 百万千瓦级压水堆核电站控制棒驱动系统研发 | 中广核研究院有限公司 | 2016年6月7日 |
| 59 | 核协鉴字[2016]059号 | 核电厂大范围损伤缓解导则（EDMG)研发 | 中广核研究院有限公司 | 2016年6月7日 |
| 60 | 核协鉴字[2016]060号 | 二三代压水堆核电厂全范围事故分析研究及应用 | 中广核研究院有限公司 | 2016年6月7日 |
| 61 | 核协鉴字[2016]061号 | 自主研发STEP-12燃料组件水力学性能试验 | 中广核研究院有限公司 | 2016年6月7日 |
| 62 | 核协鉴字[2016]062号 | 红沿河核电厂隔室泄爆技术研究及应用 | 中广核研究院有限公司 | 2016年6月6日 |
| 63 | 核协鉴字[2016]063号 | 压水堆核燃料组件用CZ锆合金研发 | 中广核研究院有限公司 | 2016年6月6日 |
| 64 | 核协鉴字[2016]064号 | “华龙一号”整体水力学比例模拟试验 | 中广核研究院有限公司 | 2016年6月6日 |
| 65 | 核协鉴字[2016]065号 | STEP-12燃料组件研制 | 中广核研究院有限公司 | 2016年6月6日 |
| 66 | 核协鉴字[2016]066号 | “华龙一号”/ACPR1000堆内构件流致震动试验 | 中广核研究院有限公司 | 2016年6月6日 |
| 67 | 核协鉴字[2016]067号 | 核电站重要电气设备卡件可靠性检测平台建设 | 中广核核电运营有限公司<br>大亚湾核电运营管理有限责任公司 | 2016年6月6日 |
| 68 | 核协鉴字[2016]068号 | 在役核电站稳压器电加热器更换技术开发和应用 | 中广核核电运营有限公司<br>苏州热工研究院有限公司<br>中核武汉核电运行技术股份有限公司 | 2016年6月6日 |
| 69 | 核协鉴字[2016]069号 | 反应堆法兰密封面缺陷处理技术创新 | 中广核核电运营有限公司<br>苏州热工研究院有限公司<br>大亚湾核电运营管理有限责任公司 | 2016年6月6日 |
| 70 | 核协鉴字[2016]070号 | 直流电配电系统不断电再供电关键技术及应用 | 中广核核电运营有限公司 | 2016年6月7日 |

续表

| 序号 | 鉴定证书号 | 成果项目名称 | 完成单位 | 鉴定日期 |
|---|---|---|---|---|
| 71 | 核协鉴字[2016]071号 | 大亚湾核电基地严重事故模拟机的研发与应用 | 中广核核电运营有限公司 | 2016年6月6日 |
| 72 | 核协鉴字[2016]072号 | 一回路弯头温度测量和运行温度评估 | 大亚湾核电运营管理有限责任公司 | 2016年6月7日 |
| 73 | 核协鉴字[2016]073号 | 核电站管道内外腐蚀检测技术的创新及工程应用 | 大亚湾核电运营管理有限责任公司 | 2016年6月7日 |
| 74 | 核协鉴字[2016]074号 | 核电厂全范围验证仿真系统开发与应用研究 | 中广核（北京）仿真技术有限公司 | 2016年6月7日 |
| 75 | 核协鉴字[2016]075号 | AP1000核电项目施工质量工艺标准化示范手册 | 中电投电力工程有限公司 | 2016年6月14日 |
| 76 | 核协鉴字[2016]076号 | 中国沿海核电建设场址地震海啸危险性分析 | 环境保护部核与辐射安全中心<br>中国地震局工程力学研究所<br>中国地震局地球物理研究所 | 2016年6月8日 |
| 77 | 核协鉴字[2016]077号 | 核电厂地震安全关键技术研究 | 环境保护部核与辐射安全中心<br>中国地震局地球物理研究所<br>中国地震局地质研究所<br>清华大学核能与新能源技术研究院 | 2016年6月8日 |
| 78 | 核协鉴字[2016]078号 | 大型先进压水堆及高温气冷堆核电站安全分级问题 | 环境保护部核与辐射安全中心 | 2016年6月8日 |
| 79 | 核协鉴字[2016]079号 | AP1000依托项目蒸汽发生器支撑的核安全技术研究及应用 | 环境保护部核与辐射安全中心 | 2016年6月8日 |
| 80 | 核协鉴字[2016]080号 | 核电厂应急评价软件平台 | 环境保护部核与辐射安全中心<br>深圳中广核工程设计有限公司<br>中国核电工程有限公司 | 2016年6月8日 |
| 81 | 核协鉴字[2016]081号 | CAP1400独立审核计算技术及应用 | 环境保护部核与辐射安全中心 | 2016年6月8日 |
| 82 | 核协鉴字[2016]082号 | CAP1400核安全监管原则的确定和应用 | 环境保护部核与辐射安全中心<br>上海核工程研究设计院 | 2016年6月8日 |

续表

| 序号 | 鉴定证书号 | 成果项目名称 | 完成单位 | 鉴定日期 |
|---|---|---|---|---|
| 83 | 核协鉴字[2016]083号 | 核电厂设计可靠性保证大纲的研究与应用 | 环境保护部核与辐射安全中心<br>中国核电工程有限公司 | 2016年6月8日 |
| 84 | 核协鉴字[2016]084号 | 核电厂汽轮机保护系统安全评估与可靠性研究 | 国核电力规划设计研究院 | 2016年6月17日 |
| 85 | 核协鉴字[2016]085号 | 高温气冷堆两堆一机常规岛控制策略研究 | 国核电力规划设计研究院 | 2016年6月18日 |
| 86 | 核协鉴字[2016]086号 | 核电厂常规岛设计仿真集成平台开发 | 国核电力规划设计研究院 | 2016年6月19日 |
| 87 | 核协鉴字[2016]087号 | AP1000核电厂常规岛数字化控制功能研究 | 国核电力规划设计研究院 | 2016年6月20日 |
| 88 | 核协鉴字[2016]088号 | 核电常规岛数字化设计平台开发 | 国核电力规划设计研究院 | 2016年6月21日 |
| 89 | 核协鉴字[2016]089号 | 压水堆核电厂汽水管道及零部件典型设计手册 | 国核电力规划设计研究院 | 2016年6月22日 |
| 90 | 核协鉴字[2016]090号 | 核电厂循环水泵基础动力分析 | 国核电力规划设计研究院 | 2016年6月23日 |
| 91 | 核协鉴字[2016]091号 | 常规岛高能管道防甩击限制件设计研究 | 国核电力规划设计研究院 | 2016年6月24日 |
| 92 | 核协鉴字[2016]092号 | AP1000半速汽轮发电机刚性基座设计研究 | 国核电力规划设计研究院 | 2016年6月25日 |
| 93 | 核协鉴字[2016]093号 | AP1000主泵维修预案三维模拟交互平台 | 山东核电有限公司 | 2016年6月8日 |
| 94 | 核协鉴字[2016]094号 | 关于VVER型百万核电机组MSR自主化研发 | 哈电集团（秦皇岛）重型装备有限公司<br>哈尔滨汽轮机厂有限责任公司 | 2016年6月27日 |
| 95 | 核协鉴字[2016]095号 | CAP1400非能动堆芯冷却系统整体试验台架（ACME）研制与应用 | 国核华清（北京）核电技术研发中心有限公司 | 2016年6月28日 |
| 96 | 核协鉴字[2016]096号 | CAP1400非能动安全壳冷却系统综合性能试验 | 国核华清（北京）核电技术研发中心有限公司 | 2016年6月28日 |

**续表**

| 序号 | 鉴定证书号 | 成果项目名称 | 完成单位 | 鉴定日期 |
|---|---|---|---|---|
| 97 | 核协鉴字[2016]097号 | AP1000核岛工程施工质量监督验收导则 | 山东核电有限公司 | 2016年6月27日 |
| 98 | 核协鉴字[2016]098号 | 压水堆核电高温高压水环境材料损伤关键测试技术装备与应用 | 中国科学院金属研究所 | 2016年7月2日 |
| 99 | 核协鉴字[2016]099号 | 澳大利亚Bigrlyi铀矿详查项目 | 中广核铀业发展有限公司 | 2016年7月8日 |
| 100 | 核协鉴字[2016]100号 | 三代核电1E级反应堆冷却剂泵开关柜 | 江苏华冠电器集团有限公司<br>上海核工程研究设计院 | 2016年8月2日 |
| 101 | 核协鉴字[2016]101号 | 燃料贮存格架用中子吸收材料 | 安泰核原新材料科技有限公司<br>上海核工程研究设计院 | 2016年7月23日 |
| 102 | 核协鉴字[2016]102号 | CAP1400核电厂用1E级直流电动装置 | 扬州电力设备修造厂有限公司<br>上海核工程研究设计院 | 2016年8月1日 |
| 103 | 核协鉴字[2016]103号 | CAP1400核级阀门用1E级直流电动装置 | 上海核工程研究设计院<br>常州电站辅机总厂有限公司 | 2016年8月2日 |
| 104 | 核协鉴字[2016]104号 | 三代核电1E级停堆断路器柜 | 江苏华冠电器集团有限公司<br>上海核工程研究设计院 | 2016年8月2日 |
| 105 | 核协鉴字[2016]105号 | 核1、2级大口径厚壁不锈钢、合金钢管件中频弯研制 | 上海核工程研究设计院<br>江苏电力装备有限公司 | 2016年8月2日 |
| 106 | 核协鉴字[2016]106号 | AP系列核级管道标准支吊架 | 上海核工程研究设计院<br>江苏电力装备有限公司 | 2016年8月2日 |
| 107 | 核协鉴字[2016]107号 | CAP系列稳压器喷雾器研制 | 上海核工程研究设计院<br>农业部南京农业机械化研究所 | 2016年8月3日 |
| 108 | 核协鉴字[2016]108号 | CAP1400钢制安全壳环焊缝局部分段焊后热处理研究 | 上海核工程研究设计院 | 2016年8月3日 |
| 109 | 核协鉴字[2016]109号 | 国产化CAP1400装卸料机研制 | 上海核工程研究设计院<br>上海第一机床厂有限公司<br>上海昱章电气成套设备有限公司 | 2016年8月3日 |

续表

| 序号 | 鉴定证书号 | 成果项目名称 | 完成单位 | 鉴定日期 |
|---|---|---|---|---|
| 110 | 核协鉴字[2016]110号 | 超微孔净化消声器 | 上海核工程研究设计院<br>南京常荣声学股份有限公司 | 2016年8月3日 |
| 111 | 核协鉴字[2016]111号 | CAP1400 IVR分析方法和增强措施研究 | 上海核工程研究设计院 | 2016年8月3日 |
| 112 | 核协鉴字[2016]112号 | CAP1400下封头熔融池分层结构研究 | 上海核工程研究设计院 | 2016年8月3日 |
| 113 | 核协鉴字[2016]113号 | CAP1400蒸汽发生器传热管动态特性研究 | 上海核工程研究设计院 | 2016年8月3日 |
| 114 | 核协鉴字[2016]114号 | 管道自动化分析平台 | 上海核工程研究设计院 | 2016年8月3日 |
| 115 | 核协鉴字[2016]115号 | 控制逻辑设计、仿真和验证一体化平台 | 上海核工程研究设计院 | 2016年8月3日 |
| 116 | 核协鉴字[2016]116号 | CAP1400内陆核电厂厂用水系统机械通风冷却塔设计研究 | 上海核工程研究设计院<br>中国水利水电科学研究院 | 2016年8月3日 |
| 117 | 核协鉴字[2016]117号 | 高密度交联聚乙烯高整体容器 | 中广核研究院有限公司 | 2016年8月11日 |
| 118 | 核协鉴字[2016]118号 | 核电厂工艺管道标准支吊架 | 中广核工程有限公司 | 2016年8月15日 |
| 119 | 核协鉴字[2016]119号 | 核动力装置主设备螺纹衬套技术 | 辽宁四方核电装备股份有限公司 | 2016年9月25日 |
| 120 | 核协鉴字[2016]120号 | 核用LED水下照明装置 | 安徽艳阳电气集团有限公司 | 2016年9月26日 |
| 121 | 核协鉴字[2016]121号 | 核电站地震监测系统 | 陕西卫峰核电子有限公司<br>上海核工程研究设计院 | 2016年10月23日 |
| 122 | 核协鉴字[2016]122号 | 核电站特殊震动监测系统 | 陕西卫峰核电子有限公司<br>上海核工程研究设计院 | 2016年10月23日 |
| 123 | 核协鉴字[2016]123号 | 核电站三轴向地震传感器研制 | 西安交通大学<br>上海核工程研究设计院 | 2016年10月23日 |
| 124 | 核协鉴字[2016]124号 | 核电站松动部件监测系统用特种加速度传感器研制 | 中国工程物理研究院总体工程研究所<br>上海核工程研究设计院 | 2016年10月23日 |
| 125 | 核协鉴字[2016]125号 | 反应堆压力容器支座用减摩板研制 | 浙江长盛滑动轴承股份有限公司<br>上海核工程研究设计院 | 2016年10月25日 |

续表

| 序号 | 鉴定证书号 | 成果项目名称 | 完成单位 | 鉴定日期 |
|---|---|---|---|---|
| 126 | 核协鉴字[2016]126号 | 蒸汽发生器支撑用向心关节轴承研制 | 浙江长盛滑动轴承股份有限公司<br>上海核工程研究设计院 | 2016年10月25日 |
| 127 | 核协鉴字[2016]127号 | 反应堆旁通流量设计分析和试验验证技术研究 | 上海核工程研究设计院<br>中国核动力研究设计院 | 2016年10月25日 |
| 128 | 核协鉴字[2016]128号 | CAP1400反应堆本体阻力特性研究 | 上海核工程研究设计院<br>中国核动力研究设计院 | 2016年10月25日 |
| 129 | 核协鉴字[2016]129号 | 湍流导致的堆内构件流致振动载荷分析技术开发与验证 | 上海核工程研究设计院 | 2016年10月25日 |
| 130 | 核协鉴字[2016]130号 | CAP1400堆内构件关键部件在空气和静水中的动态特性研究 | 上海核工程研究设计院 | 2016年10月25日 |
| 131 | 核协鉴字[2016]131号 | CAP1400蒸汽发生器排污设计及试验验证技术 | 上海核工程研究设计院<br>中核武汉核电运行技术股份有限公司 | 2016年10月25日 |
| 132 | 核协鉴字[2016]132号 | 核电设计可视化数据系统研发与应用 | 上海核工程研究设计院 | 2016年10月25日 |
| 133 | 核协鉴字[2016]133号 | 可视化电缆辅助设计系统研发与应用 | 上海核工程研究设计院 | 2016年10月25日 |
| 134 | 核协鉴字[2016]134号 | CAP1400非能动堆芯冷却系统性能试验和验证研究 | 上海核工程研究设计院 | 2016年10月25日 |
| 135 | 核协鉴字[2016]135号 | CAP1400事故分析程序适用性评价和验证试验确定 | 上海核工程研究设计院 | 2016年10月25日 |
| 136 | 核协鉴字[2016]136号 | 核电厂内部火灾风险分析体系研究及应用 | 上海核工程研究设计院 | 2016年10月25日 |
| 137 | 核协鉴字[2016]137号 | 非能动核电厂内部水淹PSA方法研究及应用 | 上海核工程研究设计院 | 2016年10月25日 |

续表

| 序号 | 鉴定证书号 | 成果项目名称 | 完成单位 | 鉴定日期 |
|---|---|---|---|---|
| 138 | 核协鉴字[2016]138号 | 数字化仪控系统动态可靠性集成分析验证 | 上海核工程研究设计院<br>厦门大学 | 2016年10月25日 |
| 139 | 核协鉴字[2016]139号 | 低温负压脱气装置工程研发 | 深圳中广核工程设计有限公司 | 2016年11月4日 |
| 140 | 核协鉴字[2016]140号 | 热泵蒸发装置工程研发 | 深圳中广核工程设计有限公司 | 2016年11月4日 |
| 141 | 核协鉴字[2016]141号 | Zr-4合金大型铸锭成分均匀化和精度控制技术 | 国核宝钛锆业股份公司 | 2016年11月11日 |
| 142 | 核协鉴字[2016]142号 | Zr-4合金残料回收利用技术 | 国核宝钛锆业股份公司 | 2016年11月11日 |
| 143 | 核协鉴字[2016]143号 | 核级锆材关键检测技术创新研究 | 国核宝钛锆业股份公司 | 2016年11月11日 |
| 144 | 核协鉴字[2016]144号 | “华龙一号”环吊5t服务小车（电动葫芦）样机研制 | 南京神天起重机械设备有限公司 | 2016年11月26日 |
| 145 | 核协鉴字[2016]145号 | 反应堆压力容器辐照监督管研制 | 中国核动力研究设计院 | 2016年12月2日 |
| 146 | 核协鉴字[2016]146号 | 高温气冷堆压力容器制造技术 | 上海电气核电设备有限公司 | 2016年12月23日 |
| 147 | 核协鉴字[2016]147号 | 高温气冷堆核电站示范工程金属堆内构件研制 | 上海第一机床厂有限公司 | 2016年12月23日 |
| 148 | 核协鉴字[2016]148号 | 我国首台国产化AP1000核电堆内构件研制 | 上海第一机床厂有限公司 | 2016年12月23日 |
| 149 | 核协鉴字[2016]149号 | 我国首台国产化AP1000核电控制棒驱动机构研制 | 上海第一机床厂有限公司 | 2016年12月23日 |
| 150 | 核协鉴字[2016]150号 | 管道焊缝自动检测系统 | 国核电站运行服务技术有限公司 | 2016年12月24日 |
| 151 | 核协鉴字[2016]151号 | 稳压器接管安全端焊缝超声波相控阵检验技术研究 | 国核电站运行服务技术有限公司 | 2016年12月24日 |

# 中国核能行业协会

## 组织结构

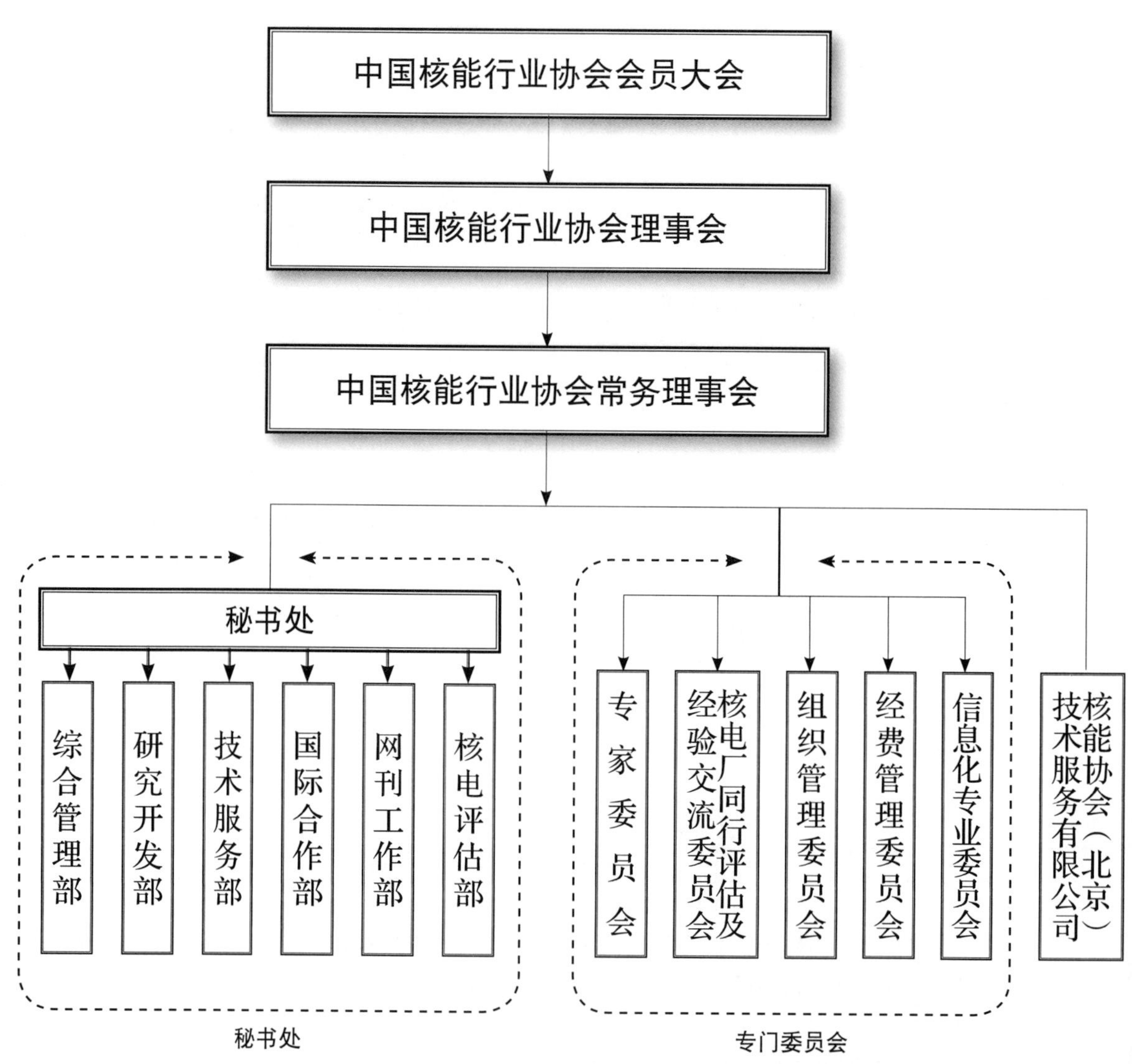

# 第二届理事会名单（截至2016年底）

**名誉理事长：**张国宝

**名誉副理事长：**丁中智　李永江　翟若愚　李冠兴　杨　岐

**理事长：**张华祝

**副理事长（21名，按姓氏笔画为序）：**

马文军　马鸿琳　王　森　王毅韧　毕亚雄　刘　华　杨兰和
时传清　张廷克　张炜清　陆启洲　邵建明　罗　琦　俞培根
高立刚　高　嵩　斯泽夫　韩建伟　程念高　程建平　魏　锁

**常务理事（49名，按姓氏笔画为序）：**

马文军　马鸿琳　王　平　王　森　王毅韧　左岚林　龙茂雄
毕亚雄　刘　华　刘志刚　刘　巍　严嘉鹏　杜运斌　李大宽
李明亮　杨兰和　杨　兆　束国刚　时传清　张一心　张华祝
张廷克　张炜清　陆启洲　陆素娟　陈宝智　陈绍雄　陈家昌
邵建明　罗　琦　金有忠　周振兴　贺云生　俞培根　秦志军
高立刚　高　嵩　郭剑波　曹水林　崔绍章　斯泽夫　韩乃山
韩建伟　程念高　程建平　谢秋野　雷鸣泽　魏国良　魏　锁

**理事（106名，按姓氏笔画为序）：**

丁建波　万东海　万　钢　马文军　马鸿琳　王凤学　王　平
王　安　王宝忠　王贵洪　王俊峰　王　森　王黎明　王毅韧
左亚军　左岚林　龙茂雄　叶向东　叶朗晴　田文柱　毕亚雄
吕宏伟　庄建新　刘伟瑞　刘　华　刘志刚　刘春胜　刘皓洁
刘　嘉　刘　巍　许大庆　孙忠飞　严嘉鹏　杜运斌　李一农
李大宽　李苏甲　李明亮　李宗明　杨兰和　杨　兆　杨朝东
束国刚　时传清　吴美景　邹树梁　邹勇平　张一心　张华祝
张仕兵　张廷克　张作义　张炜清　陆启洲　陆素娟　陈国祥
陈宝智　陈建华　陈绍雄　陈家昌　陈鉴平　邵建明　罗　琦
金有忠　周振兴　郑明光　郑建能　郑晓军　赵　虎　南　滨
柳和生　贺云生　俞培根　秦志军　徐凯祥　徐洪海　徐浏华
高立刚　高　嵩　郭忠德　郭剑波　黄江明　黄学清　曹水林
崔绍章　康椰熙　梁光扶　斯泽夫　董宏亮　蒋达进　蒋国元
韩乃山　韩建伟　韩恩厚　程念高　程建平　曾先茂　谢秋野
雷鸣泽　路建美　廖伟明　缪亚民　霍锁善　戴金华　魏国良
魏　锁

## 会员名录（截至2016年底）

| 序号 | 单　　位 |
| --- | --- |
| 1 | 中国核工业集团公司 |
| 2 | 中国核工业建设集团公司 |
| 3 | 中国广核集团有限公司 |
| 4 | 国家电力投资集团公司 |
| 5 | 国家核电技术有限公司 |
| 6 | 中国华能集团公司 |
| 7 | 中国大唐集团公司 |
| 8 | 中国华电集团公司 |
| 9 | 中国国电集团公司 |
| 10 | 中国长江三峡集团公司 |
| 11 | 哈尔滨电气集团公司 |
| 12 | 中国东方电气集团公司 |
| 13 | 上海电气(集团)总公司 |
| 14 | 清华大学 |
| 15 | 中国核能电力股份有限公司 |
| 16 | 中国核动力研究设计院 |
| 17 | 大亚湾核电运营管理有限责任公司 |
| 18 | 中核北方核燃料元件有限公司 |
| 19 | 核电秦山联营有限公司 |
| 20 | 广东核电合营有限公司 |
| 21 | 中电投核电有限公司 |
| 22 | 华能山东石岛湾核电有限公司 |
| 23 | 华能核电开发有限公司 |
| 24 | 江苏核电有限公司 |
| 25 | 秦山核电有限公司 |
| 26 | 秦山第三核电有限公司 |
| 27 | 香港核电投资有限公司 |
| 28 | 中国核工业地质局 |
| 29 | 四川省核工业地质局 |
| 30 | 中广核铀业发展有限公司 |
| 31 | 电力规划设计总院 |

**续表**

| 序号 | 单　　位 |
|---|---|
| 32 | 中国核电工程有限公司 |
| 33 | 中广核研究院有限公司 |
| 34 | 广东省粤电集团有限公司 |
| 35 | 中广核工程有限公司 |
| 36 | 中国核工业华兴建设有限公司 |
| 37 | 中国核工业二三建设有限公司 |
| 38 | 大全集团有限公司 |
| 39 | 哈尔滨工程大学 |
| 40 | 中国电力科学研究院 |
| 41 | 中国大唐集团核电有限公司 |
| 42 | 上海市核电办公室 |
| 43 | 浙江省海盐县中国核电城建设办公室 |
| 44 | 山东核电有限公司 |
| 45 | 中核集团三门核电有限公司 |
| 46 | 辽宁红沿河核电有限公司 |
| 47 | 阳江核电有限公司 |
| 48 | 福建宁德核电有限公司 |
| 49 | 福建福清核电有限公司 |
| 50 | 中核四〇四有限公司 |
| 51 | 中核陕西铀浓缩有限公司 |
| 52 | 中核建中核燃料元件有限公司 |
| 53 | 江西省核工业地质局 |
| 54 | 中国电力工程顾问集团华东电力设计院有限公司 |
| 55 | 中国原子能科学研究院 |
| 56 | 中核新能核工业工程有限责任公司 |
| 57 | 上海核工程研究设计院 |
| 58 | 国防科工局核技术支持中心 |
| 59 | 国家环境保护部核与辐射安全中心 |
| 60 | 核工业北京化工冶金研究院 |
| 61 | 核工业标准化研究所 |
| 62 | 核工业理化工程研究院 |
| 63 | 核动力运行研究所 |
| 64 | 深圳中广核工程设计有限公司 |

续表

| 序号 | 单　　位 |
|---|---|
| 65 | 中国中原对外工程公司 |
| 66 | 中国核工业第二二建设有限公司 |
| 67 | 中国核工业二四建设有限公司 |
| 68 | 中国核工业第五建设有限公司 |
| 69 | 核工业南京建设集团有限公司 |
| 70 | 中国第一重型机械集团公司 |
| 71 | 中国第二重型机械集团公司 |
| 72 | 上海电气核电设备有限公司 |
| 73 | 上海自动化仪表有限公司 |
| 74 | 上海第一机床厂有限公司 |
| 75 | 中核苏阀科技实业股份有限公司 |
| 76 | 东方电气（广州）重型机器有限公司 |
| 77 | 东方电气集团东方锅炉股份有限公司 |
| 78 | 西安核设备有限公司 |
| 79 | 南方风机股份有限公司 |
| 80 | 贵州航天新力铸锻有限责任公司 |
| 81 | 浙江宏伟供应链股份有限公司 |
| 82 | 东华理工大学 |
| 83 | 苏州大学 |
| 84 | 南华大学 |
| 85 | 清华大学核能与新能源技术研究院 |
| 86 | 中国原子能工业公司 |
| 87 | 华电国际电力股份有限公司 |
| 88 | 四川省重大技术装备办 |
| 89 | 上海工业自动化仪表研究院 |
| 90 | 江苏申港锅炉有限公司 |
| 91 | 海南核电有限公司 |
| 92 | 中国科学院金属研究所 |
| 93 | 江苏银环精密钢管股份有限公司 |
| 94 | 台山核电合营有限公司 |
| 95 | 成都神钢工程机械(集团)有限公司 |
| 96 | 苏州热工研究院有限公司 |
| 97 | 江苏海龙核科技股份有限公司 |

续表

| 序号 | 单　　位 |
|---|---|
| 98 | 北京金瑞致科技发展有限公司 |
| 99 | 福建省核电办公室 |
| 100 | 岭东核电有限公司 |
| 101 | 岭澳核电有限公司 |
| 102 | 国核宝钛锆业股份公司 |
| 103 | 广东省核工业地质局 |
| 104 | 宁夏核工业地质勘查院 |
| 105 | 辽宁省核工业地质局 |
| 106 | 吉林省核工业地质局 |
| 107 | 中陕核工业集团公司 |
| 108 | 青海省核工业地质局 |
| 109 | 浙江省核工业二六二大队 |
| 110 | 湖南省核工业地质局 |
| 111 | 中核北方铀业有限公司 |
| 112 | 中核抚州金安铀业有限公司 |
| 113 | 中核浙江衢州铀业有限责任公司 |
| 114 | 中核二七二铀业有限公司 |
| 115 | 中核赣州金瑞铀业有限公司 |
| 116 | 西安中核蓝天铀业有限公司 |
| 117 | 湖北三〇三库 |
| 118 | 新疆中核天山铀业有限公司 |
| 119 | 中国工程物理研究院 |
| 120 | 中国核科技信息与经济研究院 |
| 121 | 中国辐射防护研究院 |
| 122 | 上海发电设备成套设计研究院 |
| 123 | 中国能源建设集团广东省电力设计研究院有限公司 |
| 124 | 中核能源科技有限公司 |
| 125 | 国核电力规划设计研究院 |
| 126 | 国核电站运行服务技术公司 |
| 127 | 核工业工程技术研究设计有限公司 |
| 128 | 核工业计算机应用研究所 |
| 129 | 核工业北京地质研究院 |
| 130 | 核工业西南勘察设计研究院有限公司 |

**续表**

| 序号 | 单　　位 |
|---|---|
| 131 | 中核第四研究设计工程有限公司 |
| 132 | 中国能源建设集团湖南省电力设计院有限公司 |
| 133 | 中国能源建设集团广东火电工程有限公司 |
| 134 | 中国核工业中原建设有限公司 |
| 135 | 中核投资有限公司 |
| 136 | 中国能源建设集团天津电力建设公司 |
| 137 | 中国能源建设集团安徽电力建设第二工程公司 |
| 138 | 核工业西南建设集团公司 |
| 139 | 浙江省火电建设公司 |
| 140 | 上海一核阀门制造有限公司 |
| 141 | 上海电气电站设备有限公司-上海发电机厂 |
| 142 | 上海电气电站设备有限公司-上海电站辅机厂 |
| 143 | 上海电气电站设备有限公司-上海汽轮机厂 |
| 144 | 上海阿波罗机械制造有限公司 |
| 145 | 上海电气上重铸锻有限公司 |
| 146 | 上海起重运输机械厂有限公司 |
| 147 | 上海阀门五厂有限公司 |
| 148 | 大连大高阀门股份有限公司 |
| 149 | 大连苏尔寿泵及压缩机有限公司 |
| 150 | 大连宝原核设备有限公司 |
| 151 | 大连深蓝泵业有限公司 |
| 152 | 广东亚仿科技股份有限公司 |
| 153 | 广州秀珀化工股份有限公司 |
| 154 | 南通中兴能源装备有限公司 |
| 155 | 中国电能成套设备有限公司 |
| 156 | 中核（北京）核仪器厂 |
| 157 | 中核动力设备有限公司 |
| 158 | 东方电机股份有限公司 |
| 159 | 东方汽轮机有限公司 |
| 160 | 北京广利核系统工程有限公司 |
| 161 | 北京中核控制系统工程有限公司 |
| 162 | 北京和利时系统工程有限公司 |
| 163 | 四川三洲川化机核能设备制造有限公司 |

续表

| 序号 | 单　　位 |
|---|---|
| 164 | 宁波奥崎自动化仪表设备有限公司 |
| 165 | 石家庄工大化工设备有限公司 |
| 166 | 安徽电缆股份有限公司 |
| 167 | 江苏大明金属制品有限公司 |
| 168 | 江苏华光电缆电器有限公司 |
| 169 | 沈阳东管电力科技集团股份有限公司 |
| 170 | 沈阳盛世高中压阀门有限公司 |
| 171 | 国核自仪系统工程有限公司 |
| 172 | 环球阀门集团有限公司 |
| 173 | 陕西中环机械有限责任公司 |
| 174 | 哈尔滨电机厂有限责任公司 |
| 175 | 哈尔滨汽轮机厂有限责任公司 |
| 176 | 哈尔滨锅炉厂有限责任公司 |
| 177 | 浙江三方控制阀股份有限公司 |
| 178 | 浙江中达特钢股份有限公司 |
| 179 | 浙江中控技术有限公司 |
| 180 | 浙江金盾风机风冷设备有限公司 |
| 181 | 烟台台海玛努尔核电设备有限公司 |
| 182 | 常州八益电缆有限公司 |
| 183 | 湖南湘投金天新材料有限公司 |
| 184 | 群星集团公司 |
| 185 | 嘉兴多角电线电缆有限公司 |
| 186 | 上海交通大学 |
| 187 | 国家电力投资集团公司人才学院 |
| 188 | 西安交通大学 |
| 189 | 西南科技大学 |
| 190 | 核工业管理干部学院(核工业培训中心) |
| 191 | 北京柯瑞生物科技有限公司 |
| 192 | 苏州大学附属第一医院 |
| 193 | 中国平安财产保险股份有限公司 |
| 194 | 上海中核浦原总公司 |
| 195 | 兴原认证中心有限公司 |
| 196 | 中国建筑第二工程局有限公司 |

续表

| 序号 | 单　　位 |
| --- | --- |
| 197 | 中建电力建设有限公司 |
| 198 | 中国华电工程(集团)有限公司 |
| 199 | 中电投江西核电有限公司 |
| 200 | 山东电力工程咨询院有限公司 |
| 201 | 中电投电力工程有限公司 |
| 202 | 国核工程有限公司 |
| 203 | 中国核保险共同体 |
| 204 | 厦门大学能源研究院 |
| 205 | 沈阳航天新星机电有限责任公司 |
| 206 | 远东电缆有限公司 |
| 207 | 通裕重工股份有限公司 |
| 208 | 江苏天源华威电气集团有限公司 |
| 209 | 江苏神通阀门股份有限公司 |
| 210 | 上海阀门厂有限公司 |
| 211 | 河南力威管道设备有限公司 |
| 212 | 常州电站辅机总厂有限公司 |
| 213 | 哈尔滨天达控制工程有限公司 |
| 214 | 南通昆仑空调有限公司 |
| 215 | 广州华晟实业有限公司 |
| 216 | 江苏省核应急办公室 |
| 217 | 浙江博凡动力装备有限公司 |
| 218 | 中国原子能出版传媒有限公司（中国原子能出版社） |
| 219 | 陕西柴油机重工有限公司 |
| 220 | 中国电力工程顾问集团华北电力设计院有限公司 |
| 221 | 南京新核复合材料有限公司 |
| 222 | 浙江电力建设监理有限公司 |
| 223 | 浙江泰索科技有限公司 |
| 224 | 中电华元核电工程技术有限公司 |
| 225 | 吴江市东吴机械有限责任公司 |
| 226 | 江苏华冠电器集团有限公司 |
| 227 | 苏州宝骅机械技术有限公司 |
| 228 | 天津华油天元石化设备有限公司 |
| 229 | 常熟市辐射技术开发应用研究所 |

**续表**

| 序号 | 单　　位 |
| --- | --- |
| 230 | 上海森林特种钢门有限公司 |
| 231 | 西北工业大学 |
| 232 | 攀钢集团江油长城特殊钢有限公司 |
| 233 | 巨力索具股份有限公司 |
| 234 | 宝银特种钢管有限公司 |
| 235 | 上海申江锻造有限公司 |
| 236 | 上海福克斯波罗有限公司 |
| 237 | 中橡集团沈阳橡胶研究设计院 |
| 238 | 东方电气(武汉)核设备有限公司 |
| 239 | 上海临港经济发展(集团)有限公司 |
| 240 | 中核华兴达丰机械工程有限公司 |
| 241 | 大连华阳光大密封有限公司 |
| 242 | 渤海重工管道有限公司 |
| 243 | 湖南核电有限公司 |
| 244 | 国家核电技术有限公司北京软件技术中心 |
| 245 | 浙江科路核工程服务有限公司 |
| 246 | 阿尔斯通(武汉)工程技术有限公司 |
| 247 | 中广核核技术应用有限公司 |
| 248 | 中核河南核电有限公司 |
| 249 | 中核核电运行管理有限公司 |
| 250 | 苏州纽威阀门股份有限公司 |
| 251 | 四川科新机电股份有限公司 |
| 252 | 金泽核创(北京)国际能源技术服务有限公司 |
| 253 | 吉林昊宇电气股份有限公司 |
| 254 | 浙江苍南仪表厂 |
| 255 | 上海森松压力容器有限公司 |
| 256 | 中机生产力促进中心核设备安全与可靠性中心 |
| 257 | 深圳航天科技创新研究院 |
| 258 | 中国钢研科技集团有限公司 |
| 259 | 国核示范电站有限责任公司 |
| 260 | 哈电集团(秦皇岛)重型装备有限公司 |
| 261 | 有能集团有限公司 |
| 262 | 中广核久源（成都）科技有限公司 |

续表

| 序号 | 单　　　位 |
|---|---|
| 263 | 烟台通用机械设备制造有限公司 |
| 264 | 国之光照明科技有限公司 |
| 265 | 浙江阳光时代律师事务所 |
| 266 | 哈尔滨红光锅炉总厂有限责任公司 |
| 267 | 哈尔滨工业大学 |
| 268 | 广西防城港核电有限公司 |
| 269 | 中电投核电技术中心（北京）有限公司 |
| 270 | 大连海密梯克泵业有限公司 |
| 271 | 广东正超电气有限公司 |
| 272 | 北京市君致律师事务所 |
| 273 | 山东电力建设第三工程公司 |
| 274 | 上海新曼传感技术研究发展有限公司 |
| 275 | 宁波天生密封件有限公司 |
| 276 | 浙江久立特材科技股份有限公司 |
| 277 | 浙江创想节能科技有限公司 |
| 278 | 山东双轮股份有限公司 |
| 279 | 中国科学院合肥物质科学研究院 |
| 280 | 山西华钢贸易有限公司 |
| 281 | 上海电气凯士比核电泵阀有限公司 |
| 282 | 上海太比雅电力设备有限公司 |
| 283 | 江苏美特林科特殊合金有限公司 |
| 284 | 杭州新纪元消防科技有限公司 |
| 285 | 南京佑天金属科技有限公司 |
| 286 | 中核新能源有限公司 |
| 287 | 深圳市创捷科技有限公司 |
| 288 | 江苏其兵实业有限公司 |
| 289 | 连云港经济技术开发区管理委员会 |
| 290 | 江苏爵格工业设备有限公司 |
| 291 | 中国仪器进出口(集团)公司 |
| 292 | 四川沱江起重机有限公司 |
| 293 | 全南晶环科技有限责任公司 |
| 294 | 沧州隆泰迪管道科技有限公司北京分公司 |
| 295 | 上海通用风机股份有限公司 |

**续表**

| 序号 | 单　　位 |
|---|---|
| 296 | 浙江电渣核材有限公司 |
| 297 | 中国船舶重工集团公司第七O三研究所无锡分部 |
| 298 | 西陇化工股份有限公司 |
| 299 | 博天环境集团股份有限公司 |
| 300 | 核建高温堆控股有限公司 |
| 301 | 上海宝亚安全装备有限公司 |
| 302 | 青岛东卡环保工程技术有限公司 |
| 303 | 中核嘉华核设备制造有限公司 |
| 304 | 天津市贝斯特防爆电器有限公司 |
| 305 | 沧州惠邦机电产品制造有限责任公司 |
| 306 | 河北卓华环境工程有限公司 |
| 307 | 岳阳筑盛阀门管道有限责任公司 |
| 308 | 北京群菱能源科技有限公司 |
| 309 | 北京市中伦律师事务所 |
| 310 | 上海埃比埃斯技术检验有限公司 |
| 311 | 河北翼凌机械制造总厂 |
| 312 | 山东鲁能软件技术有限公司 |
| 313 | 江苏亨通电力电缆有限公司 |
| 314 | 中核华电河北核电有限公司 |
| 315 | 武汉力地液压设备有限公司 |
| 316 | 深圳市力狐工贸有限公司 |
| 317 | 辽宁伊菲科技股份有限公司 |
| 318 | 嘉兴市美克斯机械制造有限公司 |
| 319 | 北京海泰斯工程设备股份有限公司 |
| 320 | 睿虎品牌管理（北京）有限公司 |
| 321 | 北京市晨光防腐研究所 |
| 322 | 南京德邦金属装备工程股份有限公司 |
| 323 | 宁波天安（集团）股份有限公司 |
| 324 | 丰泽工程橡胶科技开发股份有限公司 |
| 325 | 徐工集团工程机械股份有限公司 |
| 326 | 新乡市佳华机械有限公司 |
| 327 | 江苏景泰石油化工装备有限公司 |
| 328 | 江浦不锈钢制造有限公司 |

续表

| 序号 | 单　　位 |
|---|---|
| 329 | 紫光（北京）智控科技有限公司 |
| 330 | 杭州邦胜自动化科技有限公司 |
| 331 | 台山平安五金制品有限公司 |
| 332 | 中广核俊尔新材料有限公司 |
| 333 | 舟山市正源标准件有限公司 |
| 334 | 宁波奥崎仪表成套设备有限公司 |
| 335 | 浙江咸亨国际通用设备有限公司 |
| 336 | 中核浙能能源有限公司 |
| 337 | 北京群源电力科技有限公司 |
| 338 | 国核（北京）科学技术研究院有限公司 |
| 339 | 国核华清（北京）核电技术研发中心有限公司 |
| 340 | 滨州双峰石墨密封材料有限公司 |
| 341 | 北京优化佳控制技术有限公司 |
| 342 | 中广核达胜加速器技术有限公司 |
| 343 | 东莞市基一核材有限公司 |
| 344 | 上海义邦聚合材料有限公司 |
| 345 | 无锡斐冠工业设备有限公司 |
| 346 | 中国核燃料有限公司 |
| 347 | 中核四川环保工程有限责任公司 |
| 348 | 四川华都核设备制造有限公司 |
| 349 | 北京雷蒙赛博机电技术有限公司 |
| 350 | 浙江嘉上控股有限公司 |
| 351 | 王子橡胶（江苏）有限公司 |
| 352 | 河南神州精工制造股份有限公司 |
| 353 | 杭州华能工程安全科技股份有限公司 |
| 354 | 威海克莱特菲尔风机股份有限公司 |
| 355 | 成都海光核电技术服务有限公司 |
| 356 | 美核电气（济南）股份有限公司 |
| 357 | 华能霞浦核电有限公司 |
| 358 | 中核深圳凯利集团有限公司 |
| 359 | 成都核新动力科技有限公司 |
| 360 | 中国电建集团上海能源装备有限公司 |
| 361 | 上海昱章电气成套设备有限公司 |

**续表**

| 序号 | 单　　位 |
|---|---|
| 362 | 上海闰铭精密技术有限公司 |
| 363 | 上海斯耐迪工程咨询有限公司 |
| 364 | 河南核净洁净技术有限公司 |
| 365 | 南京天创电子技术有限公司 |
| 366 | 颂锐机电科技（上海）有限公司 |
| 367 | 辽宁四方核电装备股份有限公司 |
| 368 | 四川汇通能源装备制造股份有限公司 |
| 369 | 贝谷科技股份有限公司 |
| 370 | 山东远大特材科技股份有限公司 |
| 371 | 安徽天康（集团）股份有限公司 |
| 372 | 河北宏润核装备科技股份有限公司 |
| 373 | 四川省核工业辐射测试防护院 |
| 374 | 上海大学 |
| 375 | 中核检修有限公司 |
| 376 | 中核泽农投资有限公司 |
| 377 | 浙江英洛华装备制造有限公司 |
| 378 | 江苏省特种设备安全监督检验研究院无锡分院 |
| 379 | 中联重科股份有限公司 |
| 380 | EDF(中国)投资有限公司 |
| 381 | 劳氏瑞安咨询（北京）有限公司 |
| 382 | 日立(中国)有限公司 |
| 383 | 大连菱日电力设备有限公司 |
| 384 | 魏德米勒电联接(上海)有限公司 |
| 385 | 莱茵检测认证服务(中国)有限公司 |
| 386 | 广州司态结构监测技术咨询有限公司 |
| 387 | 希西艾流体控制设备(上海)有限公司 |
| 388 | 阿海珐(北京)咨询公司 |
| 389 | 瓦卢瑞克(北京)企业管理有限公司 |
| 390 | 伯合乐焊接产品贸易(上海)有限公司 |
| 391 | 美国赛瑞丹有限公司北京代表处 |
| 392 | 山特维克国际贸易（上海）公司 |
| 393 | 罗尔斯罗伊斯商业(北京)有限公司 |
| 394 | 西屋电气公司北京代表处 |

续表

| 序号 | 单　　位 |
|---|---|
| 395 | 颇尔过滤器(北京)有限公司 |
| 396 | 哈蒙冷却系统(天津)有限公司 |
| 397 | 艾默生电气(中国)投资有限公司 |
| 398 | ABB(中国)有限公司 |
| 399 | 必维质量技术服务(上海)有限公司 |
| 400 | 康斐尔过滤设备（上海）有限公司 |
| 401 | 富迪斯工程技术（上海）有限公司 |
| 402 | 北京泰纳通核电安全技术服务有限公司 |
| 403 | 励德爱思唯尔信息技术（北京）有限公司 |
| 404 | 浙江新航不锈钢有限公司 |
| 405 | 特雷克斯（中国）投资有限公司 |
| 406 | 鹰普（中国）有限公司 |
| 407 | 青岛太平洋海洋工程有限公司 |
| 408 | 德瑞克斯安防产品（中国）有限公司 |

## 网站与出版物

2016年，中国核能行业协会网站共发布2 200条信息，网站运行安全稳定。2016年，还对协会英文网站版面进行了改版，重新设定了英文网站的版面结构，选取适合国外读者阅读的信息，提高了时效性和表现力。

2016年，对协会微信公众号进行了认证、更名（更名为“CNEA核能协会”），使微信公众号与协会的对应性更强。新媒体工作有新进展。2016年，协会微信公众号共发布信息250天，发布新闻800条，总阅读人数113 462人次；截至2016年底，关注人数由2015年底的3 127人增至5 010人。协会微博共发布信息680条。

2016年，按计划完成6期《中国核能》会刊、12期《核能新闻》电子月刊、《中国核能年鉴》2016年卷的编辑出版工作。

《中国核能》重点关注了全国“两会”、“华龙一号”、世界核燃料循环产业、核应急、法国世界核工展、核安全监管、英国核电项目等内容，对重大节点进行及时报道，对主题进行深入挖掘；分别报道了福清核电、防城港核电、海阳核电、红沿河核电、台山核电、海南核电、高温气冷堆以及巴基斯坦核电等工程建设进展情况。《中国核能年鉴》2016年卷共73万字。

**图书在版编目（C I P）数据**

中国核能年鉴. 2017 年卷 / 中国核能行业协会编
—北京：中国原子能出版社，2017.12
ISBN 978-7-5022-8676-7

Ⅰ. ①中… Ⅱ. ①中… Ⅲ. ①核能 – 中国 – 2017 – 年
鉴 Ⅳ. ① F426.23-54

中国版本图书馆 CIP 数据核字 (2017) 第 282350 号

**中国核能年鉴 · 2017 年卷**

| | |
|---|---|
| 出版发行 | 中国原子能出版社（北京市海淀区阜成路 43 号 100048） |
| 责任编辑 | 王　朋 |
| 责任校对 | 冯莲凤 |
| 责任印制 | 潘玉玲 |
| 印　　刷 | 北京盛通印刷股份有限公司 |
| 经　　销 | 全国新华书店 |
| 开　　本 | 787 mm × 1092 mm 1/16 |
| 印　　张 | 29.75　　　字　　数 739 千字 |
| 版　　次 | 2017 年 12 月第 1 版　2017 年 12 月第 1 次印刷 |
| 书　　号 | ISBN 978-7-5022-8676-7　定　　价 188.00 元 |

网址：http://www.china-nea.cn/